El tango

Horacio Salas

El tango

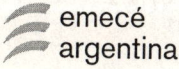

Salas, Horacio
   El tango.- 1ª ed. – Buenos Aires : Emecé, 2004.
   384 p. ; 25x15 cm.- (Argentina)

   ISBN 950-04-2548-3

   1. Tango-Historia I. Título
   CDD 784.188 850 9

Emecé Editores S.A.
Independencia 1668, C 1100 ABQ, Buenos Aires, Argentina
www.editorialplaneta.com.ar

© *Horacio Salas*
© *2004, Emecé Editores S.A.*

Diseño de cubierta:
Departamento de Arte de Editorial Planeta
Diseño de interior: *Alejandro Ulloa*
1ª edición: 4.000 ejemplares
Impreso en Verlap S.A. Producciones Gráficas,
Spurr 653, Avellaneda,
en el mes de mayo de 2004.
Reservados todos los derechos. Queda rigurosamente prohibida,
sin la autorización escrita de los titulares del "Copyright", bajo
las sanciones establecidas en las leyes, la reproducción parcial o total
de esta obra por cualquier medio o procedimiento, incluidos
la reprografía y el tratamiento informático.

IMPRESO EN LA ARGENTINA / PRINTED IN ARGENTINA
Queda hecho el depósito que previene la ley 11.723
ISBN: 950-04-2548-3

*A Francisco Albertos,
médico español.
A Fermín Chávez,
Geno Díaz,
Blas Matamoro
y Armando Piratte.*

ERNESTO SABATO
ESTUDIO PRELIMINAR

TANGO
Canción de Buenos Aires

1. HIBRIDAJE

Los millones de inmigrantes que se precipitaron sobre este país en menos de cien años no sólo engendraron esos dos atributos del nuevo argentino que son el resentimiento y la tristeza, sino que prepararon el advenimiento del fenómeno más original del Plata, el tango.

Este baile ha sido sucesivamente reprobado, ensalzado, satirizado y analizado.

Pero Enrique Santos Discépolo, su creador máximo, da lo que yo creo la definición más entrañable y exacta: "Es un pensamiento triste que se baila".

Carlos Ibarguren afirma que el tango no es argentino, que es simplemente un producto híbrido del arrabal porteño. Esta afirmación no define correctamente al tango, pero lo define bien a Carlos Ibarguren. Es claro: tan doloroso fue para el gringo soportar el rencor del criollo, como para éste ver a su patria invadida por gente extraña, entrando a saco en su territorio y haciendo a menudo lo que André Gide dice que la gente hace en los hoteles: limpiándose los zapatos con las cortinas. Pero los sentimientos genuinos no son una garantía de razonamientos genuinos, sino más bien un motivo de cuarentena; un marido engañado no es la persona en mejores condiciones para juzgar los méritos del amante de su mujer. Cuando Ibarguren sostiene que el tango no es argentino y sí un mero producto del mestizaje está diciendo una considerable parte de la verdad, pero está deformando el resto por la (justificada) pasión que lo perturba. Porque si es cierto que el tango es un producto del hibridaje, es falso que no sea argentino; ya que, para bien y para mal, no hay pueblos platónicamente puros, y la Argentina de hoy es el resultado (muchas veces calamitoso, eso es verdad) de sucesivas invasiones, empezando por la que llevó a cabo la familia de Carlos Ibarguren, a quien, qué duda cabe, los Calfucurá deben mirar como a un intruso, y cuyas opiniones deben considerar como típicas de un pampeano improvisado.

Negar la argentinidad del tango es acto tan patéticamente suicida como negar la existencia de Buenos Aires. La tesis autista de Ibarguren aboliría de un saque el puerto de nuestra capital, sus rascacielos, la industria nacional, sus toros de raza y su poderío cerealista. Tampoco habría gobierno, ya que nuestros presidentes y gobernadores tienen la inclinación a ser meros hijos de italianos o de vascos, o productos tan híbridos como el propio tango. Pero qué digo: ni siquiera el nacionalismo soportaría la hecatombe, pues habría que sacrificar a los Scalabrini y a los Mosconi.

Quizá resulte doloroso que la historia sea, como dice W. James, siempre novedosa y, por lo tanto, invariablemente confusa e inclinada a la mezcolanza. Pero eso es lo que la hace tan apasionante. La identidad consigo misma hay que buscarla en la lógica o en la matemática: nadie puede pedir a la historia un producto tan puro (pero también aburrido) como un cono o una sinusoide.

Aparte de ser inevitable, el hibridaje es siempre fecundo: bastaría pensar en el gótico y en la música negra de los Estados Unidos. En cuanto a la literatura del Plata, que tantos critican por prolongar en algún sentido los temas y las técnicas europeas, es otro fenómeno de hibridaje; porque, a menos de exigir que escribamos en querandí y describamos la caza del avestruz, no veo cómo, coherentemente, puede hablarse de una pureza nacional. Pensar que una literatura nacional sólo es aquella que se ocupa de indios o de gauchos es adherirse insensatamente al apocalipsis ibarguriano. Ni siquiera esos olímpicos dioses griegos, que algunos profesores suponen el paradigma de la pureza, pueden exhibir una genealogía impecablemente indígena.

2. SEXO

Varios pensadores argentinos han asimilado el tango al sexo o, como Juan Pablo Echagüe, lo han juzgado una simple danza lasciva. Pienso que es exactamente al revés. Cierto es que surgió en el lenocinio, pero ese mismo hecho ya nos debe hacer sospechar que debe ser algo así como su reverso, pues la creación artística es un acto casi invariablemente antagónico, un acto de fuga o de rebeldía. Se crea lo que no se tiene, lo que en cierto modo es objeto de nuestra ansiedad y de nuestra esperanza, lo que mágicamente nos permite evadir de la dura realidad cotidiana. Y en esto el arte se parece al sueño. Sólo una raza de hombres apasionados y carnales como los griegos podía inventar la filosofía platónica, una filosofía que recomienda desconfiar del cuerpo y de sus pasiones.

El prostíbulo es el sexo al estado de (siniestra) pureza. Y el inmigrante solitario que entraba en él resolvía, como dice Tulio Carella, fácilmente su problema sexual: con la trágica facilidad con que ese problema se resuelve en ese sombrío establecimiento. No era, pues, eso lo que al solitario hombre de Buenos Aires podía preocuparle; ni lo que en su nostálgica, aunque muchas veces canallesca, canción evocara. Era precisamente lo contrario: la nostalgia de la comunión y del amor, la añoranza de la mujer, no la presencia de un instrumento de su lujuria:

en mi vida tuve muchas, muchas minas,
pero nunca una mujer.

El cuerpo del otro es un simple objeto, y el solo contacto con su materia no permite trascender los límites de la soledad. Motivo por el cual el puro acto sexual es doblemente triste, ya que no sólo deja al hombre en su soledad inicial, sino que la agrava y ensombrece con la frustración del intento.

Este es uno de los mecanismos que puede explicar la tristeza del tango, tan frecuentemente unida a la desesperanza, al rencor, a la amenaza y al sarcasmo.

Hay en el tango un resentimiento erótico y una tortuosa manifestación del sentimiento de inferioridad del nuevo argentino, ya que el sexo es una de las formas primarias del poder. El machismo es un fenómeno muy peculiar del porteño, en virtud del cual se siente obligado a ser macho al cuadrado o al cubo, no sea que en una de ésas ni siquiera lo consideren macho a la primera potencia. Porque, como bien se ha observado, y como es característico de un hombre inseguro, el tipo vigila cautelosamente su comportamiento ante los demás y se siente juzgado y quizá ridiculizado por sus pares:

*El malevaje extrañao
me mira sin comprender.*

3. DESCONTENTO

Este hombre tiene pavor al ridículo y sus compadradas nacen en buena medida de su inseguridad y de su angustia de que la opinión de los otros pueda ser desfavorable o dudosa. Sus reacciones tienen mucho de la histérica violencia de ciertos tímidos. Y cuando infiere sus insultos o sus cachetadas a la mujer, seguramente experimenta un oscuro sentimiento de culpa. El resentimiento contra los otros es el aspecto externo del rencor contra su propio yo. Tiene, en suma, ese descontento, ese malhumor, esa vaga acritud, esa indefinida y latente bronca contra todo y contra todos que es casi la quintaesencia del argentino medio.

Todo esto hace del tango una danza introvertida y hasta introspectiva: un pensamiento triste que se baila. A la inversa de lo que sucede en las otras danzas populares, que son extravertidas y eufóricas, expresión de algazara o alegremente eróticas. Sólo un gringo puede hacer la payasada de aprovechar un tango para conversar o para divertirse.

El tango es, si se lo piensa bien, el fenómeno más asombroso que se haya dado en el baile popular.

Algunos arguyen que no es siempre dramático y que, como todo lo porteño en general, puede ser humorístico; queriendo significar, supongo, que la alegría no le es ajena. Lo que de ningún modo es exacto, pues en esos casos el tango es satírico, su humorismo tiene la agresividad de la cachada argentina, sus epigramas son rencorosos y sobradores:

*Durante la semana, meta laburo,
y el sábado a la noche sos un bacán.*

Es el lado caricaturesco e irónico de un alma sombría y pensativa:

¡Si no es pa suicidarse
que por este cachivache
sea lo que soy!

Un napolitano que baila la tarantela lo hace para divertirse; el porteño que se baila un tango lo hace para meditar en su suerte (que generalmente es *grela*) o para redondear malos pensamientos sobre la estructura general de la existencia humana. El alemán que ahíto de cerveza da vueltas con música del Tirol se ríe y cándidamente se divierte; el porteño no se ríe ni se divierte y, cuando sonríe de costado, ese gesto grotesco se distingue de la risa del alemán como un jorobado pesimista de un profesor de gimnasia.

4. BANDONEÓN

¿Qué misterioso llamado a distancia hizo venir, sin embargo, a un popular instrumento germánico a cantar las desdichas del hombre platense? He aquí otro melancólico problema para Ibarguren.

Hacia fines del siglo, Buenos Aires era una gigantesca multitud de hombres solos, un campamento de talleres improvisados y conventillos. En los boliches y prostíbulos hace vida social ese masacote de estibadores y cantinfleros, de albañiles y matones de comité, de musicantes criollos y extranjeros, de cuarteadores y de proxenetas: se toma vino y caña, se canta y se baila, salen a relucir epigramas sobre agravios recíprocos, se juega a la taba y a las bochas, se enuncian hipótesis sobre la madre o la abuela de algún contertulio, se discute y se pelea.

El compadre es el rey de este submundo.

Mezcla de gaucho malo y de delincuente siciliano, viene a ser el arquetipo envidiable de la nueva sociedad: es rencoroso y corajudo, jactancioso y macho. La pupila es su pareja en este *ballet* malevo; juntos bailan una especie de *pas-de-deux* sobrador, provocativo y espectacular.

Es el baile híbrido de gente híbrida: tiene algo de habanera traída por los marineros, restos de milonga y luego mucho de música italiana. Todo entreverado, como los músicos que lo inventan: criollos como Ponzio y gringos como Zambonini.

Artistas sin pretensiones que no sabían que estaban haciendo historia. Orquestitas humildes y rejuntadas, que sabían tener guitarra, violín y flauta; pero que también se las arreglaban con mandolín, con arpa y hasta con armónica.

Hasta que aparece el bandoneón, el que dio sello definitivo a la gran creación inconsciente y multitudinaria. El tango iba a alcanzar ahora aquello a que estaba destinado, lo que Santo Tomás llamaría "lo que era antes de ser", la *quidditas* del tango.

Instrumento sentimental, pero dramático y profundo, a diferencia del sentimentalismo fácil y pintoresco del acordeón, terminaría por separarlo para siempre del firulete divertido y de la herencia candombera.

De los lenocinios y piringundines, el tango salió a la conquista del centro, en organitos con loros, que inocentemente pregonaban atrocidades:

Quisiera ser cantinflero
para tener una mina.

Y con la invencible energía que tienen las expresiones genuinas conquistó el mundo. Nos plazca o no (generalmente, no), por él nos conocieron en Europa, y el tango era la Argentina por antonomasia, como España eran los toros. Y, nos plazca o no, también es cierto que esa esquematización encierra algo profundamente verdadero, pues el tango encarnaba los rasgos esenciales del país que empezábamos a tener: el desajuste, la nostalgia, la tristeza, la frustración, la dramaticidad, el descontento, el rencor y la problematicidad. En sus formas más delicadas iba a dar canciones como *Caminito;* en sus expresiones más grotescas, letras como *Noche de reyes;* y en sus modos más ásperos y dramáticos, la tanguística de Enrique Santos Discépolo.

5. METAFÍSICA

En este país de opositores, cada vez que alguien hace algo (un presupuesto, una sinfonía o un plan de viviendas mínimas), inmediatamente brotan miles de críticos que lo demuelen con sádica minuciosidad.

Una de las manifestaciones de este sentimiento de inferioridad del argentino (que se complace en destruir lo que no se siente capaz de hacer) es la doctrina que desvaloriza la literatura de acento metafísico: dice que es ajena a nuestra realidad, que es importada y apócrifa y que, en fin, es característica de la decadencia europea.

Según esta singular doctrina, el "mal metafísico" sólo puede acometer a un habitante de París o de Roma. Y, si se tiene presente que ese mal metafísico es consecuencia de la finitud del hombre, hay que concluir que para estos teóricos la gente sólo se muere en Europa.

A estos críticos, que no sólo se niegan a considerar su miopía como una desventaja sino que, por el contrario, la usan como instrumento de sus investigaciones, hay que explicarles que si el mal metafísico atormenta a un europeo, a un argentino lo debe atormentar por partida doble, puesto que si el hombre es transitorio en Roma, aquí lo es muchísimo más, ya que tenemos la sensación de vivir en un cataclismo universal, sin ese respaldo de la eternidad que allá es la tradición milenaria.

Cómo será verdad todo esto que hasta los autores de tango hacen metafísica sin saberlo.

Es que para los críticos mencionados la metafísica sólo se encuentra en vastos y oscuros tratados de profesores alemanes; cuando, como decía Nietzsche, está en medio de la calle, en las tribulaciones del pequeño hombre de carne y hueso.

No es éste el lugar para que examinemos de qué manera la preocupación metafísica constituye la materia de nuestra mejor literatura. Aquí queremos señalarlo, simplemente, en este humilde suburbio de la literatura argentina que es el tango.

El crecimiento violento y tumultuoso de Buenos Aires, la llegada de millones de seres humanos esperanzados y su casi invariable frustración, la nostalgia de la patria lejana, el resentimiento de los nativos contra la invasión, la sensación de inseguridad y de fragilidad en un mundo que se transformaba vertiginosamente, el no encontrar un sentido seguro a la existencia, la falta de jerarquías absolutas, todo eso se manifiesta en la metafísica tanguística. Melancólicamente dice:

Borró el asfalto de una manotada,
la vieja barriada que me vio nacer...

El progreso que a macha-martillo impusieron los conductores de la nueva Argentina no deja piedra sobre piedra. Qué digo: no deja ladrillo sobre ladrillo: material éste técnicamente más deleznable y, como consecuencia, filosóficamente más angustioso.

Nada permanece en la ciudad fantasma.

Y el poeta popular canta su nostalgia del viejo *Café de los Angelitos:*

> *Yo te evoco, perdido en la vida,*
> *y enredado en los hilos del humo.*

Y, modesto Manrique suburbano, se pregunta:

> *¿Tras de qué sueños volaron?...*
> *¿En qué estrellas andarán?*
> *Las voces que ayer llegaron*
> *y pasaron y callaron,*
> *¿dónde están?,*
> *¿por qué calles volverán?*

El porteño, como nadie en Europa, siente que el tiempo pasa y que la frustración de todos sus sueños y la muerte final son sus inevitables epílogos. Y acodado sobre el mármol de la mesita, entre copas de semillón y cigarrillos negros, meditativo y amistoso, pregunta:

> *¿Te acordás, hermano, qué tiempos aquéllos?*

O con cínica amargura dictamina:

> *Se va la vida, se va y no vuelve,*
> *Lo mejor es gozarla y largar*
> *las penas a rodar.*

Discepolín, horaciano, ve vieja, fané y descangallada a la mujer que en otro tiempo amó. En la letra existencialista de sus tangos máximos, dice:

¡Cuando manyés que a tu lado
se prueban la ropa
que vas a dejar...
te acordarás de este otario
que un día, cansado,
se puso a ladrar!

El hombre del tango es un ser profundo que medita en el paso del tiempo y en lo que finalmente ese paso nos trae: la inexorable muerte. Y así un letrista casi desconocido murmura sombríamente:

Esta noche para siempre
terminaron mis hazañas.
Un chamuyo misterioso
me acorrala el corazón...

Para terminar diciendo, con siniestra arrogancia de porteño solitario:

Yo quiero morir conmigo,
sin confesión y sin Dios,
crucificado en mi pena,
como abrazado a un rencor.

HORACIO SALAS
EL TANGO

BAILE MACHO, DEBUTE Y MILONGUERO

Cuando no existen documentos ni testigos la reconstrucción de un hecho es siempre imaginaria. Supongamos un bailongo cualquiera de la orilla o simplemente un fogón donde pasar las horas hasta emprender la marcha con las primeras luces. El personaje, un musiquero de buen oído que entretiene a quienes lo rodean con los acordes de un violín, un clarinete viejo o una guitarra de cuerdas muy sobadas.

Alguien pide un tanguito y silba explicativo unos pocos compases escuchados en un baile de negros, y ya que está ejercita algunas contorsiones como burla. Al musiquero el ritmo le suena parecido a una habanera, acaso por ser éste el compás que tiene más "en dedos", y el resultado muestra un aire a esa música llegada hace algún tiempo del Caribe. Otro oyente corrige, comedido. Su tarareo suena más a milonga. Después, un memorioso vuelve a tocar el híbrido y la versión comienza a transformarse. Es como un juego donde los jugadores ignoraran que han iniciado un mito.

Un cronista anónimo que el 22 de septiembre de 1913 firmó en "Crítica" como "Viejo Tanguero" una historia sintética del tango, arriesga dos nombres de aquellos musicantes del comienzo: el violinista Casimiro Alcorta, el Negro, "el primero en hacer conocer sus tangos", y el Mulato Sinforoso, "un clarinete que ya tocaba solo de tanto empinar ginebrones".

Lo cierto es que hacia mediados de los años setenta del siglo XIX, fecha nebulosa y tentativa en la que, según parece, habrían surgido esos primeros híbridos, todavía confundidos con habaneras, milongas, candombes o tangos andaluces, el propio país aún no había asumido su perfil distintivo.

La derrota de Ricardo López Jordán, último caudillo federal alzado en rebelión contra el gobierno porteño, se produjo en campos de Don Gonzalo, en diciembre de 1873. Era el coletazo final del largo pleito entre Buenos Aires y el resto de las provincias que ensangrentó el país desde los días de la Independencia. En la batalla, el ejército nacional, que en los últimos diez años se había encargado de aniquilar a las montoneras de los generales Angel Vicente Peñaloza primero y Felipe Varela poco después, estrenó un arma mortífera: el Rémington. El fusil de repetición transformó en valentía inútil el esfuerzo de los doce mil hombres comandados por el entrerriano López Jordán, entre los cuales se contaba José Hernández, reciente autor del *Martín Fierro*.

Los conflictos armados que siguieron a ese combate fueron simples enfrentamientos por intereses políticos o ambiciones personales, dirimidos entre sectores que aspiraban —con pequeñas variantes— a un similar modelo de país dependiente: así se pueden contabilizar la revolución mitrista de 1874 después de las elecciones que dieron la presidencia a Nicolás Avellaneda, algunos microlevantamientos provinciales, y por último el infructuoso intento de resistencia porteña a la capitalización de Buenos Aires encabezado por Carlos Tejedor y Bartolomé Mitre en junio de 1880. Un año antes, el general Julio A. Roca, próximo presidente de la República, había dado fin a una campaña de exterminio contra las tribus indias cuyas correrías ponían límite al avance de la civilización portuaria e incontaminadamente blanca asentada en el Río de la Plata.

Con la elección de Buenos Aires como sede del gobierno central y cabeza de la Argentina, el nuevo país estaba en marcha: económicamente agroexportador, ligado por lazos coloniales al Imperio Británico, regido políticamente por una élite culturalmente afrancesada, y con el grueso de su fuerza de trabajo proveniente de la inmigración. En ese marco habría de insertarse el tango.

Las plazas de carretas y los mercados de frutos instalados sobre los arrabales ciudadanos eran el límite máximo al que llegaban los gauchos —en general peonada de los latifundios oligárquicos—. En esos puntos de encuentro de dos culturas, la rural y la ciudadana, se realizaba entre otras cosas un activo intercambio de canciones. Las que venían del campo se mezclaban con los aires de moda en Buenos Aires. Y en la rueda del mate o el asado nocturno, raramente faltaban los sones del payador capaz de discurrir sobre la vida, la muerte, el amor, la soledad, el paso del tiempo. En los días siguientes a Caseros ya había arraigado en la ciudad portuaria la habanera cubana, acercada por los marineros que hacían la ruta comercial entre los puertos del Caribe y los del Plata. La habanera, que ya comenzaba a sufrir la influencia de los ritmos peninsulares, al llegar a esta región del mundo pronto se dejó mixturar con la milonga, heredera de la antigua payada.

Poesía espontánea de la campaña del Uruguay y de la provincia de Buenos Aires, la payada al llegar al suburbio se había convertido en milonga. En su clásico *Cosas de negros,* Vicente Rossi definió: "La milonga es la payada pueblera. Son versos octosílabos, que se recitan con cierta tonada no desagradable matizada con intervenciones adecuadas de guitarra, llenando los compases de espera entre una estrofa y otra un punteado característico de tres tonos, mientras el milonguero resuella o respira. Es canto cuando se recitan improvisaciones conservadas en la memoria popular; es payada cuando se improvisa. La clásica de los payadores solía ser de seis versos; la de los milongueros, de cuatro".

Milonga, según señala José Gobello, es voz de lengua quimbunda, plural de "mulonga", que significa "palabra": la palabra de los payadores. En 1872, cuando José Hernández publicó la primera parte de su *Martín Fierro,* el vocablo había adquirido el valor de reunión con baile incluido:

> *Supe una vez, por desgracia,*
> *que había un baile por allí,*
> *y medio desesperao*
> *a ver la milonga fui.*

Una década más tarde, la milonga era la danza popular por excelencia. Ventura Lynch registraba en 1883: "En los contornos de la ciudad la milonga está tan generalizada que es una pieza obligada en todos los bailecitos de medio pelo, que ora se oye en las guitarras, los acordeones, un peine con papel y en los musiqueros ambulantes de flauta, arpa y violín. También es ya del dominio de los organistas que la han arreglado y la hacen oír con un aire de danza habanera. Esta la bailan también en los casinos de baja estofa de los mercados 11 de Septiembre y Constitución, como en los bailables y velorios".

Para Rossi el asentamiento de la danza, todavía sin características de tango, se produjo en los "cuartos de chinas". "Se les llamaba así, en ambas bandas del Plata, a las habitaciones que ocupaban las mujeres de la impedimenta de los batallones en las proximidades de sus cuarteles. Eran negras, mulatas, aborígenes y mestizas, también algunas blancas. En los días y noches de franquicia milica se formaban entretenidas y ruidosas reuniones en aquellos cuartos (...) asistían también civiles, orilleros curtidos, amigos de la casa; los más útiles siempre solían ser los músicos y los cantores, porque no se concebía una tertulia de aquéllas sin música, canto y una 'vueltita'. Cuando las notas de la milonga o del estilo corrían por el barrio, las vecinas que se conservaban en buena armonía con la dueña del cuarto en que se efectuaba, acudían a 'dar brillo' a la reunión e, indefectiblemente, era imposible resistir a la tentación de 'dar una vuelta', y se armaba el baile, al que solía prestar su eficaz ayuda algún acordeón, instrumento preferido en esos casos y que el criollo manejaba hábilmente (...). Se bailaba en pareja, abrazados hombre y mujer, como en los bailes 'de sociedad', lo que también se llamaba 'a la francesa', por suponerse proveniente de París esa costumbre, pero saltaba de inmediato a la vista la diferencia en técnica de las parejas familiares o 'de sociedad' con las orilleras. Las primeras danzaban sin tocarse los cuerpos y retrocediendo el hombre. Las segundas, completamente al revés; los cuerpos en contacto, tanto más o menos según fuera la confianza habida; la mujer siempre retrocediendo; nada de contorsiones o de traspieses buscados, 'derecho viejo' no más, a 'lo decente'. El 'corte' y la 'quebrada' todavía no habían aparecido." Y continúa Rossi: "La preferida (en esos casos) era la Danza, de origen africano-antillano, que los franceses transportaron a su país en la época del Can-Can, en atención a la sensualidad suave y serena con que se compensaban las liviandades furiosas de aquél (...) Nuestro orillero sometió después a su artística y atrevida predisposición esa Danza que el marinero cubano regaló a las noches de los boliches portuarios; su segundo nombre (el de Habanera) lo obtuvo la Danza en atención a su origen y, puesta a prueba la sutileza coreográfica de nuestro orillero, paulatinamente la Habanera pasó por característica transformación (...) Las tertulias danzantes de los cuartos de las chinas recibieron en el acto la visita de la Danza, pues eran una prolongación de los barrios marítimos, y cuando ya dominada y ampliamente acriollada se hizo inevitable en las tertulias alegres orilleras, el tercer nombre definió su nueva transformación y se llamó milonga, por proceso lógico y natural: prolongaba sus bailecitos una sesión de canto o, como se decía y se dice aún, se 'milongueaba'. A la reunión entonces se le llamó 'milonga'; en consecuencia, decir 'vamos a milonguear', indistintamente podía significar 'a cantar' o 'a bailar' o ambas cosas a la vez. El tentador y nuevo baile no pudo eludir el óleo bautismal del ambiente en que se creaba y se llamó Milonga, incorporándose al criollismo neto".

El 6 de junio de 1880, Benigno B. Lugones explicaba en "La Nación" que la cuadrilla, los lanceros, la contradanza, el minué y en general todo baile de parejas separadas podían aceptarse y se aceptaban aun en los ambientes más encumbrados. "Pero la polka, la mazurka, el wals y algunas otras piezas que están proscriptas en los salones de buen tono (habanera, schottish, danza) son abominables en el más alto grado."

Gobello sostiene que el tango no es sino la africanización de la mazurka y la milonga, y que en su origen no era una danza individualizable, sino apenas una manera diferente de bailar ritmos ya conocidos.

No existen demasiadas dudas de que —como afirmó Ventura Lynch en *La provincia de Buenos Aires hasta la definición de la cuestión capital* (Buenos Aires, 1883)— la milonga en tanto danza fue creada como una burla de los compadritos a los bailes que daban los negros en sus "sitios". Al comienzo, se baila separados, como en los candombes; más tarde se comparte y se transforma en baile de pareja enlazada, preferentemente entre hombres, y así se mantiene hasta que pasa a los prostíbulos. Aún en 1903, la revista "Caras y Caretas" publica una serie de fotografías ligeramente burlonas donde se ve a dos orilleros en una escena callejera ensayando figuras de tango. Se bailaba en las veredas, al compás de organitos que amolaban unas pocas melodías; la escena fue descripta por Evaristo Carriego:

> *En la calle la buena gente derrocha*
> *sus guarangos decires más lisonjeros*
> *porque al compás de un tango que es La morocha*
> *lucen ágiles cortes dos orilleros.*

Pero no hay que exagerar: el baile era también aceptado entre parejas mixtas. En 1889, tres años después de que la representación del drama de Eduardo Gutiérrez *Juan Moreira* hubiese dejado de ser pura pantomima, en la representación brindada por el circo de los hermanos Podestá se veían parejas mixtas bailando una milonga. Esto ocurría en el cuadro final, que se desarrolla en un prostíbulo donde el sargento Chirino sorprende a Moreira y lo mata por la espalda cuando éste pretende huir. En el bailongo previo aparecían algunas parejas dando unas vueltas sencillitas, aptas para el consumo familiar. Incluso los hermanos Bates afirman que el tema en cuestión habría sido escrito especialmente para la obra por Antonio Podestá con el título de *La estrella*.

Para este público ciudadano, pocos meses después, se presentaría una nueva milonga, escrita esta vez por Eduardo García Lalanne, titulada *Ensalada criolla*, para la revista *El estado de un país o La nueva vía*, estrenada en el teatro Goldoni (hoy Liceo) de Buenos Aires. En realidad, se trataba de tres temas populares, y García Lalanne no hizo más que enlazarlos. El primero fue utilizado luego por Julián Aguirre en el "Número tres" de sus *Aires criollos;* el segundo se encuentra recogido en el *Cancionero bonaerense* de Ventura Lynch, quien acota que los orilleros lo denominaban *La antigua;* el tercero era la milonga denominada *Ke-Ko* o *Queco*, que en el ambiente de esos años también se llamaba *Milongón* y que distintos autores consideran uno de los primeros tangos. En el escenario, los tres compadres protagonistas de la revista bailaban entre ellos, de acuerdo con la costumbre generalizada.

El musicólogo Néstor Ortiz Oderigo ha puntualizado que en sus inicios coreográficos el tango no se ejecutaba con pareja enlazada, sino que era una danza pélvica, donde una mujer y un hombre se enfrentaban para trazar diversos movimientos, mímica, figuras y mudanzas, con directa influencia del candombe. Anota para reforzar su tesis que en un grabado de la revista "La Ilustración Argentina" del 30 de noviembre de 1882 aparece una pareja negra bailando enfrentados sobre un epígrafe que reza: "El tango".

Diferente es la opinión de Carlos Vega, para quien las figuras del tango reconocen influencia distinta en sus orígenes: "Coreográficamente, el tango es un hallazgo. Los creadores porteños, que no se resignaron a perpetuar anodinas caminatas y vueltas conversadas en que cayeron todas las danzas de enlace, habían ensayado innovaciones en la ejecución de esas mismas danzas de salón, en la milonga y hasta en la cuadrilla". Y continúa: "'El tango argentino realiza el milagro de insertar la figura en el enlace', es decir, la tradición en la favorecida novedad. Este es el secreto de su éxito; ésta la principal innovación que ofrece al mundo", dice, y prosigue: "Las dominantes danzas de enlace exigían el 'movimiento continuo' de acuerdo con las prácticas consagradas, puesta la pareja a bailar, debía enhebrar acompasados paseos o vueltas sin detenerse un instante. Pues bien: los forjadores del tango introducen la suspensión del desplazamiento. La pareja se aquieta de pronto. Y esto más: suele pararse el hombre solo mientras la mujer caracolea o gira en torno y, a la inversa, firme la mujer, puede moverse el hombre. Parece poca cosa, pero a veces lo sensacional es suma de pequeñeces.

"Naturalmente, las 'figuras', que antes se realizaban en el espacio abierto de los cuadros —como en la cuadrilla—, tienen ahora el 'ancho' que ocupa la pareja enlazada y el 'largo' que requieren en la línea del desplazamiento de los bailarines en el salón. También se llaman 'figuras' en la nueva danza y algunas, como el 'molinete' o el 'ocho' conservan sus nombres antiguos. Breve combinación de pasos que la mujer repite al revés constituyen cada figura. Persistente inventiva lanza diez, veinte, cuarenta, más figuras, y a lo largo de la sala, sinuosamente, el hombre las concatena en serie y crea cada vez una versión del tango que nunca acertará a repetir con total exactitud. Se trata, pues, de un espectáculo que se renueva en cada presentación, y es incalculable la superioridad que enrostra al vals o a la mazurca de las vueltas iguales. Variedad en la unidad —preceptiva clásica—, entregó el tango a la espera. (...) Pero en las antiguas figuras abiertas de cuadro los danzantes se movían con entera libertad; en el vals o en la polca —aun cuando no faltaban los tropezones— el enlace a todo el largo de los brazos proporcionaba cierta independencia de movimientos para la realización de pasos rectos o vueltas fácilmente previsibles; en el tango, no. No existía la regularidad y nada podía anticiparse, porque la figura siguiente, la serie entera, la pieza total, se elaboraban en el instante de la realización. Fue necesario crear una técnica: la pareja debía moverse enteramente abrazada, cara con cara, costado a costado, el varón orientaba y hasta determinaba los pasos de la mujer con su mano derecha, fuerte en la cintura. Los bailarines —ya lo dije en mi libro *Danzas y canciones argentinas*— se habían planteado el simple dilema: o nos apretamos o nos pisamos. Y se apretaron. Nada de lujuria en el abrazo; fueron los críticos del abrazo quienes introdujeron su lujuria en el tango. Los danzantes tenían muchas otras cosas de que preocuparse. Se bailaba por la honda fruición de bailar, pero se bailaba peleando. La rivalidad entre los danzantes, la pugna entre los barrios, consumían atención y requerían cuidado. No podía el hombre bailar retrocediendo, como exigía la cortesía hasta entonces, porque la espalda no debe acercarse al enemigo potencial. Por reglas de masculinidad era excepcional, pero no imposible, la agresión por la espalda. Algún derrotado podría haberse erguido en son de venganza. Los hombres de todo el mundo danzan hacia adelante por un recelo porteño."

Lo cierto es que a mediados de la década del noventa ya el tango ha alcanzado su propia coreografía, la que se afirma en los primeros años del siglo XX. Florencio Iriarte en unas explicativas cuartetas tituladas *Batifondo a la Villa de Roi*, aparecidas en la revista "Don Basilio" del 30 de agosto de 1900, brinda una sintética y humorística descripción de un baile que comienza:

> *...hicimos la dentrada*
> *cada uno con su banana*
> *y comenzó la jarana*
> *con puro corte y quebrada.*
> *Me lambía, hermano, solo*
> *y vieras ché qué cuerpiadas*
> *y qué de chipé, sentadas*
> *hicimos con el Bartolo...*
> *Mi paica se me doblaba*
> *igual que pasto en la loma*
> *y ché... parecía de goma*
> *del modo que se meneaba.*

La ingenua crónica rimada se reitera en términos parecidos en la pieza de Manuel Saavedra *Chambergos y galeras*, estrenada en 1907, donde dos personajes masculinos dicen a dúo:

> *Donde nosotros pisamos*
> *nos hacemos respetar*
> *jamás atrás nos quedamos.*

> *Cuando hay vento en el bolsillo,*
> *pronto armamos un fandango.*
> *Bailando tango tras tango*
> *al compás de un organillo*
> *si nos toca una caquera*
> *que sea ladina y resuelta*
> *al hacerle dar la vuelta*
> *le flamea la pollera.*

El orgullo de saber bailar era característico del orillero que se preciaba de tal. Mostrarse "patadura" podía resultar tan negativo para el prestigio viril como ser chambón con el cuchillo. Incluso un personaje tan introvertido como Ecuménico López, el protagonista de *Un guapo del 900* de Samuel Eichelbaum, sabe —aunque sin alardes de compadrito— lucirse en un tango. Nadie se hubiera atrevido a pisar fuerte sin conocer con precisión sus principales figuras. Al quilombo también se iba a bailar.

En una letra de Angel Villoldo, *Cuerpo de alambre*, el cantor se enorgullece de su compañera de danza y alardea:

> *Yo tengo una percantina*
> *que se llama Nicanora*
> *y da las doce antes de hora*
> *cuando se pone a bailar;*
> *y si le tocan un tango,*
> *de aquellos con "fiorituras"*
> *a más corte y quebraduras*
> *nadie la puede igualar.*
> ....
> *pa'l tango criollo con corte;*
> *su cadera es un resorte*
> *y cuando baila un motor.*
> *Hay que verla cuando marca*
> *el cuatro o la medialuna,*
> *con qué lujo lo hace ¡ahijuna!*
> *Es una hembra de mi flor.*
> *Yo también soy medio pierna*
> *pa'l baile de corte criollo,*

> *y si largo todo el rollo*
> *con ella me sé lucir.*
> *En Chile y Rodríguez Peña*
> *de bailarín tengo fama:*
> *Cuerpo de alambre me llama*
> *la muchachada gilí.*

La difusión alcanzada por la danza en el primer lustro del siglo XX puede advertirse en el texto que con la firma de Goyo Cuello se publicó en la revista "Caras y Caretas" en su edición del 11 de marzo de 1904, con el sugestivo título de *Baile de moda*. El artículo, que ocupa página entera, apunta: "Llegado el Carnaval, el Tango se hace dueño y señor de todos los programas de baile, y la razón es que siendo el más libertino, sólo en estos días de locura puede tolerarse. No hay teatro donde no se anuncien tangos nuevos, lo que es un aliciente para la clientela de bailarines que, deseosa de lucirse con las compadradas y firuletes a que da lugar tan lasciva danza, concurre a ellos como moscas a la miel.

"Como espectáculo es algo original: en el Victoria, sobre todo, es donde tiene que admirar más. La sala llena de gente alegre, por todas partes se oyen frases capaces de enrojecer el casco de un vigilante. En el fondo, el malevaje de las afueras con disfraces improvisados; en los palcos, mozos bien y muchachas más bien todavía.

"De pronto arranca la orquesta con un tango y empiezan a formarse las parejas. El chinerío y el compadraje se unen en un fraternal abrazo y da principio a la danza, en la que los bailarines ponen un arte tal, que es imposible describir las contorsiones, cuerpeadas, desplantes y taconeos a que da lugar el Tango.

"Y se deslizan las parejas hamacándose cadenciosamente al compás de la danza, voluptuosamente, como si en ese baile pusieran todos sus deseos. Allá en el fondo, la gente forma grupo para ver bailar a una china orillera, la que es proclamada maestra sin igual en el difícil arte, y la muchedumbre aplaude a rabiar a este prodigio de la quebradura, riendo escandalosamente cuando el compañero de la bailarina le dice: 'Hacéme el gusto, mi china'.

"Este es el baile orillero por excelencia; él da lugar a que el compadre luzca habilidades cínicas, en que demuestra toda la agilidad de su cuerpo y la resistencia de sus pies."

Miguel A. Camino arriesga precisiones geográficas:

> *Nació en los Corrales Viejos*
> *allá por el año ochenta,*

metaforiza, e imagina que el origen de la danza fue un calco de las imágenes que a la luz de los faroles producían las idas y venidas de la esgrima orillera:

> *...y los duelos a cuchillo*
> *le enseñaron a bailar*

precisa en los primeros versos de *El tango*, publicado en 1926, para subrayar más adelante:

> *Así en el ocho*
> *y en la sentada*
> *la media luna*
> *y el paso atrás,*
> *puso el reflejo*
> *de la embestida*
> *y las cuerpeadas*
> *del que se juega*
> *con su puñal.*

Y en su libro *La crencha engrasada* el notable poeta lunfardo Carlos de la Púa se encargó de sintetizar:

> *Baile macho, debute y milonguero,*
> *danza procaz, maleva y pretenciosa,*
> *que llevás en el giro arrabalero*
> *la cadencia de origen candombero*
> *como una cinta vieja y asquerosa.*
> *Pasión de grelas de abolengo bajo*
> *de quien sos en la bronca de la vida,*
> *un berretín con sensación de tajo,*
> *cuando un corte las quiebra como un gajo,*
> *o les embroya el cuero una corrida.*

TOCÁ TANGÓ

Aunque el vocablo ha adquirido personería propia y desde hace décadas no hay dudas sobre su significado, salvo la clara diferenciación entre el tango rioplatense y el andaluz, no existe acuerdo respecto de su etimología. Parece natural que, tratándose de un tema cuya génesis es tan nebulosa y controvertida, al referirse a la cuestión etimológica aparezcan también opiniones encontradas, las que si bien aportan algunas hipótesis, poco es lo que en definitiva aclaran. Se trata de aproximaciones cuya acumulación señala ciertas pistas, pero no más. En este terreno, como en la mayoría de los puntos que hacen a la prehistoria del tango, casi todo está por descubrir y acaso las pruebas documentales halladas hasta ahora sólo hayan aportado una mínima porción de la verdad.

La voz "tango" apareció mucho antes de que existiese ni remotamente la danza tal como se la conoció a fin de siglo. En efecto, el *Diccionario de la Real Academia Española* ya en su edición de 1803 la registra como variante de "tángano", "el hueso o piedra que se pone en el juego de este nombre".

Pese a ello, Joan Corominas en su *Diccionario etimológico* registra la voz como utilizada desde 1836 y la definición que de ella da es la siguiente: "(Baile argentino). Aparece primeramente fuera de América como nombre de una danza de la isla de Hierro y en otras partes de América con el sentido de reunión de negros para bailar al son de un tambor, y como nombre del tambor mismo. Este y otros análogos constituirán el sentido primitivo; es probable que se trate de una voz onomatopéyica. *Tangue*, 'cierta danza', fem., que aparece en Normandía en el siglo XVI, y el alemán *Tingeltangel*, 'café concierto' de 1872, serán de formación paralela, aunque independiente".

El *Diccionario de la Real Academia* no ofrece variantes en sus dos ediciones siguientes, de 1869 y 1884; pero en 1899 la palabra aparece con dos entradas: la primera remite a tángano, y la segunda la define como "Fiesta y baile de negros o de gente del pueblo de América", con una segunda acepción: "música para este baile". No sin agregar una etimología algo endeble: de *tangir*, "tocar instrumentos". Evidentemente, el problema de la etimología resulta más complicado de lo que la Academia pensó en un primer momento: en la edición de 1914, sin modificar la definición, da como origen *tangir*, "tocar o palpar", y de ahí en más las sucesivas ediciones eliminan prudentemente toda referencia etimológica.

Parece bastante natural haber intentado encontrar un origen latino a este vocablo; aunque la línea etimológica así definida no parece tener relación directa con el uso rioplatense de la voz, como designación del tango-danza, la tentación de hacerlo derivar de *tango, is, ére, tetigi, tactum* es poderosa. Este verbo significa entre otras cosas: "tocar, palpar // manejar, manosear // Estar contiguo, inmediato // Corromper (a una mujer) // Tocar de paso, breve, ligeramente". (Valbuena, *Diccionario Latino-Español*.) Tal vez la homofonía unida a ciertas aproximaciones semánticas haya favorecido la opinión de Miguel Devoto, que en su recopilación *La flor de la rosa* recoge un verso español arcaico:

Tango vos, el mi pandero

Pero si se aceptan las investigaciones de Corominas en el sentido de que la voz "tañer" derivada de *tanguere* aparece sólo en 1140, y tocar, con el mismo origen, recién cien años más tarde, parece transparente que el verso anónimo se refiere a tañer el pandero y ni remotamente a la danza.

En el mismo sentido el ensayista uruguayo Daniel Vidart opina que "tango" derivaría de tangir, tañer o tocar un instrumento. Aunque la hipótesis es seductora, resulta difícil explicar por qué y cómo el vocablo saltó por encima de tantos siglos durante los cuales su única acepción fue la de "tángano", para volver a aparecer en el Río de la Plata a fines del siglo XIX con su antiguo significado.

El musicólogo Carlos Vega agrega a esta suma de elementos posibles uno nuevo al explicar que "ya en México en el siglo XVIII existía una danza de pareja suelta o individual denominada tango". Al respecto una denuncia de la Inquisición de 1803 habla de un son mexicano "...nombrado El Torito, deducido —dice— del antiquísimo tango".

En 1925, ya la Real Academia se da por oficialmente enterada de la existencia de la danza: la primera acepción es la de "chito" (una variedad del juego de la taba), la segunda sigue siendo la de "fiesta y baile de negros o de gente del pueblo en América", y la tercera define: "Baile de sociedad importado de América en los primeros años de este siglo". Hay aun dos acepciones más: la cuarta, "música para este baile"; la última, un instrumento hondureño de percusión.

La edición de 1956 incorpora una nueva acepción: "Copla que se canta al son de esta música", cuya precariedad formal exime de comentarios. En 1970, el "Suplemento" incorpora la voz "tanguista": "(De *tango*) f. Bailarina profesional contratada para un espectáculo".

Sólo en la edición de 1984, la definición es más completa y renuncia a conjeturas etimológicas: "tango": "(Voz americana) m. Fiesta y baile de negros o de gente del pueblo en algunos países de América. // 2. Baile argentino, difundido internacionalmente, de pareja enlazada, forma musical binaria y compás de dos por cuatro. // 3. Música de este baile y letra con que se canta. // 4. *Hond.* Instrumento músico que usan los indígenas (...)" (Lateralmente, hay que anotar que el compás del tango ya no es —salvo excepciones— de dos por cuatro desde la década del veinte sino cuatro por ocho, y que Astor Piazzolla adoptó el cuatro por cuatro para sus composiciones hace ya unos treinta años, lo cual hace a la definición por lo menos incompleta.)

De todas formas estas aproximaciones teóricas, aunque sirven para descubrir la escasa flexibilidad y el eurocentrismo de una Academia que debería mostrarse más estricta e interesada por lo que ocurre con la lengua fuera de la Península, no alcanzan para resolver este difícil problema etimológico. Y aunque a estas alturas nadie puede asegurar taxativamente un determinado criterio, las tesis acerca del probable linaje negro del vocablo, por ser las más convincentes, son las que acumulan la adhesión de mayor número de eruditos.

Blas Matamoro conjuga distintas opiniones sobre el origen del tango y del vocablo en cuestión, a partir de su africanidad: "Si se admite el origen africano del vocablo —sostiene— se tropieza con la dificultad de explicar históricamente su importación a América, ya que nadie sabe lo que 'tango' quería decir en Africa. Más defendible es la teoría de considerar 'tambo' y 'tango' como voces de origen onomatopéyico. 'Tambo' se parece sugestivamente a 'tambor', el tam-tam o candombe de los bailes negros, largo instrumento de percusión manual. El pedido del bailarín hecho en bozal (dialecto de los negros esclavos) y dirigido al candombero, era 'tocá tambó' ('toca el tambor'). La sinonimia y la semejanza fonética entre las palabras evocadas eran corrientes en las zonas de mestizaje entre blancos y negros y en la Buenos Aires de principio del 800 Barrio del Tambor era el barrio moreno". Aunque es preciso recordar que a comienzos y hasta mediados del siglo XIX, las zonas de la ciudad con nutrida población negra eran varias y tenían —como señaló Francisco Romay en su libro *El barrio de Monserrat*— numerosas instituciones exclusivas de negros en las cuales se ha comprobado que se practicaban sus danzas.

Retomando el tema semántico y el origen de la palabra "tango", Ricardo Rodríguez Molas en su inédita *Africanía del tango*, citada por Matamoro, remarca que tango es "directa y exclusivamente voz africana". Rastrea varios dialectos vigentes en la zona de donde se proveía el comercio esclavista hacia América (Congo, las tribus del Golfo de Guinea y el Sudán meridional principalmente). En varios de ellos "tango" significa "lugar cerrado", "círculo", "coto" y, por connotación, todo espacio vedado al cual se accede sorteando ciertas condiciones previas de admisión. "Me permito suponer —continúa Matamoro— que el uso de 'tango' en estas lenguas parciales del Africa llevaba al mundo de lo religioso, con la clausura y el hermetismo que son propios de todo culto, sobre todo en las comunidades primitivas."

Además, el negrero llamaba "tango" a los lugares de concentración de esclavos, tanto en Africa como en América. Por extensión, el lugar de venta recibía el mismo nombre. Para Gobello, "tango es voz que circuló en todos los países esclavistas", y agrega: "Esteban Pichardo en su *Diccionario Provincial de Voces Cubanas* (Matanzas, Imprenta de la Real Marina, 1836, pág. 242) definió: Tango. N.s.m. Reunión de negros bozales para bailar al son de tambores o atabales. En Buenos Aires se llamó tango, ya a comienzos del siglo XIX, a las casas donde los negros realizaban sus bailes. Probablemente tango sea voz de origen portugués, introducida en América a través del creole afro-portugués de San Thomé y la llegada a España desde Cuba".

Rodríguez Molas ha verificado la existencia de una casa de tango que funcionaba en Buenos Aires en 1802, y en el primer tomo de la *Historia del tango* editada en varios volúmenes por el sello Corregidor, recuerda que Jorge Alberto Bossio comunicó a la Academia Porteña del Lunfardo la referencia a una nota suscripta por Bernardino Rivadavia el 21 de octubre de 1821, en la que se disponía que la autoridad policial expresara a los morenos congos Juan Duval y José Antonio Peña el desagrado del superior gobierno ante la solicitud de que se permitiera la colección de limosnas con destino a una institución de ayuda mutua en un establecimiento denominado Tango de Bayle.

En apoyo a las tesis sobre las raíces negras del tango rioplatense, Lauro Ayestarán apunta: "A principios del siglo XIX, el Cabildo de Montevideo certifica la presencia de candombes a los que llama indistintamente 'tambos' o 'tangos', prohibiéndolos en provecho de la moralidad pública y castigando fuertemente a sus cultores. Terminada la segunda invasión inglesa, el gobernador Francisco Javier de Elío convoca al Cabildo el 26 de noviembre de 1807 y de consuno resuelven 'sobre tambos bailes de negros...' Que respecto a que los bailes de negros son por todos motivos perjudiciales, se prohíban absolutamente dentro y fuera de la ciudad y se imponga al que contravenga el castigo de un mes a las obras públicas".

Aunque estas menciones escapan a la referencia estrictamente filológica, se las trae a colación porque parecen demostrar, ya sin las dudas que todavía persistían algunas décadas atrás, el origen africano del tango, algo que Vicente Rossi sostenía a principios de siglo: "Decir en su época 'los tangos de los negros' por 'los tamboriles o tantanes de los negros', se hizo equivalente a 'los bailes de los negros', como antes pasó en las Antillas, confundiéndose el efecto con la causa. Ese es el motivo de que cuando se tropieza hoy (el libro *Cosas de negros* está editado en 1926) con la cita 'tango' en tiempos pasados, se crea que se refiere a un bailable que, con algunas variaciones, es el mismo actual o por lo menos su antecesor". Y agrega: "La noticia más remota alcanza a 1808. Los cascarudos del zoco moruno-lusitano-godo improvisado donde hoy se levanta Montevideo les fueron con chismes a su capataz Elío para que prohibiera 'los tangos de los negros', por el barullo que producían y el consiguiente descuido de las atenciones domésticas". Al decir "tangos" englobaban local, instrumentos y baile. Lauro Ayestarán insiste en la ascendencia africana del vocablo: "El periódico satírico 'La Matraca' (de Montevideo), en su número del 1º de marzo de 1832, publica una visión de las carnestolendas de ese año con estas vívidas palabras: 'Unos van, otros vienen; unos suben, otros bajan. Aquí un turco, allí un soldado de la marina; el mamarracho de los diablos, el cartel de la comedia. Por acá la policía, por allá los negros con el tango", dice.

Para Matamoro, la acumulación de indicios no permite demasiadas confusiones: "Admitido el origen bozal, mulato y onomatopéyico de la voz, conviene anotar que se convirtió en vocablo español. Por la misma época, 'tango andaluz', 'tanguillo', o simplemente 'tango', designó en el sur de España a la antigua contradanza de origen renacentista, baile que había sido importado a América con la colonización. En Cuba, ciertas figuras negras fueron incorporadas a la contradanza, o simplemente danza, llamada desde entonces 'danza habanera' o 'habanera'. Ella pasó de La Habana al salón y al tablado de Andalucía".

Por último, es posible rescatar una tesis exótica, la de Eduardo S. Castilla, quien en 1932 fantaseó: "El vocablo tango es japonés. Una ciudad y una región del Imperio del Sol Naciente se denominan así. También lleva ese nombre una de las cinco fiestas populares de aquel país. Se celebra el quinto día del quinto mes del año y es fecha simbólica de los niños". Y conjetura: "En Cuba había muchos japoneses desde mediados del siglo XVIII, y fue casualmente en Cuba donde por primera vez se bailó el tango".

CON UN BAGAYITO POR TODA FORTUNA

Desde los orígenes hasta alrededores de 1860 no se produjeron grandes transformaciones demográficas en la sociedad argentina. Ni las guerras de la Independencia, ni las contiendas civiles, ni las enfermedades propias de la época (aunque no se hayan registrado epidemias graves hasta la fiebre amarilla de 1871), conmovieron demasiado la tranquila pirámide de crecimiento poblacional, exenta de grandes sacudones. La sociedad permaneció relativamente estática desde los supuestos 405.000 habitantes de 1810 hasta el 1.300.000 estimado para los días finales del gobierno de Juan Manuel de Rosas.

Era la Argentina una comunidad poco amiga de cambios y transformaciones, que cargaba con la esencia conservadora heredada de España. Y a pesar de que fueron escasos los nobles que arribaron a este confín del mundo, la idea tradicional de que los hidalgos no debían trabajar con las manos y sólo podían —además de ejercitar el ocio— dedicarse a actividades religiosas o castrenses tampoco contribuyó a facilitar en estas tierras el impulso a las labores comerciales o fabriles que necesitaba el nuevo país.

El desplazamiento de españoles nativos por criollos en los cargos gubernativos producido con motivo de la quiebra con la metrópoli en 1810 tampoco fue suficiente para cambiar desde el poder la ideología profunda de la clase dominante, cuyos hijos, en el mejor de los casos, podían proveer a la estructura social de abogados, unos cuantos médicos, clérigos o rentistas. Incluso las actividades saladeriles inauguradas por Rosas en sus campos de la provincia de Buenos Aires habían sido consideradas más como prueba de su desmedida ambición personal que como aporte genuino al desarrollo de la comunidad. De ahí que ante esta situación resultara lógico que se pensara en una solución que pasase por la llegada de contingentes europeos que se acercasen a poner el hombro al desarrollo argentino.

Los extranjeros conformaron parte importante de la población desde los días iniciales de la Independencia. A comienzos del gobierno rosista se estimaba que sobre una población bonaerense de unas 90.000 personas, una tercera parte no había nacido en territorio de la Confederación. Había 8.000 ingleses, 6.000 italianos y 4.000 españoles y portugueses. Pero estas cifras resultaban magras para la ideología liberal, cuya síntesis definitoria era la frase de Juan Bautista Alberdi: "Gobernar es poblar". Apotegma que a la caída de Rosas se plasmaría en el propio texto constitucional de 1853, cuyo artículo 25 expresa: "El Gobierno Federal fomentará la inmigración europea y no podrá restringir, limitar, ni gravar con impuesto alguno la entrada en el territorio argentino de los extranjeros que traigan por objeto labrar la tierra, mejorar las industrias e introducir las ciencias y las artes".

Idealmente el llamado abarcaba a todos los hombres del mundo que quisieran habitar el suelo argentino. En los hechos, la medida no favoreció, como pensaban sus ideólogos, el traslado de un selecto conjunto de profesionales, maestros, científicos, intelectuales y artistas. No se advirtió que los integrantes de ese estrato económico y social al que se aspiraba atraer, salvo casos de exilio, no abandonaban los espacios ocupados en su propio terruño para lanzarse a la aventura de la inmigración. A este utópico cuadro que imaginaban desembarcando en el puerto de Buenos Aires, habrían de sumarse —fantaseaban— millares de agricultores especializados y experimentados ganaderos, capaces de mejorar la hasta entonces descontrolada producción agropecuaria nacional: en el caso del ganado vacuno, por ejemplo, en la pampa sólo se aprovechaban el cuero y unos escasos cortes de carne, en especial la lengua.

Dos frases, una de Domingo Faustino Sarmiento y otra de Juan Bautista Alberdi, resultan suficientes para comprender la ideología profunda que movió a los desterrados liberales opositores a Rosas a imaginar una Argentina poblada por inmigrantes europeos: "De la fusión de estas tres familias (españoles, negros, indígenas) ha resultado un todo homogéneo que se distingue por su amor a la ociosidad e incapacidad industrial, cuando la educación y las exigencias de una posición social no vienen a ponerle la espuela y sacarla de su paso habitual", conjeturaba Sarmiento en 1845; contemporáneamente, Alberdi explicaba en "El Mercurio" de Santiago de Chile: "Cada europeo que viene nos trae más civilización en sus hábitos, que luego comunica a estos países, que el mejor libro de filosofía. Se comprende mal la perfección que no se toca y se palpa. El más instructivo catecismo es un hombre laborioso". Y continuaba: "¿Queremos que los hábitos de orden y de industria prevalezcan en nuestra América? Llenémosla de gente que posea honradamente esos hábitos. Ellos son pegajosos: al lado del industrial europeo, pronto se forma el industrial americano".

Como es obvio, esa visión ingenua de la inmigración, de la que ambos se arrepentirían posteriormente, se enfrentó muy pronto con una realidad que no se adecuaba a aquellas expectativas. Esos europeos idílicos que encarnaban en sí los valores de la civilización no eligieron —salvo escasas excepciones y por causas estrictamente políticas, como por ejemplo la derrota de la Comuna de París o de los carbonarios italianos— el camino de la inmigración. Los que se arriesgaban a un viaje de esa magnitud para buscar un destino mejor eran en su enorme mayoría aquellos a quienes la miseria arrojaba de zonas paupérrimas de Europa, como Galicia en España, pueblos cercanos a Nápoles y Génova, la isla de Sicilia o la región calabresa. Eran también judíos que huían de los reiterados *pogroms* de Rusia y Europa Central.

No llegaron los cultos florentinos capaces de gozar los hemistiquios de Dante, ni españoles lectores del Quijote o amantes de Garcilaso. Arribaron seres analfabetos, sin profesión ni oficio, que no habían tenido ningún contacto con las milenarias culturas de sus países. Hombres para quienes los museos representaban sitios tan vedados como para un gaucho de las pampas. Con el agregado de que muchos habían sido seducidos con la posibilidad de adquirir a muy bajos precios tierras de cultivo. Los folletos de propaganda prueban la magnitud del engaño, acaso inconsciente, a que fueron sometidas esas personas, en su gran parte provenientes de regiones campesinas, que sólo se podían defender como agricultores. Se encontraron con una estructura social de tipo feudal donde la tierra ya estaba repartida en manos de unos pocos terratenientes y, ante la imposibilidad de dedicarse a las tareas para las que estaban capacitados, debieron improvisarse en nuevas labores y permanecer en la periferia de las grandes ciudades, en especial y casi exclusivamente en las orillas de Buenos Aires. Y así los inmigrantes cultos que habrían de poblar el desierto —porque según una frase de Sarmiento reiterada por entonces: "el mal que aqueja a la Argentina es la extensión"—, una vez que cruzaban el Atlántico se transformaban en gringos harapientos, desclasados, que "para colmo de males" —se decía— ya habían escuchado el zumbido de las ideas anarquistas en sus respectivos países.

Lo cierto es que a partir del momento en que la Legislatura de la Confederación autorizó la entrada irrestricta de inmigrantes, las cifras de población se multiplicaron. De 1.300.000 habitantes en 1859 se pasó a 1.737.076 diez años después, para alcanzar los 3.954.911 en 1895, que se convirtieron en 7.885.237 para el censo de 1914, precisamente cuando la guerra europea cortó el flujo inmigratorio. En estas estadísticas el porcentaje de extranjeros era el siguiente: 13,8 por ciento en 1859; 24 por ciento en 1895, hasta elevarse al 42,7 por ciento en 1914. Pudiéndose agregar que del total de la inmigración el cincuenta por ciento permaneció en Buenos Aires, hacinado en conventillos.

Estos grupos de extranjeros fueron también los que impulsaron la creación de las primeras asociaciones gremiales de la Argentina y alentaron —como consecuencia lógica— las primeras huelgas que conoció el país. La inicial, la de los tipógrafos, habría de producirse en 1878.

Cuando la oligarquía intentó reaccionar mediante brutales represiones de huelgas, masacres de trabajadores e instauración de la Ley de Residencia, por la cual se podía deportar a los agitadores extranjeros, era tarde: el aluvión inmigratorio ya había cambiado el rostro de ese país que habían soñado primero los desterrados y luego los liberales del ochenta.

La clase dirigente intentó reaccionar exaltando tardíamente las virtudes de un gaucho que ya no existía y que se había visto obligado a emigrar a los límites de la ciudad. El gaucho se había convertido en orillero y —aun a su pesar— integraba la misma clase de los inmigrantes a los que no cesaba de manifestar su desprecio, pero con quienes compartía las mismas penurias y esperanzas.

Fueron muchos los intelectuales que lanzaron sus invectivas

contra los extranjeros. Eugenio Cambaceres, en su novela *En la sangre*, llegó a exagerar que la inferioridad del inmigrante tenía bases biológicas. Pero tal vez nada condense tanto esa animadversión como una frase de Enrique Larreta pronunciada en la Universidad de Córdoba en 1900. Dijo el autor de *La gloria de don Ramiro:* "No me parece que sean ellos (los inmigrantes) también los que deban encargarse de ese tesoro de razón y de experiencia propia, de esa herencia de sacrificio, de meditaciones, de heroísmo que nos legaron los fundadores de nuestra nacionalidad; ni creo que pueda surgir de esa turba dolorosa, que arrastra en su mayor parte todas las sombras de la ignorancia, la clase dirigente capaz de encaminar hacia un ideal grandioso la cultura argentina".

Los inmigrantes descontentos que pudieron hacerlo —más de la mitad de los arribados— regresaron a sus países de origen. Otros, pese a las burlas y diatribas, se quedaron. Permanecieron. No tenían otra opción. Se hicieron argentinos y construyeron el país. También le dieron al tango su enorme aporte. Lo hicieron nostálgico y tristón, como lo es siempre el desarraigo.

Así como los españoles trajeron a estas tierras su gusto por el teatro, que fue durante siglos —con su pico en el siglo XVII— el principal entretenimiento popular y cortesano, los italianos aportaron su pasión musical, su facilidad para ejecutar diversos instrumentos, su buen oído y su amor por el canto.

Pero mientras los españoles se adaptaban fácilmente y podían mimetizarse con mayor facilidad a causa del idioma, la diferencia lingüística obligó a los inmigrantes italianos a realizar mayores esfuerzos para no acentuar la discriminación, que de todas maneras era inevitable en un medio hostil que rechazaba lo foráneo. De esta lucha por integrarse lo antes posible surgió la figura del cocoliche, prototipo que habría de poblar la escena argentina como traduccción de un personaje real que habitaba las grandes ciudades e imitaba a su modo las formas usuales de los argentinos que tenía más cerca: sus vecinos del conventillo.

Cocoliche fue uno de los tantos personajes que se agregaron al drama *Juan Moreira*. Esta obra, inspirada en la novela de Eduardo Gutiérrez, fue representada por los hermanos Podestá a lo largo de distintos pueblos de la provincia de Buenos Aires y de la República Oriental del Uruguay como broche final de las funciones de su famoso circo. En esta creación, un *tano* acriollado exclamaba: "Me quiame Franchisque Cocoliche e songo cregollo gasta lo güese...". El engendro gustó, cayó simpático, porque parecía creíble, cotidiano, y se instaló por décadas en la dramaturgia nacional. En el futuro casi ninguna pieza teatral, en especial los sainetes, carecería de su propio cocoliche. Era la manera de disimular —mediante la burla— el temor a un personaje como el gringo, que día a día se iba adueñando de un espacio mayor en la sociedad argentina.

El resentimiento contra lo extranjero, que en el sainete cobra el aspecto de una caricatura a veces hiriente, donde se hace aparecer al inmigrante italiano como avaro, egoísta y cobarde, reconoce antecedentes literarios ya en el *Martín Fierro* (casi todo el canto V de la primera parte) y en la rivalidad entre lo criollo y lo extranjero que, en la parte final del poema *Santos Vega* de Rafael Obligado, transfiere a lo foráneo cualidades directamente demoníacas. El protagonista, que encarna los valores supuestamente tradicionales del hombre de la campaña argentina, es derrotado en una payada por Juan Sin Ropa, que no es otro que Satanás, escondido tras la tesis del progreso y la ciencia. En *Juan Moreira*, el personaje que con su falso testimonio habrá de provocar la desgracia del protagonista está encarnado en un comerciante llamado, no casualmente, Sardetti, apellido de innegable origen itálico.

José Sixto Alvarez, excelente costumbrista y director de la revista "Caras y Caretas", registró en uno de sus diálogos la animadversión de un criollo de clase media a los jóvenes extranjeros recién llegados. En la charla con una vecina que le cuenta que sus tres hijas se han casado con comerciantes extranjeros de buen porvenir, el interlocutor la felicita, no por los buenos casamientos realizados, sino porque gracias a la nacionalidad de sus yernos no tendrá que llorar cuando éstos mueran.

La opinión que a la oligarquía dominante le merecía el aluvión inmigratorio puede extraerse de multitud de testimonios, pero quizás alcance con unos pocos párrafos de José Ramos Mejía en *Las multitudes argentinas*, publicado en 1899.

Definía Ramos Mejía: "(el del inmigrante) es un cerebro lento, como el del buey a cuyo lado ha vivido; miope en la agudeza psíquica, de torpe y obtuso oído en todo lo que se refiera a la espontánea y fácil adquisición de imágenes por vía del sentido cerebral. ¡Qué oscuridad de percepción, qué torpeza para transmitir la más elemental sensación a través de esa piel que recuerda la del paquidermo en sus dificultades de conductor fisiológico! Crepuscular, pues, y larval, en cierto sentido, es el estado de adelanto psíquico de ese campesino, el vigoroso protoplasma de la raza nueva, cuando apenas pisa nuestra tierra. Forzosamente tiene uno que convencerse de que el palurdo no siente como nosotros". Y se indigna: "Por eso, aun cuando le veáis médico, abogado, ingeniero o periodista, le sentiréis a la legua ese olorcillo picante a establo y asilo del guarango cuadrado, de los pies a la cabeza. Lo veréis insinuarse en la mejor sociedad, ser socio de los mejores centros, miembro de asociaciones selectas y resistir como un héroe el cepillo; le veréis hacer esfuerzos para reformarse y se reformará, a veces; pero cuando menos lo esperéis, saltará inesperadamente la recalcitrante estructura que necesita un par de generaciones para dejar la larva que va adherida a la primera (...) Raspad ese barniz con que dolorosamente ha cubierto la benevolencia social las grietas de esa *ánima maculata* y vais a ver cómo se dibuja inmediatamente el apéndice consabido, invalidando la amnistía que le ha conferido el sastre y la impunidad de algún diploma pomposo".

La mayoría de los costumbristas de principios de siglo subrayaban el encontronazo entre el criollo y el inmigrante. Al burlarse de la jerigonza del recién llegado estaban traduciendo sus propios prejuicios. Una realidad hostil que abarcaba desde el desprecio hasta el temor a un conjunto de personas cada vez más numeroso, que cuando no lograba ocupar espacios, los fabricaba. Sus hijos no sólo acompañarían al poder a Hipólito Yrigoyen o se afiliarían al Partido Socialista: también habrían de impulsar la Reforma Universitaria de 1918, con la cual el acceso de la nueva clase a las profesiones liberales quedaría garantizado. Tener un hijo con diploma, la aspiración de todo inmigrante que fue reflejada en la pieza teatral de Florencio Sánchez *M'hijo el dotor*, de 1903, se transformaría de pura expectativa en posibilidad real. Tanto que en muy poco tiempo largas listas de apellidos itálicos, inhabituales en el inventario de las profesiones liberales hasta fines del siglo XIX, superaron en número a los hijos de familias criollas.

La inmigración italiana fue la más numerosa, excediendo en mucho a la española, que fue la segunda comunidad en cantidad de personas desembarcadas en puertos argentinos. Entre 1857 y 1899, según datos brindados por la Dirección de Migraciones, arribaron

1.100.000 italianos, de los que permanecieron en el país 650.000; contra sólo 360.000 españoles, de los que se arraigaron definitivamente 250.000.

De acuerdo con las mismas fuentes, entre 1900 y 1920 llegó otro millón doscientos mil italianos, de los que 449.000 se quedaron en la Argentina; y entre 1921 y 1947 arribaron 850.000, de los que no regresaron a su país de origen 395.000. Si se tiene en cuenta que en 1895 la población inmigrante de origen itálico en la ciudad de Buenos Aires ascendía al 49 por ciento, cifra que bajó en 1914 aproximadamente a un 40 por ciento, no puede extrañar que el aporte italiano al tango haya sido de primera magnitud. Además, ejecutar tangos, contribuir a su desarrollo, inventarlos, era no sólo una manera de ganarse la vida: significaba también una demostración del deseo de asimilarse al país, a sus costumbres, a sus ritos.

Sin embargo, a pesar de la intención de integrarse cuanto antes a la nueva realidad, la nostalgia podía más y muchas veces en las noches del conventillo, el "tano", sin importarle las burlas de los compadritos del patio, volvía a su mandolina, a su acordeón, para acompañarse entonando canciones del viejo *paese*, al que intuía que sólo podría regresar en los sueños.

En los versos del tango *La violeta*, Nicolás Olivari (autor de libros notables como *La musa de la mala pata* o *El gato escaldado*) resumió esa sensación:

> *Con el codo en la mesa mugrienta*
> *y la vista clavada en un sueño,*
> *piensa el tano Domingo Polenta*
> *en el drama de su inmigración...*
>
> *Canzoneta del pago lejano*
> *que idealiza la sucia taberna*
> *y que brilla en los ojos del tano*
> *con la perla de algún lagrimón...*
>
> *Lo aprendió cuando vino con otros*
> *encerrado en la panza de un buque,*
> *y es con ella metiendo batuque*
> *que consuela su desilusión...*

Carlos de la Púa, en *Los bueyes*, uno de sus más notorios poemas, observó desde otro ángulo "el drama de la inmigración" que menciona Olivari:

> *Vinieron de Italia, tenían veinte años,*
> *con un bagayito por toda fortuna*
> *y, sin aliviadas, entre desengaños,*
> *llegaron a viejos sin ventaja alguna.*
>
> *Mas nunca sus labios los abrió el reproche.*
> *Siempre consecuentes, siempre laburando,*
> *pasaron los días, pasaban las noches*
> *el viejo en la fragua, la vieja lavando.*
>
> *Vinieron los hijos. ¡Todos malandrinos!*
> *Vinieron las hijas. ¡Todas engrupidas!*
> *Ellos son borrachos, chorros, asesinos,*
> *y ellas, las mujeres, están en la vida.*
>
> *Y los pobres viejos, siempre trabajando,*
> *nunca para el yugo se encontraron flojos.*
> *Pero a veces, sola, cuando está lavando,*
> *a la vieja el llanto le quema los ojos.*

Discriminar hasta qué punto los criollos se italianizaron o los italianos se acriollaron no es fácil y resulta bizantino. Las fronteras socio-psicológicas suelen ser difusas y la interpretación nunca es definitiva. Rastrear en cada uno de los actos de un argentino de hoy raíces itálicas puede resultar sencillamente absurdo, y los resultados podrían abarcar bibliotecas enteras, pero si se intentase la experiencia, podría probarse hasta qué punto hábitos, tendencias y gestos reconocen linaje itálico. Sin contar el aporte de giros, frases hechas, refranes y vocablos que cada uno de los distintos dialectos peninsulares agregó a nuestro lenguaje cotidiano. Los filólogos Giovanni Meo Zilio y Ettore Rossi en *El elemento italiano en el habla de Buenos Aires y Montevideo*, aparecido en 1970, enumeraron más de dos mil italianismos de uso común o frecuente en el habla del Río de la Plata, sin que hayan logrado agotar la nómina.

Respecto de la concreta participación itálica en el tango, José Sebastián Tallón destaca que en general los conjuntos musicales (tríos) que actuaban en los cafetines de la Boca hasta los días del Centenario, estaban compuestos en su mayor parte por italianos meridionales que reemplazaban la guitarra y la armónica por el clarinete. El dato no puede sorprender si se tiene en cuenta que en ello influía la simple vecindad. La Boca era un barrio de aplastante mayoría peninsular y de ahí que algunos muchachos de la zona optasen por ganarse unos pesos ejecutando tanguitos cada noche en diferentes locales. El aire de improvisación que caracterizaba esas actuaciones condujo naturalmente a la creación de melodías, que persistían en la memoria de los parroquianos; éstos las solicitaban a los músicos que se complacían en repetirlas, y así surgieron temas y compositores famosos.

Fueron italianos o hijos de inmigrantes italianos varios nombres notables de la Guardia Vieja. Entre ellos: Santo Discépolo (napolitano, padre de Enrique Santos y de Armando, que llegó a Buenos Aires en 1872, se desempeñó como director de las bandas policial y de bomberos y escribió tangos como *No empujés, caramba* y *Payaso*); fueron hijos de italianos: Vicente Greco; Pascual Contursi; Alfredo Bevilacqua; Ernesto Ponzio; Augusto P. Berto; Roberto Firpo; Alberico Spátola; Juan Maglio; Samuel Castriota; Arturo de Bassi; Francisco Lomuto; Francisco Canaro; Sebastián Piana y los hermanos Francisco y Julio De Caro. Y nacieron directamente en la Península, entre otros, Modesto Papávero, creador de *Leguisamo solo* (en Alessandría); los cantores Alberto Marino (en Verona) y Alberto Morán (en Streve), y el poeta Julián Centeya, autor de tangos como *La vi llegar* y *Midinette* y libros como *El recuerdo de la enfermería de San Jaime, El misterio del tango* y *La musa mistonga*, que era originario de la ciudad de Parma.

LAS RAÍCES ANDALUZAS

En la Península Ibérica coexisten a lo largo del siglo pasado el "tango" como una de las variantes del cante flamenco producida en América, y el tanguillo, originario de Cádiz, que se confunde con la habanera y es el que, con el nombre de tango, sin ningún otro aditamento, se desparrama rápidamente por toda España y llega al género chico madrileño, para pasar desde aquellos escenarios a los del Río de la Plata; a veces, en obras estrenadas por las mismas compañías hispanas; otras veces, a través de piezas supuestamente originales que no eran más que adaptaciones de obras madrileñas al ambiente porteño, efectuadas con todas las características del plagio más descarado. En Buenos Aires, la aceptación de este ritmo resultó inmediata y masiva.

Los especialistas en cante jondo no se ponen de acuerdo en la ubicación del tango andaluz. Francisco Carreras Candi, por ejemplo, lo sitúa entre las formas del cante flamenco que deberían clasificarse en una suerte de tierra de nadie, a mitad de camino entre el denominado "cante grande" (jondo) y el "cante chico" flamenco, donde el tango conviviría con rondelas, malagueñas, peteneras, tientos, farrucas, alegrías, sevillanas. El flamenco, más moderno que el jondo, se caracteriza por fraseos más largos, pero de menos aliento y adorno que los del cante grande. Sus remates son más débiles, mientras la extensión de la voz y las modulaciones resultan mayores. Los castizos más severos desprecian al flamenco por vulgar, reprochándole su humor desenfadado, en contraste con la sobria gravedad del jondo.

Ricardo Molina y Antonio Mairena, por el contrario, consideran al tango como uno de los pilares del flamenco. Lo clasifican según su área de extensión, en jerezano, gaditano, sevillano y malagueño.

En cualquier hipótesis, el tango no es una de las formas antiguas del cante; se lo encuentra consolidado sólo a fines del siglo XIX y sobre todo a principios del XX. Pertenece al mundo de los llamados "aires de ida y vuelta", es decir, músicas llevadas a América y que Andalucía recogió, ya modificadas por el uso americano, para incorporarlas a su propio folklore.

El tango parece derivar del "tiento", que es una forma nada esquemática basada en las improvisaciones del guitarrista anteriores al ataque del cantor. El nombre de "tiento" deriva del verbo tentar y significa por ello intento, ensayo o tentativa. Las coplas del tango son muy libres y aunque su compás es binario, como el tango americano, la voz tiene mucha amplitud para alargar las sílabas y demorarse en las palabras.

Para el poeta y flamencólogo gaditano Fernando Quiñones, los tangos andaluces reconocen una gama sumamente amplia: "Hemos oído —dice— tangos acongojados y oscuros; tangos rientes y joviales como si de bulerías o mirabrás se tratasen; tangos lentos, monótonos, planos, apenas sin inflexiones ni matices, largos como un atardecer sobre el mar del verano; tangos casi en son de rumba flamenca, de vivísimo ritmo y jocosa sustancia, no excluyente, empero, de ciertos instantes y modulaciones de inesperado e irreversible patetismo... Incluso dentro de un mismo cante de tangos, y como en el caso de las no tan alegres alegrías, tropiezan, pactan o combaten a veces en ellos las más dispares manifestaciones, el odio y el dolor, el amor y la jactancia, la comedia, la tragedia y aun el sainetillo. Poseídos también de un fuerte color rítmico, y aunque más no fuere por el singular y marcadísimo carácter de éste, los más vivaces tangos que pueden oírse proclaman rápidamente al buen entendedor su predominante gaditana".

Algunos conceptos de la puntualización de Quiñones llevan a pensar en ciertas coincidencias temáticas que —como si existiera un secreto hilo conductor entre ambas especies musicales— enlazan al tango andaluz con las letras de los tangos rioplatenses posteriores a la aparición de Pascual Contursi con *Mi noche triste*, origen del texto argumental que acompaña a la música. El ritmo vivo a que alude Quiñones podría corresponder a los tangos picados de la Guardia Vieja, y los "instantes de inesperado e irreversible patetismo" se conectarían con las obras de Enrique Santos Discépolo. Lo mismo cuando se refiere a las manifestaciones de odio y dolor, amor y jactancia, comedia y tragedia, que coinciden con similares elementos habituales a lo largo de la historia del tango.

En cuanto a la danza, hay que aclarar que el tango flamenco ha sido siempre una forma bailable, de humor alegre y versos de tono algo picante. Los bailarines se juntan en rueda, pero cada cual baila solo y sin castañuelas. Respecto de las coplas, las variantes del tango son creación de cantaores famosos que han inventado formas propias a partir de un elemento común. Así el de Jerez se debe al Frijones, el de Málaga al Piyayo y los denominados "tangos paraos", que luego evolucionaron decididamente hacia el tiento, son obra de Antonio el Mochuelo, autor de piezas célebres en el género, como el *Tango de los tientos*, el *de los peines*, el *de los maestros*, el *de la tontona*. Otros tanguistas célebres han sido Enrique el Mellizo, Pastora Pavón, la Niña de los Peines, Aurelio Selle, Antonio Mairena, Pericón de Cádiz, y en el presente José Menese.

El tanguillo gaditano actual, en cambio, está emparentado con el tipo de música que tras recibir fuerte influencia de la habanera regresó de Cuba para ser incluida con éxito en las zarzuelas madrileñas de mayor aceptación, y pasó luego al Río de la Plata —casi de contrabando— por las escasas compañías teatrales que llegaban a estas regiones, así como por los marineros entre quienes nunca faltaba un aficionado a pulsar algún instrumento o a lucirse bailando.

Entre los elencos líricos o teatrales era frecuente que, fuera del escenario, donde las audacias eran naturalmente magras, se mostrasen otras novedades: los bailes de moda, las canciones de éxito en el Viejo Mundo. Se entonaban letrillas picarescas o se ensayaban algunas figuras de flamenco que eran cosa de todos los días (o más bien de todas las noches) en los tablaos de las ciudades andaluzas. De ahí que no pueda sorprender que hacia mediados del siglo XIX ya se conociera en el Río de la Plata —aunque fuera epidérmicamente— el mismo "tango" al que el *Diccionario de la Real Academia*, en su edición de 1852, definiera como "bailes de gitanos". Inclusión lingüística que coincide —como recordó Matamoro— con la aceptación en los teatros madrileños de "tangos" entre los bailes y romanzas admitidos en los escenarios.

Carlos Vega se ha encargado de explicar aquel "tango" llegado al Río de la Plata: "Constaba el texto de varias cuartetas de hexasílabos, octosílabos o alternativa de éstos con pentasílabos. La guitarra acompañaba a los cantes mediante un rasgueo invariable y depués del estribillo oíase un breve interludio punteado, la falseta. También se bailaba: al principio una mujer sola; luego por una o más parejas. Hombre y mujer, frente a frente, marcaban el ritmo con los pies, semigirando y haciendo castañetas con los dedos".

Ejemplo del talante que poseían las letras de los primitivos tanguillos hispanos son estas coplas recogidas en Cádiz y en los puertos por el folklorista José Carlos de Luna:

Con los músicos, chiquilla,
poquita conversación
porque siempre están pensando
en el dorremifasol...
....
¿De la niña qué?
De la niña, ná.
¿Pues no dicen que?
Dicen, pero cá.

Señala Matamoro que "numerosas habaneras llamadas tangos, en el sentido andaluz de la palabra, circulan por Buenos Aires a nivel folklórico; es decir, de boca en boca, entre 1850 y 1900: el *tango del café* y el *tango de la morena trinidad*, de Nieto; el *tango del automóvil* y el *tango de la estrella*, de Valverde, los tangos *de la casera, de los sombreritos, del morrongo, de los viejos ricos, de los merengazos, de la vaquita*. Entre las recuperaciones de Vega se cuentan: *Al salir los nazarenos*, tradición oral, y *Detrás de una liebre iba*, grabado en disco de fonógrafo".

Junto con el final del siglo la confusión entre tangos andaluces y tangos criollos tiende a desaparecer y los temas de origen hispánico quedarán sólo como antecedente, como el regusto de antiguas melodías, algunas de las cuales, convertidas en *res nullius*, serán la base, e incluso la columna vertebral, de nuevos tangos. Ese cúmulo de habaneras, de tanguitos acupletados, constituirán el aporte español al tango. La otra inmigración mayoritaria, la italiana, brindaría en cambio los primeros ejecutantes y terminaría por imprimirle el aire melancólico, nostálgico, característico de la música rioplatense.

BARTOLO
TENÍA UNA FLAUTA

Al menos hasta que se descubra documentación todavía inédita el tema de los primeros tangos se mueve en el plano de las aproximaciones o sencillamente conjetural. Se conocen los títulos de algunas melodías que con el nombre de tangos se escucharon en los teatros del Río de la Plata en la década del ochenta. Pero en general se trataba de simples habaneras. La carencia testimonial se acentúa a causa de que por entonces los auténticos tangos no se editaban, lo que era lógico: los músicos desconocían la lectura del pentagrama, y de manera casi unánime realizaban meras improvisaciones; en el mejor de los casos, los precarios ejecutantes reiteraban algunas melodías que su buen oído les permitía memorizar. Tampoco muchas.

De todos modos existe coincidencia entre los autores sobre un puñado de títulos —a veces inclinados hacia la habanera y otras hacia la milonga— que fueron habituales en los repertorios de los primitivos tríos de flauta, violín y guitarra o entre los musiqueros que soltaban acordes en alguna pulpería de los suburbios o alrededor de un fogón nocturno.

Así se afirma que *El Queco* (o *El Ke-Ko*) ya era cantado por las tropas porteñas del general Arredondo durante los días de la sublevación del general Bartolomé Mitre, después de las elecciones de 1874 que dieron la presidencia a Nicolás Avellaneda. La voz "quico" o "keko" fue durante décadas sinónimo de burdel y la letrilla que se ha conservado dice:

> *Queco, me voy pa'l hueco,*
> *negra, dejáme pasar.*
> ....

> *Queco, que me voy pa'Europa*
> *Queco, tendéme la ropa.*

El investigador Roberto Selles sostiene que *El Queco* no es otra cosa que un tango andaluz, cuyo título originario sería "Quico", apodo de Francisco, y en apoyo de su tesis transcribe *Un batuque* del uruguayo Benjamín Fernández Medina:

> *Quico, vámonos al baile,*
> *Quico, yo no quiero ir,*
> *con el quico, riquico, riquico.*

Para encontrar la génesis tanguera, otros autores se remontan hasta *El Negro Schicoba*, tema estrenado en la pieza del mismo nombre, de José María Palazuelos, hacia 1867; pero en realidad parece haberse tratado de un derivado del candombe, al que llamaban "tango de los negros".

Tampoco faltaron los tangos peninsulares que en el Río de la Plata hasta fueron cantados con acento importado. Tal el caso del *Tango de la casera* o *Señora casera* o *Tango de los merengazos*, cuya letrilla denota prosapia andaluza:

> *-Señora casera,*
> *¿qué es lo que s'arquila?*
> *-Sala y antesala,*
> *comedo y cosina.*
>
> *Sí, sí, sí,*
> *a mí me gustan los merengazos.*
> *No, no, no,*
> *a tí te gustan los medios vasos.*

La confusión se origina en el hecho de que era frecuente que los tangos andaluces fueran ambientados en las calles de Buenos Aires o vertidos a la idiosincracia criolla, método que por comodidad se aplicaba a piezas teatrales o revistas íntegras, que tras su éxito en Madrid eran trasladadas para el público porteño.

Entre los tangos más antiguos suele mencionarse también *Da-*

me la lata, que parece pertenecer a cierto Juan Pérez, clarinetista de romerías, quien los habría compuesto hacia mediados de los ochenta. El título alude a la ficha —la lata— que la regenta del prostíbulo entregaba a su pupila después de atender a cada cliente y que llevaba señalada la mitad de la tarifa cobrada por el servicio, que era la suma que el rufián recogía puntualmente los días lunes. De ese hábito administrativo surgió una copla anónima:

> *Qué vida más arrastrada*
> *la del pobre cantinflero,*
> *el lunes cobra las latas,*
> *el martes anda fulero.*

Considerada uno de los primeros testimonios de poesía lunfarda, la copla se refiere al mal negocio de un oficio que obligaba a ostentaciones y alardes despilfarradores (porque en el proxeneta la elegancia y el supuesto desinterés por el dinero eran anzuelos habituales para obtener nuevas pupilas).

Las coplas que se cantaban sobre la melodía de Pérez eran anteriores al tema musical, pero se le adosaron rápidamente:

> *Dame la lata*
> *que has escondido.*
> *¿Qué te pensás, bagayo,*
> *que yo soy filo?*
> *Dame la lata*
> *y ¡a laburar!*
> *Si no la linda biaba*
> *te vas a ligar.*

Otros testimonios insisten en mencionar el tango *Andáte a la Recoleta* como uno de los temas más antiguos; sin embargo, se trataría sencillamente del cambio de título del andaluz *Tango de la casera* al que ya se hizo referencia. Cabe recordar que la Recoleta, además del cementerio de ese nombre, era sitio de diversión. "'Ir a la Recoleta' —anota Matamoro— significaba irse de juerga; y venir de la Recoleta, estar extenuado por los excesos de la diversión. En todo caso se hacía referencia a los bailes del barrio de la Recoleta (entre ellos El Prado Español, de la avenida Quintana, primer sitio en que se permitió bailar públicamente el tango a parejas de hombres con mujeres) y a las romerías de la Virgen del Pilar, que daban lugar a grandes fiestas populares no precisamente piadosas."

Entre las coplas que subsisten de *Andáte a la Recoleta*, la más difundida fue:

> *Andáte a la Recoleta*
> *decíle al recoletero*
> *que prepare una bóveda*
> *para este pobre cochero.*
> *Sí, sí, sí,*
> *que Gaudencio se va a fundir.*
> *No, no, no,*
> *que Gaudencio ya se fundió.*
> *Sí, sí, sí,*
> *que esta noche me toca a mí.*
> *No, no, no,*
> *que mañana te toca a vos.*

Los títulos de los tangos de los primeros tiempos manifiestan a las claras el ámbito prostibulario en que solían interpretarse. Los ejemplos, a veces picarescos, a veces pornográficos, hacen referencia a los órganos genitales, a características físicas de las prostitutas de determinado burdel o al mismo coito: así *La clavada, La franela, Sacámele el molde, Con qué trompieza que no dentra, El serrucho, Siete pulgadas, Cachucha pelada, Concha sucia* (que con los años se transformaría en el más casto *Cara Sucia*), *La concha de la lora*, que se abreviaba La c... de la l... y adquiriría carta de decencia al ser editado con el nombre de *La C...ara de la L...una*, título cuyo origen estaba inequívocamente recordado por los puntos suspensivos. Lora era el nombre que se daba a las prostitutas en general y en especial a las pupilas extranjeras recién llegadas.

Otros tangos de indiscutible índole prostibularia son *El fierrazo, Colgáte del aeroplano, Va Celina en la punta, Dos sin sacar, Dejálo morir adentro, Sacudíme la persiana, Soy tremendo* o *¡Qué polvo con tanto viento!* de cuya primera parte se apropió Ernesto Ponzio para componer su célebre *Don Juan*. Y por último, *Bartolo*, que paradójicamente se convirtió con el tiempo en ronda infantil, algo que al principio preocupaba seriamente a los padres de familia que —ellos sí— conocían el origen de la reiterada coplita sobre la masturbación:

> *Bartolo tenía una flauta*
> *con un agujerito solo.*
> *Y la madre le decía:*
> *Tocá la flauta Bartolo.*

La letra completa narraba:

> *Bartolo quería casarse*
> *y gozar de mil placeres*
> *y entre quinientas mujeres*
> *ninguna buena encontró.*
>
> *Pues siendo muy exigente,*
> *no halló mujer a su gusto*
> *y por evitar disgustos*
> *solterito se quedó.*

A pesar de que subsiste el error de sostener que los tangos primitivos carecían de letra, desde los comienzos aparecieron coplitas ingenuas o pornográficas, según el ámbito donde se las cantara. Incluso los tangos negros ya cargaban con sus estrofas. Luis Soler Cañas recogió éstas, de *El Merengue*, aparecidas originariamente en "El Carnaval de Buenos Aires", "publicación anual dedicada a la juventud argentina", en febrero de 1876:

> *¡Ay! si Flancisca muere*
> *pobre menguengue*
> *que vá á querá*
> *sin tener teta golda*
> *de la morena*
> *para chupá.*
> *Y repué tata viejo*
> *también solito*
> *se vá á querá*

y yá á su Flancisca
en la amaca
no tenguerá.

En la pieza *El estado de un país* o *La nueva vía*, que no es más que una parodia de *La Gran Vía*, exitosa revista madrileña, se escucharon versos de Eduardo Rico, cantados sobre música del maestro Eduardo García Lalanne, quien había compuesto algunos tangos especialmente para esta revista. Los versos de Rico habían sido recogidos de coplas anónimas que por esos días solían agregarse a otros tangos para ser cantados por los integrantes de los propios grupos musicales en sus lugares de actuación. En un momento dado, tres compadres se acercaban bailando entre ellos hacia las candilejas y allí comenzaban a entonar:

Compadre 1º:
Yo soy del barrio del alto,
soy del barrio del Retiro,
soy aquel que nunca miro
con quién tengo que pelear,
y al que en tren de milonguear
ninguno se puso a tiro.

Compadre 2º:
Poco a poco compañero,
no cante pronto victoria,
que para ganar la gloria
aún le faltan memoriales,
que soy del barrio 'e Corrales.
Hoy va a conservar memoria.

Compadre 1º
No me asustan corraleros
que porque gastan cuchillo,
creen que uno es un novillo
pa'dejarse cuerear,
mas que suelen disparar
si le muestran el gatillo.

Poco después los mismos personajes cantarían los versos de un tango que se haría famoso, también perteneciente a García Lalanne, *Soy el rubio Pichinango*:

> *Soy el rubio Pichinango*
> *yo el paraito Zapitría,*
> *yo nunca niego la cría*
> *soy el negro Pantaleón.*
>
> *Los tres somos cuchilleros*
> *muy nombrados de la gente*
> *que nos limpiamos los dientes*
> *con la punta del facón.*
>
> *A más tenemos tres minas*
> *que son criollas comodonas*
> *yo, a Aniceta la llorona;*
> *yo, a la parda Tongarí;*
> *yo, a María Cañonazo*
> *la del cuaterno en la jeta*
> *que es la negra más trompeta*
> *que en mi vida conocí.*

Otra letrilla muy difundida en la década del noventa es la del tango *El torito*, de Rius. Angel Villoldo firmaría años después otra melodía con igual título, pero la particularidad del tema de Rius es que sus ingenuos versos pertenecerían al general Bartolomé Mitre, ya que con la mención de esos autores habría aparecido una versión discográfica editada en Europa a comienzos de siglo, que se iniciaba con una presentación:

> *Aquí el torito*
> *el criollo más compadrito*
> *que ha pisao la Capital.*
> *Donde quiera me hago ver*
> *cuando llega la ocasión.*

En 1897, el dramaturgo Enrique García Velloso escribió para *Gabino el mayoral*, pieza con la que habría de obtener su mayor éxito ya que se representó en más de mil funciones, la letra del tango *No me vengas con paradas*, también sobre música de García Lalanne:

> *No me vengas con paradas, te digo,*
> *que no te llevo el apunte,*
> *y haré que alguno te unte*
> *con un talero, si estrilo.*

Al llegar a la primera década del siglo ya había surgido una serie de personajes cuya actividad artística normal era cantar y que no evitaban incluir algunos tangos en sus repertorios; por ello, numerosas partituras de esos días incluyen letras aptas para ser cantadas por hombre y por mujer, como ocurre por ejemplo con *Cuidado con los cincuenta* de Angel Villoldo. El mismo Villoldo fue uno de esos cantores, en su caso especializado en difundir creaciones propias, la mayoría de las cuales contaban con letra. Otros nombres eran el matrimonio formado por Flora y Alfredo Gobbi, Dorita Miramar, Linda Thelma, Arturo Mathon y la famosísima Pepita Avellaneda (Josefina Calatti), considerada la primera cancionista del tango. Para ella Villoldo le agregó unos versos acupletados a *El entrerriano* de Rosendo Mendizábal:

> *A mí me llaman Pepita, jai, jai,*
> *de apellido Avellaneda, jai, jai,*
> *famosa por la milonga, jai, jai,*
> *y conmigo no hay quien pueda.*

Pepita había alcanzado un notable éxito como tonadillera en teatrillos picarescos de Montevideo y Buenos Aires, y por su amistad con varios compositores se atrevió a intercalar tangos en sus actuaciones. Pero en general las letrillas que se entonaban en escenarios o romerías carecían —salvo alguna tímida doble intención— del carácter sexual de las que se cantaban en los prostíbulos al estilo de:

> *Por coger con una mina*
> *que era muy dicharachera*
> *me han quedado los cojones*
> *como flor de regadera.*

cuya versión adecentada era:

> *Por salir con una... chica*
> *que era muy dicharachera*
> *me han quedado las... orejas*
> *como flor de regadera.*

O esta otra:

> *Con tus malas purgaciones*
> *me llenaste un barril*
> *y me tuviste en la cama*
> *febrero, marzo y abril.*

Juan Piaggio recogió cuatro versos de un tango primitivo en el que una pupila de prostíbulo exclama:

> *Estése quieto*
> *sosieguesé.*
>
> *No sea cargoso, caramba,*
> *cómo es usted...*

Luis Soler Cañas también exhumó la letra de un tango de López Franco titulado *Los cantinfleros*, donde el protagonista se enorgullece:

> *Soy el mozo cantinflero*
> *que camina con finura*
> *y al que miran los otarios*
> *con una envidia canina*
> *cuando me ven con la mina*
> *que la saco a pasear.*

En los años posteriores al novecientos, las letras se multiplican. Villoldo escribe las suyas; en Montevideo, Contursi pergeña también sus versos, que adosa a tangos sólo instrumentales para entonarlos él mismo, y no faltan quienes —como Luis Roldán (autor de *Carne de cabaret*) y Antonio Martínez Viérgol— escriben tangos para cupletistas de moda.

Pero, a pesar de todo, la primera letra de tango seguirá siendo *Mi noche triste* de Pascual Contursi. Lo anterior es prehistoria.

LA SECTA DEL CUCHILLO Y EL CORAJE
(Guapos y compadritos)

> *Las tres compadradas teologales encarnábanse en tres tipos distinguibles a simple vista. El compadrón, con desmesurada fe en sí mismo, dureza de tortícolis y heredada arrogancia de matamoros; el compadrito, con resabios de candombe y esperanza de llegar un día a la capacidad de pesado del barrio; y el compadre* tout court, *combinación caritativa de los otros dos.*
>
> HÉCTOR SÁENZ QUESADA

EL GUAPO

La ciudad era baja, salpicada por amplios baldíos y calles de tierra. Un viaje hasta el centro era una aventura tranviaria que se preparaba con anticipación. Por eso la gente de los barrios, poco adicta a las novedades, prefería permanecer en ellos salvo razones de trabajo. La vida se ceñía a contadas manzanas: curiosear por Florida no era cosa de pobres. Los barrios tenían sus límites y sus personajes familiares. Uno de ellos, temido, envidiado y respetado, era el guapo. Ser reconocido como tal era el título máximo de la hombría. Se lo ganaba sin estridencias ni golpes de suerte. Era una biografía y una constante. Un sitio en la consideración pública hecho de presencia, nunca de gritos y que sólo podía perderse por un acto deshonroso, como rehusar una pelea, que de ocurrir salpicaba al barrio entero. Pero la verdad es que estas agachadas no eran usuales. No podían serlo.

Cuando la vejez lo sosegaba, el guapo se transformaba en patriarca. Se le brindaba tratamiento de don y hasta el nuevo patrón del coraje lugareño respetaba y hacía respetar a su antecesor. De tanto en tanto, cuando el viejo compadre aparecía por el boliche, su consejo era escuchado devotamente. Se le reconocía experiencia, sabiduría y —lo más importante— un largo itinerario de coraje, hecho de miradas, de puro prestigio muchas veces. Pero esta situación se daba en pocos casos, porque a la mayoría la muerte lo alcanzaba —todavía joven— en algún enfrentamiento, en un descuido por confiarse demasiado o en una cuchillada traicionera que lo dejaba tendido para siempre sobre las piedras de una vereda despareja. Entonces era recordado con admiración y sus hombradas alcanzaban la leyenda adornada con valentías apócrifas y crónicas de oídas.

"Su profesión —precisó Jorge Luis Borges—, carrero, amansador de caballos o matarife. Su educación, cualquiera de las esquinas de la ciudad (...) No siempre era un rebelde: el comité alquilaba su temeridad o su esgrima y le dispensaba su protección. La policía, entonces, tenía miramientos con él: en un desorden, el guapo no iba a dejarse arrear, pero daba —y cumplía— su palabra de concurrir después. Las tutelares influencias del comité restaban toda zozobra a ese rito. Temido y todo, no pensaba en renegar de su condición; un caballo aperado en vistosa plata, unos pesos para el reñidero o el monte bastaban para iluminar sus domingos."

Solía vestir de luto tal vez porque su tarea lo obligaba a tutearse con la muerte. El lengue blanco con la inicial bordada y la chalina de vicuña eran las únicas notas que cortaban el tono del atuendo. Si se daba la mala hubiera sido desdoroso quedar tirado en una esquina con ropas de otro tipo. Una descortesía con la muerte. Además, ése había sido también el uniforme de sus mayores y se ceñía a él gustosamente.

Héctor Sáenz Quesada dio una explicación del aspecto y los modos del guapo como lógico resultado de su herencia histórica: "El compadre porteño del siglo XIX —escribió— refugiábase por instinto en el pasado. Su traje oscuro o negro repetía el atuendo filipino; su melena volcada sobre el pañuelo del cuello era nostalgia de la coleta dieciochesca; su cuchillo, sustituto del estoque toledano. Su afectación de movimientos, ejecutados cada uno con parsimonia de rito (hasta para aventar la ceniza del cigarrillo con la larga uña del meñique), era obstinado conservatismo de la gravedad del gentilhombre, y en las veredas de ladrillo de los barrios recios su contoneo revivía las mudanzas del minué. Aquella estampa artística (y naturalmente exagerada como toda obra de arte) demostraba el abolengo castizo hasta en sus celos calderonianos, pues se batía a muerte si le miraban la mujer en las milongas con corte. Por su pundonor a la antigua usanza despreciaba el puñetazo propio de villanos lo mismo que el trabajo asiduo, que envilece al hidalgo por ansiedad de servir a un patrón o a una clientela. Pero eran hidalgos venidos a menos, pues tocáronles malos tiempos para vivir y morir. En el fondo, sin que nadie —ni ellos mismos— lo advirtiera, eran verdaderos reaccionarios, apegados a la tierra y a sus mayores; cavernícolas; aristócratas malogrados porque carecían del empleo único y connatural de toda aristocracia: la guerra".

A mitad de camino entre el hombre de la ciudad y el campesino, el compadre, como su antecesor el gaucho, siguió rindiendo culto al coraje. En un medio difícil, hostil, en un oficio donde el derecho a vivir se ganaba cada día y la vida se conservaba como el nombre y la fama en detalles, en gestos, en la continuidad de una conducta, el sitio obtenido le creaba también enemigos enconados y seguidores fanáticos. El guapo era el reflejo en borrador del caudillo parroquial al que servía con ciega lealtad. El paradigma de este personaje aparece en la dramaturgia argentina encarnado en Ecuménico López, el protagonista de *Un guapo del 900*, de Samuel Eichelbaum, quien se autodefine: "No soy una taba que pueda caer de un lado o de otro. Yo caigo en lo que caen los hombres ni aunque me espere el degüeyo a la vuelta de la esquina". Por fidelidad, Ecuménico mata y va a la cárcel para salvar el honor del caudillo al que respeta y sirve desde hace años. Ecuménico es hombre de un jefe, que no anda alquilando su daga al mejor postor ni espera un golpe de suerte que lo saque del suburbio, porque en el fondo prefiere continuar como patrón del barrio antes que diluirse en el anonimato de las calles del centro.

Respecto de su relación con la mujer, más allá de la latente homosexualidad que alguna vez se les ha endilgado a estos guardaespaldas cuyo criterio ético los llevaba con frecuencia al sacrificio, el guapo era un solitario por convencimiento. Sus visitas al prostíbulo rara vez aportaban sentimientos y se las consideraba puramente higiénicas o para mantener el cartel de hombre entre los vecinos del barrio. Entiende Miguel D. Etchebarne que esta ostensible misoginia encubría una defensa de la mujer más que subestimación. Sabían que la muerte podía esperarlos en cualquier entrevero y secretamente temían que en caso de verse obligados a matar a un adversario político, el caudillo debiese optar por abrirse del tema para no quedar salpicado con un crimen que dañara demasiado su imagen. En ese caso, el guapo acabaría en la cárcel y no era cosa de andar dejando viudas e hijos desamparados. Además, el celibato —en opinión común entre la gente de cuchillo— era garantía de eficacia. La ausencia de un amor o una familia les impediría titubear en medio de un combate. Situación que la aguda óptica de Enrique Santos Discépolo plasmó en los versos de *Malevaje*:

> *Ayer de miedo a matar,*
> *en vez de pelear*
> *me puse a correr...*
> *Me vi a la sombra o finao,*
> *pensé en no verte y temblé;*
> *si yo —que nunca aflojé—*
> *de noche angustiao*
> *me encierro a llorar...*
> *¡Decí por Dios qué me has dao,*
> *que estoy tan cambiao...*
> *no sé más quién soy!*

A veces, cuando la vida comenzaba a hacerse monótona a causa de la inacción, el guapo buscaba revalidar sus mentas en barrios ajenos, y cerca de la madrugada aparecía en el reducto de otro cuchillero famoso a desafiarlo. En estos casos —no muy frecuentes, es verdad— uno de los dos quedaría muerto. Era la ley. Salvo excepciones, como ocurrió en cierta topada entre dos personajes de renombre: El Maceta y El Títere, que de puro sobradores de coraje, y acaso por vagancia propia de los grandes, decidieron olvidarse por una vez las dagas y jugarse el cartel a una partida de truco que el tiempo y un poema de Cadícamo hicieron legendaria.

Ya sobre el final, El Maceta, que hacía de dueño de casa en un turbio cafetín frente al Abasto, le cantó "envido" a su oponente llegado de Villa Crespo. A lo que El Títere le respondió con fuerza "¡falta envido!", mientras le disparaba un tiro al piso, justo entre las piernas, que no inmutó al rival; su única respuesta fue pedirle con aire indiferente: "¿Y...? ¡Cante, compañero!". La valentía ante su bravuconada provocadora conmovió al desafiante que soltó las barajas y abrazó al otro guapo mientras los parroquianos aflojaban la tensión en un aplauso. Afirma la leyenda que a partir de esa noche más de una vez fue dable verlos juntos, inclusive espalda con espalda, enfrentando a algún grupo que pretendía cercarlos.

El guapo era un compadre —ambas voces son sinónimos— y aceptaba ese apelativo. Le disgustaba el mote diminutivo de "compadrito", y más aún el despectivo "compadrón", que en caso de ser utilizado podía provocar un incidente.

La palabra "compadre" es un antiguo tratamiento equivalente a amigo o camarada. En su origen el vocablo designa al padrino de un niño en relación con los padres del mismo, y por extensión se lo utilizó como sinónimo de gaucho o paisano, primero, y más tarde como tratamiento amistoso, en el mismo sentido en que se podía llamar "cuñado" a un amigo. Con el tiempo, la misma palabra pasó a nombrar a un bien delimitado arquetipo del arrabal porteño: el primero en la escala del coraje. Un hombre que para los vecinos encarnaba la auténtica justicia, que incluso resultaba la contrapartida de la arbitrariedad policial, tal vez porque su escala ética no provenía de la frialdad de los códigos o de la mera portación de armas, sino de una prioridad popular encabezada por el honor, la lealtad y el respeto a la palabra empeñada.

Evaristo Carriego, que vivió en un barrio (Palermo) y por lo tanto tuvo trato con verdaderos guapos, y había elegido la visión del contexto cotidiano para las crónicas que encerraban sus poemas, dejó trazado un rotundo retrato:

> *El barrio le admira. Cultor del coraje*
> *conquistó a la larga renombre de osado;*
> *se impuso en cien riñas entre el compadraje*
> *y de las prisiones salió consagrado...*
> *Conoce sus triunfos y ni aun le inquieta*
> *la gloria de otros, de muchos temida,*
> *pues todo Palermo de acción lo respeta*
> *y acata su fama, jamás desmentida...*
> *Le cruzan el rostro, de estigmas violentos,*
> *hondas cicatrices, y quizá le halaga*
> *llevar imborrables adornos sangrientos:*
> *caprichos de hembra que tuvo la daga...*
> *La esquina o el patio, de alegres reuniones,*
> *le oye contar hechos que nadie le niega:*

¡con una guitarra de alegres canciones
él es Juan Moreira y él es Santos Vega!
....
Aunque le ocasione muchos malos ratos,
en las elecciones es un caudillejo
que por el buen nombre de los candidatos
en los peores trances expone el pellejo.

EL CUCHILLO

Al igual que los gauchos, que solían cargar un largo facón, apto además como machete, el hombre de acción de las orillas ciudadanas recurrió al arma blanca. Se ciñó a la daga de empuñadura funcional y hoja cortona. "El cuchillo de la pampa —dice Etchebarne— se acorta en el suburbio como el panorama. Deja de ser un lujo en la cintura para transformarse en una amenaza entre las ropas. El cuchillo no fue ya ostentado sino presentido." Es el famoso cuchillo en la sisa del chaleco al que se refiere Mario López Osornio cuando describe en *Esgrima criolla:* "Esta manera de llevarlo fue más bien de la gente allegada a las poblaciones que de la del campo. Si el sujeto era 'derecho' en el manejo del arma, lo colocaba en la bocamanga izquierda del chaleco, de manera de poderlo desenvainar con limpeza en el momento de apuro. El filo quedaba hacia adelante".

La habilidad que ostentaban los orilleros para manejar el arma comenzaba en la infancia, cuando los muchachitos tiznaban la punta de un palo, en general una rama ciudadosamente pelada y recta, y con ella visteaban. Es decir, simulaban una pelea. En el juego el perdedor siempre se iba con alguna raya de carbón en la cara, aviso de los infamantes barbijos que el descuidado podría llegar a recibir de adulto si no mejoraba su vista, su agilidad, sus reflejos o su estilo de contener al oponente. Ser chambón en el visteo era también un alerta en una actividad donde el primer descuido significaba el viaje al hospital o al cementerio.

EL COMPADRITO

"Este personaje al que frecuentemente se lo confunde con el guapo o el compadre —especifica Blas Raúl Gallo— era, en lo esencial, un imitador; un guapo a mitad de camino, un feto que no llegó a término, un sietemesino arrabalero, fanfarrón, procaz, algo así como el chulo madrileño."

Lo distinguía la provocación gratuita, la jactancia de un coraje fingido, y el alarde de hazañas ajenas como propias. Al guapo le alcanzaban palabras en voz baja, silencios y miradas: se imponía por presencia y conducta; su imitador, en cambio, precisaba del grito, el autoelogio y también de aduladores.

Leopoldo Lugones lo desprecia al definirlo "híbrido de gaucho, de gringo y de negro". Más comprensivo, el poeta Fernando Guibert trataba de entenderlo: "Nació hombre de a caballo; el hombre quedó paisano desmontado y es por eso que al compadrito se le desmontó el destino, se encerró en la callejuela y la cortada y aprendió a andar por la vereda".

El compadrito no era un personaje querido ni respetado; cuando mucho le temían las mujeres que estaban bajo su dominio. El guapo lo consideraba un infeliz, sujeto despreciable para quien bastaba con el mango del rebenque, con un planazo y hasta con una ofensiva cachetada a mano abierta para hacerlo callar.

En las orillas porteñas su aparición fue anterior al nacimiento del tango. Lo menciona Sarmiento en las páginas del *Facundo,* en 1845, y Tomás Gutiérrez en su brevísima novela *La maldición*, impresa a principios de 1859 (exhumada por Antonio Pagés Larraya justo un siglo después). Gutiérrez definía a los compadritos "hijos degenerados del gaucho por su acento y sus términos", y abundaba: "hombres criados en los alrededores de la ciudad y cuyos únicos placeres son la bebida, el canto acompañado de su instrumento favorito, la guitarra, las riñas y los bailes de los hombres de su clase". Por la misma época y bajo la influencia de los datos brindados por Gutiérrez, apareció un nuevo retrato del prototipo. Esto ocurrió en el periódico "La guirnalda", en los números 19 y 20, correspondientes al 20 y 27 de marzo de 1859, firmado con las iniciales A. de E., que en opinión del historiador Fermín Chávez (que sacó a la luz estos artículos) correponderían a Angel de Estrada, hermano mayor de los directores de la efímera publicación: Santiago de Estrada y Juan Manuel de Estrada (h.) La descripción anota: "El compadrito es un gaucho degenerado en hombre del pueblo, o un hombre del pueblo degenerado en gaucho. Con el hombre del pueblo la echa de gaucho y con el gaucho de hombre de pueblo". El compadrito de mediados de siglo tenía también al parecer ostentoso uniforme: "viste un traje especial y que no carece de originalidad, pantalón de campana, calzoncillo con fleco, de modo que se vea por debajo del pantalón, chaqueta un poco corta, camisa con voladitos plegados en días de gala, y algún botón charro en la pechera, corbata angosta o ninguna, sombrero de paja, chico, algo echado sobre los ojos, con barbijo y borlita negra caída sobre el labio superior, puñal en la cintura o en la bota de becerro, cuando quiere ocultarlo al ojo de la policía que, como es materia de multas, no le cierra como hace con otras cosas". Y sigue la explicación de hábitos y modales: "Camina quebrándose y como haciéndose chiquito, tiene particular aversión por los mozos del pueblo que andan arreglados como se debe, a los que insulta con el apodo de cagetillas, y se entretiene en buscarles pendencia. Es cantor y fandanguero, diversiones que generalmente terminan en una gresca, que empieza por romperle a alguno la guitarra en las costillas, continúa por apagar las luces y acaba puñal en mano.

"Es gastador y rumboso y esto suele originar muchas de sus pendencias; se empeña en que un amigo ha de beber y éste no quiere, empieza a forzarlo a que lo haga: 'y tome amigo, ¿por qué no toma?, ¿será porque soy pobre?; pero aunque me ve así no reculo ante naides'; hace a su compañero entrar en palabras y apenas pronuncia alguna que ha provocado y le disgusta, saca el puñal, y si el otro no anda listo, lo que rara vez sucede, le planta su marca, es decir le da un tajo, si es posible en la cara, que es de lo que más se cuidan; todo por el placer de contar hazañas y de hacerse el terrible, que es uno de sus sueños dorados."

Varios años más tarde, en su *Diccionario de argentinismos*, de 1912, Lisandro Segovia caracteriza al compadrito como "individuo jactancioso, falso, provocativo y traidor, que usa un lenguaje especial y maneras afectadas", mientras Tobías Garzón en su *Diccionario argentino* le sigue agregando lindezas: "hombre de bajo pueblo, vano, engreído y fachendoso", lo llama. Hacia fines de siglo, en 1898, Carlos Estrada ya se había ensañado: "Pasa las noches en las trastiendas de los almacenes en los que expenden bebidas. Se alcoholiza con caña, su néctar favorito, y es capaz de consumir docenas de vasos, pues chupa como una esponja reseca. Lleva oculto en la cintura un cuchillo de riña y no son raras las veces en que concluyen sus tertulias con tajos a diestro y siniestro, con marcas en la cara, o con feroces cuchilladas en el vientre. Engreído y orgulloso, siempre está prevenido y ve ofensa en un gesto o una mirada".

Con esta suma de atributos en los que coinciden diversos autores no resulta extraño que el término compadrito fuese, además de un diminutivo, una calificación peyorativa y denigrante. Ellos, sin embargo, no se ocupaban demasiado de las críticas y, al contrario de los guapos, gustaban alardear de sus triunfos, sin advertir que en el ambiente en que se movían, las claves se daban en medias palabras, en prestigios edificados de famas confirmadas por otros, nunca por el protagonista. La extraversión no siempre era buena propaganda.

Las primeras letrillas de los tangos recogieron esos desplantes de ingenua pedantería de quienes no creían muy en serio su declamada superioridad. Así Angel Villoldo, reivindicando el mote de compadrito por su costado simpático y alegre, escribió en 1903 sobre una partitura de su amigo Alfredo Gobbi:

Soy hijo de Buenos Aires
me llaman el porteñito,
el criollo más compadrito
que en esta tierra nació.

Cuando un tango en la vihuela
hace oír un compañero
no hay nadie en el mundo entero
que baile mejor que yo.

No hay ninguno que me iguale
para enamorar mujeres
puro hablar de pareceres
puro filo y nada más,
y al hacerle la encanada
la ficho de cuerpo entero
asegurando el puchero
con el vento que dará.

Soy terror de los franelas
cuando en un baile me meto
porque a ninguno respeto
de los que hay en la reunión.

Y si alguno se retoba
queriéndose hacer el guapo

> *yo le encajo un castañazo*
> *y a buscar quién lo engendró.*

Por entonces el término "compadrito" ya no debía encerrar tan sólo la sordidez de los adjetivos que le achacaban sus detractores, porque son muchos los testimonios en los que el vocablo compadrito aparece como sencillamente alegre, decidor y vanidoso, pero despojado de tintes demasiado cargados. Así en otro tango de Villoldo, Alfredo Gobbi presenta un personaje al que no le avergüenza asumir su carácter:

> *Soy el taita de Barracas*
> *de aceitada melenita*
> *y camisa planchadita*
> *cuando me quiero lucir.*
> *Si me topan me defiendo*
> *con mi larga fariñera*
> *y me le dejo a cualquiera*
> *como carne de embutir.*
> *Y si se trata de alguna mina*
> *la meneguina*
> *le hago largar.*
> *Y si se resiste*
> *en aflojarla*
> *con asustarla*
> *no hay más que hablar.*
> *Soy amigo de trifulcas*
> *que se arman en los fondines*
> *bailongos y cafetines*
> *con los taitas de chipé.*
> *Soy el taita más ladino*
> *altanero y compadrito*
> *soy el rubio Francisquito*
> *de chamberguito y plastrón.*
> *Soy cantor y no reculo*
> *no me achico al más pesao*
> *porque yo siempre he peleao*
> *con el tipo más matón.*

He sido siempre
un habitante
fiel y constante
de la prisión
pues soy un taita
que a la felpeada
tira trompadas
a discreción.

La exageración era —como se dijo— parte de la personalidad del compadrito, tanto en el ademán que llevaba a la bravuconada como en el vestuario. Bajo un brillante jopo perfumado, el cuidado artístico de las guías de sus bigotes, enhiestas a fuerza de cosméticos, los hacía aparecer remilgados. Para Tallón: "Imitaron la moda de los ricos y se trajearon y acicalaron con un narcisismo exagerado de mujer, evidentemente sexual y sospechoso (...). El contoneo criollo del caminar tuvo su origen en los tacos altos; Larraya prefiere esta metáfora: "El gauchito, desmontado, pierde la mitad que le daba altura y prestancia: ahora tiene que esforzarse para hacer figura él solo. Y en el esfuerzo exagera, se torna amanerado. Consciente de su pequeñez".

Existe una muy conocida fotografía de Eduardo Arolas, El Tigre del Bandoneón, cuya imagen responde a ese afectado cuidado, casi caricaturesco, en el vestir: funyi oscuro y blando con cinta alta, saco largón con solapas en punta, abierto como para dejar ver un chaleco brillante, ribeteado en raso claro, lo mismo que los bolsillos de donde cuelga una gruesa cadena de oro con medalla. Corbata de moño tocada con un perla en el nudo, camisa de piqué blanco y pantalón negro con rayas grises, abombillado y largo, quebrándose sobre los zapatos impecables de taco pera alto y torneado. Sobre los guantes —seguramente patito— un anillo de piedra, y en la mano una caña flexible con empuñadura de plata. Otros enjoyaban sus manos con tres o cuatro anillos en cada una.

Con esta estampa —o parecida— el compadrito se presentaba en bailes y bailongos con mirada sobradora y aire conquistador, agresivo. No era ajeno a la provocación y si bien cargaba cuchillo, como el guapo, no desdeñaba el revólver, cuyo uso hubiera degradado al compadre por considerarlo propio de ventajeros y cobardes. Antes de matar a un hombre en un combate, se decía por entonces, era preciso mirarlo al fondo de los ojos, para que al otro el final no le llegara de improviso. Todo distanciamiento era propio de gringos o gallinas. Con el cuchillo se sentía la muerte ajena en el propio cuerpo a través del temblor del rival al penetrar la daga. Eran las reglas. El guapo sentía que el revólver era como una puñalada por la espalda. Pura indignidad. Cosa adecuada a esos personajes que él dominaba lo más con un revés, sin preocuparse demasiado ni de mirar la cara del sujeto. "A tipos como éste, me los saco de encima a golpes de chalina", solía decirse entonces.

Tulio Carella mira con simpatía al compadrito, lo siente emparentado con el vivaracho alegre y vanidoso de los tangos de Gobbi o de Villoldo: "Es dicharachero, sentencioso, corajudo, diestro en el manejo de armas cortas, agresivo y nostálgico a la vez", y asegura que el compadrito nunca es un cafishio. Lo cual suena a simple exageración sin fundamento, porque con mucha frecuencia le gustaba vivir de los pesos que pudiera arrimarle una mujer, o dos cuando le daba el cuero.

COMPADRONES Y MALEVOS

Domingo Casadevall distingue: "Imitador formal del guapo y del compadre (del compadrito, sería más preciso), el compadrón es un cobarde enmascarado de valiente. Madrugador y ventajero, hiere a traición y hace de 'la parada' un recurso defensivo y publicitario (...) El compadrón —continúa— se desempeña como guardaespaldas de compadres o encargado de garitos, o portero de mancebías, o soplón de comisarías".

El malevo, por su lado, es la última escala del desprecio social. Cobarde, abusador con los débiles y las mujeres, jugador con ventaja, tramposo, desleal con los amigos, se achica al primer embate. Mata a traición y deja encarcelar a un inocente. Es el frecuente villano de los sainetes. Le gusta que le teman pero se achica ante un rival de envergadura. Ventajero y madrugador, suele ser el gritón del conventillo, el primero que arruga al llegar la policía aunque no es infrecuente que vista uniforme y en ese caso se aproveche de la autoridad que inviste.

¡CHE BANDONEÓN!

Lo importante no es el cómo ni el cuándo, sino que llegó. Un día cualquiera del siglo XIX alguien trajo el primer instrumento a la Argentina. Acaso haya sido nomás —y como es lógico— un marinero alemán que en un escaparate de Hamburgo se entusiasmó por esta especie de concertina de cajas hexagonales inventada por Heinrich Band hacia 1835 y que sólo tenía unos cuantos botones para cada mano. Un instrumento portátil, adecuado para la música campesina que le gustaba interpretar en las interminables travesías por el Atlántico. Tal vez haya sido nomás —como sostuvo el compositor Augusto P. Berto— un muchacho brasileño del que sólo se recuerda que le decían Bartolo. Lo cierto es que en 1864 su creador había iniciado en Hamburgo la fabricación en serie de los famosos bandoneones AA, y que al año siguiente ya había un ejecutante identificado, el negro José Santa Cruz, padre del mítico Domingo que entretenía las tediosas noches de las trincheras de la Guerra de la Triple Alianza con un fuelle que llevaba la marca Band-Union, derivada del apellido del fabricante y de la cooperativa que se arriesgó a producirlo comercialmente.

Lo cierto es que a fines de la última década del siglo el bandoneón comenzó a aparecer con frecuencia en los tríos que amenizaban cafés y prostíbulos, hasta que en muy poco tiempo se hizo imprescindible para la interpretación de cualquier tango.

El bandoneón desalojó rápidamente a la flauta de los conjuntos primitivos. "Pero ese simple trueque de timbres sonoros, aparentemente formal y sin mayor trascendencia —explica Luis Adolfo Sierra—, traería un cambio total en la fisonomía musical del tango. Con la paulatina desaparición de las traviesas y picarescas fiorituras de la flauta fue perdiendo el tango su originario carácter retozón y bullanguero. Adoptó entonces una modalidad temperamental severa, cadenciosa, adusta, apagada. Y fue el bandoneón, sin duda, el artífice de esa radical transformación anímica, que acaso el tango esperaba para volverse quejumbroso y sentimental."

Si la explicación del instrumento se limitase a la definición técnica, por ejemplo la que brinda Oscar R. Zucchi en su completo ensayo sobre el tema, se trata de "un aerófono portátil, con botones, accionado a fuelle, con ejecución de ambas manos simultáneamente, provisto de dos cajas armónicas en cuyo interior vibran por acción de aire a presión, un sistema de lengüetas metálicas. El bandoneón cromático expresa la misma nota abriendo y cerrando el fuelle. El acromático, de mayores posibilidades, es el adoptado por los profesionales del tango y varía la expresión según se ejecute abriendo o cerrando, produciendo disonancias o asonancias". Pero como ocurre con el cante jondo, los significados profundos de un son de bandoneón, sus matices inexplicables y misteriosos, hacen más a un pasado compartido, a una comunicación secreta que a cuaquier tipo de comprensión intelectual o conocimiento erudito. Además de un instrumento, el bandoneón es una historia o cientos de historias, es el melancólico transmisor de la nostalgia porteña que se engancha en el desarraigo de los primeros inmigrantes y la tristeza ante la irrecuperabilidad del pasado y la lejanía de los paisajes infantiles.

La mejor explicación de ese cúmulo de elementos donde se conjugan pobreza y soledad con los secretos más recónditos de la historia personal y hasta el dolor de ser testigo y no protagonista de la biografía colectiva, se conjugan en la síntesis de los significados ocultos del instrumento condensada por Homero Manzi en los versos de *¡Che bandoneón!*:

> *Tu canto es el amor que no se dio*
> *y el cielo que soñamos una vez*
> *y el fraternal amigo que se hundió*
> *cinchado en la tormenta de un querer.*
> *Y esas ganas tremendas de llorar*
> *que a veces nos inundan sin razón*
> *y el trago de licor, que obliga a recordar*
> *si el alma está en orsai, ¡che bandoneón!*

ACADEMIAS, PERINGUNDINES, CLANDESTINOS Y CAFISHIOS

No fue un sitio único. Resulta más creíble suponer que los tanguitos comenzaron a hacerse frecuentes en varios lugares a la vez, porque los tríos de flauta, violín y guitarra que animaban los bailes no tenían contratos exclusivos y saltaban de uno a otro lado con su magra colección de melodías. Cada músico había aprendido de memoria tan sólo cuatro o cinco piezas, y el resto trataba de acompañarlo como mejor podía. El dicho "cuando acabamos juntos nos damos un abrazo", era broma común que reflejaba la precariedad musical de los conjuntos. Y aunque estaban picados por el tango, sólo se atrevían a meter algún tema cuando los bailarines se habían entusiasmado con horas de ejercicio de otros ritmos y por haberse alegrado el garguero con unas cuantas cañas o ginebras.

En las romerías heredadas de España, que acostumbraban celebrarse en las proximidades de la Recoleta, sólo después de reiteradas muñeiras, habaneras y nostálgicas jotas, casi como una travesura, largaban algún tango, que en los inicios deben de haber bailado solamente unos pocos burlones, para caricaturizar la danza de los negros. En los "cuartos de chinas", el tango era aceptado desde algún tiempo antes, pero siempre después de tocar unas cuantas mazurcas, que eran —sin competencia— el ritmo preferido de la época. Tanto, que sus compases disputaban al tango el primer lugar en los prostíbulos.

Otros locales donde era posible ensayar las figuras todavía improvisadas de aquellos tanguitos primitivos eran las academias, los peringundines, los clandestinos.

Vicente Rossi da a las academias carta de ciudadanía uruguaya, montevideana. Anota que a causa de la popularidad conquistada con la milonga danzable, en los suburbios se instalaron salones de baile públicos "con el consabido anexo de bebidas". Y remarca que había por lo menos uno por barrio: en el Puerto, en el Bajo, en la Aguada, en el Cordón, y que el total alcanzaba a una media docena.

El autor de *Cosas de negros* subraya que "las danzaderas eran pardas y blancas. No se les exigía ningún rasgo de belleza, sino que fueran buenas bailarinas, y lo eran a toda prueba. De indumentaria, pollera corta, sobre enaguas muy almidonadas y esponjadas; las únicas polleras cortas que se conocieron entonces; lo requería la faena, porque con pollera larga hubiera sido imposible maniobrar con el corte. (...) No se bailaba por el momentáneo contacto con la mujer, sino por el baile mismo. La compañera completaba la pareja, por eso no se le exigía más atractivo que su habilidad danzante". Etchebarne es de la misma opinión sobre la escasa belleza de las bailarinas académicas: "La mujer no fue para el bailarín de arrabal —dice— más que un medio para realizar el rito de la danza. Por eso, muchas de las bailarinas de las academias montevideanas y de esos salones porteños eran feas y hasta harapientas. Sólo se les pedía una cosa; bailar a la perfección y sin descanso."

Estas opiniones no coinciden con la de Francisco Vega (citado por Gobello), quien en *Los auxiliares de la delincuencia*, de 1910, hace pensar que las camareras de las academias con las que bailaban los parroquianos no debían ser tan desagradables a la vista. "La presencia de mujeres en estos establecimientos no tiene otro propósito que el de atraer por estímulo carnal al mayor número de clientes, retenerlos más tiempo en la casa y hacerlos consumir más. Las mujeres que toman a su cargo esta tarea no son siempre mujeres de vivir libertino, pero son siempre gente fácil y que ofrecen atractivos más o menos gratos al ojo. Poseerlas es cuestión de tiempo y de dinero en el más difícil de los casos."

En Buenos Aires las academias comenzaron a funcionar en la década de 1870 y rápidamente se extendieron por distintos barrios periféricos. Las hubo por Barracas y por Constitución; una muy famosa estaba ubicada en la calle Estados Unidos y otra en la esquina de Pozos e Independencia. En esos salones era posible encontrar mostrando sus habilidades a algunas de las más famosas bailarinas de fin de siglo: la Parda Refucilo, Pepa, la Chata, Lola la Petisa, la Mondonguito, la China Venicia y María la Tero.

Según el *Diccionario histórico argentino*, "peringundín" es "nombre que se daba a los negocios con despacho de bebidas donde se efectuaban bailes entre hombres solos; conocidos más tarde con el nombre de 'bailongos' y posteriormente, al formarse parejas con mujeres, en otros comercios similares, fueron cobrando jerarquía hasta el cabaret actual".

El nombre de "peringundines" o "piringundines" deriva de la "périgordine", danza de Périgord, que al parecer importaron algunos genoveses instalados en la Boca bailándola como cosa propia. En 1910 Tobías Garzón en su *Diccionario argentino* explicaba las características de un "peringundín" como correspondiente a "ciertos bailes o 'sundines' que se daban para la gente del pueblo los jueves, domingos y feriados y que duraban desde las cuatro de la tarde hasta las ocho de la noche. Estuvieron en boga en el Rosario de Santa Fe por el año 1867. El dueño de la casa donde se verificaban estos 'fandangos', que eran públicos, cobraba a los hombres un real por cada seis minutos de danza y pagaba a las mujeres dos o más pesos bolivianos, moneda que corría entonces, por todo el tiempo que durara el peringundín. Allí asistían muchas sirvientas y era de verse cómo sudaban la gota gorda algunas de aquellas bailarinas, aquéllas que por ser buenas mozas y bailar mejor que las otras eran solicitadas por los pardos antes de sentarlas los compañeros; y no se oía, terminados los seis minutos de ordenanza (lo que hacía saber el bastonero por algunos golpes de mano), sino los gritos entusiastas de '¡pido!' con que los galanes extendían la mano a las cholas, algunas de las cuales parecían haber salido del baño vestidas, pues tenían las ropas sudorosas y pegadas al cuerpo. En la casa había una especie de cantina o confitería donde se servían, para su real conocimiento, licores, dulces y otros comestibles. Hasta de traje proveía el dueño de casa a las muchachas que iban mal vestidas".

Pero el sitio habitual del tango, ligado desde su génesis a la danza y a su desarrollo musical, fue el burdel. En los patios de los prostíbulos, en las amplias antesalas, y como complemento a la actividad principal del establecimiento, las prostitutas (que por residir en la misma casa recibían el nombre de pupilas) acostumbraban bailar con la clientela.

La reunión, que duraba desde el anochecer hasta la madrugada siguiente, era amenizada por músicos que tocaban de oído temas populares, formando dúos o tríos que comenzaron por estar compuestos por flauta, violín y guitarra. Instrumentos fáciles de portar, lo que permitía a los músicos turnarse de prostíbulo en prostíbulo, con el consiguiente cambio de repertorio, para que no se aburriera la clientela.

Con el tiempo y con grave merma de los intereses de los músicos ingresaron organitos en algunos burdeles suburbanos. Paralelamente los prostíbulos de más vuelo decidieron instalar pianos y contratar algún pianista estable, con lo cual el primitivo trío creció en sonoridad. En poco tiempo fue raro encontrar un burdel que no contara con su instrumento: de cola los presuntuosos y de pared aquellos más modestos. Estos últimos preferían adquirir una pianola, porque además de facilitar un repertorio amplio —había un gran surtido de rollos— no requería de ningún conocimiento musical, ni siquiera el más rudimentario, por parte de quien la manejaba, ya que bastaba con insuflar aire a un fuelle mediante dos pedales instalados sobre los del piano auténtico para que los agujeritos de la larga hoja de papel comenzaran a emitir las melodías.

Esta mistura de baile y lenocinio impulsó naturalmente la creación de temas prostibularios, algunos de cuyos títulos se mencionaron anteriormente. Eran melodías improvisadas y coplillas sobre temas del momento, que hacían referencia a personajes, a características físicas de las pupilas o a hechos ocurridos durante esos días.

Enrique Cadícamo en las cuartetas de su libro *Viento que lleva y trae* describe un prostíbulo de la Isla Maciel, El Farol Colorado:

> *Se llamaba ese puerto El Farol Colorado.*
> *Y en su atmósfera insana, en su lodo y su intriga,*
> *floreció "la taquera de la lata en la liga",*
> *de camisa de seda y de seno tatuado.*
>
> *Al entrar, se dejaba, como en un guardarropa,*
> *los taleros, revólver's y los cabos de plata.*
> *La encargada era una criolla guapa, ancha y mulata*
> *que estibaba las grasas en la proa y la popa.*
>
> *La pianola picaba los rollos de los tangos.*
> *El cine picaresco iba horneando el ambiente.*

Y del patio llegaba una copla indecente
en la voz de un cantor de malevo arremango.

Cuando de alguna pieza se oía la jarana
de la hetaira que a veces no se mostraba activa,
una frase en polaco, de la regente, iba
como un chirlo en las nalgas de la más haragana.

El pecado, la riña, el vicio, la bebida,
el rencor y la sombra, el abuso y el celo,
eran las flores malas que producía el suelo
de esa isla del diablo y de la mala vida.

EL CAFISHIO

En su breve y archicitado volumen *El tango en su etapa de música prohibida*, José Sebastián Tallón evocó a la pareja formada por El Cívico y La Moreira, que habitaban en el conventillo Sarandí. Del Cívico escribió Tallón —y la transcripción vale por lo que tiene de arquetípica—: "Su profesión consistía en la explotación de su mujer, La Moreira, y en la pesca y tráfico comercial, al contado, de pupilas nuevas". En efecto, no era raro que por alarde de machismo y para mantenerse sin trabajar, ya que el esfuerzo no se adecuaba a su estilo de vida, el compadrito se convirtiera en rufián. Pero sus actividades no sobrepasaban la tenencia de una, dos o en el mejor de los casos tres pupilas: debe considerarse que su trabajo era artesanal, edificado a fuerza de seducción y pinta, ajeno por completo a la disciplina y organización necesarias a la trata de blancas empresarial como la que habría de dominar el mercado hacia los días del Centenario, y cuya hegemonía habría de prolongarse hasta la promulgación de la ley de profilaxis social que prohibió los prostíbulos a mediados de la década del treinta.

La prostitución nativa, que se había incrementado en las últimas décadas del siglo XIX a causa de la enorme cantidad de hombres solos traídos por las oleadas inmigratorias, perdió por completo su aire doméstico al convertirse en gran negocio entre 1900 y 1910. Organizaciones como la Zwi Migdal —fundada en 1906— trazaron una verdadera estrategia de crecimiento, financiaron viajes a Europa

—especialmente a Francia y a Polonia— para captar candidatas, a las que engañaban con casamientos fraguados para poder trasladarlas a la Argentina, donde eran subastadas entre los propietarios de burdeles. Las tenebrosas sociedades efectuaban fuertes inversiones en inmuebles, mantenimiento, coimas a funcionarios corruptos y —naturalmente— mujeres, ya que debían cambiarlas con frecuencia debido al natural desgaste que produce el oficio y a las necesidades de variedad de la clientela. En todo esto, el rol de la mujer era completamente secundario: sólo un objeto, pura mercancía.

Pero hasta la llegada de las empresas, eran los cafishios nativos quienes proveían de mujeres a los burdeles de la ciudad. Sabían que no podían hacer grandes fortunas, pero si conseguían enganchar una buena candidata para el trabajo se aseguraban cierta comodidad por algún tiempo.

Domingo Casadevall, en su libro *El tema de la mala vida en el teatro nacional*, arrima un intento de explicación del comportamiento de estos módicos rufianes: "(El cafishio nativo) no suele vender a su querida, ni es apto para organizar 'el negocio' en gran escala. Se satisface con una ganacia que le permite vestir y comer en buena forma, concurrir diariamente a la peluquería, divertirse con la barra del café y disponer de unos pesos para arriesgarlos en el hipódromo, en la 'timba'... Frente al explotador extranjero —'marquereau', 'caften' o tratante de blancas de condición rastrera, prudente, codicioso, incapaz de resoluciones viriles y que ejerce su oficio dependiente de vastas organizaciones internacionales—, el 'cantinflero' criollo muestra generosidad y desplantes de héroe romántico. Mientras el 'marquereau' considera que 'l'argent est avant tout' sin prejuicio de respetar la 'mercadería ajena', el criollo obra irracionalmente, con arrogancia de 'guapo', y por vanidad o amor propio se juega su posición entre los magnates del tráfico internacional y desorganiza cualquier cooperativa en gestación".

Podría agregarse que si la mina decide abandonarlo "por otro bacán mejor", como ocurre con un protagonista de Contursi, la actitud del rufián local será de dolor, y llorará no sólo sobre su amor propio herido, o por la pérdida de un producto redituable, sino por una persona a la que extraña y necesita porque en el fondo —y a su manera— la quiere.

SACANDO VIRUTA AL PISO

EN LO DE LAURA Y LA VASCA

Dos casas de baile que mantuvieron por varios años su prestigio y todavía cargan con un aura legendaria fueron la de Laura y la de María la Vasca, la primera ubicada en la calle Paraguay 2512 y la otra, más humilde, instalada en Europa (hoy Carlos Calvo) 2721, a metros de Catamarca.

En lo de María la Vasca se bailaba con mujeres provistas por la casa a tres pesos la hora, bajo la hosca mirada de Carlos el Inglés —"un pesao de malas pulgas", al decir de Tallón—, marido de la dueña, hombre de carácter, que no permitía desbordes de ninguna especie.

León Benarós, que visitó la casa cuando hacía muchos años que había dejado de ser un sitio de baile, la describió: "Ha sido en sus tiempos una cuasi mansión. Por fuera es de material, de balcones altos y sencillos. La cancela de hierro, graciosa, de calados y arabescos, deja ver algunas plantas hacia el fondo y ennoblece la entrada con cierto aire de época. Allí está la sala, para las grandes oportunidades. Las piezas se destinan de acuerdo a la cantidad de componentes de la patota o el número de amigos del recién llegado. (...) Algún pintor italiano decoró la sala y poetizó cursimente el alto techo con paletas de pintor atravesadas por pinceles o motivos similares que se estilaban entonces. La dueña de casa, previa visita protocolar, pues aquello no era todo improvisación, preguntaba a los solicitantes por el número de bailarines que llegarían. —¿Cuántos monos?—, demandaba metafóricamente, para inquirir qué cantidad aproximada de bailarinas serían necesarias, a fin de citarlas con tiempo".

Era costumbre que el baile comenzase con alguna polquita;

concluía cuando el reloj marcaba el número de horas contratadas. Si se decidía seguir, se volvía a pagar por adelantado y la misma polca de la apertura anunciaba que el baile continuaría otro rato. Los músicos cobraban cinco pesos por noche. Al solitario piano de los primeros tiempos se fueron agregando luego violinistas —algunos de la fama del Pibe Ernesto (Ponzio)—; no faltaron flautistas y con el tiempo, tímidamente, llegaron bandoneones. En casa de la Vasca sonaron los instrumentos de Vicente Greco, Tito Rocatagliatta, Alfredo Bevilacqua, Manuel Campoamor y Juan Carlos Bazán, tal vez el nombre más perdurable de todos los flautistas de comienzos de siglo.

Lo de Laura era un sitio más caro y elegante que el de María La Vasca. "La clientela —recuerda Tallón— se componía de personajes selectos: bacanes, actores, comediógrafos, financieros; señores, en fin, que necesitaban ocultar sus aventuras. Había una sección vermut para jóvenes y horas especiales para viejos. La casa de Laura se distinguía porque sabía complacer inteligentemente a todos y por la calidad superior de sus mujeres, que no eran asunto de compadritos vulgares. En su mayoría eran amantes de los clientes mismos, 'mantenidas' o 'libres'. Sin embargo, la rufianesca porteña de categoría realizaba también en lo de Laura negocios pingües. 'Tener una mina en lo de Laura —me dijo un homunculoide de éstos—, era poseer una fortuna'."

Benarós, además de recordar que uno de los principales clientes de lo de Laura era el actor Elías Alippi que durante años formó cabeza de compañía con Enrique Muiño y que era un eximio bailarín, evocó: "La casa era lujosa. La sala —escenario de bailes famosos— lucía sus grandes espejos, sus altos jarrones, sus cuadros y decorados. Más allá estaba el dormitorio de la dueña, en la que la amplia cama elevaba su alto dosel de liviana muselina de seda. Muebles franceses, piezas blancas sobre el encerado piso y un soberbio quillango sobre el dilatado lecho remataban tanto lujo".

En sus memorias, Francisco Canaro abundó: "Concurrían patotas, no de indiada ni de bochincheros, sino de gente muy bien, que sintiendo afición por la danza prohibida iban a lo de Laura a echar una canita al aire con mujeres proclives a esas calaveradas".

Atracción especial de sus salones era el piano de Rosendo

Mendizábal, que allí estrenó *El entrerriano*. También fueron contratados nombres como Vicente Greco y el dúo Gardel-Razzano, que amenizaba las reuniones cantando aires camperos.

PATIOS DE CONVENTILLOS Y SALAS FAMILIARES

El tango demoró varios años antes de poder ingresar en los patios de los conventillos. En ese abigarrado mundo que por lo general reunía a una familia por habitación, aunque los encargados a veces aprovechaban para acomodar a un grupo de hombres solos en las piezas, el tono general de trabajo y decencia, por más que nunca faltase algún personaje de pasado —o de presente— turbio, que no era bien mirado por los padres de familia que habitaban el inquilinato.

Por lógica, en ese ámbito la música prostibularia no era bien vista: era acercar el bajo fondo, la mala vida, al núcleo familiar, y el hombre que trataba de superar con su esfuerzo la sordidez que lo rodeaba prefería alejar todo lo que le recordase el mundo que acechaba a los suyos, en especial a las mujeres, cuando soñaban abandonar la promiscuidad de los conventillos.

Por ello no puede extrañar que en los primeros tiempos el tango fuese muy mal mirado incluso en los ámbitos más humildes. Como señala José Sebastián Tallón, "lo que odiaban y temían las familias obreras y las de los barrios centrales de la clase media era la disolución moral que encarnaba el compadre. La coreografía nocturna de los burdeles distaba mil leguas de quedarse en sí misma, como arte puro; y sobre ello, las intimidades del orbe perverso y de los que en él se revolcaban no eran un secreto para nadie. En que no fuesen un secreto estaba, precisamente, lo horrible. En los hijos que volvían al amanecer y después se los sentía cargados de experiencias impúdicas y muy envanecidos con ellas, la familia veía sin equivocarse las avanzadas de una invasión. Y así fue como sobrevino por fin una defensiva total: un corte, una quebrada, una sentada, un ocho, una corrida, no tenían en sí nada de censurable, pero se hicieron tabú riguroso, por ser símbolo directo de la amenaza orillera".

Sin embargo, poco a poco, el baile, a pesar de sus connotaciones, ingresó en patios de conventillos primero y en salas de familias de clase media después. Benarós ha trazado una precisa descripción de aquellos primitivos inquilinatos. "Algunos contaban con más de cuarenta o cincuenta piezas", dice. Esos cubículos diminutos "se alineaban a lo largo de un patio inmenso. Eran, por lo común, de madera, bajitas y oscuras. A cada pieza solía corresponder una cocinita, especie de garita de vigilante, diminuta e incómoda, o bien la franca cocina a carbón, oscura de hollín, que llenaba de humo, sumándose a otras, el claro cielo que aún podía verse en aquel infierno. Los braseros de trípode, petisos y redondos, con dos argollas como aros de negro, se veían también, y en muchos inviernos daban una muerte dulce, en el descuido de los desprendimientos de gas carbónico, cuando el frío apretaba y se cerraban las puertas sin advertir el peligro. No faltaba el loro, compañero en desgracia de aquel mundo cruel y abigarrado". Y continúa más adelante: "Lo cierto es que en el conventillo, hervidero de nacionalidades en que predomina el italiano, alternan el gallego, el criollo y aun el turco, se produce una vecindad de canzonetas napolitanas, canciones gallegas, milongas orilleras guitarreadas por algunos bajo la gritería melodiosa y dominante del acordeón —que el criollo llega a adoptar al principio, antes de que el bandoneón llegue— se amalgaman en ese colorido infierno de la pobreza maneras y temas que imprimirán al tango un carácter, y aun inspirarán el giro de algunas composiciones, su aire, su tónica".

En las fiestas compartidas, como los casamientos, por ejemplo, y a pesar de las prohibiciones, nunca faltaba algún osado que pedía a los musiqueros que se mandasen un tanguito, y sin ejercitar los cortes y quebradas propios de los burdeles, ensayaban figuras sencillas. En un principio, las muchachas se negaban a bailar tango delante de sus padres, indignados por la afrenta de haber introducido en la familia música prostibularia, pero poco a poco —y suprimidos aquellos movimientos considerados más pecaminosos— el tango fue haciéndose habitual, compañero inevitable de los bailes improvisados los domingos a la tarde.

Más tiempo tardó en ser aceptado en las salas de las familias de clase media, pero si se toma en cuenta el dato de que Saborido llegó a vender unas cien mil partituras de *La morocha*, editado en los primeros meses de 1906 por Luis Rivarola, se puede pensar que su ejecución era frecuente, incluso por parte de las niñas de familia que debían mechar sus compases entre la ingenuidad del vals *Sobre las olas* y la simplicidad de *Para Elisa*.

Poco tiempo después, la cantante Flora Rodríguez de Gobbi llevó *La morocha* primero al cilindro y luego al disco, ya que los versos ingenuos y campesinos de Angel Villoldo no podían despertar resistencias. Tampoco faltó el rollo perforado para pianola, que llegaba en su caja alargada de cartón granate junto con alguna inocente canción de moda como *Alfredo, mi querido Alfredo*...

Así, a pesar de la prohibición familiar, al principio de manera clandestina y tiempo después aceptados como una simple música criolla sin demasiadas connotaciones pecaminosas, los compases de ese tanguito, casi una habanera, ocuparon su sitio entre las melodías aceptables para ser escuchadas en la sala, y junto con ellos los cándidos versos que Villoldo les había adosado la navidad del novecientos cinco:

>	*Yo soy la morocha...*
>	*la más agraciada,*
>	*la más renombrada*
>	*de esta población.*
>	*Soy la que al paisano*
>	*muy de madrugada*
>	*brinda un cimarrón.*

LO DE HANSEN

Aunque poco creíbles reconstrucciones cinematográficas muestran un restaurante lujoso con una pista de baile circular en medio de las mesas, investigaciones más fidedignas señalan que no siempre se bailó en el local de Hansen, en Palermo.

El legendario restaurante se llamó sucesivamente 3 de Febrero y Palermo. El nombre de Hansen venía del apellido de su primer concesionario, al alemán Johan Hansen, que lo habilitó en 1875. Según Vicente Cútolo, "de día solían concurrir las familias que paseaban por el parque, ya sea para comer o simplemente para comer una merienda o beber una cerveza. En cambio de noche, cuando alcanzaba su máxima animación, estaba profusamente iluminado. Desde varias cuadras descubríase su ubicación por la línea de faroles de los carruajes y los farolitos de colores que alumbraban las glorietas. Allí cenábase, entre risas y farándulas y, en el gran patio, los parroquianos bebían bajo un techo frondoso de glicinas y madreselvas olorosas. La reunión era amenizada por selectos conjuntos musicales que tocaban milongas, polcas y valses. Hasta las once de la noche era un pacífico restaurant, mas a partir de esa hora comenzaban a llegar los paseantes nocturnos, siendo frecuentado entonces por hombres guapos y patotas bravas, que le dieron gran popularidad. Hansen falleció en Buenos Aires el 3 de abril de 1892".

En su edición del 5 de diciembre de 1903, la revista "Caras y Caretas" recogió, bajo el título *Un inmigrante modelo,* un elogio al nuevo concesionario, el lombardo Anselmo R. Tarana, quien al parecer había perdido varias fortunas en la Bolsa. Expresaba la nota que Tarana "sin reparar en el precio, arrendó a la Municipalidad, en 80.000 pesos, por cinco años, el restaurant Palermo y con prodigiosa actividad ha hecho de él un centro de cultura y entretenimiento muy difícil de hallar semejante ni aun en las mismas capitales europeas. Tal como está actualmente, es sin duda el paraje más pintoresco de Buenos Aires. Todo el servicio es eminentemente *yankee*, así como el confort y la hábil distribución de los salones reservados.

"Una deliciosa orquesta traída expresamente de Milán deleita con escogidos trozos musicales a la culta y numerosa clientela del restaurant.

"Y como si esto no fuera suficiente, el señor Tarana posee cinco automóviles que de un modo gratuito traen y llevan a sus domicilios a los clientes que lo solicitan. Basta pedir un automóvil por teléfono número 135, Palermo, U.T., para ser atendido inmediatamente. El restaurant Palermo es ya el sitio predilecto de nuestra *haute* en estas noches estivales."

Completaba la nota un retrato de Anselmo Tarana y la foto de una esquina del patio de Hansen, donde aparecen unas diez mesas. En una de ellas se ven tres mujeres con un solo hombre y un niño de unos seis o siete años con un sombrero de paja en la mano.

Pero el centro de la discusión ha sido siempre si en lo de Hansen se bailaba o era únicamente un sitio para comer o beber y escuchar música. Felipe Amadeo Lastra, en el tomito *Recuerdos del 900,* editado en 1965, cuando ya había superado los ochenta años de edad, dice: "Estaba situado en una entrada que hacía la avenida de las Palmeras —hoy Sarmiento— pasando las vías del ferrocarril, contiguas éstas a lo que es ahora la de Figueroa Alcorta. Se componía de un amplio patio descubierto, con piso de baldosas. (...) Si llovía no había Hansen. En ese patio había un sinnúmero de mesas de mármol de forma rectangular y basamento de hierro, por lo tanto bastante pesadas y difíciles de mover. Circundándolo había glorietas con enrejado pintado de verde. Cuadrando al fondo a la derecha, estaba la casa de material en forma de ángulo, donde existían las dependencias: cocina, utilería, etc. En el medio, hacia la calle, se levantaba una tarima redonda con su baranda circular, donde se ubicaban los músicos. A la hora ya mencionada empezaban a llegar en carruajes de alquiler los parroquianos que, desde que descendían ellos lo hacían entre policías uniformados y pesquisas en gran cantidad, que de no haber sido así, todas las noches, aquello hubiera resultado un campo de Agramante. La concurrencia estaba formada por compadritos y gaviones. Si los segundos eran de cierta importancia, titulábanse 'bacanes'. También concurrían 'indios bien'* y escasos comerciantes con veleidades juerguistas, lo mismo que ganaderos que se tomaban unas vacacioncitas". Y remarca más adelante: "En ese local no se bailaba; estaba prohibido, como en todos los sitios públicos. Para hacerlo, había que ir a lugares especializados".

* Luis María Jordán, en *Cartas a un extranjero*, 1924, citado por Domingo Casadevall en *El tema de la mala vida en el teatro nacional*, evoca: "De acuerdo con el principio de que la unión hace la fuerza, la juventud dorada practicaba en el centro de la ciudad las enseñanzas del suburbio al cual visitaba para recibir lecciones de tango y bizarría. Recuerda un comentarista que los componentes de las indiadas de 1890, de negra melena y bigotes provocadores, provistos de bastón fuerte y de un revólver que no abandonaban ni para dormir, eran en su mayoría hijos, sobrinos, primos, concuñados, parientes cercanos o simples camaradas de algún miembro del Poder Ejecutivo, de un miembro de la Corte o de un diputado nacional; de ahí que en sus relaciones con el resto de la población no dirigente gozaran de una libertad y franquicia sin límites. De tarde, acicalados pero varoniles, festejaban a las niñas de la calle Florida; de noche, desde las diez en adelante, reunidos en grupos más o menos numerosos, pendencieros, violentos, alborotadores, entraban en las salas de los teatros de segundo orden o en los cafés conciertos o en cualquier otra parte y hacían unos escándalos de padre y muy señor mío. La farándula concluía a trompis, bastonazos y sillas rotas. La intervención policial se reducía a establecer el orden cuando era posible y dejar en inmediata libertad a los alborotadores... Al pasar los años ese elemento fue transformándose. Ya no todos los padres eran ministros, senadores o camaristas de antiguo nombre criollo; los 'jóvenes bien' —hasta las palabras para designarlos fueron otras— pertenecían a la clase de los hacendados o comerciantes ricos... y la indiada del 'noventa' se convirtió en la patota del 900... Poseía mayor cultura mental, a veces era estudiante universitario, había viajado por Europa, hablaba en francés convencional,

En una entrevista a León Benarós efectuada hacia 1961, Amadeo Lastra insistía: "En lo de Hansen no se bailaba. ¿Adónde se iba a bailar? ¿Entre los árboles?", y continúa más adelante: "Nosotros íbamos después de las doce de la noche. Los mosquitos molestaban mucho. No había mujeres allí. Había que llevarlas".

Algunos otros testimonios —como el de Roberto Firpo, también entrevistado por Benarós—, aceptan que tal vez se dieran algunas vueltitas en las glorietas. Firpo cuenta que tocó en lo de Hansen en 1908, y reafirma: "Concurría gente bien. Gente de posición. Algunos dicen que se bailaba. Es mentira. Se tocaba para escuchar". Y agrega: "Cada mujer venía con su compañero. Algunos llegaban hasta con tres mujeres".

Manuel Castro, en un artículo publicado en febrero de 1939, y recogido luego en su libro *Buenos Aires antes de 1949*, tras definir que "El Hansen tenía aspecto de merendero andaluz y cervecería alemana", sostiene que "al son de esas orquestas, las más compadronas que podían encontrarse —una de ellas fue la de Ernesto Ponzio, el 'Pibe Ernesto'—, se bailaba. Y nunca vimos bailes de concurrencia más abigarrada y dispar: endomingadas chinitas de los alrededores y rubias francesas del 'Royal' o del 'Petit Salon', milicos y cosacos de los cuarteles vecinos, en trajes particulares, 'pesados' arrabaleros y 'niños bien'. Estos llegaban en busca de pendencia, ganosos de demostrar sus conocimientos de boxeo".

Gobello recurre a *El tango en París*, pieza teatral estrenada por Florencio Parravicini en 1913, y a *Noche de garufa* de Panchito Aranaz, del mismo año, y llega a la conclusión ecléctica de que nunca se

---

tenía amigos extranjeros y bebía alcoholes exóticos, de preferencia whisky o champagne. Como valiente no le iba en zaga al 'indio'. Hacía grandes escándalos, pegaba fuertes bastonazos, disparaba su revólver e imponía su voluntad dondequiera que estuviese. La policía, menos benigna con él que con su antecesor, castigaba los desmanes con multas de paga fácil...".

José Gobello recoge en su *Diccionario lunfardo* una definición de "indiada" aparecida en "Crítica" con el título *Novísimo diccionario lunfardo*, el 4 de enero de 1914: "Reunión de muchachos que en corporación con acoplados femeninos y una punta de copetines en el cuerpo se dedican a una serie de desmanes condenables por lo arbitrario y salvaje. Ahora ha disminuido el espíritu de patota que no es ni comparable a aquellas famosas donde empezó a actuar el Payo y una punta de bacanes que hoy son doctores y ocupan elevados cargos en la administración".

bailó en el patio sino en los reservados, donde la concurrencia —como es obvio— no podía ser muy numerosa.

Tal vez haya habido épocas en las que se bailaba y otras en las que la gente acudía sólo a escuchar, y que de ahí surjan dos versiones encontradas —ambas reales— del mitológico restaurante de Palermo.

El establecimiento cerró definitivamente las puertas de su edificio con aspecto de viejo casco de estancia bonaerense en agosto de 1912. La *belle époque* tocaba a su fin también en Buenos Aires.

LA GUARDIA VIEJA

ÁNGEL VILLOLDO

Figura descollante de la Guardia Vieja, fue un prototipo de porteño ligado al mundo del tango. Nacido en 1869 ejerció de payador y guitarrero y supo trabajar de cuarteador en el barrio de Barracas. Algunas cuestas en la topografía ciudadana obligaban a los carros cargados y a los tranvías ocupados a efectuar un esfuerzo suplementario que los caballos de tiro no siempre lograban superar, resbalando sobre el adoquinado. Cuando esto ocurría se "pedía cuarta" y llegaba el cuarteador montado en un pesado ejemplar de gran alzada, con frecuencia percherón, que prendido a la cincha llevaba un lazo de tiento grueso, trenzado a mano; de él pendía otro, resistente como para enganchar el vehículo en apuros y ayudarlo a salvar el repecho, o para desatascarlo cuando se trataba de una calle de tierra.

No cualquiera podía ser cuarteador: se necesitaba ser muy de a caballo, sufrido y vigoroso. De ahí el éxito —anota Juan Manuel Pintos— que como donjuanes irresistibles cosechaban "entre el papirusaje de mucamitas y el chinerío barraqueño". Tenían fama de alegres, pero si era preciso se convertían en bravos cuchilleros.

Más adelante Villoldo recordaría sus tiempos de cuarteador en algunos de sus tangos o en los diálogos costumbristas que entre 1905 y 1913 desperdigó en revistas como "P.B.T.", "Fray Mocho" o "Papel y Tinta". Mientras ejercían el oficio, en los ratos libres entre cinchada y cinchada, los hombres se reunían a tomar mate y conversar. En esos momentos, frecuentes debido al escaso tránsito, Villoldo se acompañaba con la guitarra, o sacaba una armónica del bolsillo y con enorme facilidad repetía temas populares, aires que le silbaban sus compañeros (había cuarteadores de carros y otros de la empresa Anglo de tranways, y no invadían sus respectivas jurisdicciones).

Oscar del Priore, su prolijo biógrafo, precisa que entre los dieciocho y los veinticinco años Villoldo fue tipógrafo del diario "La Nación", director del coro carnavalesco Los Nenes de Mamá Viuda, donde seguramente escribía las coplas, libretista de sociedades corales, resero en los mataderos y clown del circo Rafetto ubicado en San Juan y Sarandí.

Pero la fama de Villoldo como payador, compositor y cantor comenzó hacia 1900 cuando decidió lucir sus habilidades en cafetines de la Boca, los Corrales, San Telmo y en las carpas de la Recoleta. En esos sitios adquirió renombre pulsando una guitarra a la que le había acoplado una varilla con una armónica, instrumentos en los que interpretaba sus propios tangos. Francisco García Giménez asegura que los parroquianos de esos boliches "enloquecidos de gusto le acompañaban con los pies en el piso y los puños en las mesas, mientras las camareras golpeaban las bandejas con los nudillos para seguir el compás".

Otro de sus trabajos consistía en fabricar letrillas para tonadilleras de fama como Pepita Avellaneda, Linda Thelma, La Pamperito o La Viviana. Por entonces ya había creado sus primeros tangos a los que casi siempre les agregaba algunos versos, tipo cuplé, que presentaban a un personaje o trazaban cuadritos populares que sabía sintetizar con gracia.

En las letras de Villoldo hay alegría y conservan algo de aire sencillo de las canciones camperas. Sus personajes pueden incurrir en desplantes vanidosos, pero en un marco juguetón y simpático. El alarde pretende mostrar superioridad con una sonrisa y sus bravatas no encierran provocación:

> *A bailar no me ha ganao*
> *ningún compadre chimango*
> *porque soy pierna p'al tango*
> *y terrible pa'l guindao.*
> EL TERRIBLE

> *Aquí tienen a Calandria*
> *que es un mozo de renombre,*
> *el que para tango criollo*
> *no le teme a ningún hombre;*

> *el que siempre está dispuesto*
> *si se trata de farrear:*
> *el que cantando milongas*
> *siempre se hace respetar.*
> CALANDRIA

> *Yo también soy medio pierna*
> *pa'l baile de corte criollo*
> *y si largo todo el rollo*
> *con ella, me sé lucir.*
> *En Chile y Rodríguez Peña*
> *de bailarín tengo fama:*
> *Cuerpo de alambre me llama*
> *la muchachada gilí.*
> CUERPO DE ALAMBRE

Como lo demostró en sus diálogos costumbristas (recogidos en libro por José Gobello y Eduardo Stilman en 1965), Villoldo era buen observador de la realidad, en especial de los sucesos cotidianos. Así cuando la policía decidió en 1906 reactualizar un edicto del 10 de julio de 1889 por el cual se ordenaba reprimir con multa de cincuenta pesos a quienes se atreviesen a piropear por la calle, salió al cruce con el tango *Cuidado con los cincuenta*, en cuya partitura original se ve a una mujer que le avisa a un galán:

> *Caballero, le suplico*
> *tenga más moderación,*
> *porque a usted puede costarle*
> *cincuenta de la nación.*

En segundo plano se observa a un atento agente de policía que espera que la frase sea pronunciada para aplicar la multa al atrevido. La letra de Villoldo narra:

> *Una ordenanza sobre la moral*
> *decretó la dirección policial*
> *y por la que el hombre se debe abstener*
> *decir palabras dulces a una mujer.*

> *Cuando a una hermosa veamos venir*
> *ni un piropo le podremos decir*
> *y no habrá más que mirarla y callar*
> *si apreciamos la libertad.*
> *Yo cuando vea cualquier mujer*
> *una guiñada tan sólo le haré*
> *y con cuidado, que si se da cuenta,*
> *¡ay! de los cincuenta no me salvaré...*

En la misma línea testimonial se encuentra una milonga que puede considerarse precursora de *Cambalache*, de Enrique Santos Discépolo, y de *Al mundo le falta un tornillo*, de Enrique Cadícamo, titulada *Matufias* o *El arte de vivir*:

> *Es el siglo en que vivimos*
> *de lo más original*
> *el progreso nos ha dado*
> *una vida artificial.*
> *Muchos caminan a máquina*
> *porque es viejo andar a pie*
> *hay extractos de alimentos*
> *... y hay quien pasa sin comer...*
> *Siempre hablamos del progreso*
> *buscando la perfección*
> *y reina el arte moderno*
> *en todita su extensión.*
> *La chanchuya y la matufia*
> *hoy forman la sociedad*
> *y nuestra vida moderna*
> *es una calamidad.*
> *De unas drogas hacen vino*
> *y de porotos, café*
> *de maní es el chocolate*
> *y de yerba se hace el té.*
> *La medicinas, veneno*
> *que quitan fuerza y salud*
> *los licores, vomitivos*
> *que llevan al ataúd.*

Cuando sirven algún plato
en algún lujoso hotel
por liebre nos dan un gato
y una torta por pastel.
El aceite de la oliva,
hoy no se puede encontrar
pues el aceite de potro
lo ha venido a desbancar.
El tabaco que fumamos
es habano por reclame
pues así lo bautizaron
cuando nació en Tucumán.
La leche se pastoriza
con el agua y almidón
y con carne de ratones
se fabrica el salchichón.
Los curas las bendiciones
las venden, y hasta el misal
y sin que nunca proteste
la gran corte celestial.
Siempre suceden desfalcos
en muchas reparticiones
pero nunca a los rateros
los meten en las prisiones.
Hoy la matufia está en boga
y siempre crecerá más
mientras el pobre trabaja
y no hace más que pagar.
Señores, abrir el ojo,
y no acostarse a dormir
hay que estudiar con provecho
el gran arte de vivir...

Villoldo poseía una natural facilidad versificadora que le permitió convertirse en el fundador del oficio, varios años antes de que Pascual Contursi escribiese la letra de *Mi noche triste*, punto de partida del tango-canción. Resulta evidente que su soltura para la rima se debe de haber asentado durante sus épocas de payador.

Actividad en la que llegó a descollar, tanto como para enfrentarse en 1898 en la pista del circo Anselmi nada menos que con Arturo de Navas, verdadera leyenda entre los payadores de fin de siglo. También payó con otros notables: Higinio Cazón y José Madariaga, con los cuales constituyó un conjunto que actuaba con buena aceptación por 1899.

Pero la historia del tango no sólo debe a Villoldo aquellas letrillas primitivas que él mismo entonaba con gracia: fundamentalmente, Villoldo fue compositor de varias melodías perdurables como *El choclo*, *El porteñito*, *El esquinazo*, además de otras piezas de menor vigencia como *Gath y Chaves* y *Pineral*, cuyo obvio carácter publicitario se descubre ya en los mismos títulos. A propósito de Gath y Chaves, complejo comercial, especie de supermercado de lujo *avant la lettre*, se encontraba en plena expansión comercial a comienzos de siglo cuando decidió ampliar las actividades de la firma incluyendo un sello grabador. Con ese motivo, envió a Villoldo en 1907, en compañía del matrimonio formado por Alfredo Gobbi (padre) y Flora Rodríguez de Gobbi, a grabar en estudios franceses algunas composiciones camperas, diálogos humorísticos y también algunos tangos. El hecho, como los cien mil ejemplares impresos de la partitura de *La Morocha*, con música de Saborido, aparecidos a los pocos meses de su creación, muestra la popularidad de Villoldo.

Finalmente, a propósito de *El esquinazo*, el anecdotario anota que a poco de su estreno en el café Tarana (el antiguo Hansen), cada vez que se ejecutaba la pieza, los concurrentes seguían el compás primero con inofensivas palmas, luego a medida que crecía el entusiasmo golpeando los nudillos contra las mesas y los tacos contra el piso, hasta que se hizo costumbre acompañar la picada melodía repiqueteando con los vasos. Una noche en que el tango fue repetido en siete oportunidades, la vajilla del Tarana quedó tan disminuida que al día siguiente los parroquianos se encontraron con un cartel que prohibía la ejecución del exitoso tango de Villoldo.

Cuando el 14 de octubre de 1919 murió de cáncer a la edad de cincuenta años, este arquetipo de la Guardia Vieja había dejado una obra copiosa y había cumplido con una difícil tarea de pionero como cantor, compositor y letrista.

ROSENDO MENDIZÁBAL

Eran cerca de las cuatro de la madrugada cuando el pianista de la casa de baile de María la Vasca, un morocho de mota famoso por la singular utilización de su mano izquierda, llamado Anselmo Rosendo Cayetano Mendizábal, se arriesgó a probar suerte con un tango que había compuesto esa misma tarde. Los asistentes pertenecían al Z Club, grupo de amigos que se reunía mensualmente en el local utilizándolo en exclusiva. Ese día la casa cerraba sus puertas a cualquier extraño, salvo al comisario Enrique Otamendi, quien todas las noches sabía darse una vuelta para bailar unos tangos y charlar *tête à tête* con cierta pupila jovencita que —se rumoreaba— él consideraba propiedad privada.

El afán de Rosendo por hacer conocer su nueva obra no era puramente artístico. Se encontraba sin un peso, y como entonces no existían los derechos de autor, era costumbre que el personaje al que se le dedicara la obra estrenada, cuyo nombre aparecería luego en la carátula de la partitura, entregara al autor un billete de cien pesos. De ahí que casi todos los tangos de la época aparezcan dedicados a personajes por lo general ignotos.

Mendizábal trató de encontrar un padrino para su nueva melodía, y algunos íntimos, tras tantear inútilmente a otros candidatos, le señalaron a Ricardo Segovia, socio del Z Club y nacido en Entre Ríos, que por vivir en su provincia aparecía sólo muy de tanto en tanto por las reuniones de María la Vasca. Para asegurarse el agradecimiento monetario exageró el servilismo titulando a su nuevo tango *El entrerriano*. Corría 1897. A partir de esa fecha la melodía alcanzó tan notable popularidad que Mendizábal pretendió reiterar el éxito y le dedicó a su editor, Luciano Prélat, un tango heredero al que tituló —tal vez por cábala— *La entrerriana*. Pero el tema no alcanzó, ni lejos, la popularidad de su antecesor.

El padre de Rosendo, hijo de un matrimonio de antiguos esclavos, tenía, sin embargo —como consecuencia de una herencia dejada por la familia a la que habían estado vinculados sus padres—, una situación económica relativamente cómoda. Además, la abuela de Rosendo le había legado al morir algunas propiedades que le hubiesen permitido mantener una vida desahogada. Pero Mendizábal dilapidó la herencia y pasaría la mayor parte de su vida tocando el piano en prostíbulos y clandestinos, para acabar sus días en la pieza de un conventillo de ínfima categoría, paralítico, ciego y en la miseria. Según el testimonio de quienes pudieron escucharlo, se trataba de un notable ejecutante, para muchos el mayor pianista de la Guardia Vieja, quien además de ser un compositor de éxito contaba con la enorme ventaja sobre sus colegas de haber pasado por el conservatorio hasta recibir su diploma de profesor de piano y solfeo, actividad que por años alternó con la de ejecutante.

Aunque ninguno de sus temas logró la notoriedad y perdurabilidad de *El entrerriano*, inventariado luego en el repertorio de infinidad de orquestas, Rosendo escribió varios tangos que también fueron interpretados a lo largo de los años. Entre otros *A la larga*, cuya melodía cuenta con una parte que es la segunda de *El llorón*, registrado años después por Ambrosio Radrizzani, quien también se había apropiado de *Las siete palabras*, tango de Prudencio Aragón, de linaje prostibulario, estrenado con el nombre de *Las siete pulgadas*; *La reina de Saba*, dedicado a una famosa yegua de carrera triunfadora en varios clásicos; *Don Horacio; Don Santiago; Alberto; Tigre Hotel* y *Don Enrique*, dedicado al mentado comisario Otamendi.

ERNESTO PONZIO
(EL PIBE ERNESTO)

Así como el poeta Gutierre de Cetina alcanzó la gloria por sólo un madrigal, cuando el resto de su obra prácticamente se ha hundido en el olvido, Ernesto Ponzio ha ingresado en la historia del tango por un tema: *Don Juan*, y por la admiración que algunos contemporáneos le profesaban a causa de su manejo del violín. Así, Francisco Canaro en sus *Memorias* registró que, como ejecutante, Ponzio "se floreaba a sus anchas haciendo proezas con el arco".

Miembro de una familia de músicos napolitanos que actuaban en los prostíbulos de San Fernando, los primeros balbuceos sonoros de Ponzio se reducían al ámbito doméstico, hasta que ingresó en el conservatorio de Alberto Williams para perfeccionarse. Pero no pudo terminar sus estudios por la muerte de su padre. Las inmediatas urgencias económicas lo llevaron a ganarse la vida con su instrumento en fondas y cantinas, donde debía soportar la desatención de los parroquianos y hasta las burlas que provocaba su excesiva juventud (tenía 14 años). Después de su actuación, pasaba el platito en busca de propinas; desde entonces cargó con el apodo de *Pibe* que en el ambiente tanguero habría de difundirse mucho más que su auténtico nombre.

Poco más tarde, todavía adolescente, Ponzio integró un trío con el violinista Genaro Vázquez y el flautista Luis Teissaire (creador de *Entrada prohibida*). El conjunto actuó en lo de Hansen, en El Tambito y también en las casas de Laura y de María la Vasca.

Las malas lenguas comentaban que Ponzio nunca se desprendía de su revólver y que el arma estaba casi integrada a su cuerpo como parte obligada de su atuendo. Aunque es cierto que eran tiempos bravos, la verdad parece ser que el violinista era medio matón, o por lo menos un hombre de muy malas pulgas. Tampoco falta quien dice que durante el día oficiaba de guardaespaldas. Además, pronto se vio que no llevaba el arma de adorno: en 1908 recibió su primera condena, dos años de cárcel por unos balazos con los que intentó acabar una trifulca. A partir de entonces sus visitas a las celdas fueron numerosas. "La postrera —puntualiza José Gobello— data de 1924: convicto de homicidio fue condenado en Rosario a 20 años de cárcel, más accesorias de confinamiento por tiempo indeterminado. El 8 de julio de 1925 el Poder Ejecutivo conmutó la pena por la de sólo catorce años de prisión." Pero en 1928, mucho antes de cumplir la condena, recuperó la libertad. Para celebrarlo, el poeta Dante Linyera le puso versos a un tango de Cirilo Allende titulado *El Pibe Ernesto*, donde elogiosamente definía:

> *Su alma 'e macho sin vueltas, ancha 'e coraje*
> *se machacó en el yunque del entrevero,*
> *su luz fue de inteligencia pa'l malevaje*
> *¡pa'l corazón fayuto: puño de acero!*

Ponzio no sólo era temible con las armas en la mano. Pertenecía —al decir de Enrique González Tuñón— a "esa picaresca recubierta de cierta falta de escrúpulos", y acaso esa tendencia poco elogiable lo haya impulsado a registrar como de su pertenencia algunos tangos populares y otros directamente ajenos. Pero también es verdad que uno de los temas cuestionados, *Ataniche*, registrado como propio por Roberto Firpo, al ser reivindicado por Ponzio, fue nuevamente grabado por el mismo Firpo, que aceptó que el nombre del Pibe Ernesto figurara en la etiqueta como autor de la pieza.

Su tema más duradero, como ya se dijo, fue *Don Juan*, que al parecer se estrenó en el prostíbulo de Mamita hacia 1905 y luego se popularizó en las noches de Hansen. Su título primitivo era *El panzudo*, pero éste fue modificado cuando Ponzio decidió dedicarlo a un habitué del restaurante de Palermo de nombre Juan Cabello. Ofrenda que fue subrayada por la letra que le agregó Ricardo J. Podestá:

> *Me yamo don Juan Cabeyo*
> *anóteselo en el cueyo*
> *Dios le dé vida y salú.*

El tango comenzaba de manera auspiciosa, retozona, al estilo de las antiguas coplas anónimas:

> *En el tango soy tan taura*
> *que cuando hago un doble corte*
> *corre la voz en el norte*
> *aunque me encuentre en el sur...*

Ponzio también produjo —para los clientes de los burdeles— el tango *¡Quiero papita!* expresión prostibularia aparentemente inocente, cuyo significado real debe rastrearse en otra: "Papita pa'l loro", cuya relación erótica se comprende mejor si se recuerda que loras eran las pupilas de los burdeles y cotorra una metáfora que designaba el sexo femenino. Sus otros tangos fueron: *El azulejo*, *Don Natalio*, *La milonga*, *Culpas ajenas* (que tendría relación con una de sus condenas a prisión) y *Avellaneda* (compuesto en homenaje al caudillo conservador Alberto Barceló, intendente del pueblo que dio título al tema).

Después de abandonar la cárcel a fines de la década del veinte, Ponzio volvió a constituir un conjunto, cuya dirección compartía con el clarinetista Juan Carlos Bazán y estaba formado por algunas celebridades; José Luis Padula, autor de *Nueve de Julio*, el violinista Alcides Palavecino y Eusebio Aspiazú, que había sido integrante de uno de los más antiguos tríos de que se tenga noticia: el formado por el mismo Azpiazú, el Pardo Canevari en guitarra y Franco Ramos en violín; está probado que este conjunto ya actuaba hacia 1883.

Como dato casi anecdótico puede agregarse que este hombre,

que contribuyó de manera decisiva al desarrollo del tango en su primera época, también participó aunque fugazmente en la primera película sonora argentina titulada precisamente *Tango*, con dirección de Luis Moglia Barth, que fue estrenada en el cine Real de la ciudad de Buenos Aires el 27 de abril de 1933, un año y algunos meses antes de la muerte de Ponzio, ocurrida en octubre de 1934.

VICENTE GRECO

Como la mayoría de los hijos de inmigrantes, Greco pasó su infancia en un conventillo, en su caso un inquilinato literariamente prestigioso, El Sarandí, situado en la calle de igual nombre entre Constitución y Cochabamba. El mismo donde José Sebastián Tallón ubicó a la pareja de El Cívico y La Moreira en su libro *El tango en su etapa de música prohibida*.

Del padre heredó su entusiasmo y su talento musical. Sin ser un virtuoso, don Genaro solía alegrar las tardecitas del patio compartido con un viejo mandolín que lo había acompañado desde Italia y en el que interpretaba con gracia antiguas canciones de su país. De su prole, fuera de un hijo carnicero al que por su complexión apodaban Garrote, sobrenombre que por contagio pasó luego a su hermano Vicente, don Genaro tuvo otros hijos músicos: Domingo fue guitarrista hasta que optó por el piano tanguero (firmó temas como *La tanita* y *El bulín de la alegría*); Angel anduvo luciéndose como cantor y guitarrista y escribió un tango perdurable, *Naipe marcado*; y por último Elena que, como Domingo, había elegido el piano.

Cuenta la leyenda que la casualidad llevó el primer bandoneón a manos de Vicente Greco cuando todavía era un niño. Un serenatero que al parecer tenía algunas cuentas con la justicia, al ser reconocido y luego perseguido por la policía en plena interpretación, abandonó su instrumento en el patio del conventillo y nunca volvió a buscarlo. Tal vez porque lo atraparon. O tal vez porque temió un encontronazo desagradable si regresaba. Era un bandoneón de escasas voces, pero le alcanzó al muchacho para recibir las primeras lecciones que le dio el Pardo Sebastián Ramos Mejía. Greco debutó con un trío de bandoneón, violín y guitarra en un salón próximo a su casa, en 1906. Tenía dieciocho años. Al poco tiempo en una gira sufrió un grave accidente (se derrumbó el palco donde actuaba) que lo dejó rengo por el resto de su vida. Tras reponerse del golpe anduvo por cafetines de la Boca. De esta época Tallón precisó: "Debió actuar por fuerza en lugares turbios; pero nada de aparcero de los hampones; hombre de probidad y músico de linaje popular transparente, gustó la dicha inmensa de ser amigo íntimo de Evaristo Carriego. Vivió cerca de Florencio Sánchez y de Carlos Mauricio Pacheco (recuérdese su tango *Pachequito*). Greco compuso un tango con letra de Carriego que nunca llegó a editarse, pero que al parecer se interpretó alguna vez". De los locales boquenses Greco pasó al café El Estribo con el agregado de un piano. Al hacerse sedentarios y no tener que andar de boliche en boliche los nuevos conjuntos podían aceptar la inclusión de un instrumento nada portátil. El cuarteto lo conformaban entonces Vicente Greco en bandoneón, Francisco Canaro en violín, Prudencio Aragón en piano y Vicente Pecci en flauta.

El Estribo, ubicado en la avenida Entre Ríos 763 al 67, noche a noche desbordaba la capacidad del salón; muchas veces el público que se apiñaba en la puerta era tan numeroso que debió intervenir la policía para evitar mayores disturbios entre quienes no habían podido ingresar y trataban de pegarse a las vidrieras para escuchar las melodías del cuarteto.

Hasta allí los fueron a buscar dos notorios bailarines, el Pardo Sebastián y el Vasco Casimiro Aín, para que actuasen en los bailes que ellos organizaban en el salón La Argentina, que todo el mundo conocía como Rodríguez Peña, por estar ubicado en esa calle. "El lugar —evoca Francisco García Giménez— era algo así como un término divisorio entre el remoto peringundín de La Tucumana, alumbrado a querosene y con el arroyo Maldonado atrás, y la coqueta casa de Madame Jeane en la calle Maipú al norte, con moblaje Luis XV y con cortinados de seda (...). En el buffet se despachaba a pasto la ginebra y el anís. En el salón, cuando la puja de ochos y medias lunas había excedido todas las posibilidades, el bailarín más canchero se adueñaba del lauro escribiendo su nombre en el piso, con trazo intangible, a punta de botín y firulete. Con hermosas faltas de ortografía y todo."

Greco tampoco escapó a la tentación de escribir versos para agregar a sus melodías. Alguna vez, en abierta burla a la escuela modernista de moda entonces, parafraseó líneas de

La princesa está triste, que tendrá la princesa,
los suspiros escapan de su boca de fresa...,

Greco ironiza:

*La percanta está triste, qué tendrá la percanta
que a sus ojos hinchados asoma una lágrima,
rueda y se pianta.*

Entre sus composiciones mayores pueden inventariarse los tangos *Racing Club*, *La viruta*, *El flete*, *Ojos negros* y *Rodríguez Peña*, en obvio homenaje al local donde cosechó algunos de sus mayores éxitos. Al morir en 1924 apenas había cumplido treinta y seis años.

DOMINGO SANTA CRUZ

Los diarios de esos días lo destacan. Una noche de julio de 1931 se reunieron las orquestas de Francisco Canaro, Francisco Lomuto, Julio De Caro, Ricardo Brignolo, Edgardo Donato, Ernesto de la Cruz y Juan Maglio "Pacho", para actuar en una emisora porteña a total beneficio de una leyenda del tango que se encontraba internado en la más absoluta indigencia en el hospital Tornú de Buenos Aires. El personaje se llamaba Domingo Santa Cruz y era hijo de José, un acordeonista negro que anduvo por los frentes del Paraguay durante la Guerra de la Triple Alianza (1865-1879) entreteniendo con polquitas y mazurcas de moda a los soldados del ejército comandado por Mitre. Pulsaba uno de los primeros bandoneones llegados al país —acaso el primero—, que todavía conservaba algo de concertina y que ni de lejos poseía la cantidad de voces de sus descendientes. Con buen oído, Santa Cruz padre cumplía con los pedidos que le hacían los soldados llegados de distintas regiones del país que para recordar el terruño le silbaban alguna melodía de sus tierras. Por supuesto, ningún tango, pero sí —tal vez— una o dos habaneras que traían en su seno el germen de la futura música porteña.

El hombre era uno de los tantos descendientes de esclavos que el gobierno porteño, para prevenir cualquier posible conflicto racial en el futuro, envió al frente guaraní enganchados por medio de levas forzosas. Se pensaba que en la lucha cumplirían como lo habían hecho sus padres y abuelos en las campañas de la Independencia, y si no volvían, ninguna autoridad de Buenos Aires habría de preocuparse demasiado. José regresó, y su hijo Domingo, nacido en el barrio de Once en 1884, se acostumbraría desde pequeño al sonido de ese exótico instrumento que gustaba pulsar con habilidad, para orgullo de su padre. A los dieciséis años, cuando se ganaba la vida como operario de los ferrocarriles (ya de propiedad inglesa), sufrió un grave accidente del que se salvó casi por casualidad, pero que le dejó para siempre una marcada cojera y junto con ella el mote de El Rengo. En esa época los accidentes laborales no originaban indemnización alguna, de modo que Domingo debió cambiar de trabajo y eligió —como su padre— el camino de la música. Y también el instrumento que había aprendido a mimar de criatura. Un marinero alemán le arrimó otro bandoneón, ya con más voces de las que tenía aquél que el padre había hecho sonar en los esteros paraguayos, y Domingo comenzó a ejecutar profesionalmente el instrumento que le traería fama como virtuoso y como profesor.

Su tango más perdurable, *Unión Cívica*, que los radicales tomaron con los años como suyo, en realidad había nacido como homenaje a Manuel J. Aparicio, caudillo de la Unión Cívica Nacional, nombre de la fracción conservadora de la coalición política nacida en 1889 para oponerse al gobierno de Miguel Juárez Celman. Una vez producida la revolución de julio del noventa y tras la renuncia del presidente, los conservadores rápidamente se separaron del líder radical Leandro N. Alem y volvieron al redil mitrista. En tiempos de Yrigoyen, e ignorantes de las circunstancias que acompañaron su origen, los seguidores del radicalismo tomaron la melodía de Santa Cruz como si fuera un himno. Después de todo la única Unión Cívica era la de ellos.

Santa Cruz actuó con frecuencia en cafetines de la Boca y Barracas y más tarde se hizo escuchar —acompañado por guitarristas— en salones del centro y en comités conservadores de la provincia de Buenos Aires. Dirigió una academia de baile hasta que la tuberculosis, casi una década antes de su muerte, le impidió continuar la ejecución profesional del instrumento.

En los primeros años del siglo también había estrenado piezas como *El viejo*, *Mi compadre*, *Recuerdos* y *Hernani* (dedicado al flautista Carlos Hernani Macchi. En la carátula de la primitiva partitura se ve al personaje caricaturizado, montado en una flauta con alas simulando un elemental aeroplano. Una frase aclara presuntuosa: "tango sin competencia").

Un mes después del homenaje efectuado por sus amigos y discípulos, Domingo Santa Cruz murió sin poder levantarse de la cama para agradecer a los organizadores del festival el cheque que le habían arrimado con el producto de la recaudación.

JUAN MAGLIO PACHO

En las casas de música la gente pedía simplemente "un Pacho". El encargo significaba: "un disco para bailar". Su ritmo era el preferido de los bailarines y se confiaban en cualquiera de sus ejecuciones. El seudónimo en cada etiqueta garantizaba la calidad de la placa. El apodo había nacido de muy chico, cuando a causa de su carácter y de sus travesuras el padre de Maglio lo apodó *pazzo*, "loco" en su dialecto itálico. Sus compañeros de juegos, ante la dificultad de pronunciación, optaron por el sencillo Pacho, que con los años habría de quedar pegado al apellido como un agregado inseparable.

Aprendió el bandoneón viéndolo al padre y aprovechando los descuidos de éste para ensayar las primeras posiciones, hasta que el progenitor decidió directamente enseñarle sus conocimientos en aquel elemental instrumento que sólo contaba con trece botones.

Su primera actuación la consiguió en 1899 con un trío que se completaba con Julián Urdapilleta en violín y Luciano Ríos en guitarra. Como muchos, anduvieron de boliche en boliche hasta que recalaron —convertidos en cuarteto por el agregado de una flauta— en La Paloma, ubicado en la actual esquina de Santa Fe y Juan B. Justo (cuando el arroyo Maldonado que corre por debajo de la avenida que recuerda al dirigente socialista aún no había sido entubado).

Su orquesta fue de las primeras en grabar discos de fonógrafo y su repercusión masiva impulsó al sello Columbia a imprimir para las placas de Pacho etiquetas especiales que incluían su retrato y su firma. Por entonces Maglio usaba jopo brillante y bigotes con las guías enhiestas a fuerza de cosmético y nocturnas bigoteras.

Tallón conjetura que la aceptación de esos discos sirvió de paso para lograr el ingreso del tango en los hogares de clase media que todavía miraban con recelo a esa música de origen prostibulario. "Debe subrayarse —dice— la ayuda excepcional que prestaron al triunfo del tango llano el fonógrafo y los discos de Pacho para quien se abrieron sin tardanza las puertas de los hogares de pueblo (...) Por cada baile que se hacía en los lugares obscenos se hacían cien gracias a los discos Columbia, en el seno de la familia proletaria." Pero en la aceptación de Pacho había también una cuestión de ritmo: su canyengue no era el habitual en los cafetines de la Boca. "El tango de su orquesta —define Tallón— fue siempre el de las alegrías sagradas y módicas del pueblo", y ello seguramente influyó en su rápida aceptación familiar.

Como compositor se inició Pacho con *El zurdo*, en 1908, al que le siguieron temas perdurables como *Royal Pigalle*, *Sábado inglés*, *Armenonville*, *Ando pato* y *Tacuarí*. Y para el anecdotario vale la pena recordar que en su sexteto debutó una noche de 1929 un bandoneonista regordete de peinada engominada y sólo catorce años llamado Aníbal Troilo.

EDUARDO AROLAS

La historia del tango ha inventariado muchos nombres notables. Famosos, que alcanzaron su cuota de gloria, su espacio entre los inventores. Personajes cuyas vidas atesoran colecciones de anécdotas, frecuentemente apócrifas, pero que se reiteran y se creen porque integran esa memoria popular donde la leyenda alcanza un valor mucho más profundo que el de la realidad casi siempre mediocre. Sin embargo, pocos, muy pocos, han logrado encumbrarse a la altura del mito. Entre ese puñado de elegidos se cuenta Eduardo Arolas, "El Tigre del Bandoneón", ejecutante virtuoso, compositor prolífico de tangos que han superado las pruebas de las más diversas orquestaciones, aun las más recientes, y que para su mayor glorificación murió joven, a los treinta y dos años, después de haber triunfado en París, sueño secreto u ostensible inherente a la misma condición de argentino.

Las fotos de adolescencia lo descubren elegantísimo para el gusto orillero, con cierto aire de exagerada afectación feminoide. Pero en poco tiempo Arolas supo medir su atildamiento, conservando sólo lo imprescindible para destacar su pinta de buen mozo canchero y con éxito y se olvidó de excesos y melindres. Su fama rufianesca contribuía a sumarle cierto hálito de machismo triunfador imprescindible en un argentino de esos años. Para completar el cuadro mítico se le agregó una muerte violenta, un final que Enrique Cadícamo se encargó de sintetizar con acierto:

En esta cayeja sola,
y amasijo por sorpresa,
fue que cayó Eduardo Arolas
por robarse una francesa.

León Benarós le dedicó un poema famoso (*Milonga para Arolas*) que además de describirlo interpreta el sentimiento general de admiración de los hombres de tango hacia el personaje mítico:

Si algún organito añejo
pasa por el arrabal
o alguien silba, bien o mal,
el tango Derecho viejo,
nos estremece el pellejo
su reponso milonguero
y un réquien arrabalero
tirita en las calles solas:
es que rezan por Arolas
y hay que sacarse el sombrero.

Eduardo Arolas, cuyo nombre verdadero era el menos tintineante de Lorenzo Arola, apareció en el panorama del tango cuando ya el bandoneón había desalojado definitivamente a la flauta de los inicios y se asentaba como el instrumento imprescindible para otorgar a la música su hondura, su melancolía y su nostalgia. Hijo de inmigrantes franceses, nació en Barracas, en la calle Vieytes. Primero aprendió de oído a tocar la concertina para pasar luego a la guitarra, con la que integró rondallas serenateras y conjuntos de fugaz duración, que se reunían sólo para tocar algunos días en cafetines del barrio o en el vecino reducto de la Boca. En 1906 aprendió —también de oído— a pulsar el bandoneón, y tres años más tarde ya había estrenado con éxito *Una noche de garufa*, primera de una larga lista de composiciones que incluye éxitos perdurables como *El Marne* y *La cachila*. En poco tiempo *Una noche de garufa*, pasada por Francisco Canaro al pentagrama, llegó a alcanzar veintiocho ediciones de la pieza, lo que revela la enorme difusión que alcanzó la "opera prima" del primer bandoneón mítico del tango.

A veces, como resaltó Horacio Ferrer, en sus composiciones se advierten reminiscencias campesinas, como en *Alice* y *La guitarrita*; en otras oportunidades, prefirió que brillara el contenido puramente rítmico (*Catamarca, Comme il faut*) o el exclusivamente melódico.

Sobre sus virtudes como ejecutante no hay acuerdo; para algunos fue un inventor. Luis Adolfo Sierra le adjudica la primicia de los fraseos octavados de la mano derecha y de los pasajes terciados a dos manos. El pianista Enrique Delfino, en una frase muy citada, redondeó: "En aquel entonces el tango eran cuatro notas lloronas, pero había que llorarlas", para concluir con esta exageración: "En los momentos bravos, cuando el tango requería su expresión máxima y él quería imprimirle una mayor, rompía el bandoneón: los pliegues del fueye quedaban como paraguas que un golpe de viento lo hubiera vuelto del revés". Julio De Caro, además de afirmar que Arolas fue el creador del rezongo y del fraseo, sostuvo que su mano derecha maravillaba al público, a sus compañeros de tareas e inclusive a sus colegas que concurrían a escucharlo. "Fui testigo de tal verdad, pues me inicié en su orquesta a principios del año 1918", anotó en sus memorias.

Otros en cambio descreen de sus virtudes de ejecutante y lo suponen sólo un modesto intérprete. De todas formas, algo debía tener Arolas para que sus colegas lo admiraran y el público aceptara llamarlo Tigre del Bandoneón.

Los tres últimos años de su vida transcurrieron en Francia, salvo un retorno transitorio a la Argentina. En París tocó con un grupo de músicos franceses en distintos cabarets y compuso dos temas: *Alice* y *Place Pigalle*. El alcohol y la tuberculosis habían hecho su obra; porque para desilusión de quienes le inventaron una muerte a traición a manos de un *macró* despechado, según su acta de defunción Eduardo Arolas murió el 24 de septiembre de 1924 en el hospital Bichat de París a causa de la tisis, principal causa de muerte en esos años.

FRANCISCO CANARO

Como muchos nombres famosos del tango, Francisco Canaro nació en Uruguay; fue en el pueblo de San José de Mayo en noviembre de 1888, hijo de un inmigrante italiano de paupérrima condición y sin trabajo fijo, razón por la cual la numerosa familia decidió probar suerte en Buenos Aires. Tras realizar tareas de pintor de brocha gorda, logró ingresar —todavía adolescente— en una manufactura de latas de aceite. Allí su obsesión musical lo llevó a construirse un rudimentario violín con uno de los envases que fabricaba, un mástil de madera que hacía de diapasón y un arco improvisado. En ese precario instrumento aprendió lo que pudo hasta que ahorró para comprar su primer violín. Provisto de ese instrumento recorrió prostíbulos de alejados pueblitos de la provincia de Buenos Aires. Allí no faltaban los escándalos con balazos y algún despanzurrado que quedaba en la pista. Unido a dos figuras legendarias, Samuel Castriota y Vicente Loduca, debutó en la esquina de Suárez y Necochea en el barrio de la Boca. Para los días del Centenario integraba un conjunto dirigido por Vicente Greco. Separado de éste formó un conjunto con el pianista José Martínez y por primera vez apareció su nombre al tope: presuntuosamente, el trío se llamaba Orquesta Martínez-Canaro. Al año siguiente, en 1916, ya la orquesta, convertida en quinteto, era sólo de Francisco Canaro. Anduvo por los cabarets famosos: en 1917 en el Royal Pigalle y en el Armenonville. Formó por entonces tres orquestas distintas, cada una capitaneada por uno de los hermanos Canaro, pero todas bajo sus órdenes directas. Era la primera empresa del tango.

En 1925 demostró su falta de escrúpulos cuando al llegar a París aceptó que su orquesta debutara envuelta en nubes de falso color local. Sus músicos estaban obligados a disfrazarse con supuestas vestimentas gauchas, con las que incluso se desplazaban por las calles. Lo importante era el espectáculo, no la música. En tanto, en Buenos Aires se decía que la mayor parte de sus más famosas melodías eran producto de la compra a compositores que cumplían el papel de "negros". Es decir, creaban para que otro —en este caso Canaro— firmara luego con su nombre.

Entre esas composiciones de dudosa autoría, al decir de la sabiduría popular, algunas lograron gran notoriedad: *Sentimiento gaucho*, un verdadero éxito durante los años veinte (tanto que Canaro fantaseaba que podría desalojar a *La cumparsita*), *Pájaro azul*, *El halcón negro*, *La tablada*, *Charamusca*, *Nueve puntos*, *El pollito* y *El chamuyo*.

Dice Horacio Ferrer respecto del sonido de Canaro —que no varió mucho en los cuarenta y ocho años de actuación al frente de su orquesta— que se basa en "la marcación igualmente acentuada de los cuatro tiempos de cada compás, en un muy sencillo tratamiento armónico generalmente expresado en unísonos —a pesar de lo cual su orquesta conservó a través de todas sus instancias, una sonoridad inconfundible— así como la frecuente inclusión de pasajes opacados en tiempo canyengue, definieron substancialmente su personalidad". Crítico de la vanguardia encabezada por De Caro, a partir de la creación de la orquesta de éste el estilo de Canaro se abroqueló en los viejos moldes, de los que no habría de apartarse nunca. Murió en diciembre de 1964 en Buenos Aires.

AGUSTÍN BARDI

A la inversa de otras figuras notorias del tango, nunca dirigió una orquesta, y de sus dotes interpretativas sólo se habla de oídas, porque no existen discos que hayan registrado de manera identificable sus ejecuciones con el violín de los comienzos o con el piano que prefirió más adelante. Sin embargo la riqueza melódica de sus composiciones, el tratamiento rítmico y armónico de sus partituras, lo convirtieron en un autor de constante vigencia entre aquellas agrupaciones orquestales con repertorios signados por la riqueza musical. Desde Julio De Caro, que trazó el camino de la adecuada interpretación de los tangos de Bardi con temas como *Gallo ciego*, *El baqueano*, *¡Qué noche!*, *Lorenzo*, hasta Aníbal Troilo, Osvaldo Pugliese, Horacio Salgán, José Basso o Alfredo Gobbi. Incluso Pugliese y Salgán le dedicaron un tango cada uno de ellos: *Adiós Bardi* y *Don Agustín Bardi* respectivamente. De Caro en sus memorias le destina también un párrafo elogioso en donde reclama un estudio en profundidad del acento nacional de sus creaciones.

Luis Adolfo Sierra rescata una charla que mantuvo con el compositor acerca del criollismo, de la influencia pampeana de muchos de sus tangos, y recuerda que Bardi le confesó que "sentía el tango con esencia campera, como si fuese un trasplante de la sensibilidad tradicionalmente criolla a la música del tango". Esta línea se advierte también en algunos de los títulos de sus obras: *El abrojo*, *El chimango*, *El rodeo*, *El buey solo*.

La biografía de Bardi señala que nació el 13 de agosto de 1884 en el pueblo de Las Flores, provincia de Buenos Aires. Al iniciar la escuela primaria los padres lo enviaron a vivir con unos tíos que residían en la Capital, en el barrio de Barracas, y donde era frecuente escuchar al dueño de casa acompañándose en guitarra para entonar cifras, milongas, canciones camperas y algún tanguito primitivo. Este le enseñó los tonos más sencillos cuando los dedos apenas le alcanzaban para lograr las posiciones y hasta debía evitar atreverse en determinadas melodías porque todavía era incapaz de apretar con la necesaria fuerza la cejilla del Fa.

Pero de pronto su dedicación le hizo superar los escasos conocimientos musicales de su tío y hasta comenzó a enlazar sus primeras melodías. A los trece años ingresó en el ferrocarril, lo que entonces se calificaba como "un trabajo seguro", pero sólo le duró hasta que le tocó hacer el servicio militar: después ingresó en una empresa comercial, *La Cargadora*, y allí permaneció hasta su jubilación en 1935. El hecho carecería de relevancia si no hubiese sido porque debido a ese trabajo sin sobresaltos, Bardi se negó sistemáticamente a formar su propio conjunto orquestal. Prefirió estudiar y mantener su actividad artística en forma paralela a su empleo mercantil. Primero se formó como violinista, y con ese instrumento debutó con un trío en un bar de la Boca. De allí pasó a un cuarteto del que también participaba el Tano Genaro Spósito en el establecimiento Del Griego, un café de camareras frente al Riachuelo. Una noche en uno de esos cafés tuvo la ocurrencia de sentarse al piano, y su oído hizo el resto: se convirtió en pianista: a comienzos de 1911 integró un cuarteto de notables: Carlos "Hernani" Macchi, en flauta, Tito Rocatagliatta en violín, Graciano De Leone en bandoneón y Agustín Bardi en piano. Poco depués fue contratado por Vicente Greco para actuar en El Estribo. Meses después, en homenaje al director del grupo, escribió su primer tango: *Vicentito*.

En 1914 Bardi actuó al lado de Eduardo Arolas, del que se desvinculó para integrar el trío de Graciano De Leone, junto con el violinista Eduardo Monelos, quienes estrenaron *Gallo ciego* y *Lorenzo*. Su última actuación como pianista la realizó ante un llamado de Francisco Canaro para integrar una orquesta gigante con motivo del carnaval de 1921. A partir de ese momento se dedicó exclusivamente a componer melodías perdurables, como la de *Nunca tuvo novio*, *Independiente Club* o *La guiñada*.

SE LARGÓ PA' LAS UROPAS DE DONDE VOLVIÓ SEÑOR

Si bien el afrancesamiento de la cultura argentina se agudizó hacia el ochenta al ponerse en marcha el proyecto liberal, la inclinación por lo francés reconocía raíces más antiguas: incluso muchos próceres de la Independencia habían mostrado su encandilamiento ante París, de donde provenían cánones e ideologías. París era, sin discusión, el centro cultural del mundo; de ahí que para las clases dirigentes latinoamericanas el viaje a la capital gala resultase el método usual de completar una educación o enriquecer cualquier formación intelectual.

Pero París no sólo establecía normas culturales, también dictaba modas, desde las más triviales hasta las artísticas o filosóficas. El concepto decimonónico de civilización poseía asentamiento territorial en las márgenes del Sena.

Muchos escritores argentinos —los casos de Miguel Cané y Lucio V. Mansilla resultan arquetipos en este sentido— se creían obligados a mechar sus textos con galicismos, cuando no directamente con vocablos y giros franceses; los pintores trataban de imitar con el lógico retraso las corrientes que suponían en boga, y la clase alta que podía permitírselo pasaba largas temporadas en la capital francesa. A fines de siglo, Lucio V. Mansilla, el autor de *Una excursión a los indios ranqueles*, ironizaba: "París, París de Francia, como suelen decir para que no quepa duda, es para mí el ideal. Así que cuando alguien me dice que no le gusta París, yo me digo interiormente: será porque no te alcanza tu renta para vivir allí". La conclusión no era antojadiza. En sus *Testimonios*, Victoria Ocampo explicó: "Mi institutriz era francesa. He sido castigada en francés. He jugado en francés. He comenzado a leer en francés... a llorar y reír en francés. Y más tarde, los bellos versos fueron franceses, y las novelas donde por primera vez leía palabras de amor, también... en fin, todas las palabras fueron para mí palabras francesas". Y continuaba: "En mi medio y en mi generación las mujeres leían exclusivamente en francés, y mi habla, mi español, era primitivo y salvaje. (...) El español era un idioma impropio para expresar lo que no constituía el lado puramente material, práctico de la vida", para concluir: "El francés era para nosotros la lengua en que podía expresarse todo sin parecer un advenedizo". Debe agregarse que sus primeros libros fueron escritos en francés y traducidos para su posterior publicación.

Por ello no puede extrañar que el tango fuese aceptado entre la "gente decente" sólo una vez que regresó de Europa convertido en moda arrolladora. Pero hasta llegar a ese momento se habían sucedido una serie de intentos de mayor o menor fortuna para lograr que la nueva música fuese adoptada por la sociedad gala.

***

Sobre el primer tango escuchado en Francia, Francisco Canaro en sus memorias arriesga dos posibles versiones. Una, que el primer tema interpretado habría sido *La Morocha*, de Enrique Saborido, cuyas partituras habrían repartido en distintos puertos del itinerario los oficiales de la fragata "Sarmiento" durante el viaje de instrucción de los nuevos guardiamarinas de la Armada. La especie conoce una variante según la cual el primer tango exportado a Francia habría sido *El choclo*, pero portado, no por la oficialidad, sino por los tripulantes y sin permiso. La otra tesis esbozada por Canaro es que un industrial francés visitante de Buenos Aires habría sido convidado a visitar un clandestino (tal vez María la Vasca o lo de Laura), y allí escuchó *El choclo*, muy de moda entonces, y entusiasmado habría adquirido un paquete de partituras que llevó consigo de regreso a su patria.

Pero existe otro dato que vendría a demostrar que el tango puede haber aparecido en Francia antes de lo que se cree. El oriental Alfredo Gobbi, uno de los pioneros de la época heroica, cantor y compositor que había debutado en 1895 en el circo Anselmi, tras actuar con los Podestá, viajó a Europa en 1900 como integrante de la compañía de los hermanos Petray para representar *Juan Moreira*. En

Madrid la pieza logró permanecer un tiempo en cartel, pero al llegar a París la empresa abandonó a los actores y Gobbi se vio obligado a ganarse la vida con distintos trabajos, entre los que se contaron algunas actuaciones en sitios de varieté; no es absurdo conjeturar que además haya presentado algunos tanguitos para ampliar su repertorio.

El mismo Gobbi, pero ya en dúo con su mujer, la cantante chilena Flora Rodríguez con la que se había casado en 1905, viajó ese mismo año primero a Filadelfia y luego a Londres con el objeto de grabar algunos cilindros para el sello Víctor. Dos años después, la empresa Gath y Chaves los envió a París para grabar discos, que eran la novedad de esos días, esta vez acompañados por Angel Villoldo. El matrimonio Gobbi permaneció siete años en la capital francesa, y actuó de paso en otras capitales europeas. Enseñaron a bailar tango, produjeron y editaron considerable cantidad de piezas, y efectuaron grabaciones para la firma Pathé de Francia. El repertorio incluía temas camperos, diálogos humorísticos, rancheras y también tangos.

Se puede agregar que en una nota publicada en el diario "La Prensa" el 5 de marzo de 1953, Sergio Leonardo narra una entrevista mantenida con Georgette Leroy, viuda del pianista Alberto López Buchardo (hermano de Carlos, famoso compositor de música culta), quien sostuvo que su cónyuge, junto con Ricardo Güiraldes, habría sido el primero en interpretar y bailar un tango en París, en julio de 1903. Pero la entrevista destila un cierto tufo del que podría deducirse que la anciana adelantó el suceso en una década.

Hacia 1912, Enrique Saborido, que además de compositor era un hábil bailarín y poseía una academia de baile en Buenos Aires ubicada en pleno Barrio Norte, viajó acompañado del pianista Carlos C. V. Flores (autor de *La cautiva*, *Melenita de oro*, *Sólo se quiere una vez*), entusiasmado con la idea de instalar otra escuela donde se enseñase a bailar tango a los franceses. No se limitó a sus alumnos parisienses: cruzó el Canal de La Mancha y abrió otro salón en Londres con regular éxito. Pero su actividad docente debió acabar con el estallido de la guerra en agosto de 1914.

A comienzos de ese mismo año habían aparecido nuevos argentinos en París: Celestino Ferrer (pianista, autor de *Don Severo*), Edgardo Monelos (vioninista), Vicente Loduca (bandoneonista, autor de *Sacudíme la persiana*) y el bailarín Casimiro Aín, una verdadera leyenda de la danza rioplatense, sólo comparable con El Cachafaz. No tuvieron mucha suerte, y la mayoría de ellos debió trasladarse a Nueva York, donde El Vasco Aín instaló su propia academia de baile.

Pese a tropiezos y frustraciones, poco a poco la exótica danza, envuelta en su hálito procaz a causa de su origen prostibulario, comenzó a ganar capas cada vez más altas de la sociedad francesa. El tango provocaba la excitación propia de quien se acerca, aunque sea tangencialmente, a lo prohibido, en especial si ese tabú comporta elementos eróticos. Sin embargo, con astucia, los profesores argentinos que enseñaban en París trataron de rebajar su temperatura sensual. Por ello la revista "P.B.T." del 22 de setiembre de 1913 comentaba: "...el tango que hemos exportado y que en Francia llaman 'le tangó', resulta ahora que no es muy clásico. Algunos de los más concienzudos bailarines encontraron en esa danza argentina algo que la hacía impropia de los modales de la gente fina que la baila en los 'té tango', en los 'souper tango' o en los 'déjeneur tango' de París. Quiere decirse que aun cuando los bailarines anuncian a sus espectadores que van a bailar un tango 'tal como se baila en los salones aristocráticos porteños', resulta que ellos le han añadido y le han quitado todo su sabor, hasta el extremo de que avergonzaría bailarlo de ese modo a cualquiera de nuestros más acreditados orilleros. Ante este tango novísimo, ese tango de nuestros peringundines, con el corte y la quebrada de las tangueras más castizas, viene a ser poco menos que una antigualla al lado de los pasitos graciosos, de las filigranas, de los revoloteos de las tangueras parisienses, que lo bailan al chantilly, en sustitución de la ginebra clásica de los bailongos criollos".

El semanario "El Hogar" de Buenos Aires reprodujo en su número del 20 de diciembre de 1911 una información de la revista "Fémina" editada en París y destinada, como su colega porteña, al consumo de la clase alta y sus imitadores. "El boston, el doble boston, el triple boston, fueron en otros días los bailes de moda en los salones selectos de París; pero, en este año, el baile de moda es el tango argentino, que ha llegado a bailarse tanto como el vals. Como se ve —continuaba el cronista de "El Hogar"—, los salones aristocráticos de la gran capital acogen con entusiasmo un baile que aquí, por su pésima tradición, no es siquiera nombrado en los salones, donde los bailes nacionales no han gozado nunca de favor alguno. (...) París que todo lo impone, ¿acabará por hacer aceptar en nuestra buena sociedad el tango argentino? No es de esperarse, aunque París, tan caprichoso en sus modas, hará todo lo posible para ello. Y por cierto que no tendría poca gracia esa 'aclimatación' del tango en su patria."

La difusión del tango sorprendía sobre todo a los propios argentinos. Juan Pablo Echagüe comentaba asombrado ese mismo año: "Casi no se puede abrir un diario o una revista de París, de Londres, de Berlín, hasta de Nueva York, sin encontrarse con referencias al tango argentino. Reproducciones gráficas de sus pasos y figuras, discusiones sobre su verdadera procedencia (¿el salón o el suburbio?), condenaciones y apología, bienvenidas y alarmas ante la invasión".

El académico Jean Richepin se entusiasmaba con la danza y la elogiaba en una solemne reunión pública de los inmortales. El crítico André Fouquières subraya en una conferencia: "El tango es una danza sutil y voluptuosa. Nació en el arrabal y se depuró en los salones. El tango es triste, de ritmo acariciador e insinuante (...) Con el tango —continuaba— se resucitan memorias clásicas. En algunos vasos de mirra, en la actitud de algunas bacantes cuyos velos azules ondean al viento, hallamos su ritmo".

Mientras tanto, el embajador argentino en París, Enrique Rodríguez Larreta, terciaba indignado: "El tango es en Buenos Aires una danza privativa de las casas de mala fama y de los bodegones de la peor especie. No se baila nunca en los salones de buen tono ni entre personas distinguidas. Para los oídos argentinos la música del tango despierta ideas realmente desagradables".

Al cruzar los Alpes, el tango produjo una erupción de academias de baile. Las damas italianas no querían ser menos que las francesas. Pero en aquella Italia de 1913 era preciso que los cónyuges otorgasen su aprobación para iniciar los respectivos cursos. Se consideraba que una dama podía empañar su honorabilidad con sólo aprender los lascivos movimientos de la danza rioplatense.

La discusión se planteó respecto del vestuario necesario para ensayar los pasos del baile. Menos liberales que las francesas, las italianas sostenían que en lugar de adoptar un vestido con un tajo al costado para permitir el movimiento de las piernas, ellas sólo aceptarían una pequeña abertura en la parte delantera de la falda.

En algunos sectores de la sociedad itálica el tango parecía tan peligroso debido a la fama que lo precedía —se mencionaban descalabros familiares provocados por la diabólica danza—, que el historiador Guillermo Ferrero, al ser consultado por un cronista de "Le Figaro" sobre las causas de la guerra del catorce, ironizó: "La culpa la tiene el tango".

La polémica sobre el tango alcanzó también a Gran Bretaña. "The Times" inició en junio de 1913 un debate sobre los inconvenientes y peligros de las danzas importadas, y la primera de ellas fue el tango. La reina María de Inglaterra no fue tan terminante: ella no asistiría a ninguna reunión en la que hubiese tangos, pero a sus damas les permitiría bailarlos. Por su lado la reina Alejandra, tras ver a una pareja de bailarines, opinó que lo consideraba gracioso y que no le molestaría volver a verla en el futuro.

Tampoco faltaron opiniones contundentes en contra: la duquesa de Norfolk, por ejemplo, sostuvo que el tango era contrario al carácter inglés y a los ideales de Inglaterra. Sin embargo otra parte más frívola de la nobleza británica y algunos embajadores en Londres optaron por su defensa, no querían quedar fuera de la moda.

Se llegó a organizar en el Teatro de la Reina una función especial para la aristocracia femenina. Tras la sesión de danza las nobles damas debían votar. El resultado —recuerda Vicente Rossi— fue netamente favorable al tango. Hubo 731 votos a favor y sólo 21 en contra. Y muy pronto se organizaron cenas-tango a las que concurría los más granado y vanguardista de la aristocracia. Sus pares franceses hicieron lo propio en los primeros meses de 1914.

Se difundieron los tés tango, el color tango, los vestidos tango (que permitían separar con mayor libertad los pies de la mujer en el baile). Cada periódico contaba con su sección tango y hasta los académicos franceses se dividieron para defender o criticar a la danza rioplatense.

El Kaiser Guillermo II prohibió el tango para sus oficiales, por juzgar que las figuras del baile quitaban la necesaria apostura que debían guardar los militares prusianos. Sin embargo en una nota periodística berlinesa recogida por Rossi se puede leer: "Precisamente en las bodas de la hija de Friedlander-Fuld, el opulentísimo amigo del emperador, que se celebraron la semana pasada (febrero de 1914) se bailó el tango con gran gusto. Esas bodas fueron el acontecimiento social del mes, a causa de la enorme riqueza de la novia y de la posición del novio, que es hijo del lord inglés Redesdale. Asistió a la gran fiesta un número importante de eminentes personalidades, entre ellas la condesa Schlieffen, camarera mayor de la emperatriz alemana, varios miembros del gabinete y gobernadores de provincias prusianas, el general Moltke, jefe del Estado Mayor General y media docena de embajadores. Pero ni el terrible jefe de policía berlinesa, Jagow, formuló protesta alguna contra el tango".

Preocupado, Luis de Baviera no quiso ser menos que el Kaiser y ordenó suprimirlo de las fiestas a las que concurrieran entorchados: "Esa danza —anotaba una circular confidencial— es un absurdo y, además, indigna de ser bailada por los que ostentan el honroso uniforme militar". Sin embargo el tango se colaba en las fiestas de las ciudades de provincia, llevado por los nobles viajeros que lo habían visto bailar en París, Londres o en las ciudades italianas. Antes de un año, las preocupaciones germanas habrían de ser mucho más graves: sus ejércitos quedarían atascados en las trincheras francesas, no podrían penetrar en territorio del imperio zarista como habían esperado y perderían todas las posesiones coloniales africanas.

Como era de esperar, tampoco la Iglesia pudo mantenerse ajena al auge de la novedosa danza que acumulaba tan oscuros y pecaminosos antecedentes. Sostiene Rossi que los arzobispos de París, Cambray y Sens, el obispo de Poitiers, anatemizaron en el púlpito y en graves pastorales. Y asegura —aunque sin aportar datos concretos— que a la Santa Congregación de la Disciplina de los Sacramentos le fue encomendado analizar el problema. A principios de 1914 el Papa Pío X se encargó de juzgar personalmente los peligros del tango. La razón, según explicaba la revista "P.B.T." en su edición del 7 de marzo de 1914, era que varios jóvenes de la nobleza pontificia habían reclamado por la injusticia que significaba que, a causa de una reciente disposición del Ministerio de Guerra italiano, la oficialidad del reino no pudiera participar de la danza en los próximos festejos de Carnaval. Así, a instancias del cardenal Merry del Val, el príncipe A. M. y su hermana —según refería "P.B.T."— fueron recibidos por el pontífice en audiencia privada y para hacer más efectiva su defensa del tango le solicitaron la posibilidad de bailarlo en su presencia. "El Papa dio entonces libre curso a su buen humor veneciano y se burló de una moda que obliga a sus esclavos a bailar una danza tan poco divertida", y elogió en cambio un baile véneto, "la furlana", que había tenido su momento a comienzos del ochocientos. "La 'furlana' (una danza campesina) —explicaba el cronista— fue adaptada a los salones y se bailó en las grandes festividades venecianas. Luego decayó, pero es muy probable que hoy, mediante su alta invocación, esté destinada a dar el golpe de gracia al tango." Al parecer la anécdota no pasó de ahí, y aunque la prohibición a los oficiales se mantuvo, la realidad fue que el Papa no se sumó explícitamente a la censura castrense italiana, lo cual fue tomado como una tácita aprobación. Aunque en Buenos Aires una letrilla de la época sostenía:

> *Dicen que el tango es una gran languidez*
> *y que por eso la prohibió Pío Diez...*

Al terminar la contienda, el tango estaba afirmado en el continente europeo, y comenzaban los viajes habituales de orquestas y cantores, pero el espaldarazo se habría producido, contra todos los pronósticos, antes de declararse la guerra.

CRÍTICAS, DESCONCIERTOS Y TEMORES

En realidad ni se habían dado cuenta. Tal vez sabían que en los arrabales la gente inferior se entretenía con una danza que —se rumoreaba— tenía algo de negro, de baile andaluz, de las habaneras traídas por los barcos llegados del Caribe y de las milongas que aún era posible escuchar en algún fogón cuando los señores viajaban a sus campos y se codeaban con el peonaje. Pero no le dieron importancia. Era algo ajeno. Por ello cuando ese producto híbrido, sin linaje, nacido en los bajos fondos donde el delito era hábito y modo de vida, se acercó peligrosamente hasta la gente decente, fue rechazado. La clase dirigente conservadora, heredera de la severa moral hispánica y contagiada del victorianismo difundido en todo el mundo junto con la expansión colonial del Imperio Británico, no podía ver con buenos ojos esa danza lasciva en la que cada figura recordaba su origen prostibulario. Mostrar ese engendro como producto típico de una Argentina que comenzaba a codearse con las grandes potencias europeas era un peligroso disparate. Los modales ciudadosamente medidos, el francés pronunciado sin acento, el conocimiento detallado de las principales genealogías europeas, así como el buen gusto para amueblar sus residencias proyectadas por arquitectos europeos, preferentemente italianos, podrían empañarse y hasta convertirse en adornos inútiles si esa danza bárbara, impropia para ser ejecutada en ámbitos decentes, se transformaba en música representativa del país.

El proyecto del ochenta imaginaba un territorio agropecuario capaz de proveer de materias primas a las Islas Británicas, conducido políticamente por una franja esclarecida de la sociedad con el poder suficiente para controlar cada una de las manifestaciones que habrían de conformar al futuro país. En los papeles, este programa encajaba perfectamente en la proyección de un mundo donde la técnica y la ciencia debían ocupar la vanguardia del desarrollo. Un mundo que —salvo contiendas coloniales— se mantenía en paz desde la guerra franco-prusiana de 1870 y en el cual las monarquías europeas habían logrado mantener un statu quo que habría de persistir hasta julio de 1914. Pero en ese esquema teórico no se consideraron ciertos imponderables que hicieron estallar los marcos del modelo sobre el cual soñaban fundar una nación moderna. No se pensó —por ejemplo— que el aluvión inmigratorio pudiese gravitar hasta el extremo de transformar la pautas sociales de aquella Argentina que soñaban utópica. Tampoco se tuvo en cuenta que los gauchos desplazados de la campaña habrían de establecerse en las orillas de las ciudades para conformar un nuevo personaje desclasado y urbano. Y mucho menos previeron que la mixtura entre ambas marginalidades, la del inmigrante y la del orillero llegado de la campaña, haría desbordar los asépticos límites del proyecto del ochenta.

El país estaba en plena ebullición y a la autodenominada "gente decente" las novedades la conmocionaban. El argentino de entonces, recién llegado a la civilización, que acababa de dejar atrás las luchas civiles y los conflictos fronterizos con el indio (algo que para la óptica europea trasuntaba la más absoluta barbarie), no quería parecer un *parvenu* en los salones europeos mostrando alborozado productos nativos que —por lo flamantes— inquietaban aun a quienes convivían con ellos. La falta de asentamiento propio de todo fenómeno todavía en plena transformación producía la lógica inseguridad sobre su desarrollo futuro, especialmente en quienes se movían entre la aristocracia europea, permanentemente acomplejados ante la posibilidad de ser vistos como unos rastacueros recién enriquecidos.

Para peor, en el caso específico del tango, se trataba de una danza nacida en los prostíbulos, aceptada entre los varones de la gente decente como una gracia machista, pero cuya simple mención traía adosada una carga sexual que las costumbres de la época impedían aceptar en los límites de la familia o de cualquier ámbito respetable. Tal vez podría soportarse con benevolencia como una de las tantas travesuras de muchachos que se estaban haciendo hombres frecuentando ambientes *non sanctos,* pero no más.

Por ello no puede extrañar que fueran los propios argentinos vinculados a la clase dirigente los primeros en lanzar feroces diatribas contra el tango en una pretensión, que después se vería estéril, de quitarle trascendencia como fenómeno nacional. De ahí que suene coherente que un dirigente conservador como Carlos Ibarguren (candidato a presidente de la República enfrentando a Hipólito Yrigoyen en 1916 y que terminó sus días como ideólogo del nacionalismo de derecha) llegase a la exageración de negarle argentinidad al tango, descalificándolo como "producto ilegítimo, que no tiene la fragancia silvestre y la gracia natural de la tierra, sino el corte sensual del suburbio". Agregaba Ibarguren que "el tango no es propiamente argentino; es producto híbrido o mestizo, nacido en los arrabales y consistente en una mezcla de habanera tropical y milonga falsificada". De lo cual se puede extraer que el suburbio no era la Argentina y que toda mezcla desacreditaba el carácter nacional. Su deduccción era razonable. La gente decente prefería no mezclarse y alertaba sobre el hecho de que toda mixtura con la inmigración podría hacer peligrar su preeminencia. No era para menos: gracias a la implantación del voto universal y secreto unos meses antes (el texto de Ibarguren es de 1917) se había producido el ascenso a la presidencia de Hipólito Yrigoyen. Por el ejercicio democrático, el número imponía su criterio, y como resultado los estratos medios habían consagrado al radicalismo como el movimiento capaz de representarlos. Las prevenciones contra la inmigración habían resultado justificadas: en poco tiempo, demasiado poco, sus hijos habían llegado al poder. Ese era el producto "híbrido o mestizo" que Ibarguren deploraba. El tango no era más que una metáfora del auténtico destinatario de ese desprecio.

Un año antes —1916— Leopoldo Lugones había recogido en las páginas de *El payador* un texto anterior publicado originariamente en francés, donde definía al tango como "reptil de lupanar", injustamente llamado argentino en momentos de boga desvergonzada. Para él la música del tango estaba "destinada solamente a compasar el meneo provocativo, las reticencias equívocas del abrazo". Años más tarde Lugones, erizado por las maneras poco aristocráticas de la clase media en el poder y deslumbrado por el autoritarismo fascista, proclamó que había llegado "La hora de la espada". Y pese a que en su juventud había militado en las primeras manifestaciones del socialismo criollo, se convirtió en el ideólogo del cuartelazo corporativo encabezado por el general José Félix Uriburu, que el 6 de septiembre de 1930 inauguró la era de los golpes militares en el país.

Paradójicamente, pocos años después de los textos de Ibarguren y Lugones, desde la otra punta de la ideología, un escritor de izquierda como Leónidas Barletta arreció también contra el tango desde el puritanismo stalinista: "El tango es una jeremiada de afeminados, el tardío despertar de una mujer inconsciente de su femineidad. Es la música de unos degenerados que se niegan a usar ropas proletarias, cuyas mujeres de grasientos cabellos abandonan las fábricas por los burdeles... El tango es insano. La sensualidad que en él prevalece es la de la inhibición, la timidez y el miedo. La música de otras naciones es francamente sensual, ingeniosamente sexual. En el tango la sensualidad es postiza, artificialmente creada".

Desde el costado moral, un escritor católico, Manuel Gálvez, describió hacia 1923 en su novela *Historia de arrabal* su concepto del tango como "una música sensual, canallesca, arrabalera, mezcla de insolencia y bajeza, de tiesura y voluptuosidad, de tristeza secular y de alegría burda de prostíbulo, música que se hablaba en lengua de germanía y de pasiones, y que hacía pensar en escenas de mala vida, en ambientes de bajo fondo poblados por siluetas de crimen".

Mientras recibía críticas demoledoras a derecha e izquierda, acusado de ser un producto híbrido ajeno a nuestra nacionalidad, temido por representar la proximidad de la mala vida en el ámbito familiar, tildado de metáfora de la sensualidad desatada, el tango continuaba su avance. Cada vez más argentinos se sentían identificados con su música.

ROBERTO FIRPO,
EL ARMENONVILLE

Una vez que a su vuelta de París el tango, ya en vías de ser definitivamente aceptado, era un producto que podía consumir la *gente decente*, se hizo necesario crear un nuevo ámbito donde disfrutar del baile sin necesidad de recurrir a la clandestinidad de sitios donde había que codearse —y hasta enfrentarse— con la plebe. La aristocracia se había cansado de pelear prostitutas al público orillero. Las mantenidas comenzaban a proliferar como adorno infaltable para la clase alta, como una manera de señalar pautas de vida. Los tiempos que se avecinaban presagiaban mezclas sociales y era preciso determinar normas de conducta para evitar confusiones. Las trifulcas del suburbio que habían sido para diversión de muchachos caprichosos podían resultar peligrosas cuando la intimidad con el poder se hiciese más lejana. La vida aldeana tendía a desaparecer y ya resultaba imprescindible establecer límites y marcos en los que la oligarquía —y sólo ella— pudiera actuar en exclusividad.

Hasta ese momento, no había sido necesario marcar tales diferencias, porque esa exclusividad se delimitaba en otros campos: los altos cargos de los ministerios, las profesiones liberales, la dirección de los periódicos, la oficialidad de las fuerzas armadas, los directorios de las principales empresas que comenzaban a aparecer. También eran cotos cerrados la Sociedad Rural, la Bolsa de Comercio, el Club del Progreso y el Jockey Club. Pero justamente en el año 1912 se realizaron —casi como una prueba— las primeras elecciones bajo la ley Sáenz Peña de sufragio universal y secreto, de resultas de lo cual ingresaron los primeros radicales en la Cámara de Diputados. Hasta entonces, la presencia de uno que otro socialista —como Alfredo Palacios, elegido en 1904— a los ojos del régimen era más una anécdota pintoresca que un problema político. Más aún, su presencia en la Cámara sería como una muestra de flexibilidad y permisividad del sistema. Pero el radicalismo era otra cosa, y la clase dominante lo advirtió de inmediato. Ese hombre, Hipólito Yrigoyen, al que despectivamente apodaban El Peludo, era un conductor de masas, un líder auténticamente popular. El sistema que había regido desde 1853 agonizaba. Ahora la élite necesitaba marcar las diferencias porque muy pronto cualquiera iba a poder ser ministro, senador o diputado, la Universidad abriría sus puertas y tal vez hasta las fuerzas armadas podrían democratizarse. Los clubes privados se dejarían hipnotizar por el dinero y los inmigrantes enriquecidos pasarían a transformarse en empresarios, ganaderos, financistas. Había que preservar los espacios propios.

Así, sobre el final de la *belle époque* en el mundo y mientras se producían los estertores del régimen conservador en la Argentina, como una marca de clase nacieron los cabarets; de ahí que fueran creados a imagen y semejanza de los que existían en París: no podía ser de otra manera.

Para Matamoro, "el cabaret es la versión ceremonial y pública del burdel antiguo. La pista de baile se ha convertido en un salón abovedado, lujoso, iluminado y decorado de acuerdo con la moda europea. Los antiguos gringos regentes se han vestido de *smoking* y hablan francés. El pernod y el vino tinto son el champaña actual. La "china" o la "lora" se han afrancesado. La trastienda para el coito se trasladó a la *garçonnière*. La antesala franelera se ha transformado en el reservado de los altos".

El primer cabaret, ubicado en la actual plaza Grand Bourg, estaba edificado en un amplio jardín rodeado de pabellones en forma de quioscos, glorietas y setos. Se podía comer al aire libre, ya que funcionaba sólo en verano. Sobre los pabellones había reservados. En el fondo se levantaba un chalet de estilo europeo con amplios ventanales. Allí se presentó una noche un dúo de cantores compuesto por un gordito sonriente y un oriental llamados Carlos Gardel y José Razzano. Debutaron entonando con gusto aires camperos que la leyenda afirma fueron *El pangané*, *La pastora* y *El moro*. Al escuchar hoy aquellas viejas versiones acústicas se advierte, pese a los ruidos, que con esa afinación no podían fallar, y no fallaron.

Los propietarios del Armenonville decidieron en 1913 llamar a concurso para elegir una nueva orquesta de tango por el voto de sus habitués. Se presentaron nada menos que Juan Maglio, el Tano Genaro y varios otros conjuntos, tríos y cuartetos. Pero el triunfo lo consiguió inesperadamente el pianista de Genaro, aislado de su grupo: Roberto Firpo, un muchacho nacido en el pueblo bonaerense de Las Flores en 1884. El resultado dejó tan desconcertados a varios intérpretes que uno de los propios guitarristas de Genaro, a manera de felicitación, le encajó una puñalada al vencedor, que debió ser atendido en un hospital cercano.

Aquella votación que en su momento acaso haya sido planeada como una manera más de entretener a la clientela, adquirió a causa del inesperado escrutinio importancia histórica. Señalaba la génesis del reconocimiento del piano como instrumento conductor en las orquestas, abría la etapa del cabaret, y marcaba el punto de partida de la orquesta típica.

El singular concurso provocó que unos días más tarde Firpo formase su propio conjunto: un trío que completaban los nombres de Tito Rocatagliatta en violín y Eduardo Arolas en bandoneón.

Las actuaciones del trío en el Armenonville con la novedad de la inclusión definitiva y rectora del piano alcanzó tal éxito que el grupo fue contratado por la firma Max Gluksmann para la grabación de discos Odeón-Nacional.

Firpo no era un improvisado ni tampoco era nuevo en el mundo del tango. Su trayectoria extramusical había pasado por diversos trabajos, desde obrero de la fundición Vasena (famosa años después porque allí se iniciarían los acontecimientos de la Semana Trágica de enero de 1919), hasta peón de tienda, albañil, empleado de aduana en Ingeniero White, al sur de la provincia de Buenos Aires, y aprendiz en una fábrica de calzado. Un compañero de trabajo, "Bachicha" Deambroggio, que años después habría de brillar como director de orquesta en París, lo invitó a presenciar las clases de piano que le impartía Alfredo Bevilacqua (autor del tango *Independencia*). Este se convertiría inmediatamente en su profesor y sólo dos años más tarde Firpo ya tocaba en lupanares y cafetines de la ribera. Anduvo luego por lo de María la Vasca y lo de Laura y también lo escucharon los clientes de Hansen.

Una vez instalado en el Armenonville, Firpo pudo demostrar su estilo pesonalísimo. En el detalle de su técnica Enrique Cadícamo anota que Firpo "al ejecutar adornaba la melodía de mano derecha con un acompañamiento creado por él de mano izquierda que consistía en traer desde los bajos del teclado una octavada escala cromática que descendiendo hasta los tiples imitaba el característico bordoneo de la guitarra".

En 1914, asegurado su éxito como director-pianista, agregó un segundo violín y recurrió a la casi olvidada flauta que le permitió por un tiempo equilibrar el sonido pesado del piano en el conjunto, cuando interpretaba algunos tanguitos antiguos, naturalmente más picados. Poco después Firpo agregaría un contrabajo, pulsado por Leopoldo Thompson, hasta entonces guitarrista, quien según observa Sierra "creó una serie de recursos de muy interesante utilización en las orquestas típicas, tales como el efecto denominado 'canyengue' —consistente en golpear el arco y la mano extendida sobre el cordel del instrumento—, adoptado luego por todos los ejecutantes del género".*

En el Armenonville (el Armenón para sus habitués) Firpo estrenó *Alma de bohemio*, su tango más famoso, escrito para una pieza teatral del mismo nombre de Florencio Parravicini, donde el actor convertido en dramaturgo pretendía contar su propia vida, burlándose de sus aventuras de *bon vivant*, jugador y mimado niño bien, ca-

---

* *Canyengue* es voz polisémica, de complicada etimología que para Gobello proviene del cruce entre los africanismos *candombe* y *yongo*. Eduardo Stilman sostiene que el vocablo significa "desmedrado" o "cansino", en una de las lenguas africanas llegadas al Río de la Plata con los negros esclavos. Conjetura que su aplicación al ritmo del tango se debe tal vez al carácter de la coreografía de los primeros tiempos: "el bailarín compadre ostentaba sus habilidades afectando indolencia o desgano", dice.

Es importante el agregado que hace Rolando Laguarda Trías para quien la palabra deriva del quimbungo *ngenge*, que significa inútil, más la partícula *ka*. Si a esto se suma que la acepción más usual de principios de siglo correspondía a "arrabalero, de baja condición social", vuelve a surgir el prejuicio: los estratos más bajos de la sociedad producen personajes cansinos, inútiles. Que los propios protagonistas terminaran por aceptar y asumir el término no quita el carácter prejuicioso del epíteto.

La calificación se aplicó por extensión a una manera peculiar de bailar el tango, al estilo de la que se practicaba en los burdeles. La gente decente le había quitado concomitancias prostibularias simplificándolo, para lo cual en determinados salones lo bailaba sin cortes ni quebradas, y sólo como una picardía y cuando no había "señoras" era posible mostrar habilidades en esas zafadurías.

paz de derrochar varias fortunas en poquísimo tiempo, tanto como para verse obligado a pedir su repatriación por la embajada argentina durante una de sus andanzas europeas en las que despilfarró una considerable herencia que acababa de recibir.

Es fama también que en una sola noche de actuación Firpo estrenó tres tangos: *Sentimiento criollo*, *La marejada* y *De pura cepa*, temas en los que puede advertirse la índole sentimental que habría de convertirse en la característica protagónica de su producción, donde se destacan *El apronte*, *El amanecer*, *El solitario* y *Fuegos artificiales* (escrito en tándem con Arolas).

Para el anecdotario puede agregarse que, durante una gira por Montevideo, Firpo recibió de un tímido muchachito la partitura de un tango que —según dijo— no le había parecido muy bueno, pero que de todos modos estrenó para darle un gusto al joven compositor. El nombre de éste: Gerardo Mattos Rodríguez; el tema: *La cumparsita*, cuya ejecución debió repetir varias veces la noche del estreno. Tampoco le fallaba la intuición a Firpo para elegir sus músicos: entre una larga lista, se iniciaron en su conjunto ejecutantes de la talla de Eduardo Arolas, Osvaldo Fresedo, Pedro Maffia y Cayetano Puglisi.

En el marco del flamante cabaret, Roberto Firpo se transformó en el músico arquetípico, tanto que actuó en el Palais de Glace y en el Royal Pigalle. El sector de la sociedad que lo había elegido como ejecutante estable había elegido al mismo tiempo el instrumento burgués por excelencia: el piano. Era también la manera de permitir el ascenso del tango hasta ámbitos decentes. El músico respondería a las expectativas: quitaría canyengue a las viejas piezas; compondría temas de mayor contenido sentimental, al gusto del nuevo público, acostumbrado a escuchar y por lo tanto más exigente que el de los burdeles primitivos. Un público que al pagar altos precios exigía, y cuya exigencia se traducía en la inclusión de nuevos músicos en el grupo primitivo hasta concluir en el sexteto que daría origen a la orquesta típica, denominación con la que la habría de bautizar Francisco Canaro en los bailes del Carnaval de 1917 en Rosario. A partir de ese momento el sexteto sería la combinación más genuina para ejecutar el tango de los años siguientes, hasta la aparición de once integrantes, habitual en los años cuarenta.

En los cabarets los músicos estrenan también sus nuevas indumentarias, impecables, de buen corte, con las que se puede ver en cualquier fotografía a los conjuntos de Firpo, Canaro, Fresedo o De Caro. El músico ha dejado de ser un marginal para transformarse en un sujeto educado, al que se permite codearse con la clase dirigente. "La corrección en la indumentaria —sobrio *smoking* con camisa de pechera dura y cuello palomita— y la ejemplar conducta de los músicos consolidó el prestigio del tango en los ambientes sociales distinguidos, donde todavía existían algunos recelos justificados", se enorgulleció Luis Alberto Sierra, al explicar el tema. Y Julio De Caro llegó al extremo de recordar en sus memorias que su familia paterna, como la materna, pertenecía a una noble estirpe napolitana. Sin advertir que su origen inmigrante y su profesión le impedirían de todos modos ser un par de aquellos que lo contrataban para amenizar sus fiestas.

En tanto que productos de una necesidad histórica, al menos de la clase que detentaba el poder, los cabarets se multiplicaron rápidamente: al Armenonville le siguió muy pronto Les Ambassadeurs, ubicado en la avenida Figueroa Alcorta. Inmediatamente se abrieron otros salones en el centro, aptos para ser visitados todo el año y no solamente en el verano, como ocurría con los dos primeros. Así surgieron el Royal Pigalle; L'Abbaye; Maxim; Moulin Rouge; Chanteclair; Julien y el Abdulla Club (según recordaba Julio De Caro en sus memorias, el establecimiento estaba ubicado en el subsuelo de la Galería Güemes y era copia de un teatro con "sus palcos altos, regios cortinados, palco para la orquesta y amplio salón de descanso para los músicos").

Al pasar el núcleo de ejecución y expansión del tango del burdel al cabaret se perciben también cambios en la temática, lo cual se puede advertir en los títulos de las obras. De aquellas menciones de personajes y temas prostibularios a que se hizo referencia, se pasa —como consecuencia de la actitud del nuevo público que se acerca al tango— a una referencia directa, a una problemática adecentada e incluso del gusto de la clase alta. "Los personajes de la alta burguesía —señala Matamoro— reciben la ofrenda de piezas que le son dedicadas: *De pura cepa,* a Jorge Newbery; *Pido la palabra,* a Horacio Oyhanarte; *Argañaraz; El ingeniero; Don Esteban; La indiada* (referencia a las patotas que irrumpían escandalosamente en los sitios de baile); *Pirovano, Maderito, Urquiza, Pueyrredón, Wilson, Los*

Guevara, Pachequito. Otros títulos de la época revelan que se ha abandonado definitivamente el tono obsceno del principio y se ingresa en la apariencia de lo sentimental e inofensivo: *Por el buen camino, Marrón Glacé, Muchas gracias, Lágrimas, La trilla, La última cita, La biblioteca, El periodista, Honda tristeza, Los creadores, Ave sin rumbo*".

El mismo Matamoro agrega que, por ejemplo, Agustín Bardi se encarga de escribir algunas partituras cuya temática tiene relación con escenas rurales "sin duda caras a un público compuesto en su mayoría por ganaderos y estancieros", y cita como ejemplos *Se han sentado las carretas, El baqueano, El cuatrero*.

Cuando la melodía adquiere letra de manera habitual los tangos camperos describen escenas bucólicas, suerte de estampas de la pampa húmeda, porque sólo en muy raras oportunidades la referencia escapa a la zona geográfica donde se asientan las estancias de la oligarquía vacuna. Así González Castillo escribe, fuertemente influido por el poema de Leopoldo Lugones *Salmo pluvial*, su tango *El aguacero*:

Como si fuera renegando del destino
de trenzar leguas y leguas sobre la triste extensión,
va la carreta rechinando en el camino
que parece abrirse al paso de su blanco cascarón.
¡Cuando chilla la osamenta
señal que viene tormenta!
Un soplo fresco va rizando los potreros
y hacen bulla los horneros
anunciando el chaparrón.
....
Se ha desatado de repente la tormenta
y es la lluvia una cortina
tendida en la inmensidad
mientras los bueyes en la senda polvorienta
dan soplidos de contento, ¡como con ganas de andar!
¡Bienhaiga el canto del tero
que saluda al aguacero!
Ya no es tan triste la tristeza del camino
y en el pértigo el boyero tiene ganas de cantar.

O su tema *Por el camino*, con música de José Bohr:

> *A los chirridos del rodar del carretón*
> *y que despiertan al guardián chajá*
> *el alma en pena del boyero va*
> *rumbo a los pagos por el cañadón.*
> *Y al sonsonete dormilón de su silbar*
> *con que él pretende reanimar al buey,*
> *leguas y leguas traga en su rumiar*
> *la yunta yaguaré.*

EL CABARET ALVEARISTA: DE CARO Y FRESEDO

En su novela *Nacha Regules*, Manuel Gálvez sintetiza: "En los cabarets se codeaban el ruidoso libertinaje y la curiosidad. El cabaret porteño es un baile público; una sala, mesas donde beber y una orquesta. Jóvenes de las clases altas, sus queridas, curiosos y algunas muchachas 'de la vida', que acuden solas, son los clientes del cabaret. El tango, casi exclusivo allí, y la orquesta típica instalan entre el champaña y los *smokings* el alma del arrabal".

La segunda etapa del cabaret coincide con una nueva ciudad también desde el punto de vista sociológico: la clase arribada con Hipólito Yrigoyen se ha afirmado en el poder y ha producido un importante núcleo de nuevos altos funcionarios y magistrados que tratan de parecerse lo más posible a sus antecesores del régimen. Algunos incluso abominan del populismo del presidente y se sentirán mucho más cómodos con la llegada a la Casa Rosada de su sucesor, Marcelo Torcuato de Alvear, un típico hombre de la aristocracia argentina, nieto de un prócer de la Independencia, hijo de un notorio intendente de Buenos Aires y líder de la fracción antipersonalista del radicalismo; fue en los hechos un dirigente conservador tanto en las formas como en los contenidos de su gobierno. La situación de la posguerra y los precios internacionales de los productos agropecuarios argentinos le permitieron administrar un país próspero y sin conflictos sociales muy agudos. La Semana Trágica de enero de 1919 y las matanzas de la Patagonia en 1922 no se repitieron durante su mandato. Con Alvear la oligarquía se sentía cómoda; su elegancia no podía producir los enconos que creaba Hipólito Yrigoyen entre la clase alta. Ni tampoco adhesiones populares fervorosas y masivas como el viejo caudillo radical. No era un peligro, era un par.

Ese nuevo producto social que gobierna bajo el alvearismo, apenas un escalón debajo de la aristocracia pero que calca sus maneras y costumbres, se hace consumidor de tango y es clientela habitual del cabaret. Por ellos, el cabaret de los veinte recurre a músicos de una nueva camada, que en general no han tocado en los prostíbulos y que hasta en su vestimenta tratan de mimetizarse con la clase para la cual ejecutan su música; han estudiado, conocen los conservatorios y por ello serán capaces de otorgar a la música una mayor riqueza melódica y sonora.

Los dos nombres fundamentales de este período del tango son Julio De Caro y Osvaldo Fresedo. El primero habrá de convertirse en mención obligada de los años veinte, junto con la polémica literaria entre Florida y Boedo; las visitas de los príncipes de las coronas italiana y británica, Umberto de Saboya y Eduardo de Windsor; la llegada del "Plus Ultra", que unió por primera vez en vuelo la península ibérica con el Río de la Plata; la pelea Firpo-Dempsey por el campeonato mundial de box de todos los pesos, y la primera gira de un equipo argentino por Europa: Boca Juniors, en 1925.

Son los tiempos del primer libro de Jorge Luis Borges, *Fervor de Buenos Aires*; del asombro ante el fascismo en Italia, de las películas de Charles Chaplin, Rodolfo Valentino y Theda Bara. En el tango, Julio De Caro es —como Gardel— sinónimo de novedad, de cambio. Despojada de connotaciones prostibularias, apta para ser ejecutada en las salas familiares y rítmicamente más calma, como para bailarse casi caminando, la melodía decariana es la fundadora de una línea cuya continuidad a través de Troilo, Pugliese y Salgán persiste hasta el presente y que la historia tituló *Guardia Nueva*.

El sexteto de De Caro, compuesto en 1924 por el propio Julio y su hermano Emilio en los violines, Pedro Maffia y Luis Petrucelli en bandoneones, Francisco De Caro en piano y Leopoldo Thompson en contrabajo, debutó en el Café Colón de Avenida de Mayo y Bernardo de Irigoyen, desde donde pasó rápidamente a convertirse en el número central del Vogue's Club del Palais de Glace. Señala Luis Alberto Sierra que en la etapa inicial del conjunto "se advertía nítidamente la influencia temperamental ejercida por el bandoneón de Pedro Maffia, de pausada modalidad, con propensión a los matices afiligranados y a los efectos pianísticos, como asimismo una marcada tendencia a ligar los sonidos que habría de mantener a lo largo de su posterior y admirable labor profesional". Agrega Sierra más adelante: "La orquesta de Julio De Caro significó una verdadera revolución dentro de la ejecución del tango. Se trataba de incorporar los recursos de la técnica musical, especialmente en materia de armonía y contrapunto, sin desvirtuar sus propias esencias rítmicas y melodías. (...) El acompañamiento armonizado del piano, los fraseos y las variaciones de los bandoneones, los contracantos del violín tejiendo melodías de agradable contraste con el tema central, y los solos de piano y bandoneón, expresados con una riqueza armónica y sonora hasta entonces desconocidas, significaron algunos de los aportes más valiosos que aquellos innovadores introdujeron en la ejecución del tango. Y agregando a ello un juego rítmico en el que se percibían las marcaciones dispares a cargo de cada uno de los sectores instrumentales, como atrayente fondo, en tanto cantaban en primer plano los violines o los bandoneones".

Por su parte Matamoro explicita aun más las especificidades musicales de este verdadero inventor que fijó pautas para el tango futuro, hasta el extremo de que cuando se traspasan las normas del decarismo, sus propios autores hablan de "música de Buenos Aires", en claro reconocimiento de haber traspuesto la frontera entre el tango y otra especie sonora. Dice el autor de *Ciudad de tango:* "En lo estructural, De Caro es esencialmente polifónico, al revés de Fresedo, arquitectural y cantable. Salvo cuando aborda romanzas, es decir, piezas no bailables y poco rítmicas, sus frases tienen un apoyo dialéctico en la sección rítmica que es, por lo mismo, no ya ritmo en sí sino ritmo para la frase. Maneja normalmente los dos métodos polifónicos por excelencia: la polifonía propiamente dicha —paralelismo de voces— y el contrapunto —alternancia de voces—. Aunque no incursiona en el campo de la fuga, por la obvia razón de ser incompatible con una música con base rítmica fija como lo es el tango, se puede definir a su estilo como esencialmente polifónico, y entroncarlo con la escuela de más rica tradición musical de Occidente. La polifonía se logra en el sexteto típico por medio de la independencia y relevancia dadas a cada instrumento, y ellas fraguan al dotarse la ejecución de partituras. Así el tango se vuelve, en terreno estricto de técnica musical, una pieza genérica, composición musical formulada por escrito. La distancia polifónica entre las voces se logra dando los solos melódicos a los bandoneones y dejando los violines en pedal, o viceversa, melodizando los violines y apoyando los bandoneones por medio de variaciones rítmicas. El bajo apoya la base formal. El piano juega solísticamente: tiene a su cargo puentes y oberturas y aun pasajes en que suple a la orquesta. Eventualmente la bifonía se da entre violín solista y piano (*Olimpia y Sueño azul*, por ejemplo). Una polifonía secundaria lleva a los violines a tener, uno, el más pastoso y grave, el rol del canto melódico, y el más agudo, el rol del contracanto armónico. Algo similar sucede con los pasajes a solo de los bandoneones, en que uno melodiza y el otro apoya con "guines" de acordes, o golpes en los flancos de madera del instrumento. Las sonoridades secundarias enriquecen el timbre del conjunto: a más de la citada, la fricción de la varilla del arco contra las cuerdas del violín o el bajo, los silbidos a dos o tres voces, sonidos orales —mugidos, refranes a coro, como el 'Gran bonete' que utilizaba Firpo—, pasajes a *bocca chiusa-pizzicati* y guitarreados del violín —ya utilizados por Ferrazzano y Rocatagliatta— y la adhesión de una bocina al violín, para aumentar su volumen —violín corneta ya tocado por José Bonnano en la orquesta de Maglio—, lo que aproxima más aun el sonido instrumental a la voz humana, por dotarlo de un matiz nasal. El contrapunto es igualmente estricto. La autonomía de cada instrumento se protege no sólo por la partitura escrita, sino que se potencializa al tener personalidad tímbrica. Los timbres dialogan a la par de las voces. Entre ellos se crea el espacio polifónico que redunda en la impresión auditiva de un gran volumen sonoro logrado con número material. Ordenando la gama tímbrica, los instrumentos se ubicarían así: el bajo, los bandoneones y la mano izquierda del pianista: incisivos y armónicos; la mano derecha del pianista y los violines: melódicos y ligados.

"Los pasajes de variación son los más complejos desde el punto de vista polifónico. Las frases de variación más característica son las de los bandoneones, que comentan en corcheas y semicorcheas la melodía variada. Las variaciones del violín consisten en un contracanto, es decir una melodía a manera de segunda copla calcada sobre los punto claves de la primera copla".

Julio De Caro había nacido en Buenos Aires en diciembre de 1899, hijo de José, profesor del Conservatorio de Milán que al trasladarse a la Argentina decidió instalar su propia academia. Desde muy niño estudió violín y a los trece años —según cuenta en su libro *El tango en mis recuerdos*— ya ganaba sus primeros pesos como profesor de teoría, solfeo y violín. Pese a la oposición paterna sintió —lo mismo que su hermano Francisco— una temprana atracción hacia el tango que le valió la expulsión de la casa cuando le comunicó a su progenitor que efectuaría un reemplazo en la orquesta de Eduardo Arolas, quien lo había oído tocar, todavía clandestinamente, con el conjunto de Firpo. Después integró un cuarteto con Maffia, Rosito y Rizzutti, de donde pasó a la orquesta de Osvaldo Fresedo; después se integró a la orquesta de Minotto-De Cicco en Montevideo. Al regreso optó por la agrupación de Juan Carlos Cobián, y ante una discusión con el autor de *Los mareados* decidió formar su propio grupo.

Como compositor dejó una obra numerosa que se inserta en el espacio que dejaban los temas de Eduardo Arolas y los de Juan Carlos Cobián. La riqueza melódica se encuadraba en un ritmo bailable que, aunque de salón, no olvidaba el pasado, la esencia compadre de los tangos.

Una visión de conjunto, tanto de sus creaciones como compositor como en lo referente a la ejecución de los temas que abultaban su repertorio, denota la escasa importancia que De Caro otorgaba a la parte cantada. Y pese a que la mayor parte de sus obras cuenta con letra, sus versiones más famosas son estrictamente instrumentales. *Mala junta* tiene letra de Juan Velich; *Boedo*, de Dante Linyera; *El monito* y *Buen amigo*, de Carlos Marambio Catán; *Tierra querida*, de Luis Díaz, *El arranque* y *El mareo*, de Mario César Gomila; sin embargo, muy pocas veces esos versos se cantaron. Entre los temas sólo instrumentales se destacan *Chiclana*, *La Rayuela*, *Orgullo criollo*, escrito en colaboración con Pedro Láurenz, y *Mala pinta*, con su hermano Francisco.

Francisco De Caro merece un párrafo aparte. Su piano marcó la esencia del tango de cabaret de la década del veinte, y como compositor dejó algunas de las mejores melodías de la biografía tanguista, entre las que restalla *Flores negras*, a la que deben agregarse títulos como *Sueño azul*, *Páginas muertas*, *Dos lunares* y *Latidos*.

La otra orquesta arquetípica del tango de cabaret alvearista es la que comanda Osvaldo Fresedo, a quien llaman El Pibe de La Paternal. Había nacido en Buenos Aires en mayo de 1897, hijo de una profesora de piano que le enseñó los rudimentos musicales. Luego pasó por otros conservatorios modestos y se inició públicamente en 1912 con un trío juvenil. Tres años después, en julio de 1916, se presentó oficialmente en el cabaret Montmartre, a pocos días de la asunción de Hipólito Yrigoyen (lo que tampoco parece una casualidad si se tiene en cuenta que Fresedo integra uno de los puntales de la segunda generación del tango, cuyo surgimiento coincide con los años del radicalismo en el poder). Lo acompañaban en su debut José Martínez y Francisco Canaro. En 1918, tras haber tocado en dúo de bandoneones con Vicente Loduca, formó su primer conjunto, integrado por Julio De Caro y Rafael Rinaldi en violines, José María Rizzutti en piano y Hugo Baralis en bajo. Al año desarmó su conjunto para viajar a Estados Unidos donde grabó varios discos con el pianista Enrique Delfino y el violinista Tito Rocatagliatta. Allí recibió la influencia de la *jazz band* cuyo crecimiento resultaba una verdadera explosión. También escribió su tango *Nueva York*, una de las primeras composiciones de una larga lista que incluye obras de gran popularidad como *Vida mía, Pampero, El once, El espiante, Pimienta* y *De academia*.

Apunta Sierra que Fresedo "introdujo efectos tan interesantes como los 'staccatos' pianísimos y los 'crescendos' ligados, en una constante gama de muy variado colorido. Concedió también mayores motivos de lucimiento personal a los instrumentistas, incorporando los solos de piano de ocho compases y permitiendo a los contracantos de violín (impropiamente denominados 'armonías') una mayor autonomía de expresión, a la vez que renovaba sus muy personales fraseos de bandoneón en la mano izquierda. Todo dentro de un concepto orquestal de perfecto ajuste y refinado buen gusto".

Otra innovación de Fresedo fue agregar a los instrumentos tradicionales de la orquesta típica la presencia de arpa, vibráfono (que habría de otorgar un toque personalísimo a sus orquestaciones posteriores a 1940) y accesorios de percusión, en especial redoblante con escobillas y platillos, con lo cual, al desplazar el papel rítmico del piano a la batería, permitía que aquél ocupara otras funciones en la orquesta.

Tal vez Fresedo haya sido el único que supo mantenerse en la vanguardia y evolucionar junto con el desarrollo del tango. Mimado de la oligarquía en los veinte, en los treinta continuó su éxito para hacerse masivo en los cuarenta, cuando supo *aggiornarse* ante la nueva situación. Eligió buenos cantores: hasta entonces había contado con Teófilo Ibáñez, Agustín Magaldi, Ernesto Famá, pero al decidir renovarse de acuerdo con los tiempos contrató a Roberto Ray, quien le otorgó un timbre y un acento personal que se ensambla con las características del estilo de Fresedo, como luego lo iban a hacer Ricardo Ruiz, Oscar Serpa, Carlos Mayel, Osvaldo Cordó y posteriormente Héctor Pacheco (este último con un aire amanerado y bolerístico). El repertorio, compuesto por piezas en general melódicas, llevaba textos cantables de particulares cualidades: carentes de exageraciones lunfardas, narraban historias sentimentales en el marco de un tono acentuadamente romántico que le permitía competir con el bolero, género de creciente difusión a comienzos de la década del cuarenta. Además, incluyó en su repertorio aquellos tangos recientes que se destacaban por la calidad de su melodía y por el trabajo de sus letristas, como *Ronda de ases*, *Cafetín de Buenos Aires*, *Discepolín*, *Sosteniendo recuerdos*, *Cuando cuentes la historia de tu vida*, *Maleza*, que se agregaban a otros originados en los veinte, remozados musicalmente de acuerdo con la nueva tónica orquestal. Respecto de las composiciones instrumentales, Fresedo se contó entre los primeros que aceptaron incluir temas de vanguardia como los creados por Astor Piazzolla, cuando todavía sus colegas rechinaban los dientes ante la sola mención del autor de *Adiós Nonino*.

El antiguo Pibe de la Paternal siguió actuando hasta 1981, fecha en que se despidió definitivamente de la conducción orquestal. Murió en Buenos Aires en noviembre de 1984.

GRISETAS Y MILONGUITAS

Una vez que la clase alta abandona la frecuentación de prostíbulos, propia de fin del siglo XIX y comienzos del XX hasta los días del Centenario, y opta por una mantenida a la que se le pone un piso, la ecología de la prostitución se transforma. La nueva clase gobernante se amolda a las presiones formales del poder e imita a sus predecesores. Aparecen nuevos apellidos, extraños hasta entonces en los círculos de la aristocracia. Y aunque son mirados con burla y con recelo debido a su militancia radical, poco a poco se agregan al estrato que dirigió el país a lo largo de un siglo. Tener una francesa como habitante de la *garçonnière* (el pisito que puso Maple de *A media luz*) es de buen tono, pero no faltan tampoco las nativas jóvenes. Como la costurerita que dio el mal paso mentada por Carriego y de la que Nicolás Olivari brindó la contracara cínica:

> *La costurerita que dio aquel mal paso*
> *y lo peor de todo sin necesidad.*
> *Bueno, lo cierto del caso,*
> *es que no se la pasa del todo mal.*
> *Tiene un pisito en un barrio apartado,*
> *un collar de perlas y un cucurucho*
> *de bombones; la saluda el encargado,*
> *y ese viejo, por cierto, no la molesta mucho.*
> *¡Pobre si no lo daba, que aún estaría*
> *si no tísica del todo, poco le faltaría!*
> *Ríete de los sermones de las solteras viejas;*
> *en la vida, muchacha, no sirven esas consejas,*
> *porque... ¡piensa!... ¡si te hubieras quedado!...*

La mantenida con departamento estable de los veinte puede o no haber pasado por el cabaret o acaso lo frecuente acompañada por su amante, pero no es necesariamente "la mujer del cabaret" que mencionan reiteradamente las letras de esos años, en cuyo caso se trata de una empleada del establecimiento, una "copera" o "alternadora", que trabaja a porcentaje de la consumición que logra de los clientes. Son en general muchachas jóvenes, que el tango describe como "encandiladas por las luces del centro". Buenas bailarinas, frívolas, y generalmente prostitutas.

La moral pequeñoburguesa que no va a las causas de los fenómenos sociales sino a su pura epidermis tuvo a sus traductores en decenas de letras de tango críticas de esta situación de engaño y sometimiento de la mujer. Muchachas por lo general nacidas en la miseria y el hacinamiento de los conventillos, que deslumbradas con la posibilidad de un cambio de vida llegaban ingenuamente al mundo del cabaret del que muy pocas podían zafar. La mayor parte acababa con el paso de los años como yirantas callejeras prostitutas de burdeles baratos. "Algunas —como señala Horacio Ferrer en *La última grela*— terminaron atendiendo los guardarropas de damas en esos mismos cabarets."

Las letras que mencionan personajes del cabaret pueden dividirse en tres grupos: las que hablan de muchachas argentinas, los versos dedicados a las francesas y los que se refieren al hombre en el cabaret. La más famosa de las del primer grupo es sin duda alguna *Milonguita*. El tango de Samuel Linning con música de Enrique Delfino fue estrenado en 1920. Los versos se inician con una referencia al pasado idílico del barrio y concluyen con la comparación con su vida actual. Dicen:

> *¿Te acordás, Milonguita? vos eras*
> *la pebeta más linda 'e Chiclana;*
> *la pollera cortona y las trenzas*
> *y en las trenzas un beso de sol...*

Y comparan.

> *Estercita,*
> *hoy te llaman Milonguita,*
> *flor de noche y de placer,*
> *flor de lujo y cabaret.*

> *Milonguita,*
> *los hombres te han hecho mal*
> *y hoy darías toda tu alma*
> *por vestirte de percal.*
> *Cuando sales a la madrugada,*
> *Milonguita de aquel cabaret,*
> *toda tu alma temblando de frío,*
> *dice: ¡Ay si pudiera querer!...*
> *y entre el vino y el último tango*
> *p'al cotorro te saca un bacán...*
> *¡Ay qué sola Estercita te sientes!...*
> *¡Si llorás... dicen que es el champán!*

Milonguita era el término habitual con el que se designaba a las prostitutas jóvenes, diminutivo de "milonguera", que era la mujer contratada para bailar en sitios públicos.

En la comunicación 114 de fecha 8 de junio de 1966 de la Academia Porteña del Lunfardo, el miembro de número Ricardo M. Llanes estableció que Milonguita fue un personaje real de Buenos Aires. El informe se completa con la comunicación 132 firmada por Juan Carlos Etcheverrigaray, quien transcribe el acta de defunción de Milonguita. Se llamaba María Ester Dalto y murió el 10 de diciembre de 1920, de meningitis, en su casa de la calle Chiclana 3148. Al morir tenía sólo quince años. Lo cual corroboraba la edad de iniciación de las muchachas de cabaret que ya había señalado Pascual Contursi en *Flor de fango*:

> *Justo a los catorce abriles*
> *te entregaste a la farra,*
> *las delicias de un gotán.*
> *Te gustaban las alhajas,*
> *los vestidos, la moda*
> *y las farras del champán.*

No es ésta la opinión de Gobello, quien sostiene que nada hace suponer que Linning hubiera conocido a la niña muerta, la que "por precoz que hubiera sido —enfatiza— no habría podido hacer carrera en un cabaret. Pero la leyenda suele terminar por derrotar a la historia". En ese caso, los pobres versos de Linning sirvieron como síntesis de un personaje esencial en la historia del tango: la muchacha de barrio que deslumbrada llega al cabaret.

En *Cocot de lujo*, Manuel Romero reafirma:

Nació por ahí, cerca 'e la quema,
y desde chica ya demostró
no haber nacido pa'ser decente
¡con la carita que Dios le dió!
Sentó con fama de motinera,
en los bailongos se prodigó
y en cuanto tuvo catorce abriles
la limousine de un bacán la remolcó.

El mismo Romero insistió varias veces, al igual que Cadícamo, en la temática cabaretera: *El rey del cabaret*, *Aquel tapado de armiño*, *¡Pobre milonga!*

En *La reina del tango* anota Cadícamo:

Flor de noche, que al sordo fragor
Del champán descorchado triunfás,
... Tu compás es el ritmo sensual
que en la alfombra retuerce el gotán
... la música rea es la melopea
que a tu corazón
muy a la sordina
le hace un contracanto
que aumenta el quebranto de tu perdición.

Los autores teatrales no dejan pasar el auge cabaretero y escriben decenas de piezas basadas en este mundo: *El cabaret*, de Carlos M. Pacheco (1914); *La sala del diablo*, de Carlos R. de Paoli (1919); *Armenonville*, de Enrique García Velloso (1920); *Tu cuna fue un conventillo*, de Alberto Vacarezza (1920); *La maleva*, de Roberto L. Cayol (1920); *Milonguita*, de Samuel Linning (1922); *El rey del cabaret*, de Manuel Romero (1923): en esta pieza Ignacio Corsini estrenó el tango *Patotero sentimental*, con letra del autor del sainete y música de Manuel Jovés, y que resultó uno de los temas más populares de la década.

Señala Domingo F. Casadevall que fueron José González Castillo y Alberto T. Weisbach "quienes al insertar en la aplaudida pieza *Los dientes del perro* (1918) 'un cabaret en pleno funcionamiento' con actuación de la 'orquesta típica' de Juan Maglio (Pacho), se convirtieron en propagandistas de tales establecimientos de holgorio en la realidad y en la ficción teatral. Las llamadas 'obras de cabaret' fueron acogidas con fervor por el público porteño. Las familias satisfacían una picante curiosidad 'asistiendo' a esa clase de sitios prohibidos, con audición de tangos y esmerada actuación de 'mujeres fatales', *viciosas, impúdicas, milonguitas y patoteros...*".

La otra especie de cabaretera que señala el tango es la francesa que enamorada deja su patria para seguir al hombre que con engaños la trae a la Argentina, donde constituye uno de los productos mejor pagos en el mercado de la trata de blancas. En 1923, Gardel graba *Francesita*, de Vacarezza y Delfino, la muchacha que vivía *allá en un barrio cerca de Lyon*, y engañada viaja al Río de la Plata donde, abandonada,

>   *perdió el rumbo y ancló su vida*
>   *bajo las noches de este país.*

Un año después, José González Castillo narró la historia de otra de ellas en un tango que como los anteriores lleva música de Enrique Delfino, *Griseta*:

>   *Mezcla rara de Museta y de Mimí*
>   *con caricias de Rodolfo y de Schaunard,*
>   *era la flor de París*
>   *que un sueño de novela trajo al arrabal...*
>   *Y en el loco divagar del cabaret,*
>   *al arrullo de algún tango compadrón,*
>   *alentaba una ilusión:*
>   *soñaba con Des Grieux,*
>   *quería ser Manón.*

En 1933, Enrique Cadícamo escribe *Madame Ivonne*, suerte de continuación de los temas anteriores, desde la perspectiva de quien observa lo ocurrido con las francesas llegadas al país a comienzos de la posguerra, con una década de distancia y cuando las espectativas argentinas entran en la desesperanza de la Década Infame. Cadícamo evoca:

> *Mamuasel Ivonne era una pebeta*
> *que en el barrio posta del viejo Montmatre,*
> *con su pinta brava de alegre griseta*
> *animó las fiestas de Les Quatre Arts.*
> *Era la papusa del Barrio Latino*
> *que supo a los puntos del verso inspirar*
> *... hasta que una noche llegó un argentino*
> *y a la francesita la hizo suspirar (...)*
> *Han pasao diez años que zarpó de Francia...*
> *Mamuasel Ivonne hoy sólo es Madam;*
> *la que al ver que todo quedó en la distancia*
> *con ojos muy tristes bebe su champán...*
> *Ya no es la papusa del Barrio Latino.*
> *Ya no es la mistonga florcita de lis.*
> *Ya nada le queda... ni aquel argentino*
> *que entre tango y mate la alzó de París.*

Parece obvio señalar que "madam" era el tratamiento que recibían las regentas de los prostíbulos.

El dedo acusador tampoco salvó a otras nacionalidades y así le tocó el turno a *Galleguita*:

> *la divina,*
> *la que a la tierra argentina*
> *llegó una tarde de abril,*
> *sin más prendas ni tesoros,*
> *que sus negros ojos moros*
> *y su cuerpito gentil.*
> *Siendo buena eras honrada,*
> *pero no te valió nada,*
> *otras cayeron igual.*
> *Y la pobre Galleguita*
> *tras de la primera cita,*
> *fuiste a parar al Pigall.*
> *Sola y en tierras extrañas,*
> *tu caída fue tan breve,*
> *que como bola de nieve,*
> *tu virtud se disipó,*

No obstante, el autor la justifica:

Tu ambición era la idea,
de juntar mucha platita,
para la pobre viejita,
que allá en la aldea quedó.

Sin embargo la moral pequeñoburguesa impone sus pautas y castigos:

un paisano malvado,
loco por no haber logrado,
tus caricias y tu amor,

vuelve a Galicia y le cuenta a la madre el oficio de su hija y la progenitora muere de pena.

Los años del cabaret radical son los del derroche, también de los argentinos que tiran manteca al techo en París. La situación de la economía mundial que explotará en octubre de 1929, dando paso a la primera gran crisis de este siglo, permite que al concluir el mandato de Alvear, en 1928, el gobierno pueda enorgullecerse de que la renta nacional haya aumentado en casi cien millones de pesos de oro, que durante tres años el intercambio comercial haya arrojado saldo positivo y que el nivel adquisitivo de los salarios haya aliviado —como ya se dijo— las tensiones sociales.

El cabaret refleja esa bonanza; el magnate despilfarra un capital que de todas maneras seguirá multiplicándose sin requerir esfuerzo de su parte. Carlos Marambio Catán traza el reflejo de esa situación en su tango *Acquaforte*:

Es medianoche, el cabaret despierta,
muchas mujeres, música y champán
va a comenzar la eterna y triste fiesta
de los que viven al ritmo del gotán.
..
Un viejo verde que gasta su dinero
emborrachando a Lulú con su champán
hoy le negó el aumento a un pobre obrero

> *que le pidió un pedazo más de pan.*
> *Y que aquella pobre mujer que vende flores*
> *y fue en sus tiempos la reina de Montmatre,*
> *me ofrece con dolor unas violetas*
> *para alegrar tal vez mi soledad.*
> *Y pienso*
> *en la vida...*
> *las madres que sufren*
> *los hijos que vagan sin techo y sin pan*
> *vendiendo "La Prensa", ganando dos guitas*
> *¡Qué triste es todo esto! ¡Quisiera llorar!*

Acquaforte, que fue impreso en 1930 en Italia, tuvo problemas con la rígida censura fascista que obligó, para evitar posibles confusiones, a que la partitura incluyese la aclaración "tango argentino". En la Italia de Mussolini los conflictos de clase habían sido erradicados, al menos para la propaganda del régimen. Los censores advirtieron la fuerza crítica de los versos y tomaron distancia.

El tango de esos años cuestiona al cabaret, le reprocha su amoralidad, a la que opone la ética de barrio y de paso, desde los mismos palcos donde se instala para entretener a quienes "derrochan su dinero" sin pensar en el pueblo, les muestra sus lacras, lo cual es una manera de conformarse con la propia suerte. La educación señala: los ricos no son felices, carecen de amor, deben pagarlo. Los pobres en cambio pasan necesidades, sufren, pero son buenos, y sus amores, gratuitos y, por lo tanto, auténticos. Los clientes del cabaret escuchan la monserga y gozan con el reflejo de esa perversidad que les endilgan. Al fin es cierto, el cabaret implica una marca de clase, un privilegio. ¿Y por qué no ostentarlo?

El cabaret tanguero tuvo un nuevo período de florecimiento a comienzos de los años cuarenta, pero diez años después comenzaron a languidecer y sólo persistieron algunos rezagados, ya sin grandes orquestas que animaran sus noches. El país también se había transformado y con él sus necesidades. La clase alta, por su parte, buscaba entretenerse por otros derroteros, donde no tuviera que codearse con la chusma que invadía sus antiguos reductos. El tango también se había teñido de peronismo.

CONTURSI, EL INVENTOR

Se dice que fue a regañadientes y que algunos de sus amigos no estaban convencidos de la oportunidad. Cantar un tango, para colmo repleto de palabras lunfardas en un teatro céntrico, podría resultar demasiado. Un desprestigio. Por lo pronto su compañero de dúo, José Razzano, optó por dar un paso atrás y dejarlo que se arriesgara solo. La fecha exacta del hecho tampoco se conoce, aunque gracias a las recientes investigaciones de Ricardo Ostuni hay suficientes datos para deducir que ocurrió entre el 3 y el 5 de enero de 1917 en el escenario del *Empire* en Buenos Aires. Lo que sí está claro es que en el momento en que el casi obeso cantor de aires camperos llamado Carlos Gardel decidió entonar en público las palabras de *Mi noche triste*, escritas por Pascual Contursi en Montevideo, cambió la historia del tango. A partir de esa noche se hizo tristón, melancólico, y se convirtió en el instrumento habitual de los habitantes del Río de la Plata para traducir sus dolores, sus broncas, sus nostalgias, y también su sentido moral.

La letra de tango que hasta entonces era sólo coplitas o unos cuantos versos vivarachos, adquirió argumento. Incurrió en exageraciones, se empantanó en temas de abandono, hizo restallar hallazgos cursis, pero una vez decantado el cúmulo de fealdades y errores pudo dejar en el cedazo logros poéticos inusuales, además de una variada crónica de la vida ciudadana que la poesía de libro había sido incapaz de lograr. Borges —pese al mal humor que le provocaban los tangos cantados— llegó a suponer (hacia 1930) que esas letras conforman "una inconexa y vasta *comédie humaine* de la vida de Buenos Aires".

El culpable de esta transformación había nacido en Chivilcoy, provincia de Buenos Aires, en 1888, se llamaba Pascual Contursi y antes de escribir *Mi noche triste* había sido titiritero, vendedor de zapatería, cantor —dicen que bastante afinado— y había probado suerte adosándole palabras a unos cuantos tangos. Le había puesto versos a *El flete*, de Vicente Greco:

> *Ya se acabaron los pesaos,*
> *patoteros y mentaos*
> *de coraje y decisión.*

También a *La biblioteca* y *Don Esteban*, ambos de Augusto P. Berto; a *Vea... vea...*, de Roberto Firpo; a *Matasanos*, de Francisco Canaro, y a *El Cachafaz*, de Aróstegui. En otro tango de este compositor, *Champagne tangó*, Contursi observaba:

> *Se acabaron esas minas*
> *que siempre se conformaban*
> *con lo que el bacán les daba*
> *si era bacán de verdad.*
> *Hoy sólo quieren vestido*
> *y riquísimas alhajas,*
> *coche de capota baja*
> *pa' pasear por la ciudad.*
> *Nadie quiere conventillo,*
> *ni ser pobre costurera,*
> *ni tampoco andar fulera,*
> *sólo quiere aparentar;*
> *ser amiga de fulano*
> *y que tenga mucho vento,*
> *que alquile departamento*
> *y que la lleve al Pigalle.*

Sin embargo esas letras, escritas en general durante su estancia en Montevideo a partir de 1914, pasaban sin pena ni gloria. El impacto recién se produjo cuando Contursi decidió agregarle versos, con el título de *Mi noche triste*, al tango *Lita*, de Samuel Castriota. La vinculación del nombre de Gardel a la inicial difusión del tema le agrega el elemento mitológico imprescindible en toda génesis. A poco de su estreno en el teatro Empire, lo grabó el mismo año 1917.

Además, gran amigo de Elías Alippi, que encabezaba un famoso rubro teatral con Enrique Muiño, fue el mismo Gardel quien propuso, poco después de su debut con los versos de Contursi, que la compañía agregase en una escena de la pieza *Los dientes del perro*, de José González Castillo y Alberto T. Weisbach, la interpretación de *Mi noche triste*.

Acompañada en el escenario que simulaba un cabaret por la orquesta de Roberto Firpo, la actriz Manolita Poli entonó por primera vez *Mi noche triste* la noche del 20 de abril de 1918. En setiembre la pieza sobrepasó las cuatrocientas representaciones. Los eruditos discuten si fue *Mi noche triste* o *Flor de fango*, también con letra de Contursi, el primer tango grabado por Gardel. La exactitud del dato carece de importancia. Lo cierto es que el gran éxito lo constituyó *Mi noche triste* y que con sus versos comienza un nuevo tango: el que cuenta historias, el que narra sentimientos. Una nueva visión donde los versos son tan importantes como la música. Donde la poesía —al decir del cantor Alberto Marino— "ilumina la melodía".

No cabe duda de que la letra de Contursi cobija más de un acierto, desde la queja del inicio *(Percanta que me amuraste...)* hasta ciertas precisiones de la angustia producida por el abandono:

> *Y si vieras la catrera*
> *como se pone cabrera*
> *cuando no nos ve a los dos.*

Tampoco faltaron pullas contra *Mi noche triste*. Tallón, por ejemplo, se ensañó: "Hago notar —dijo— que con su letra inauguró Contursi el tema repelente del 'cantinflero' que llora abandonado por su querida prostituta".

La letra de Contursi dice:

> *Percanta que me amuraste*
> *en lo mejor de mi vida,*
> *dejándome el alma herida*
> *y espinas en el corazón,*
> *sabiendo que te quería,*
> *que vos eras mi alegría*

y mi sueño abrasador,
para mí ya noy hay consuelo
y por eso me encurdelo
pa' olvidarme de tu amor.
Cuando voy a mi cotorro
y lo veo desarreglado,
todo triste, abandonado,
me dan ganas de llorar;
me detengo largo rato
campaneando tu retrato
pa' poderme consolar.
De noche, cuando me acuesto,
no puedo cerrar la puerta,
porque dejándola abierta
me hago ilusión que volvés.
Siempre llevo bizcochitos
pa' tomar con matecitos
como si estuvieras vos,
y si vieras la catrera
cómo se pone cabrera
cuando no nos ve a los dos.

Señala Gobello que "los ladrones, a su mujer, a su concubina, le decían 'mina', con palabra tomada del lenguaje jergal italiano; los rufianes le decían alternativamente 'mina' y 'percanta'". Y continúa: "En esto yerra Tallón cuando afirma que el ladrón nunca diría 'mina', 'percanta' o 'chirola', salvo que no se trate de los tipos sino de ciertos subtipos espurios de la vida canallesca. 'Mina' es palabra de ladrones, que el rufián no desdeñó, desde luego; pero más característico de los rufianes es el término 'percanta' —y también lo es 'tarasca', e inclusive 'barrilete'—, y el hecho de que *Mi noche triste* comience con un vocablo de rufianes, está indicando el entronque rufianesco de la letra". Por otra parte la simple acotación de que el protagonista deje de noche la puerta abierta en espera de la vuelta de la mujer hace pensar que era habitual que ella regresara en horas de la madrugada, lo cual, ubicándose en la fecha en que el tema fue escrito (1916), sólo podía corresponder a lo que en la curiosa metáfora eufemística de la época se designaba con el nombre de mujer de vida airada. En otros términos, una prostituta.

El éxito de *Mi noche triste* impulsó a Contursi a continuar la misma temática. El abandono se transformó en constante. Y los imitadores, como era de esperar, se multiplicaron. En algunos casos la historia narrada era sencillamente la reiteración del tema de aquel tango. Así por ejemplo *De vuelta al bulín*, que relata el impacto que se produce en el protagonista al advertir el abandono. El personaje vuelve a la pieza, y al ver el ropero vacío, llora desconsolado. Cuando encuentra la carta de despedida, cuenta ingenuamente:

> *La repasé varias veces,*
> *no podía conformarme*
> *de que fueras a amurarme*
> *por otro bacán mejor.*

En *Ivette*, insistió:

> *Bulín que ya no te veo,*
> *catre que ya no apolillo,*
> *mina que de puro esquiyo*
> *con otro bacán se fue;*
> *prenda que fuiste el encanto*
> *de toda la muchachada*
> *y que por una pavada*
> *te acoplaste a un mishé...,*

donde eso de ser el encanto de toda la muchachada suena muy distante a la posesión exclusiva, propia del machismo de un guapo, y se acerca a la difusa compartibilidad de una prostituta. También se lamentó Contursi en la letra de *La he visto con otro*:

> *Hay noches que solo*
> *me quedo en el cuarto*
> *rogando a la virgen*
> *me la haga olvidar,*
> *y al verla con otro*
> *pasar por mi lado*
> *en vez de matarla*
> *me pongo a llorar.*

En *Pobre corazón mío*, tampoco innovó en su temática:

> *Cotorro que alegrabas*
> *las horas de mi vida,*
> *hoy siento que me muero*
> *de angustia y de dolor,*

y agrega una estrofa más adelante:

> *¡Si aún conserva el piso*
> *la marca de las huellas*
> *que en noches no lejanas*
> *dejaba al taconear!...*

En la letra que con el título de *Si supieras* le adosó a *La cumparsita* de Mattos Rodríguez, continúa su lacrimosa cantinela:

> *Al cotorro abandonado*
> *ya ni el sol de la mañana*
> *asoma por la ventana*
> *como cuando estabas vos,*
> *y aquel perrito compañero,*
> *que por tu ausencia no comía,*
> *al verme solo el otro día*
> *también me dejó...*

Tampoco faltó la imagen femenina del abandono. En *Ventanita de arrabal*, la muchacha espera la vuelta de

> *Aquel que solito*
> *entró al conventillo,*
> *echao a los ojos*
> *el funghi marrón;*
> *botín enterizo,*
> *el cuello con brillo,*
> *pidió una guitarra*
> *y pa'ella cantó,*

y que luego de *"arrastrar su almita por el fango"* nunca más volvió. En *El motivo*, una "mina" que ha perdido sus encantos y que en otros tiempos ha tenido *"a la gente rechiflada"*, se lamenta no por un amor perdido, sino porque su decadencia la conduce a la soledad:

> *Está enferma, sufre y llora*
> *y manya con sentimiento*
> *de que así enferma y sin vento,*
> *más naide la va a querer.*

En otro tango, *Caferata*, la prostituta explotada le dice a quien la abandonó:

> *Sólo quiero que recuerdes*
> *que conmigo has pelechado,*
> *que por mí te has hecho gente*
> *y has llegado a ser ranún.*
> *Yo te di vida bacana*
> *vos en cambio me dejaste*
> *por un loro desplumado*
> *como ésta que aquí ves.*

Humorística resulta en cambio la queja del protagonista de *Amores viejos*, quien se lamentaba de la falta de espíritu de sacrificio de las mujeres, que según su criterio se habían vuelto excesivamente pretenciosas. Por eso elogia a

> *Esas minas veteranas*
> *que nunca la protestaban,*
> *sin morfar se conformaban*
> *aunque picara el buyón;*
> *viviendo así en un cotorro,*
> *pasando vida fulera,*
> *con una pobre catrera*
> *que le faltaba el colchón.*
>
> *Cuántas veces el mate amargo*
> *al estómago engrupía*

> *y pasaban muchos días*
> *sin que hubiera pa' morfar;*
> *la catrera era el consuelo*
> *de esos ratos de amargura,*
> *que a causa 'e la mishiadura*
> *se tenían que pasar.*

Más allá de chocantes abusos en la utilización de licencias poéticas producto de sus carencias técnicas, de la ingenuidad y pobreza de las metáforas, de su temática machacona, de dequeísmos, Contursi puede ostentar con justicia el título de inventor. *Mi noche triste* marca la génesis del tango canción. Fue quien al transformar una simple danza en crónica, reseña, estampa, permitió que un ritmo se convirtiera en cauce literario donde aquellos que carecían de voz manifestaran sus dolores, frustraciones y angustias, con sencillez. Contursi al permitirse incluir sentimientos, al aceptar que el protagonista llorase sus pérdidas, sensibilizó al tango, lo despojó de máscaras, lo humanizó.

Al adquirir letra que superara el mero desplante o el verso ingenuo, el tango pierde su carácter festivo, se introvierte. Con la crisis del treinta acentuará su tono reconcentrado, fatalista, metafísico. Enrique Santos Discépolo llegará a exclamar:

> *¡Aullando entre relámpagos,*
> *perdido en la tormenta*
> *de mi noche interminable, Dios!*
> *busco tu nombre...*
> *No quiero que tu rayo*
> *me enceguezca entre el horror,*
> *porque preciso tu luz*
> *para seguir...*
> *¿Lo que aprendí de tu mano*
> *no sirve para vivir?*
> *Yo siento que mi fe se tambalea,*
> *que la gente mala vive ¡Dios!*
> *mejor que yo...*

En otro terreno mostrará el tango en sus acentos dramáticos el linaje híbrido propio del desarraigo inmigrante. Serán los argentinos de primera generación quienes lo cantarán. Sus padres no hubieran podido hacerlo, los criollos se les hubieran reído en la cara por su jerga cocoliche. Debieron esperar. Fueron sus hijos los encargados de señalar la tristeza de los que habían llegado con la esperanza de hacer la América y debieron conformarse con sobrevivir en una tierra lejana.

Antes de morir —demente— en el Hospicio de las Mercedes el 29 de mayo de 1932, Contursi había escrito, además de sus tangos, unas quince piezas teatrales, varias de ellas exitosas aunque de escaso vuelo literario, y había conocido la satisfacción de que Carlos Gardel le grabase casi todos sus temas y que inaugurara su discografía tanguera con tangos suyos, entre otros *Flor de fango*, un acierto descriptivo:

> *Mina, que te manyo de hace rato,*
> *perdoname si te bato*
> *de que yo te vi nacer...*
> *Tu cuna fue un conventillo*
> *alumbrao a querosén.*
> *Justo a los catorce abriles*
> *te entregaste a la farra,*
> *las delicias del gotán.*
> *Te gustaban las alhajas,*
> *los vestidos a la moda*
> *y las farras de champán.*
> *Después fuiste la amiguita*
> *de un jovato boticario*
> *y el hijo de un comisario*
> *todo el vento te shacó...*
> *Y empezó tu decadencia,*
> *las alhajas amuraste*
> *y un bulincito alquilaste*
> *en una casa 'e pensión:*
> *Te hiciste tonadillera,*
> *pasaste ratos extraños,*
> *y a fuerza de desengaños*
> *quedaste sin corazón.*

Leopoldo Lugones, tan reacio, como ya se dijo, al tango, se vio obligado a hacerse eco de su popularidad en unos versos de su *Romancero*, de 1924:

> *Chicas que arrastran en el tango,*
> *con languidez un tanto cursi,*
> *la desdicha de Flor de fango*
> *Trovada en letra de Contursi.*

Un año después de la muerte de Contursi, el nombre del autor de *Mi noche triste* volvería a aparecer en versos ajenos, esta vez en los del famosísimo tango de Celedonio Flores *Corrientes y Esmeralda:*

> *Te glosa en poemas Carlos de la Púa*
> *y el pobre Contursi fue tu amigo fiel...*
> *en tu esquina criolla cualquier cacatúa*
> *sueña con la pinta de Carlos Gardel.*

Antes de morir, Contursi había conocido la fama y sus letras lo habían enriquecido. En los últimos años se dio el gusto de cumplir con el sueño de cualquier argentino de entonces: vivir en Europa. En París escribió con Bautista "Bachicha" Deambroggio una de sus creaciones más notorias: *Bandoneón arrabalero*. Sin embargo acaso nunca intuyó que detrás del éxito y la popularidad había un mérito mayor que consistía en haber creado una manera de exteriorizar sentimientos, aun los más secretos.

Hoy los tangos de Contursi forman parte del patrimonio arqueológico y su interpretación sólo se da —cada vez en forma más esporádica— con las mismas características de quien exhibe una cerámica prehistórica. Frases suyas transformadas por lustros en lexías, como *la guitarra en el ropero* por ejemplo, carecen hoy del contenido semántico de otras épocas y sus letras han sido despojadas, por la reiteración y el paso de los años, de significados rufianescos. Contar que todavía se conservan frascos de toilette *con moñitos todos de un mismo color* es sólo cursilería. Y confesar que se esperaba encontrar a la mujer que lo había abandonado *escondida para darme un alegrón* sirve como ejemplo de *kitsch*. Por eso los temas de Contursi tienden a desaparecer de los repertorios. Al carecer de contexto, sus letras se muestran amarillentas, desleídas. Puro pasado. Pero ostentan la virtud —no desdeñable— de haber significado el punto de partida.

TARDARÁ MUCHO TIEMPO EN NACER, SI ES QUE NACE...

El país que ya no tenga leyendas —dice el poeta— está condenado a morir de frío. Es harto posible. Pero el pueblo que no tuviera mitos estaría ya muerto.

GEORGE DUMESNIL

Es mucho más que una voz. Más que una estampa y —por supuesto— mucho más que un mediocre actor de comienzos del cine sonoro. Carlos Gardel es el mito capaz de albergar la identificación del argentino medio, del pequeñoburgués hijo de la inmigración. Es el hombre que llega. El arquetipo, que carga con sus oscuros orígenes y su imposibilidad de rastrear su linaje. Una nebulosa que se inicia de manera oculta, como ocurre con la génesis de los seres mitológicos.

Parece natural que la segunda generación inmigratoria se sienta identificada con un personaje que es el mismo inmigrante, que ha pasado su infancia en un conventillo, que ha conocido la pobreza, la marginación y el desamparo propios de todo aquel que debe iniciarse desde abajo, muy abajo, en un medio extraño y sin padre.

Criado en un suburbio de la ciudad, Gardel trata de mimetizarse con sus vecinos; acepta su carácter de extranjero (lo llaman El Francesito), pero al mismo tiempo es uno más, hasta tal extremo que cuando se decide a cantar en público opta por las canciones criollas, por un repertorio que puede suponerse campesino, más allá de que muchas de esas melodías hayan sido pergeñadas en la ciudad. Será el canto el que le permita superar el magro horizonte del suburbio, hasta convertirse en personaje a partir del momento en que participa en los orígenes del tango canción. Y gracias a su timbre y su acento, transformarse en el modelo y representante más auténtico y envidiado de los marginales primero, y luego de la pequeña burguesía, respetuosa del éxito personal, admiradora del hombre capaz de triunfar por sobre sus congéneres a fuerza de talento, de trabajo e incluso de simple suerte. Porque para triunfar también se necesita buena estrella, y un hombre como Gardel la tiene. El otro ingrediente, el misterio, él mismo lo alimenta y lo cultiva.

Quien se traslada de país pierde la posibilidad de rastrear su pasado, corta amarras. En la práctica, nace de nuevo: puede inventarse una genealogía u ocultar la suya, pero le será difícil recurrir a la prueba. En estos casos, las dudas son inevitables. Y en un país forjado por oleadas inmigratorias, parece justificable que los arquetipos posean las características de sus propios seguidores y admiradores. E incluso sería posible remontarse más atrás, al origen mismo del país, de Latinoamérica toda. En México la génesis remite a la mujer violada por el conquistador, a la "chingada", en un comienzo donde el padre es siempre desconocido y los que conforman el inicio mítico del país son "hijos de la chingada", adjetivo que es hoy al mismo tiempo —como señala Octavio Paz— un insulto y una realidad. Del mismo modo, en el Río de la Plata, los orígenes nacionales reconocen perfiles aún más difusos. No debió imponerse una civilización sobre otra, una cultura sobre otra. La calidad de nómadas en un estadio muy primitivo del desarrollo en que se encontraban los aborígenes del Río de la Plata no hizo posible que a su llegada los conquistadores sojuzgaran a otra cultura rica y evolucionada, con la inevitable asimilación de algunas de sus costumbres. Aquí, las mujeres también llegaron, en su enorme mayoría, del otro lado del Atlántico. Recurriendo a la imagen de la "chingada", podría arriesgarse que por estos lados no hubo violación, sino intentos de superar la soledad; la soledad facilita el engaño, éste lleva al abandono, y el abandono provoca el misterio del origen. Incluso cuando ese misterio no exista en la realidad, los prototipos se obstinan en alentarlo, en cultivarlo. Dejan que se les adjudiquen paternidades insólitas que permitan emparentarlos con otros mitos; así no faltan quienes en algún momento sostuvieron que Hipólito Yrigoyen era hijo natural de Juan Manuel de Rosas, o que el famosísimo jockey Ireneo Leguisamo era hijo de Gardel. Años después, el hecho de que Eva Perón haya sido hija extramatrimonial acaso facilitó una mejor identificación con la masa.

Circunstancias y contexto, agregados a la inseguridad de sus orígenes, propician que los mitos registren en una fecha de nacimiento incierta. Eva Perón se hace cambiar la suya: sus nuevos documentos indican 1922 en lugar de la verdadera de 1919; y Gardel brinda en vida versiones diferentes sobre el año de su llegada al mundo. No importa que posteriormente el rastreo documental disipe las dudas: el hecho ya está de todos modos y para siempre signado por el misterio. A la fecha insegura se agregan blancos biográficos imprescindibles para forjar el arquetipo. Los años desteñidos, sin grandes impactos, pasan al plano de las puras conjeturas: el mito no puede tener épocas anodinas, con escaso relieve. Esos espacios se cubren entonces de un misterio que alimenta la magia: el misterio que sacraliza. Lo sagrado se alimenta —en todas las religiones— de una cuota de conocimiento reservado sólo a Dios en las religiones monoteístas, a los dioses en las politeístas, y en general y por delegación a los sacerdotes. Sólo Dios es capaz de sabiduría: para el resto de los mortales, el conocimiento es imposible, o se da sólo a unos pocos elegidos por vía de la revelación. Y en tanto el misterio sacraliza, los mitos deben cuidarse de mantener algunos aspectos de su biografía en el plano de las meras conjeturas, de la pura imaginación. De esa forma, la sabiduría colectiva puede agregar nuevos elementos que apuntalen el culto. Manuel Gálvez no duda en llamar "el hombre del misterio" a Hipólito Yrigoyen, el primer gran conductor de masas de la historia argentina. Muy pocos de sus seguidores le conocían la voz, dándose el caso poco usual de un líder político cuyo carisma no estaba fundado en su oratoria.

    Gardel lleva este ocultamiento de ciertos aspectos de su vida al extremo. Incluso surgen factores que después de su muerte agregan nuevas posibilidades de confusión. Por ejemplo, en cuanto al lugar y fecha de su nacimiento. Ya que si es verdad que en el Abasto le decían El Francesito, también lo es que todos sus documentos, y él mismo entre sus amigos decía que era uruguayo. Así figura en su libreta de enrolamiento argentina, con número de matrícula individual 236.001, donde declara ser nativo de Tacuarembó. En cuanto a la fecha indica el 11 de diciembre de 1887. Estos datos se reiteran en otros documentos, el último de los cuales, la escritura por la compra de unos terrenos en Montevideo, es de octubre de 1933. Ese día figura como testigo quien será luego su albacea, Armando Delfino, quien es justamente el mayor sostenedor de su nacionalidad francesa, descubierta sólo después de su muerte, en un testamento ológrafo que muchos suponen falso. Allí Gardel figura como nativo de la ciudad de Toulouse, en Francia, y habiendo nacido el 11 de diciembre de 1890. Sin embargo, algunos amigos del cantor aseguraban que privadamente reconocía ser del ochenta y tres.

Al misterio del nacimiento* se agrega el de la muerte: después del accidente de Medellín no faltaron voces que sostenían que Gardel había quedado desfigurado y se había ocultado al público. La disparatada especie, que fue profusamente repetida a lo largo de los años, era insostenible ante el indudable reconocimiento del cadáver. Pero el mito nunca muere. Lo cual justifica el dicho popular: "Gardel cada día canta mejor". Sólo puede superarse aquel que no ha muerto, el que no envejece ni se deteriora, y Gardel permanece cristalizado en las imágenes de sus películas, en los retratos iluminados,

---

* En prensa este libro en su primera edición (1986), Gustavo C. J. Cirigliano me acercó un trabajo suyo todavía inédito titulado "Gardel simbólico", donde recoge datos de la tradición mítica tolosana. Allí expresa: "Toulouse, de origen celta, capital del país de los volgscos y del Languedoc, comienza su historia en el siglo VII antes de Cristo. Toulouse es tierra sagrada y mágica, tierra de mitos y leyendas. Tierra que siempre podrá originar mitos y leyendas (¿Gardel podrá ser una de ellas?). Es también la tierra de los 'cátaros' y albigenses, denominados 'perfectos', que en número de 20 mil fueron masacrados, el 22 de julio de 1209, en la batalla de Béziers. Y es tierra de trovadores.

"Dice Borges (1972): 'Un idioma es una tradición, un modo de sentir la realidad, no un arbitrario repertorio de símbolos'. Gardel podrá cambiar el repertorio de símbolos (el francés por español), pero quizá no podrá cambiar su idioma originario, su tradición, su modo de sentir la realidad. En suma, la habrá de sentir como un tolosano, como un cátaro, como un trovador.

"Toulouse es la tierra de la leyenda del oro que, según se narra, se fue a buscar hasta la remota Delfos (tambien ciudad sagrada) y está escondido en sus entrañas, en el fondo de un lago. Es la tierra de los trovadores que siempre cantaron en forma similar a una misma figura bajo diferentes y ocultos sentidos y símbolos. Toulouse es tierra iniciática y de misterio. ¿En qué medida habrán de incidir esas características en un tolosano?

"En las leyendas oscuras que se pierden en el comienzo de los tiempos yace el anticipo de la historia que un pueblo quiere vivir o se propone llevar a cabo. Si las leyendas se conservan es porque para un pueblo son como una partitura, como un argumento que le señala lo que ha de hacer, le marca conductas.

"De una tierra de leyendas y de mitos saldrá Gardel, él mismo un mito, él mismo una leyenda".

en las calcomanías que muestran su sonrisa y su peinada a la brillantina resplandeciendo entre nubes celestes y blancas. Dios es inalterable, estuvo en el principio y estará en el final. El mito no permite suponer una Argentina sin Gardel.

Hay otro punto en el que Gardel se muestra paradigmático: el modo de resolver el problema de la vida amorosa, al menos de su imagen. De acuerdo con los cánones de la época, para ser el personaje amado al que no hay que compartir más que con el resto de la multitud, es decir, con un magma amorfo e indiscriminado, Gardel no debe casarse. Como novio eterno (de Isabel del Valle), y en los hechos oculto, Gardel está casado con el canto, como los sacerdotes con su religión. De ese modo, el ideal no se comparte con nadie corporizado, sino con la totalidad. Puede ser amado por todas las mujeres, no sólo por una. Salvo escasas elegidas, las que sueñan con Gardel poseen la misma característica: para ellas, el personaje sacralizado es inaccesible. Si Gardel tuviera un pareja estable y conocida el mito podría deteriorarse. Son aún los tiempos en que Hollywood fija cláusulas en sus contratos donde estipula que ciertas estrellas no pueden casarse. El celibato posibilita la fantasía compartida de que el ídolo un día aparezca, transformado en príncipe azul, en las vidas de cada una de las que sueñan con el modelo viril. Con los años, al generalizarse y ser socialmente aceptada la separación conyugal, la importancia del matrimonio pasará a segundo plano. El amado y la amada podrán abandonar a su pareja en cualquier momento; al no haber relaciones indisolubles, quienes fantasean con el amor de la estrella podrán seguir haciéndolo: su pareja será un obstáculo sólo temporario, y quien sueñe con su amor sólo deberá esperar la oportunidad de acceder a su conocimiento, puesto que los lazos habrán dejado de ser indisolubles. Por el contrario, más bien se alentará esa imagen de las parejas múltiples, y no todas provenientes del mundo del espectáculo, porque ello estimulará los sueños de la masa de trepar hasta ese altar simbólico que representa la convivencia con el mito.

Por eso —como un adelanto— se acepta que Gardel sea amado por muchas mujeres. La imagen del cantor admirado por Betty, July, Mary y Peggy, las *Rubias de New York* a las que canta en una escena de *El tango en Broadway*, filmada en 1934, es la más elaborada representación de esa actitud de libertad. Todo hace suponer que el supermacho Gardel, como una suerte de propietario de un harén de mujeres tontas, mudas y siempre sonrientes, reparte sus favores entre el rubio cuarteto de manera indiscriminada, incansable y equitativa.

De los cuatro mitos argentinos del siglo XX, Hipólito Yrigoyen, Juan Domingo Perón, Eva Perón y Carlos Gardel, sólo el cantor fue aceptado por todos los estratos sociales. Los otros tres sufrieron los naturales embates del odio político, del rencor de los opositores, fueron cuestionados y difamados. No hubo perdón para sus errores. Sólo a Gardel se le disculpa todo, como a los símbolos; nadie en su sano juicio criticaría el cromatismo de la bandera o las fallas literarias del Himno Nacional: son realidades. El culto de Gardel ha logrado elevarlo a ese mismo plano; de ahí que la mayor parte de los textos sobre su figura, con mayor o menor aporte de datos, se limiten a la acumulación de anécdotas, a la precisión sobre determinadas circunstancias de la vida pública, al toque sentimental brindado por amigos del ídolo o por testigos de sus éxitos. Poco o nada se ha indagado sobre las lagunas biográficas o los aspectos oscuros de su trayectoria. En el mejor de los casos, se trata de pura hagiografía.

El método permite seguir imaginando un Gardel inalterable eternamente engominado, detenido en medio de una sonrisa, mientras como un mesías inusitado canta *Volver, con la frente marchita...* aunque se sabe que regresará con el mismo rostro fresco, maquillado para el cine en blanco y negro y sin un asomo de arrugas. Dios.

A esto debe agregarse una muerte sorpresiva y en pleno éxito, en un accidente donde el fuego —elemento mítico— desempeña un papel fundamental, como para completar la definición de ese sueño colectivo.

La coincidencia en la figura de Gardel de prácticamente todas las características propias del mito no podían sino dar origen a un culto gardeliano que excediera los estrechos márgenes de la admiración artística para alzar el paradigma hasta alturas de lo sobrenatural. Desde hace años, acuden a su tumba en Buenos Aires decenas de entusiastas devotos que difunden las cualidades milagreras del cantor. Como los santos, Gardel tiene adeptos que le rezan y piden favores, y aunque no es excesivamente numeroso, existe un grupo de personas que visita su sepulcro convencido de que su intercesión ha servido para curar una enfermedad o conseguir trabajo. Y pese a que para muchos esta devoción es fruto exclusivo de la ignorancia, no faltan devotos que hablan de San Gardel, tal como lo documentó Vicente Zito Lema en un artículo aparecido en la revista "Crisis".

Para que aun los sectores más marginales puedan incluirse en la identificación, se subraya la posibilidad de que haya acumulado entradas en la policía y se especifican los motivos: rufianismo y ratería, pero no se aportan datos concretos. No es improbable que alguna vez haya conocido los calabozos de la seccional en sus andanzas juveniles por el Abasto, pero esto no significa de hecho la existencia de antecedentes delictivos. En ese momento y en ese contexto, que un muchacho fuera a parar a la comisaría no llamaba la atención, porque los motivos podían ser múltiples, desde quejas de un vecino por ruidos molestos a la hora de la siesta hasta algún pequeño hurto a un puestero del mercado; ello no representaba más que una reprimenda de las autoridades sin que siquiera se labrara el acta de infracción. Blas Matamoro, en su biografía del cantor, recuerda una entrevista que mantuvo hacia 1956 con Domingo Tiola, por entonces nonagenario ex policía de la seccional de Abasto, que le habría confesado haber "detenido a Gardel casi a diario por 'chorear' y 'ratear' (robar cosas de poca monta) de los carros y puestos del mercado". Matamoro supone: "De estos años, acumuladas ya varias causas por delitos correccionales, dataría su reclusión en la cárcel de Ushuaia, de fecha incierta pero seguramente posterior a 1905". Y continúa el autor de la biografía: "Los datos que se conservan al respecto son los siguientes: en 1905 estalla una revolución radical contra el presidente Quintana. El golpe fracasa y varios militares involucrados en él son enviados al Sur; Rodríguez Varela, Virgilio Avellaneda, Horacio Thor, Juan Ledesma, José Avalos y Eduardo Villanova son los condenados. En mayo de 1906 el nuevo presidente José Figueroa Alcorta firma el decreto que los amnistía. Es así como en febrero de 1907 los presos están en Buenos Aires. La travesía, larga por entonces, del vapor 'Chaco', es entretenida por canciones criollas que entona Villanova. Este canto atrae a otro personaje, que también viaja a Buenos Aires tras haber penado reclusión en Ushuaia. Canta a la par y mejor que Villanova, aunque no sea, como los otros, un preso político. Ha estado en reclusión por reincidente de delitos correccionales, según la pena accesoria que la ley 3.335 establece para estos casos. Al llegar a puerto, Villanova se ha descompuesto, sin duda por los efectos del viaje. Sus compañeros compran una tarjeta postal con la imagen del Puerto de la Bajada Grande (Paraná) y le escriben: 'Al señor Villanova, intrépido marinero de la costa del sud, que atravesó el Cabo de Hornos y se mareó en el Río de la Plata'. Y firman. Una de las firmas es precisamente la de Carlos Gardel", arriesga Matamoro.

El misterio alienta conjeturas; a medida que transcurran los años y desaparezcan los testigos, salvo que surjan nuevas pruebas documentales, estos hechos permanecerán cada vez más en planos del misterio. Por otra parte, la vida de los mitos pertenece no tanto a la rigurosa investigación histórica como a la proyección colectiva, al sueño compartido.

En Gardel se corporizan las aspiraciones del argentino medio, las virtudes que definen al prototipo: fama, pinta, éxito con las mujeres, dinero, generosidad. Además —y no es ciertamente lo menos importante— Gardel resulta ser un amigo fiel, al que se puede recurrir en cualquier ocasión. Las otras cualidades, la fama, el éxito con las mujeres, se obtienen a través del relato admirado de los otros, de los que tienen las pruebas del aplauso internacional. El éxito económico es imprescindible: la vida fastuosa, los automóviles de lujo, los trajes de corte impecable. Un tango posterior a Gardel lo explicitará claramente:

> *Pá' las pilchas soy de clase*
> *siempre cuido mi figura.*
> *Para conquistar ternura*
> *hay que fingir posición.*
> (PA' QUE SEPAN COMO SOY)

Gardel no necesita fingir: simplemente muestra lo que existe, y por eso sonríe. La sonrisa perenne, indestructible, adquiere tal carácter simbólico que además de acompañarlo como un tic estereotipado en sus fotografías lo acompaña en el monumento que se levanta sobre su tumba en el cementerio de la Chacarita. Cuando uno de sus más fanáticos seguidores lo bautiza "el bronce que sonríe", por sobre la cursilería de la metáfora está la realidad: Gardel es de bronce.

Todo lo que se escriba sobre él deberá revestir el carácter de agregado al culto: la objetividad, la documentación, el análisis, quedan fuera del esquema.

"A su manera —dice Carlos García Gual en *Mitos, viajes, héroes*—, el mito ofrece una explicación del mundo y de la sociedad." Tal vez la sociedad argentina producto de la inmigración necesitó de Gardel para comprender mejor su propia génesis y desarrollo.

***

Ya se dijo que aunque en vida su documentación y sus propias declaraciones hacían pasar a Gardel como uruguayo, en el testamento ológrafo aparecido meses después de su muerte el cantor dice ser oriundo de Toulouse, Francia. Para algunos autores habría sido hijo de la planchadora Berta Gardès, que viajó al Río de la Plata con el niño cuando éste tenía sólo tres años; para otros (Erasmo Silva Cabrera, por ejemplo) Gardel sería hijo del coronel uruguayo Carlos Escayola y de Manuela Bentos da Mora, quien habría vivido en un puesto campesino ubicado entre las estancias Santa Blanca y Las crucecitas, de la zona de Tacuarembó, y habría sido una relación ocasional del militar. De acuerdo con esta versión, que se apuntala con varios testimonios, a los dos años Manuela Bentos entregó el niño al cuidado de Berta Gardès. Matamoro agrega que "según otra suposición, no habría sido la Gardès su primera tutora, sino Anais Beaux, luego esposa de Fortunato Muñiz, personajes por quienes Gardel sentía particular agradecimiento, al punto de haberlos considerado en una de sus cartas como si fueran sus verdaderos padres". Para la novelada biografía de Edmundo Eichelbaum, ese cariño se debió simplemente a que tanto el cantor como su madre vivieron los primeros tiempos de su estadía porteña en casa del matrimonio Muñiz. Lo cierto —con respecto a Berta Gardés— es que se comportó como su verdadera madre a lo largo de toda su vida.

En lo que se refiere a sus primeros años, la biografía oficial expurgada de dudas lo hace estudiar en el barrio de Balvanera, donde es compañero de Ceferino Namuncurá, el santito indio actualmente en proceso de beatificación. Acerca de la vocación de su hijo, Berta Gardés, entrevistada en 1936, sostuvo: "El siempre decía que quería ser cantor. Y esto en aquel tiempo me daba miedo... Como vivíamos frente al teatro Politeama y yo trabajaba para algunas figuras de renombre, él solía meterse en los camarines, donde todos lo querían mucho. Había escuchado algunas óperas, y como tenía buen oído, las cantaba después, haciendo él solo todos los personajes". Posteriormente, cantaría por unas monedas —y muchas veces gratis— en cafés y restaurantes situados en las inmediaciones del Mercado de Abasto.

Eran tiempos en los que brillaban los nombres de Gabino Ezeiza, José Betinoti, Arturo de Nava, los tres payadores. Otros que cantaban con éxito temas acupletados eran Angel Villoldo y Alfredo Gobbi. El deslumbramiento de Gardel debe haber sido —como anota Gobello— Arturo de Nava, que cultivaba temas camperos, por entonces sus preferidos. Sólo que Gardel tenía un déficit: era incapaz de improvisar como su modelo. Debía conformarse con repetir lo que otros habían creado, pero escuchaba con fervor a los principales payadores, de quienes aprendió las bases de su canto posterior. Rubén Pesce puntualiza: "Ezeiza podía demostrarle la auténtica vibración criolla; Betinoti, el modo sentimental que utilizaba en ciertas canciones; Nava, la importancia de una voz bien timbrada". También, se sabe, aprendió de otros cantores: Pedro Garay, uno de los creadores del canto campero a dos voces, y Saúl Salinas, quien le enseñó a hacerlo en dupla. Lo cierto es que en 1912 Gardel ya tenía su propio dúo con Francisco Martino; un año después, la pareja se convierte en cuarteto con el agregado de Saúl Salinas y el uruguayo José Razzano. Pero este equipo dura sólo unos meses. Primero se desvincula Salinas, y poco después Martino, con lo que en 1913 queda reducido al dúo Gardel-Razzano, que perduraría hasta 1925, aunque Gardel grababa solo todos los tangos, tal vez porque comprendían que el tango canción no se prestaba a los dúos, tal vez porque Razzano se negaba a cantar otra cosa que canciones camperas. Con la excusa cierta de que la voz de Razzano había entrado en un marcado declive, el dúo se deshizo y Gardel, en octubre de 1925, viajó solo a París, ya como cantor casi exclusivamente de tangos. Pese a que Razzano se negaba a admitirlo, el canto criollo era cosa del pasado, sólo volvería, revitalizado y con nuevos ímpetus, en las voces de los folkloristas que habrían de alcanzar su auge en la década de los cincuenta. En ese momento, ante la avalancha de provincianos llegados a Buenos Aires a participar en el impulso industrial alentado por el peronismo, el folklore desalojaría al tango de las preferencias musicales argentinas, incluso para los nativos del Río de la Plata. Pero entonces nada de eso era siquiera imaginable, y la música campera languidecía irremisiblemente.

En la *Vida de Carlos Gardel*, que José Razzano le contó a Francisco García Giménez, el cantor uruguayo colorea de un tono legendario su primer encuentro con el que luego iba a ser su compañero de dúo. Afirma que durante bastante tiempo distintas barras de cafés fantaseaban con una topada entre ambos cantores, al estilo de las viejas payadas, hasta que finalmente se encontraron una noche de 1911 en la calle Guardia Vieja (actualmente Jean Jaurès), en la casa de un pianista de apellido Gigena Razzano, acaso para exagerar su propia importancia, afirma que la competencia terminó en un empate. Es probable, aunque la verdad aquí es lo de menos: como se dijo, poco más tarde ya actuaban juntos, primero en el cuarteto, que al desgajarse se transformó en trío, y luego en dúo, en medio de una gira que resultó un fracaso, a tal punto que se separaron por unos meses, tiempo durante el cual ambos fueron contratados para grabar algunos discos en forma individual: Gardel para la firma Columbia y Razzano para Víctor. En las etiquetas de las placas de Gardel se especifica: "Tenor con guitarra", y en efecto, se lo oye acompañado —muy precariamente— por él mismo. "Se puede advertir allí —señala Rubén Pesce— a un tenor sin escuela, pero que intenta con notable seguridad notas altas y calderones, alardea en los agudos, y todo lo reviste de una musicalidad y una emotividad hasta entonces desconocidas; su voz de tenor lírico de barrio, pues, no es muy potente, pero sabe manejarla, dosificando la respiración. Su escuela es la combinación de los bardos populares, de particular sabor, con la de cantantes teatrales que solía imitar."

El 9 de enero de 1914 la pareja de cantores debutó en un teatro de la calle Corrientes, el Nacional, junto a la compañía ("de Pochades y Vaudevilles" según informaba el cartel) encabezada por Francisco Ducase y Elías Alippi, y en la que participaba en un papel menor el más tarde famoso Enrique Muiño. El anuncio detallaba que el dúo Gardel-Razzano amenizaría los entreactos. Semanas más tarde debutaban en el Armenonville; en marzo de ese año se presentaron con la compañía de Arsenio Perdiguero y Roberto Casaux, y en octubre trabajaron junto a Orfilia Rico. El nombre de los cabezas de elenco, primeras figuras entonces, señala, sin lugar a dudas, la buena acogida de la dupla.

En 1915 agregaron un guitarrista, José Ricardo, para enriquecer el acompañamiento, y dos años después comenzaron a grabar. La primera placa, que lleva el número 18000 de Nacional Odeón, incluye *Cantar eterno*, de Villoldo, por el dúo, y *Entre colores*, de Razzano, en solo de su autor.

En 1921, cuando ya Gardel había incluido varios tangos en su repertorio (a partir de los iniciales *Mi noche triste* y *Flor de fango*, de los que ya se habló en el capítulo dedicado a Contursi), el dúo agregó un segundo guitarrista, Guillermo Barbieri, quien acompañaría al cantor hasta el accidente de Medellín, del cual resultó otra víctima.

En 1923, Gardel y Razzano viajaron a España, donde debutaron con la compañía de Enrique de Rosas y Matilde Rivera en el teatro Apolo de Madrid, como número de fin de fiesta (se representaba *Barranca abajo*, de Florencio Sánchez, con el agregado de un pericón por toda la compañía). Al regresar a Buenos Aires, el dúo cantó en radio Gran Splendid, ubicada en los altos del teatro del mismo nombre. Pero Gardel estaba cada vez más independizado, y cada vez más la firma grabadora le exigía tangos como solista. En septiembre de 1925, después de una actuación de ambos en la localidad de Rafaela, la pareja decidió disolverse. Gardel abandonó casi definitivamente las canciones criollas que a nadie interesaban. Se hizo cantor de tangos.

A partir de esa fecha los viajes se hacen hábito. En octubre del 25 llega a España, donde las cifras discográficas hablan de su nueva actitud: de veintidós temas grabados, nada menos que veinte son tangos.

En 1928 Gardel ya es otro personaje: está afirmado en centenares de discos con un repertorio muy bien elegido, que cuenta historias del contexto. Gardel escoge sus temas en parte por la melodía, porque se adapta mejor a su manera, a su timbre, a su fraseo, pero también, y fundamentalmente, por sus versos. La gente canta lo que canta Gardel y se identifica con él. Lo que entona pertenece a la realidad cotidiana. Es uno de ellos, uno de los tantos que sueñan con el viaje a Francia —fantasía de todo argentino de esos años—. Por ello anota Pedro Orgambide: "Cuando Gardel viaja a París va a cumplir, simbólicamente, nuestros sueños. Parte de Buenos Aires como un gran bacán el 12 de septiembre de 1928, en el 'Conte Verde'. Lo acompañan su representante Luis Gaspar Pierotti y sus guitarristas Ricardo Barbieri y Aguilar (...) Gardel viaja con chofer, y con su auto, claro, el lujoso Graham Peige. Es decir, viaja como le gustaría viajar a un argentino de esa época, a un porteño 'que las sabe todas'. Viaja por nosotros".

Tras una presentación en el teatro Fémina, en un festival benéfico donde canta junto a Josephine Baker, por entonces una de las máximas estrellas de París, actúa por tres meses en el cabaret Florida. Graba varios discos y se codea con la aristocracia. En términos de la fantasía nacional: triunfa. Sin embargo, en la presentación que hace a su regreso a Buenos Aires debuta en una sala cuyo público no pasa de catorce o quince filas y al día siguiente recibe un feroz brulote del diario "Crítica". Se había atrevido a cantar una canzoneta, y el cronista no se lo perdonó: "Bueno, mirá viejo, si en una de mis andanzas por el mundo hubiera encontrado al Viejo Vizcacha del *Martín Fierro* fumando Camel, no me hubiera causado tanta sorpresa". El artículo llevaba la firma de Carlos de la Púa, autor de *La crencha engrasada*, cuyas páginas incluyen un elogioso poema dedicado a Gardel.

Pero éste tiene miras más amplias; no se conforma con ser el cantor de Buenos Aires: aspira a ser cantante internacional, y para ello debe transformarse primero en galán cinematográfico. El cine sonoro acaba de hacer su aparición y los cantantes son las estrellas indiscutidas en esta nueva etapa, a tal punto que la primera película de este tipo alcanza difusión comercial: *El cantor de jazz* tiene como protagonista a Al Jolson, la voz más popular de los Estados Unidos en los veinte.

Al regresar de su viaje, Gardel se presenta en un teatro de Buenos Aires como intérprete de la *chanson française*. Está buscando a tientas un camino internacional, e incluso es dable pensar que tal vez hubiera abandonado el tango.

Las cámaras cinematográficas no eran una experiencia inédita para Gardel, aunque la evocación no podía resultarle muy halagüeña. Había tenido dos intervenciones breves en filmes del dramaturgo Francisco Defilippis Novoa. En una de ellas, *Flor de durazno*, rodada en 1916 sobre una difundida novela de Hugo Wast, aparecía como un ridículo galán arrepentido de haber seducido con malas artes a una muchacha campesina (Ilde Pirovano). Obeso, fofo y gesticulante, enfundado en un grotesco uniforme marinero que subrayaba el largo centenar de kilos que portaba, su actuación no era un buen antecedente para llegar a transformarse en actor exitoso. Dos años después, también con Defilippis Novoa, había filmado *La loba,* pieza teatral del propio director de la que no se conservan copias. Nada hace suponer que en esa película Gardel se haya superado mucho, porque en una serie de cortos sonorizados realizada en 1930 aparece todavía enfático y tan sobreactuado como en su primer intento cinematográfico.

En sus nuevas películas, esta vez filmadas en Joinville, Francia, se lo ve más seguro; en una serie de cortos, *Espérame* (1932) y un cortometraje de 25 minutos, *La casa es seria*, de 1933, acompañado por Imperio Argentina, comienza a ser actor.

A partir de *Espérame*, todos los libros de las películas gardelianas fueron escritos por quien iba a transformarse en su más estrecho colaborador en el último lustro de su vida, Alfredo Le Pera.

Los diferentes autores no se ponen de acuerdo sobre el año de nacimiento del letrista de Carlos Gardel. Lo ubican en 1900, 1902 y 1904. Lo cierto es que Le Pera nació circunstancialmente en San Pablo, Brasil, en el seno de una familia de inmigrantes italianos. Vivió desde muy joven en Buenos Aires, donde estudió hasta cuarto año de medicina y ejerció el periodismo en los diarios "El Mundo" y "Ultima Hora". Escribió los sketches de numerosas revistas teatrales y tuvo un solo éxito como comediógrafo, con la obra *La plata del Bebe Torres*. Se encontraba radicado en París, escribiendo leyendas en algunas películas francesas, cuando la Paramount decidió conectarlo con Gardel, que filmaba en Joinville.

Le Pera contribuyó a apuntalar la nueva imagen internacional de Gardel. Le escribió letras sin lunfardismos, que se adosaban de manera precisa a las melodías que creaba el cantor. El objetivo era trabajar en un castellano despojado de matices locales, que pudiera ser comprendido en todos los países hispanohablantes, dentro de un marco sentimental donde Buenos Aires sólo apareciera como una referencia de lejanía, como el sitio del que alguna vez se había partido. La idea básica de estas nuevas canciones era que un artista internacional no puede ser sedentario y trabajar sólo para sus vecinos; debe extender su mirada, y su perspectiva tiene que abarcar los problemas permanentes del hombre y no sólo los conflictos circunstanciales o la anécdota barrial. Le Pera entendió el desafío que le planteaba esta posición y se adecuó a él.

Su mérito principal fue cumplir con el cometido que le había fijado la Paramount en el sentido de hacer omnicomprensible el texto gardeliano; el éxito de las presentaciones latinoamericanas y la perdurabilidad alcanzada por sus temas a lo largo de los años son buena prueba de ello. Sin embargo, sus letras nunca dejaron de mantener un sabor argentino. Muchos años más tarde, en 1970, el bandoneonista Aníbal Troilo se refirió —en un diálogo con Jorge Miguel Couselo— a esta peculiaridad de las letras de Le Pera: "Tené en cuenta que Gardel estaba solo, rodeado de franceses primero, luego de norteamericanos. Esa gente podía perderlo. El tenía su voz (¿qué te parece?), esa polenta de su personalidad, y sus ideas musicales. Pero no era letrista. Ahí aparece Le Pera, de quien me dijeron que no era buen tipo, pero ¡qué importa ya! Los dos hacen una trampa portentosa: conservan lo nuestro en un ambiente completamente extraño. Yo no escribo, y leo poco, pero eso del lenguaje para comunicarse con la gente lo entiendo bien. Le Pera aportó palabras nuestras, ésas que solamente entendemos los porteños, y sin embargo no dejó de ser porteño. O argentino. Eso no es fácil. Toda una prueba de fuego. Le Pera escribía y Gardel cantaba. La voz de Carlos no sabía de fronteras. En cuanto a Le Pera, su mérito era meterle lo nuestro a quienes no nos conocían. ¿Qué te parece *Melodía de arrabal* o *Volver* ? ¿Y *Mi Buenos Aires querido* ? Hay que recordar que no fueron estrenadas en la calle Corrientes, sino en París o en Norteamérica. En fin, por todo eso, hablando de letristas de tango, yo siempre pienso que Alfredo Le Pera no está lejos de Discepolín o de mi querido barbeta Manzi".

Si bien en la película *La casa es seria*, para la que escribió *Volvió una noche* y *Recuerdo malevo*, así como en *Espérame (Me da pena confesarlo, Estudiante, Criollita de mis amores, Por tus ojos negros*) todavía incluye palabras netamente porteñas, como pebeta, malevo, taita, remanyao, canejo, en los filmes siguientes adquiere gradualmente un lenguaje más depurado y al mismo tiempo se afirma como poeta. Así escribe temas como *Soledad*:

> *En la doliente sombra de mi cuarto al esperar*
> *sus pasos que quizá no volverán;*
> *a veces me parece que ellos detienen su andar*
> *sin atreverse luego a entrar.*
>
> *Pero no hay nadie y ella no viene*
> *es un fantasma que crea mi ilusión,*
> *y que al desvanecerse va dejando su visión*
> *cenizas en mi corazón.*

O *Volver*:

> *Tengo miedo del encuentro*
> *con el pasado que vuelve*
> *a enfrentarse con mi vida.*
>
> *Tengo miedo de las noches*
> *que pobladas de recuerdos*
> *encadenen mi soñar.*
>
> *Pero el viajero que huye*
> *tarde o temprano detiene su andar,*
> *y aunque el olvido que todo destruye*
> *haya matado mi vieja ilusión,*
> *guardo escondida una esperanza humilde*
> *que es toda la fortuna de mi corazón.*

Las letras de Le Pera poseen la cualidad de narrar historias dramáticas, cerradas. Así por ejemplo, en *Volvió una noche* cuenta el regreso de un antiguo amor y la imposibilidad de recomenzar:

> *La horas que pasan ya no vuelven más.*
> *Y así mi cariño al tuyo enlazado*
> *es sólo un fantasma del viejo pasado*
> *que ya no se puede resucitar.*

En *Volver*, el nudo argumental se afirma en el regreso a la patria —o al viejo barrio— del protagonista, cuando ya los años "han plateado sus sienes", porque "siempre se vuelve al primer amor". Es el hombre que luego de haber abandonado sus raíces advierte que la única esperanza es volver a las fuentes, más allá del miedo o el escepticismo.

Este tema de la lejanía y el deseo de regresar (propio de todo transterrado) es recurrente en el binomio Gardel-Le Pera. El hecho no puede sorprender, puesto que se trata de argentinos que —más allá del éxito económico y de la fama obtenida— encarnan al hombre que lejos de la patria añora el suelo natal, y aunque en ninguno de los dos casos se trate estrictamente de la tierra de nacimiento, la figura sigue siendo válida.

Ese distanciamiento ya había sido cantado por Gardel con versos de Enrique Cadícamo en *Anclao en París*, uno de sus trabajos mejor logrados tanto por su hondura como por su capacidad de síntesis. La música era de uno de los guitarristas de Gardel, Guillermo Barbieri, y fue uno de sus éxitos más notorios:

> *Tirao por la vida de errante bohemio*
> *estoy, Buenos Aires, anclao en París.*
> *Cubierto de males, bandeado de apremio,*
> *te evoco desde este lejano país.*
> *Contemplo la nieve que cae blandamente*
> *desde mi ventana que da al bulevar:*
> *las luces rojizas, con tono muriente*
> *parecen pupilas de extraño mirar.*
>
> *Lejano Buenos Aires, ¡qué lindo que has de estar!*
> *Ya van para diez años que me viste zarpar...*
> *Aquí, en este Montmartre, faubourg sentimental,*
> *yo siento que el recuerdo me clava su puñal.*
>
> *¡Cómo habrá cambiado tu calle Corrientes...!*
> *¡Suipacha, Esmeralda, tu mismo arrabal...!*
> *Alguien me ha contao que estás floreciente*
> *y un juego de calles se da en diagonal...*
> *¡No sabés las ganas que tengo de verte!*
> *Aquí estoy varado, sin plata y sin fe...*
> *¡Quien sabe una noche me encane la muerte*
> *y chau, Buenos Aires, no te vuelvo a ver!*

Como ya se dijo, el viaje a París forma parte de la fantasía de todo argentino, y el más mínimo éxito, intelectual o meramente social, alcanzado en Francia es el auténtico punto de partida para la consagración. Pero a la obligación del viaje se une la necesidad del retorno. La nostalgia resulta abrumadora: volver es meta y promesa. Gardel-Le Pera lo traducen en sus temas: en *Golondrinas*, uno escribe y el otro canta:

> *Golondrinas de un solo verano*
> *con ansias constantes de cielos lejanos,*
> *alma criolla errante y viajera,*
> *querer detenerla es una quimera;*

sin embargo permanece latente la promesa:

> *con las alas plegadas*
> *también yo he de volver.*

En mi *Buenos Aires querido*, Le Pera aclara:

> *Cuando yo te vuelva a ver*
> *no habrá más penas ni olvido.*

Por eso no hay otro remedio que regresar, aunque reconozca:

> *tengo miedo del encuentro*
> *con el pasado que vuelve*
> *a enfrentarse con mi vida,*

porque como señala en *Lejana tierra mía:*

> *No sé si al contemplarte al regresar*
> *sabré reír o llorar.*

Son los días en que Gardel llega a su plenitud como cantante. Al respecto, Matamoro sintetiza: "Es cierto que su voz se ha empañado con los años, como es natural en un hombre que ha alcanzado la cincuentena y cuyos tejidos —sobre todo los musculares que interesan al órgano del canto— se han osificado y presentan los signos de esclerosis propios de la edad. Con el tiempo y el ejercicio del canto, toda voz se endurece, se oscurece, tomando timbres fuertemente nasales, que son característicos de este fenómeno. En el caso de Gardel, y aunque esto signifique perder el esmalte y la extensión hacia el agudo de su juventud, la voz oscurecida y más densa toma un carácter mucho más interesante, unido al hecho de que, como intérprete, ha madurado y se ha pulido. Es el tiempo de la admirable gravedad con que canta sus propias canciones y tangos armonizados por Alberto Castellanos o Terig Tucci".

Su éxito es mayor en el exterior que en la Argentina. Los hispanoparlantes ven una y otra vez sus películas, se convierte en un ídolo; sin embargo, en sus presentaciones en el país no despierta demasiada curiosidad. Vive fastuosamente en Nueva York: primero en el hotel Waldorf Astoria, uno de los más caros del mundo, y luego en un lujoso pent-house en el hotel Beaux Arts. Pese a su éxito internacional, cuando en marzo de 1933 se estrena en el teatro Nacional de Buenos Aires la revista *De Gabino a Gardel*, cuya duración estaba prevista para un mes, se la levanta de cartel a los quince días por falta de público. Y tanto los diarios porteños como los de Montevideo sostienen que su voz ya es inaudible sin la ayuda de los micrófonos que utiliza en sus filmes. En el Río de la Plata tampoco le perdonan lo que juzgan la reiteración de un repertorio que no se renueva.

Acaso resulte exagerado suponer que su apresurada grabación del tango de Aieta y García Giménez *¡Viva la patria!*, efectuada a los pocos días del golpe militar del 6 de septiembre de 1930, le haya granjeado no pocas antipatías entre los seguidores de Hipólito Yrigoyen, que continuaban siendo mayoría en el país. La Unión Cívica Radical había doblado en votos a sus oponentes en las elecciones presidenciales de 1928, y después del *putsch* del general José Félix Uriburu mantenía su caudal; así lo demostraron las elecciones realizadas el 5 de abril de 1931 para elegir gobernador de la provincia de Buenos Aires, comicios que debieron ser anulados por el gobierno de facto que soñaba ingenuamente con una aplastante derrota del partido que había desalojado del poder siete meses antes. A Gardel se le podían perdonar los devaneos que lo llevaron a cantar en comités de distintos caudillos conservadores antes de convertirse en estrella; incluso podía pasarse por alto su amistad con Juan Ruggero, Ruggerito, algo más que guardaespaldas del caudillo de Avellaneda Alberto Barceló; pero haberse sumado a los enemigos de El Peludo, como llamaban a Yrigoyen, había sido una exageración.

La obsecuente letra de García Giménez grabada antes de cumplirse el mes del cuartelazo decía:

> *La niebla gris rasgó veloz el vuelo de un avión*
> *y fue el triunfal amanecer de la revolución.*
> *Y como ayer el inmortal 1810,*
> *salió a la calle el pueblo radiante de altivez.*
> *No era un extraño el opresor cual el de un siglo atrás,*
> *pero era el mismo pabellón que quiso arrebatar.*
> *Y al resguardar la libertad del trágico malón,*
> *la voz eterna y pura por las calles resonó:*
> *¡Viva la Patria! y la gloria de ser libres.*
> *¡Viva la Patria! que quisieron mancillar.*
> *¡Orgullosos de ser argentinos al trazar*
> *nuestros nuevos destinos!*
> *¡Viva la Patria! de rodillas en su altar.*
> *Y la legión que construyó la nacionalidad*
> *nos alentó, nos dirigió desde la eternidad.*
> *Entrelazados vio avanzar la capital del Sur*
> *soldados y tribunos, linaje y multitud.*
> *Amanecer primaveral de la revolución,*
> *de tu vergel cada mujer fue una fragante flor,*
> *y hasta tiñó tu pabellón la sangre juvenil*
> *haciendo más glorioso nuestro grito varonil.*
>
> (¡Viva la Patria!)

El accidente del 24 de junio de 1935 en el aeropuerto de Medellín hace olvidar los reparos y las críticas. El choque del avión que lo conducía de Bogotá a Cali con otro que estaba estacionado en la pista del aeródromo Olaya Herrera provoca un feroz y rápido incendio. El cantor y sus acompañantes, Alfredo Le Pera y los guitarristas Guillermo Barbieri y Domingo Riverol, mueren a efectos del impacto y del fuego. El tercer guitarrista, José María Aguilar, sobrevive con gravísimas quemaduras, lo mismo que otros dos pasajeros. El resto del pasaje —diecisiete personas— corre la misma suerte de Gardel.

La muerte imprevista y el fuego purificador borran las exigencias. Ya nadie se acuerda de los repertorios reiterados o de la decadencia de su timbre vocal. A nadie le importan sus opiniones políticas o la exigüedad de los públicos que asistían a sus últimos espectáculos. La noticia sacude a Buenos Aires en una conmoción que perdura y se acrecienta cuando arriba el cadáver algunos meses después; la multitud que asiste al velatorio y al entierro sólo puede ser comparada con la que dos años antes había seguido al féretro de Hipólito Yrigoyen hasta el cementerio de la Recoleta.

A partir de ese momento los seguidores de Gardel se transforman en devotos y los admiradores en fanáticos y el paso del tiempo no aplaca el entusiasmo. Se lo bautiza "El mudo" y nace el apotegma: "Cada día canta mejor". Muchos años después, en un poema, Humberto Costantini hace entrever las causas:

> *Para mí, lo inventamos.*
> *Seguramente fue una tarde de domingo,*
> *con mate,*
> *   con recuerdos,*
> *   con tristeza,*
> *con bailables bajitos, en la radio,*
> *después de los partidos.*
> ....
> *Entonces qué sé yo,*
> *nos pasó algo rarísimo.*
> *Nos vino como ángel desde adentro,*
> *nos pusimos proféticos,*
> *nos despertamos bíblicos.*
> *Miramos hacia las telarañas del techo,*
> *nos dijimos:*
> *"Hagamos pues un Dios a semejanza*
> *de lo que quisimos ser y no pudimos.*
> *Démosle lo mejor,*
> *lo más sueño y más pájaro*
> *de nosotros mismos.*

Inventémosle un nombre, una sonrisa,
una voz que perdure por los siglos,
un plantarse en el mundo, lindo, fácil
como pasándole ases al destino."
Y claro, lo deseamos
y vino.
Y nos salió morocho, glorioso, engominado,
eterno como un Dios o como un disco.
Se entreabrieron los cielos de costado
y su voz nos cantaba:
            mi Buenos Aires querido...
Eran como las seis,
esa hora en que empiezan los bailables
y ya acabaron todos los partidos.

Por eso no suena a exageración parafrasear a Federico García Lorca en su *Llanto por Ignacio Sánchez Mejías*, cuando escribió respecto de su amigo ensartado por un toro en la plaza de Manzanares el 11 de agosto de 1934:

Tardará mucho tiempo en nacer,
si es que nace...

Otro poeta, Raúl González Tuñón, se hizo cargo respecto de Gardel:

Y nadie ha superado la voz inconmovible
en la luna del disco y en la rosa del aire.
Quizá cuando otra vez vuelva a caer la nieve
—sobre nuestra ciudad— otra voz se le iguale.*

---

* Sólo se tiene memoria de dos nevadas en Buenos Aires, una en 1918 y otra el 6 de julio de 1955.

EL LUNFARDO:
UN CHAMUYO MISTERIOSO

Como todo gremio o grupo técnico que se precie, el de los ladrones también necesitaba —a fines del siglo XIX y principios del XX— un lenguaje críptico que además de identificarlos entre sí les permitiera despistar a la policía o a los incautos a quienes pretendían despojar, y también una jerga para poder comunicarse en la prisión sin ser comprendidos por los guardias. De este modo nacieron términos y giros especializados que dieron origen a los que dio en llamarse "idioma canero", o sea el habla de los presos, la clave verbal de los "lunfardos", denominación usual de los ladrones para hablar de ellos mismos.

Así al reloj se lo llamó "bobo" por la facilidad con que podía robarse, según unos, y porque trabaja sin parar todo el día, según otras opiniones; "vaivén", al cuchillo por su movimiento de ida y vuelta; "otario", al ingenuo candidato a una estafa; a los instrumentos necesarios para efectuar un robo con fractura los definieron "ferramentusa", y al que caía preso lo habían "encanastado". Así podía decirse —como alguna vez puntualizó Felipe Fernández—: "Se armó un bronca de bute y me encanó la perrera". Cuya traducción ligeramente afectada sería: "Después de un escándalo de proporciones fui detenido por la policía".

Las primeras manifestaciones de ese idioma singular comenzaron a difundirse en Buenos Aires veinte años antes de terminar el siglo gracias a periodistas observadores y a policías con veleidades de coleccionistas lingüísticos. En marzo y abril de 1879, en las páginas del diario "La Nación", Benigno B. Lugones publicó dos artículos en los que dio a conocer varias designaciones lunfardas desconocidas para el resto de la población. Así se divulgaron en otros medios voces y giros que sólo habían alcanzado el hampa porteña: "hacerse humo"; "cotorro"; "embrocar"; "espiantar"; "bacán" y "curda", por ejemplo.

Según anotó Luis Soler Cañas en *Orígenes de la literatura lunfarda*, en una nota aparecida en el periódico "La Broma" de enero de 1882 se especificaba: "El lunfardo no es otra cosa que un amasijo de dialectos italianos de inteligencia común y utilizado por ladrones del país que le han agregado expresiones pintorescas; esto lo prueban palabras como 'ancoun', 'estrilar', 'shacamento' y tantas otras".

Aunque nacido como idioma "de la furca y la ganzúa", al decir de Borges, el lunfardo lentamente se introdujo en el habla cotidiana de los sectores que habitaban los conventillos, luego se hizo lenguaje usual para hablar entre hombres, se enriqueció en el uso diario y llegó a transformarse en seña de identidad de lo argentino.

Si es cierto que la patria es el idioma y que existe una manera peculiar de hablar el castellano en esta remota zona del planeta, es pura justicia recordar que el lunfardo contribuyó a elaborar los rasgos vertebrales distintivos del habla popular de Buenos Aires.

En la Argentina a través primero del intercambio que produjo el conventillo y su reflejo escénico, el sainete, y más tarde de las letras de tango, las palabras lunfardas se hicieron patrimonio colectivo. Los inmigrantes traían en sus dialectos el germen de todos los cambios posteriores: dificultades fonéticas, diferencias lingüísticas y sintácticas distantes del idioma castellano y un inventario de léxicos que memoria y contexto contribuían a mezclar y confundir en sus significados. El generalizado analfabetismo y la comodidad para llamar las cosas con las palabras usadas en la infancia hizo el resto. En un país aluvional donde hubo momentos en que había más extranjeros que nativos, pretender una lengua cristalizada e impoluta era una ambición descabellada. Por eso se equivocaron quienes —como Miguel Cané— previeron la muerte del idioma popular. Escribía el autor de *Juvenilia* a principios de siglo en "La Nación": "El día en que la educación primaria sea realmente obligatoria entre nosotros, el día en que tengamos escuelas suficientes para educar a los millares de niños que vagan de sol a sol en los mil oficios callejeros de nuestra capital, el 'lunfardo', el 'cocoliche' y otros 'idiomas nacionales' perecerán por falta de cultivo". Lo que no consideró Cané en su profecía fue que la lengua tiene vida propia sin esperar las normas académicas, que cambia y se transforma a pesar de los cánones.

El sainete, en especial por obra de Alberto Vacarezza *(Tu cuna fue un conventillo, El conventillo de la paloma)*, José González Castillo *(Entre bueyes no hay cornadas, Acqueforte)* y Juan Francisco Palermo *(El amansador, El amuro, La promesa de la paica)* brindó nuevos resplandores al lenguaje diario. Así en noviembre de 1908, en *El retrato del pibe*, de José González Castillo, que años después escribiría tangos famosos como *Sobre el pucho* y *El organito de la tarde*, presentaba a los personjes de la pieza en insólitos versos arrabaleros:

> *Bulín bastante mistongo*
> *aunque de aspecto sencillo,*
> *de un modesto conventillo*
> *en el barrio del Mondongo.*
> *Una catrera otomana,*
> *una mesa, una culera,*
> *un balde, una escupidera y cualquier otra macana,*
> *que me pongan el salón*
> *sin cara de cambalache*
> *y uno que otro cachivache*
> *en uno que otro rincón.*

También contribuyó a sostener la fuerza del lunfardo la aparición de poetas de la talla de Felipe Fernández *(Yacaré)*, quien en 1915 dio a conocer *Versos rantifusos*, obra inigualada en cuanto a la acumulación de vocablos de linaje lunfardo o cotidiano se refiere. Tanto que algunos de sus poemas son esencialmente hábiles enumeraciones, por ejemplo esta suma de vocablos para designar a la mujer:

> *Yo a la mina le bato paica, feba, catriela,*
> *percanta, cosa, piba, budín o percantina:*
> *chata, bestia, garaba, peor es nada o fémina,*
> *cusifai, adorada, chirusa, nami o grela.*

y en el mismo trabajo anota los sinónimos lunfardos del dinero:

> *A la guita la llamo sport o ventolina,*
> *menega, mosca, duros, shosha, morlacos, vento,*

*nales o bataraces, gomanes o elemento,
mangangás o guitarra, es decir meneguina.*

Unos años después, en 1928, Carlos Raúl Muñoz y Pérez, el Malevo Muñoz, o más sencillamente Carlos de la Púa como él mismo prefirió rebautizarse en la tapa del libro, publicó *La crencha engrasada*, la obra mayor que produjo el lunfardo; en sus páginas lo dialectal es tan sólo un escollo deliberado que puso el mismo autor en su camino poético. Carlos de la Púa demostró en esas páginas que los límites de un género o un vocabulario se pueden superar sobre la base de ramalazos de talento, y al Malevo Muñoz le sobraba el talento hasta para inventar las palabras que calzaban en la forma perfecta de sus versos y que fueran tan justas que pasaban del texto al habla coloquial.

La crencha engrasada no fue solamente una travesura lingüística o la transcripción rimada de una jerga esotérica: fue una honda visión de la ética, de la ideología más profunda y de la metafísica de los estratos marginales de Buenos Aires. Así pudo escribir, por ejemplo, poemas de la talla de *Hermano chorro*:

> *Hermano chorro, yo también*
> *sé del escruche y de la lanza...*
> *La vida es dura, amarga y cansa*
> *sin tovén...*
> *Yo también tengo un laburo*
> *de ganzúa y palanqueta.*
> *El amor es un balurdo*
> *en puerta.*
> *Con tal que no sea al pobre*
> *robá, hermano, sin medida...*
> *Yo sé que tu vida de orre*
> *es muy jodida.*
> *Tomá caña, pitá fuerte,*
> *jugá tu cashimba al truco*
> *y emborracháte,*
> *el mañana es un grupo.*
> *Tras cartón está la muerte.*

Pero el mayor aporte para la difusión masiva del lunfardo no lo efectuaron ni la poesía ni la literatura, sino las letras de los tangos. Ya en los primeros años del siglo Angel Villoldo lo había utilizado en sus letrillas, pero en un tono coloquial, emparentado con los costumbristas de la época —él era uno— cuyo modelo eran los diálogos de Fray Mocho.

El éxito de Contursi con letras salpicadas de lunfardismos impulsó a letristas menores a seguir el camino. Suponían que al reiterar la fórmula el éxito también podría repetirse y trataron de suplir la ausencia de talento con profusión de vocablos lunfardos. Los colocaron de manera forzada, obligatoria y hasta más de una vez echaron mano de términos que ya habían sido olvidados por el desuso. Pero en medio del cúmulo de letras aparecieron varias memorables, que al ser cantadas por la gente se hicieron patrimonio colectivo; sus invenciones penetraron profundo en el lenguaje coloquial, lo enriquecieron.

Sin contar las creaciones de los poetas mayores, entre la produccción lunfarda de los tangos no pueden olvidarse temas como *Viejo rincón*, de Roberto Cayol; *Amurado*, de José de Grandis; *Como abrazao a un rencor*, de Antonio Podestá:

> *Esta noche, para siempre*
> *terminaron mis hazañas;*
> *un chamuyo misterioso*
> *me acorrala el corazón.*
> *Alguien chaira en los rincones*
> *el rigor de la guadaña*
> *y anda un algo cerca el catre*
> *olfateándome el cajón.*
> *Los recuerdos más fuleros*
> *me destrozan la zabeca:*
> *una infancia sin juguetes,*
> *un pasado sin honor,*
> *el dolor de unas cadenas*
> *que aún me queman las muñecas*
> *y una mina que arrodiya*
> *mis arrestos de varón.*

o Barajando, de Eduardo Escaris Méndez:

> *Me la dieron como a un zonzo,*
> *pegadita con saliva,*
> *más mi cancha no la pierdo*
> *por mal juego que se dé,*
> *y, si he quedao arañando*
> *como gato panza arriba,*
> *me consuelo embolsicando*
> *la experiencia que gané.*

y *1 y 1,* con versos de Lorenzo Juan Traverso:

> *Hace rato que te juno*
> *que sos un gil a la gurda,*
> *pretencioso cuando curda,*
> *engrupido y charlatán.*
> *Se te dio vuelta la taba;*
> *hoy andás como un andrajo.*
> *Has descendido tan bajo*
> *que ni bolilla te dan.*
> *¿Qué quedó de aquel jailaife*
> *que en el juego del amor*
> *decía siempre: Mucha efe*
> *me tengo pa' tayador?*
> *¿Dónde están aquellos briyos*
> *y de vento aquel pacoy,*
> *que diqueabas, poligriyo,*
> *con la minas del convoy?*

El ciruja, de Alfredo Marino, sobre música de Ernesto de la Cruz, estrenado en 1926, es —sin duda— la cumbre de los tangos lunfardos. Los versos condensan una historia desoladora, un camino sin esperanzas, necesariamente escéptico, resignado:

> *Como con bronca, y junando,*
> *de rabo de ojo a un costado,*
> *sus pasos ha encaminado*
> *derecho pa'al arrabal.*
> *Lo lleva el presentimiento*

de que, en aquel potrerito,
no existe ya el bulincito
que fue su único ideal.

Recordaba aquellas horas de garufa
cuando minga de laburo se pasaba,
meta punguia, al codillo escolaseaba
y en los burros se ligaba un metejón;
cuando no era tan junao por los tiras,
lo lanceaba sin temer el manyamiento,
una mina le solfeaba todo el vento
y jugó con su pasión.

Era un mosaico diquero
que yugaba de quemera,
hija de una curandera,
mechera de profesión;
pero vivía engrupida
de un cafiolo vidalita
y le pasaba la guita
que le shacaba al matón.

Frente a frente, dando muestras de coraje,
los dos guapos se trenzaron en el bajo,
y el ciruja, que era listo para el tajo,
al cafiolo le cobró caro su amor...
Hoy, ya libre'e la gayola y sin la mina,
campaneando un cacho'e sol en la vedera,
piensa un rato en el amor de su quemera
y solloza en su dolor.

Poetas como Celedonio Flores, Enrique Cadícamo, Enrique Santos Discépolo, Cátulo Castillo y más recientemente Eladia Blázquez y Horacio Ferrer han utilizado sin pudores el lunfardo, más preocupados por la realidad que por las normas académicas. Pero no siempre fueron comprendidos. En 1943, durante el régimen de facto del general Pedro P. Ramírez, se dictó una norma legal que prohibía la difusión de letras lunfardas en procura de mantener la pureza idiomática. La disposición no se mantuvo en vigencia demasiado tiempo pero fue suficiente para provocar preocupación entre los letristas, risa entre el público y cubrir de ridículo a quienes la habían dictado. Sin embargo, obligó a elaborar versiones expurgadas de algunos viejos tangos, a suprimir directamente otros de los repertorios y a recurrir en los tangos nuevos al esterotipado tú, inexistente en el habla porteña, y a censurar todas aquellas palabras que aunque fueran usuales pudieran recordar la marginalidad, la orilla, sus oscuros orígenes. Discépolo, en una encendida defensa del lunfardo, expresaba: "A esa gente —se refería a una comisión formada para salvaguardar la pureza del idioma cuya figura más notoria era monseñor Gustavo Franceschi— no les jode que la muchachada ande moviendo las asentaderas con la rumba, no les jode que se amariconen con el bolero, pero les jode mi humilde *Yira Yira*". Un humorista proponía cambiarle el título a dicho tango por uno más castizo: *Dad vueltas, dad vueltas*. El chiste tenía sus motivaciones: *Shusheta* se había convertido ya en *El aristócrata*, *Chiqué* en *El Elegante*, *La Maleva* en *La Mala*.

Sin embargo, como la historia y la literatura marchan a contrapelo de purismos y esclerosis, en pocos años los grandes escritores argentinos impusieron definitivamente el uso del voseo y de palabras populares en sus libros. Volvieron a las raíces del idioma argentino y dejaron de lado la artificiosidad de una lengua que sólo existía para el empaque de los textos. Retomaban la senda marcada por escritores de la talla de Sarmiento, de Hernández y de Alberdi, porque —como señala Ernesto Sabato—: "El lenguaje lo hace el pueblo, el pueblo todo, y, naturalmente, alcanza sus paradigmas en sus grandes poetas y escritores. Grandes poetas y escritores que jamás violan lo que en germen o tácitamente está en el ánimo de su pueblo, sino que lo llevan hasta las máximas alturas de sutileza y expresividad". De ese modo el lunfardo comenzó a teñir libros, textos y poemas de consagrados y noveles. Ya no era la recurrencia a un lenguaje críptico, técnico o sectario, era la simple transcripción de la vida. La verdad que había ganado la batalla. Y en el balance, el tango tenía una cuota grande en ese triunfo.

CELEDONIO FLORES: POETA AL PIE DE BUENOS AIRES

*No tengo el berretín de ser un bardo
chamuyador letrao ni de spamento;
yo escribo humildemente lo que siento
y pa'escribir mejor lo hago en lunfardo.*
C.E.F.

Como la vocación musical, la poética suele comenzar en la adolescencia. Eso ocurrió con Celedonio Esteban Flores, quien antes de los veinte años había pergeñado un cuaderno de versos que dejó inéditos titulado *Flores y Yuyos*. Había nacido en Buenos Aires en 1896 y efectuó sus primeros tanteos poéticos a la sombra del modernismo. La elección de escuela parece lógica: la aureola de prestigio que rodeaba a su adalid, el nicaragüense Rubén Darío, continuaría resplandeciendo más allá de su muerte, ocurrida en 1916, y seguidores e imitadores no dejaban entrever posibilidades de líneas alternativas. Para los bardos argentinos el hipnotismo modernista tenía un agregado: uno de sus puntales, Leopoldo Lugones, se hallaba en pleno apogeo y el éxito genera copistas. Había publicado *Lunario sentimental* en 1909, *Odas seculares* al año siguiente en coincidencia con ios festejos del Centenario y *El libro fiel* en 1912. El reflejo de las cursilerías del mexicano Amado Nervo también alcanzaba por entonces amplísima difusión debido a que la sensiblería de su mensaje se adaptaba a las pautas estéticas de la pequeña burguesía latinoamericana.

Pero todo hace suponer que, además de estos autores, Flores también sufrió la influencia de Evaristo Carriego y —sobre todo— de Felipe Fernández (Yacaré), quien tenía una columna en el diario "Ultima Hora" y en 1915 dio a conocer *Versos rantifusos*, la más importante suma de poemas lunfardos escrita hasta entonces.

Fue justamente el diario "Ultima Hora" el que a fines de la década del diez organizó un concurso de letras de tango. Celedonio presentó un poema en alejandrinos bien medidos, escritos en tono irónico y en lenguaje lunfardo, titulado *Por la pinta*, y ganó. Gardel, que andaba a la pesca de nuevos tangos para agregar a su todavía corto repertorio, se interesó en el tema. El cantor aún continuaba con el lastre de José Razzano, con quien cantaba sólo canciones camperas. Los tangos eran excepciones, deslices para cuando, como variante en las presentaciones de la dupla, entonaba solista. Gardel citó al joven poeta, hasta entonces inédito, y le propuso musicalizarle los versos, trabajo que encargó a su guitarrista José Ricardo (aunque la autoría melódica habría de aparecer en los discos como responsabilidad del dúo). El resultado fue que, con el título definitivo de *Margot* (Ricardo lo había registrado como *Pelandruna refinada*), se convirtió en el décimo tango grabado por Gardel.

El texto es un reproche ético a una mujer de cabaret que en un intento de olvidar su origen *en la miseria de un convento de arrabal* hasta ha llegado a afrancesar su propio nombre: *ya no sos mi Margarita, ahora te llaman Margot*, protesta el narrador. Pero el disimulo del desclasamiento resulta inútil

porque hay algo que te vende, yo no sé si es la mirada
la manera de sentarte, de charlar, de estar parada,
o ese cuerpo acostumbrado a las pilchas de percal.

Entusiasmado por la repercusión de *Margot*, Flores insistió con una temática similar en *Mano a mano*, y hasta podría suponerse que se trata del mismo personaje visto desde otro ángulo; esta vez le recuerda a la muchacha su pasado reciente: *cuando vos, pobre percanta, gambeteabas la pobreza en la casa de pensión*, y al contraponerlo con el presente de lujo: *hoy sos toda una bacana, la vida te ríe y canta*, el letrista retorna al reproche: *tenés el mate lleno de infelices ilusiones*. Otra vez la traición de clase cuyo castigo se concretará en el momento en que se convierta en un *descolao mueble viejo* sin esperanzas. Entonces, vencida, deberá regresar a sus orígenes.

La misma moralina se advierte en *Audacia*, donde el testigo del ascenso de una muchacha de cabaret asume su condición social y recrimina:

Me han contado y perdonáme que te increpe de este modo,
que la vas de partenaire en no se qué bataclán;

que has rodao como potrillo que lo pechan en el codo,
engrupida bien debute por la charla de un bacán.
Yo no manyo francamente lo que es una partenaire
aunque digas que soy bruto y atrasao ¿qué querés?
no debe ser nada bueno si hay que andar con todo al aire
y en vez de batirlo en criollo te lo baten en francés.

Posteriormente Flores amplió su gama argumental y fue allí donde logró sus mejores aciertos, a pesar de que más de una vez incurrió en brochazos excesivos o en cursilerías irredimibles como los cuadros sensibleros de *Si se salva el pibe*, donde narra los temores de los padres de un niño atropellado por un automóvil, con su lamentable continuación: *Se salvó el pibe*.

Es frecuente que Flores adopte un tono de consejero sentencioso. En *Atenti pebeta*, por ejemplo, recomienda a una muchacha:

Cuando estés en la vereda y te fiche un bacanazo
vos hacéte la chitrula y no te le deschavés,
que no manye que estás lista al primer tiro de lazo
y que por un par de leones bien planchados te perdés.

Al estilo del Viejo Vizcacha, pontifica en *Consejos reos:*

En asuntos de mujeres cada cual juega su carta
yo conozco muchos ranas que se han casado después,
el amor es un anzuelo donde el más lince se ensarta
y donde se pierden muchos envidos con treinta y tres
....
Cuando entrés a una carpeta donde vayás convidado
desconfiá de las barajas y los puntos al jugar;
un mango tiene más fuerza que un caballo desbocado
y en la timba hasta tu viejo te va a tirar a matar.

E insiste en *Comadre:*

Comadre no le haga caso,
los hombres son como la veleta,

arranque su vieja pena,
nunca más llore por ese amor.
....
¡Comadre no le haga caso,
no vale un hombre tanto dolor!

En la descripción de tipos y personajes (*Canchero, Viejo smoking, Pa'lo que te va a durar*), de lugares (*Corrientes y Esmeralda; El bulín de la calle Ayacucho*) o en sus estampas sociales (*Pan, sentencia*), Flores deja al descubierto sus méritos: conocimientos técnicos que le facilitan versos bien medidos, una riqueza que le impide incurrir en los frecuentes ripios que desbordan a buena parte de los letristas del tango y un manejo equilibrado del lunfardo, que surge con naturalidad como el lenguaje adecuado a cada tema.

De una lectura completa de sus tangos, así como de los poemas incluidos en sus libros *Chapaleando barro* (1929) y *Cuando pasa el organito* (sin fecha), se puede extraer la ideología popular de Celedonio Flores y el trasfondo moral de sus composiciones. Y si bien sus personajes muchas veces pertenecen a la oligarquía él los aborda para mostrarlos en el momento de decadencia, desde la óptica melancólica de la vejez, o en pleno apogeo para señalar lo efímero del éxito basado en los valores económicos. Así, en *Viejo smoking*, el protagonista describe su actual pobreza y la compara con los tiempos en que él era centro de la admiración del cabaret. Sin embargo no se queja; entiende la vida como un azar, y en ese juego "se le dio la mala". Flores metaforiza:

Poco a poco todo ha ido
de cabeza p'al empeño,
se dio juego de pileta
y hubo que echarse a nadar.

Como los jugadores profesionales aceptan las cartas que han recibido sin quejas ni protestas, el protagonista previene para tomar distancia y no inspirar lástima:

Yo no siento la tristeza
de saberme derrotado

> *y no me amarga el recuerdo*
> *de mi pasado esplendor,*
> *no me arrepiento del vento*
> *ni los años que he tirado,*
> *pero lloro al verme solo,*
> *sin amigos, sin amor.*

Es decir, vuelve a surgir la idea propia de la filosofía del tango de que tanto amores como amigos de los años de prosperidad desaparecen junto con la bonanza económica.

En *Pa'lo que te va a durar*, le habla a un destinatario que vive alegremente su existencia: jugador, mujeriego, habitué del hipódromo y socialmente exitoso, al que describe:

> *Estás cachuzo a besos, te han descolao a abrazos,*
> *se te ha arrugao la jeta de tanto sonreír.*
> *Si habrás gastado puños en mesas de escolaso.*
> *¡Si habrás rayado alfombras, muchacho bailarín!*
> *Cómo tembló Palermo*
> *cuando en las ventanillas*
> *pelabas la de cuero repleta de tovén.*
> *Cómo gozó Griselda aquellos carnavales*
> *cuando dio ciento veinte tu regia voiturette.*

Enseguida aparece el tono admonitorio que no puede ocultar el resentimiento del hombre del suburbio ante el representante de un estrato superior, inaccesible:

> *Pa' lo que te va a durar tanta alegría y placer,*
> *lo que vas a cosechar cuando entrés a recoger.*
> *Cuando te des cuenta exacta de que te has pasao la*
> >   *vida*
> *en aprontes y partidas, ¡muchacho, te quiero ver!*

Frase que encierra el fatalismo de Flores en tanto la vida —como sintetiza más adelante—

> *es una caravana de envidias y fracasos.*

El mismo tono admonitorio utiliza para reprochar a un "niño bien" prototípico su falta de sensibilidad para gozar pequeñas cosas de la vida, invalidada por la abundancia de dinero que lo impulsa a pagar todo lo que consigue.

> *Muchacho*
> *que no sabés del encanto*
> *de haber derramado llanto*
> *sobre un pecho de mujer,*
> *que no sabés qué es secarse*
> *en una timba y armarse*
> *para volverse a meter.*

Y, como expresa Noemí Ulla, el reproche incluye la incapacidad de valorar al tango, con todo lo que éste representa para la gente de los barrios:

> *Que decís que un tango rante*
> *no te hace perder la calma...*
> *Decíme*
> *si conocés la armonía,*
> *la dulce policromía*
> *de las tardes de arrabal,*
> *cuando van las fabriqueras,*
> *tentadoras y diqueras*
> *bajo el sonoro percal.*

Para definir por último

> *que si tenés sentimiento*
> *lo tenés adormecido*
> *pues todo lo has conseguido*
> *pagando como un chabón.*

Flores se siente más inclinado a personajes de los barrios a quienes, en lugar de efectuarles reproches, trata de justificar aun en sus delitos. Así en *Sentencia*, tema en donde incurre en lo melodramático, Flores explica el asesinato de un hombre que insultó a la madre del homicida por el contexto en el que éste se crió. Para lograr mayor patetismo utiliza la primera persona:

> *De muchacho nomás hurgué en el cieno*
> *donde van a podrirse las grandezas.*
> *¡Hay que ver, señor juez, cómo se vive,*
> *para saber después cómo se pena!*

Para describir la desesperación del protagonista de *Pan*, un desocupado de los años de crisis, que ante la situación de su hogar decide robar, Flores se distancia mediante la tercera persona, pero vuelve a incurrir en grueso patetismo propio de las novelas realistas de fin de siglo cuando precisa:

> *Sus pibes no lloran por llorar*
> *ni piden masitas,*
> *ni dulces,*
> *ni chiches, ¡Señor!*
> *sus pibes se mueren de frío*
> *y lloran hambrientos de pan.*

Y, como contraste, la imposibilidad de conseguir empleo propia de la década:

> *¿Trabajar? ¿Adónde? Extender la mano*
> *pidiendo al que pasa limosna, ¿por qué?*
> *Recibir la afrenta de un perdón, hermano,*
> *él que es fuerte y tiene valor y altivez...*

Y así cercado, sin alternativas, roba *un cacho de pan*, es detenido y se encuentra esperando la condena *para largo rato*.

El mérito de Flores consiste en acentuar la utilización del lenguaje cotidiano, en asumir el voseo habitual en Buenos Aires e importantes regiones de Argentina, en un momento en que los escritores cultos (tanto narradores como poetas) continuaban aferrados a una falsa utilización del tuteo, inexistente en la realidad del habla nacional. Escamoteo que no podía conducir, salvo excepciones, más que a productos híbridos, inauténticos.

Sin embargo, influido por el ambiente literario circundante, en varios de los poemas de sus libros, Flores no puede escapar al estereotipo e incurre en el "tú" que con buen criterio desdeñaba en sus tangos. Destaca Eduardo Romano que la inseguridad expresiva asalta a Flores cuando alude "con prejuicios muy significativos a sus relaciones afectivas o eróticas. Por ejemplo, en el tratamiento dispensado a diferentes mujeres tiende a asociar el tuteo (sociedad legítima) con la madre, novia o hermanita puras, reservando el voseo (sociedad ilegítima) para con la mujer experimentada, amante o milonguera".

En noviembre de 1931 apareció un libro clave para la comprensión de la cultura nacional: *El hombre que está solo y espera*. Su autor, Raúl Scalabrini Ortiz, ubica al porteño prototípico, esencia y sustancia del habitante de la ciudad de Buenos Aires y protagonista de su ensayo, en la esquina de Corrientes y Esmeralda. Exaltado por la temática del libro en cuestión con el que se sentía identificado, Celedonio exhumó unas cuartetas escritas once años antes, en 1922, y con música del pianista Francisco Pracánico brindó su propia visión del sitio con el nombre de *Corrientes y Esmeralda*:

> *Amainaron guapos junto a tus ochavas*
> *cuando un cajetilla los calzó de cross*
> *y te dieron lustre las patotas bravas*
> *allá por el año... novecientos dos...*
>
> *Esquina porteña, tu rante canguela*
> *se hace una mélange de caña, gin fizz,*
> *pase inglés y monte, bacará y quiniela,*
> *curdelas de grapa y locas de pris.*
>
> *El Odeón se manda la Real Academia*
> *rebotando en tangos el viejo Pigall,*
> *y se juega el resto la doliente anemia*
> *que espera el tranvía para su arrabal.*
>
> *De Esmeralda al norte, del lao del Retiro*
> *franchutas papusas caen a la oración*
> *a ligarse un viaje, si se pone a tiro,*
> *gambeteando el lente que tira el botón.*

*En tu esquina un día, Milonguita, aquella
papusa criolla que Linning cantó,
llevando un atado de ropa plebeya
al hombre tragedia tal vez encontró.*

*Te glosa en poemas Carlos de la Púa
y el pobre Contursi fue tu amigo fiel...
En tu esquina rea cualquier cacatúa
sueña con la pinta de Carlos Gardel.*

*Esquina porteña, este milonguero
te ofrece su afecto más hondo y cordial.
Cuando con la vida estés cero a cero,
te prometo el verso más rante y canero
para hacer el tango que te haga inmortal.*

Sin la homogénea calidad de Homero Manzi ni la profundidad metafísica de Enrique Santos Discépolo, la capacidad descriptiva de Celedonio Flores, su acercamiento a sectores marginales y su tono de cronista de la vida porteña, lo convierten en un nombre fundamental en el desarrollo de la poesía del tango. Y más allá de altibajos formales, así lo entendieron los poetas aparecidos en la Argentina alrededor de 1960, quienes reconocieron en sus trabajos uno de los antecedentes más directos de la poesía popular que aspiraban alcanzar.

POBRE MI MADRE QUERIDA

> —*Me llaman la Pobre Viejita* —*rezongó la mujer chispeante de ojos como una bruja*— *o La Madrecita Buena. Viví en estrofas de tango con pésima ventilación. ¿Cuál era mi oficio? El de mantener a una runfla de vagos que apolillaban en sus catreras o aprendían a tocar bandoneones tan mártires como yo. ¡Eso sí, gritaban pidiendo mate a cualquier hora de la noche o el día! Y yo, trotando, ¡pobre vieja!, del fogón al catre y del catre al fogón.*
>
> LEOPOLDO MARECHAL
(Megafón)

En breve poema que alguna vez leyó en una audición radial como glosa para Los Chalchaleros y que luego no fue recogido en libro, Jaime Dávalos condensa:

> *Tierra de conquistadores*
> *siempre fue tierra de guachos.*
> *Esos gauchos vivarachos,*
> *pendencieros y cantores,*
> *que curtidos en rigores*
> *y sin perro que les ladre,*
> *sin Dios, sin ley y sin padre,*
> *nunca pudieron creer*
> *en otro amor de mujer*
> *que no fuera el de su madre.*

El conquistador difícilmente podía aquerenciarse, porque su oficio aventurero era por esencia nómada. Tras su paso quedaban mujeres abandonadas e hijos que sólo habrían de conocer a sus madres. Parece natural que en esas circunstancias América naciera como un continente bastardo.

Ya entrado el siglo XIX las mujeres del campo argentino, salvo para algunas tareas —como la esquila, por ejemplo—, eran consideradas elemento necesario pero inútil. Las urgencias sexuales se resolvían mediante prostíbulos (legales o ilegales) ubicados cerca de las pulperías, o a través de grupos itinerantes de prostitutas que viajaban en enormes carretas, dirigidas por una *madam* que las administraba.

Explica el historiador Richard W. Slatta que los estancieros estaban de acuerdo con la sentencia de Carlos Pellegrini, según la cual era conveniente excluir la presencia de mujeres en la campaña, porque eran motivo de discordia entre los peones. Y que a fin de siglo Miguel A. Lima reafirmó esta postura sosteniendo que suscitaban desorden y peleas y que lo conveniente era que sólo se permitieran familias de capataces y colonos. Agrega el investigador norteamericano que la actitud de la élite era que en el campo la eficiencia y el orden estaban por encima de cualquier otra consideración, y concluye: "Muchos estancieros contrataban sólo peones solteros, u obligaban a los casados a dejar la familia en otra parte durante la temporada de trabajo".

A fines de siglo, cuando mujeres y niños demostraron su eficacia en las labores de la agricultura recientemente implantada, los terratenientes aceptaron que se fueran asentando familias campesinas. Las mujeres, además, ante la carencia casi total de médicos, ejercían de curanderas y comadronas, otras trabajaban de sirvientas en el casco de la estancia, o trataban de emigrar a los centros urbanos para desempeñar las tareas domésticas.

En las orillas de las ciudades —como ya se dijo— guapos y compadres rara vez se casaban, conscientes de que su vida dependía de la suerte. El primer error con el cuchillo o un disparo artero podían acabar fácilmente con sus actividades de guardaespaldas de algún caudillo comiteril y con su misma existencia. Para el resto, las bajas remuneraciones en trabajos por lo general ocasionales tampoco incentivaban los matrimonios. Por otro lado, la estructura de la inmigración, conformada mayoritariamente por varones solteros o casados que viajaban solos con la esperanza de obtener un buen trabajo y llamar luego a la familia que había quedado en la aldea, no facilitó que se formasen núcleos familiares estables.

De acuerdo con las estadísticas de la Dirección General de Inmigración, entre 1857 y 1924 el porcentaje masculino fue del 70 por ciento de los arribados. Ya el presidente Sarmiento había demostrado su preocupación al comprobar que "venían pocas mujeres y menos niños entre los inmigrantes".

En esas circunstancias, a las que se agregan los abandonos de sus ocasionales parejas al enterarse de que en condiciones de extrema pobreza o de miseria tendrían que hacerse cargo del mantenimiento de una boca más, la existencia de hijos anotados como "de padre desconocido" era muy numerosa. A esto debe agregarse que muchas veces los embarazos, ante el desconocimiento de la fisiología sexual y la inexistencia de anticonceptivos eficaces, provenían de relaciones esporádicas, y los varones se negaban a atarse a alguien con quien se habían unido por una atracción momentánea.

El hombre del tango, hijo de una clase bastarda y bastardo él mismo (no es casual que Gardel, el arquetipo, lo fuera), carece no sólo de linaje sino de familia y centra todos sus afectos primarios en la madre. El progenitor es una ausencia, una figura inexistente que puede llegar a reemplazarse, por ejemplo, en la admiración por un caudillo político que adopta el rol paterno de manera colectiva, o en el deslumbramiento por el guapo del barrio, otro protector, o por cualquier personaje que por diversos motivos ejerza influencia sobre el huérfano o le resulte un modelo imitable. No parece casual que los dos mayores conductores de masas del siglo XX, Hipólito Yrigoyen, que prohijó a la pequeña burguesía, y Juan Domingo Perón, convertido en líder de los habitantes de los cordones industriales y de los trabajadores arribados del interior en el éxodo campesino de los años treinta y principio de los cuarenta, hayan asumido con tres décadas de diferencia el mismo rol de "padre de los pobres" o "padre de los desposeídos". El padre biológico fue sustituido por un caudillo al que se ama e idealiza, carente de imperfecciones y errores, tal como los niños ven en los primeros años a sus propios progenitores.

En *Juan Nadie*, Miguel D. Etchebarne sintetizó la situación de un hombre de tango modelo al iniciar su biografía del compadre:

> *La madre, como una esclava,*
> *se doblegaba en el yugo:*
> *alguien le sacaba el jugo*
> *y encima la castigaba.*
> *(El padre, de estirpe brava,*
> *murió cuando Juan nacía,*

> *y ni por fotografía*
> *pudo entrever su semblante,*
> *pero lo sentía adelante,*
> *a veces, cuando sufría.)*

Como parece natural, los tangos, en cuanto comenzaron a cargar letra, recogieron esta realidad: madres que ocupaban el doble rol padre-madre, madres-santas a las que siempre es posible regresar en busca de perdón. En especial perdón por haberla abandonado por otra mujer que al fin resultó una perdularia. Porque

> *sólo una madre nos perdona en esta vida,*
> *es la única verdad,*
> *es mentira lo demás.*
> (LA CASITA DE MIS VIEJOS)

La mujer sexuada (esto es, cualquiera que no sea la madre ni la hermana, perpetuamente virgen en la fantasía del personaje) encierra siempre la posibilidad del engaño, es más, lo encarna en sí misma. El criterio, de muy arcaico linaje, ya que se remonta a los propios Padres de la Iglesia (siglos I a IV de nuestra era), esconde una transparente actitud homosexual: se admira a otro hombre (el padre sustituto), se ama sólo a la mujer desprovista de actividad genital y se huye de la mujer sexuada por considerársela en abstracto un instrumento del mal. Por eso el buen amigo aconseja: *No te dejés convencer*, porque ella es mujer, y

> *al nacer*
> *del engaño hizo un sentir.*
> *Miente al llorar, miente al reír,*
> *miente al besar y al amar*
> (NO TE ENGAÑES, CORAZON)

Tras el engaño indefendible, el cuadro se completa cuando el protagonista del tango acepta que no existe mayor felicidad que *vivir con mamá otra vez (Victoria)* y que lo mejor que se le puede decir a una mujer es —como hace Celedonio Flores— *te quiero como a mi madre (Cuando me entrés a fallar)*. Todo lo cual parece desprenderse del convencimiento de que

> *Madre hay una sola*
> *y aunque un día la olvidé*
> *me enseñó al final de la vida*
> *que a ese amor*
> *hay que volver*
> > (MADRE HAY UNA SOLA)

porque

> *No hay cariño más sublime*
> *ni más santo para mí*
> > (MADRE)

Después de todo ella es *el único cariño sin engaño*. Por eso Carlos Bahr puede escribir...

> *para mí sos más grande vos que Dios...*
> *porque si éste es a veces implacable*
> *con los que se equivocan como yo...*
> *vos, mi vieja, por buena y por ser madre,*
> *sos la imagen más pura del perdón...*
> > (AVERGONZADO)

exageración que para una teología estricta incurre en indudable herejía.

Como forma de evitar una realidad desagradable, hostil, donde la mujer en cualquiera de sus proteicas imágenes es siempre la encarnación del fraude, el personaje, una vez que se ha desengañado de los hipnóticos encantos femeninos, no tiene más camino que regresar al amparo del claustro materno, el útero acogedor donde, además de evitar la agresión exterior, está a salvo de cualquier contaminación. Así, una vez que el protagonista advierte que la mujer que amaba sólo lo necesitaba para que le pagase un tapado de armiño, confiesa que el abrigo

> *resultó al fin y al cabo*
> *más durable que tu amor,*

porque

> *el tapao lo estoy pagando*
> *y tu amor ya se acabó.*
> (AQUEL TAPADO DE ARMIÑO)

Y reconoce en otro tango:

> *Pagando antiguas locuras*
> *y ahogando mis tristes quejas*
> *volví a buscar en la vieja*
> *aquellas hondas ternuras*
> *que abandonadas dejé,*
> *y al verme nada me dijo*
> *de mis torpezas pasadas,*
> *palabras dulcificadas*
> *de amor por el hijo*
> *tan solo escuché.*

Una vez que ha regresado, el personaje no quiere escuchar nuevos cantos de sirena, para lo cual lo mejor es no salir del cascarón:

> *Que nadie venga a arrancarme*
> *del lado de quien me adora,*
> *de quien con fe bienechora*
> *se esfuerza por consolarme de mi pasado dolor.*
> *Las tentaciones son vanas para burlar su cariño...*
> *Para ella soy siempre un niño...*
> (MADRE HAY UNA SOLA)

En *Tengo miedo*, Flores reitera:

> *Hoy ya ves, estoy tranquilo, por eso es que buenamente*
> *te suplico que no vengas a turbar mi dulce paz,*
> *que me dejes con mi madre, que a su lado santamente*
> *edificaré otra vida ya que me siento capaz.*

El protagonista de *La casita de mis viejos* repite el esquema: vuelve derrotado depués de haber sido *un viajero del dolor* en un itinerario que lo condujo al alcohol y a las mujeres *(cada beso lo borré con una copa)*. Intenta justificarse, fue la inexperiencia:

> *locuras juveniles,*
> *la falta de consejos,*

lo cual también encierra un reproche a sus progenitores que no supieron retenerlo. Por eso al ver a su madre

> *con los ojos nublados por el llanto*
> *como diciéndome por qué tardaste tanto,*

promete, como el resto de los hijos pródigos del tango:

> *Ya nunca más he de partir*
> *y a tu lado he de sentir*
> *el calor de un gran cariño...*

En contraste, Cadícamo había definido en la primera estrofa:

> *Las mujeres siempre son*
> *las que matan la ilusión.*

En el regazo materno, el cobijo, el afecto; fuera, los peligros, la derrota, la vejez. Afuera se sufre, se crece, y el crecimiento lleva inevitablemente a la muerte. Adentro, la fantasía permite suponer que se continúa siendo un niño, como sostiene el protagonista de *Madre hay una sola.*

Frente a este esquema parece natural que al carecer su madre de cónyuge, el hombre del tango —una vez que ha padecido los "engaños" femeninos— prefiera transformarse en solterón. Ese solterón establece de hecho una pareja materno-filial que aparece una y otra vez en las letras de tango, pero al tratarse de una relación asexuada lleva implícita un enorme carga de frustración para ambas partes, superada por la sensación de seguridad. La madre presiente una vejez protegida y el hijo comprende que esa responsabilidad le impide caer en nuevas aventuras. "Sentar cabeza", madurar, puede darse de dos formas: una plena, mediante la formación de una familia, y la segunda castrada, quedándose con la madre. De todas formas esta segunda alternativa lo aleja del contacto, del contagio, de la mujer, porque de ellas

> *mejor no hay que hablar*
> *Todas amigo, dan muy mal pago...*
> (TOMO Y OBLIGO)

Además, la experiencia enseña desde la Antigüedad que según la máxima de Homero, *no debe depositarse ninguna confianza en las mujeres* o dicho de otro modo: *Mujer, pa' ser fayuta...* como proclama el personaje de *En la vía*.

Por eso en los años veinte las palabras que Verminio Servetto escribió para la música de Francisco Pracánico resultaban una verdad esencial y de ahí la reiteración del tema por diversos intérpretes. Los versos, demostrativos del fuerte complejo edípico de los porteños, anotaban:

> *Madre, las tristezas me abatían;*
> *y lloraba sin tu amor,*
> *cuando en la noche me hundía*
> *de mi profundo dolor...*
> *Madre, no hay cariño más sublime*
> *ni más hondo para mí...*
> *Los desengaños redimen*
> *y a los recuerdos del alma volví...*
> (MADRE)

Un poeta como Homero Manzi, que habría de producir algunos de los mejores textos literarios del tango, tampoco pudo escapar a la temática; cuando era un adolescente escribió un vals maternal: *A su memoria*:

> *Hoy vuelven a mi mente, madre mía,*
> *envueltos en nostalgias del pasado,*

> *esos dulces momentos de alegría,*
> *que en aras del placer hube olvidado.*

Trabajo que era pura imitación de la línea señalada por el payador José Betinotti, cuando entonaba

> *Pobre mi madre querida*
> *cuántos disgustos le daba*
> *cuántas veces pobrecita*
> *llorando lo más sentida*
> *en un rincón la encontraba.*
> (POBRE MI MADRE QUERIDA)

Versos que encierran la fantasía edípica de ser todo para la madre, quien no llora por la falta de una pareja sexual, sino por los deslices de su hijo. En su omnipotencia, el hijo supone que ocupa todos los espacios vacíos, impide la sensación de carencia del varón y es el único núcleo de interés materno.

Aunque de tanto en tanto la problemática reapareció en los versos de algunos tangos rezagados y carentes de éxito masivo *(Porque no la tengo más, La vieja vale más)*, esta preocupación filial desapareció en coincidencia con la industrialización argentina, que se afirma alrededor de los años cuarenta. Con las nuevas leyes sociales cambia también el perfil laboral. A partir del momento en que el hombre antes marginal que debía conformarse con tareas eventuales pasa a integrar nóminas fabriles, crece su tendencia a establecer una familia. Nacieron nuevos barrios, crecieron los viejos y los trabajadores industriales se hicieron sedentarios. En esas condiciones de seguridad, los núcleos familiares comenzaron a desarrollarse. Por otra parte, aquellos que seguían viviendo en la marginación ya no cantaban tangos: por lo general recurrían a otro tipo de música que les recordaba el interior provinciano que había abandonado en procura de mejores perspectivas económicas. El cantor seudofolklórico Antonio Tormo habría de transformarse en el ídolo indiscutido de ese amplio segmento que arribó masivamente a la periferia de las grandes ciudades, en especial a Buenos Aires, durante el régimen peronista. Al transformarse el perfil sociológico, también se transformaban sus productos y la temática materna ya era cosa del pasado.

LOS CANTORES: CORSINI, MAGALDI Y CHARLO

Desde que Pascual Contursi escribió la letra de *Mi noche triste* y elevó el tango, al decir de Discépolo, de los pies a los labios, se hizo necesaria la presencia de un nuevo personaje: el cantor. Los textos exigían intérpretes y hubo que improvisarlos. Algunos llegaban desde la canción campera, otros eran actores que se largaron a cantar porque la nueva modalidad escénica así lo exigía. En un medio donde era frecuente que las compañías llegasen a representar entre y diez y quince piezas al año, se impuso la costumbre de ofrecer un tango inédito en cada estreno. Tampoco faltaron los debutantes que iniciaban su carrera vocal directamente con el nuevo género, que por su rápida aceptación popular se mostraba como una posibilidad concreta de alcanzar fama en poco tiempo. Desde el inicio del siglo, la figura del cantor había comenzado a reemplazar a la del payador, cuyos modos languidecían irremisiblemente. La improvisación había sido reemplazada por un canto de estrofas previamente escritas y aprendidas para su reiteración, apoyadas en melodías y no en simples acompañamientos. La proliferación de grabaciones comerciales, primero a través de cilindros y luego de discos, hizo el resto. Ahora no era necesario forzar la memoria para recordar coplas coyunturales: bastaba recurrir a los gramófonos o a las victrolas, económicamente accesibles, para poder escuchar una y otra vez la misma melodía.

Ya en los primeros números de "Caras y Caretas" (1898) se reiteraban anuncios de fonógrafos y gramófonos. Los de la casa F. R. Gruppy y Compañía ofrecían: "Una máquina que habla y divierte en todos los idiomas"; explicaban además que la firma contaba con "cilindros impresos por artistas del Teatro Real de Madrid y el teatro de la Comedia de Buenos Aires". Entretanto los avisos de Enrique Lepage y Cía. decían: "El teatro en casa", y aseguraban que sus fonógrafos-gramófonos "cantan y hablan tan alto como la voz humana". El aparato podía comprarse a partir de veinte pesos moneda nacional y se explicaba que el surtido era de quince mil cilindros. En octubre de 1900 la firma The New Century ofreció una novedad revolucionaria: grabación, edición e impresión de discos a ochenta revoluciones por minutos. Una década más tarde, ya existían cerca de treinta sellos discográficos.

Sociológicamente, en cualquier comunidad la figura del cantor, sea religioso o profano, está envuelta en un halo de prestigio. En los barrios, asumió la representación verbal del conjunto. El canto era un don y una habilidad; poseerlo permitía convertirse en el traductor de las vivencias del grupo.

Hasta comienzos de la década del veinte, salvo los consagrados que lograban trabajar con las compañías teatrales para amenizar intervalos, los cantores debían efectuar un duro peregrinaje por cafetines, cantinas o fiestas de pueblos suburbanos para redondear una exigua suma que les permitiera sobrevivir. La aparición del tango canción iba a convertirse en una fuente de trabajo y como tal recibió un aluvión de postulantes.

Por lustros, convertirse en cantor de tangos habría de ser la aspiración de miles de muchachos. El tango *¡Y sonó el despertador!* cantado por Alberto Castillo en los años cuarenta recogería esa reiterada fantasía:

> *Paré mi coche en la radio.*
> *Un gentío que esperaba.*
> *Las chicas que me aclamaban*
> *embargadas de emoción.*
> *Entre ellas se decían:*
> *¡Qué elegante, qué buen mozo!*
> *¡Linda cara, lindos ojos,*
> *linda planta de varón!*
> *Me esperaban en la radio*
> *los señores directores.*
> *Muchas risas, muchas flores*
> *y gran iluminación.*
> *Y llegó el momento ansiado:*

> *¡Ante ustedes un cantor!*
> *Empezó a sonar la orquesta*
> *¡y sonó el despertador!*

Entre los solistas surgidos tras el éxito de Gardel con *Mi noche triste* se destacan tres nombres que en su momento alcanzaron gran impacto popular: Ignacio Corsini, Agustín Magaldi y Charlo. Sin embargo, con ninguno se produjo el fenómeno de perdurabilidad gardeliana una vez que llegó la declinación de la voz o la muerte prematura, como ocurrió con Magaldi a los treinta y siete años.

Tenor de buen registro y coloración, aunque con algunas imperfecciones fonéticas, Ignacio Corsini se había iniciado cantando canciones camperas. Con Gardel compartió el año del debut discográfico: ambos grabaron sus primeras placas en 1913. Mejor actor que aquél y por entonces con mejor estampa, mientras Gardel ostentaba sus fofos cien kilos en *Flor de durazno*, Corsini se lucía en *Federación o muerte*, realizada por el italiano Atilio Lipizzi, y en *Santos Vega*, de Carlos De Paoli. Durante años se desempeñó como galán cantor de las compañías de César Ratti y Pablo Podestá, y su definitivo paso al tango se produjo cuando estrenó *Patotero sentimental*, en la obra de Manuel Romero *El bailarín de cabaret*, la noche del 12 de mayo de 1922 en la sala del teatro Apolo de Buenos Aires. El autor de la pieza había escrito el tema sobre música de Manuel Jovés especialmente para la voz y la estampa elegante del espigado y rubio Ignacio Corsini.

En 1925 el cantor formó su propia compañía junto con Gregorio Cicarelli bajo la dirección de Alberto Vacarezza. El rubro tuvo éxito y logró estrenar más de veinte obras a lo largo del año. Por entonces se vinculó al poeta Héctor Pedro Blomberg, que fue el autor, junto con el músico Enrique Maciel, de algunos de sus éxitos más perdurables, muchos de ellos ambientados en la época de Rosas: *La pulpera de Santa Lucía*, *La mazorquera de Monserrat* y *La canción de Amalia*.

El repertorio de Corsini se adecuaba a su tono melódico, que por momentos semejaba una queja. Ajeno a lunfardismos y temas dramáticos, prefirió especializarse en letras en las que el romanticismo de los argumentos se apoyara en líneas musicales marcadamente melódicas. Pero al contrario de lo que ocurre con Gardel, hoy, descontada la simpatía nostálgica que provocan, cualquiera de sus 620 grabaciones resulta anacrónica. Corsini se retiró en 1949 y cuando murió en julio de 1967 su nombre era sólo una mención histórica.

Lo mismo sucede con otra voz lastimera, la de Agustín Magaldi, en cuyo caso la sensación de antigüedad que rodea a sus versiones se acentúa por falencias de repertorio. En el inventario de los temas que solía cantar no faltaban incursiones por paisajes exóticos para el tango:

> *No cantes, hermano, no cantes,*
> *que Moscú está cubierto de nieve,*
> *y los lobos aúllan de hambre*
> *(...)*
> *Rumbo a Siberia mañana*
> *saldrá la caravana,*
> *quién sabe si el sol*
> *querrá iluminar nuestra marcha de horror.*
> (NIEVE)

Por otra parte, la elección de los letristas, en general muy precarios y estragados por la cursilería, como su propio hermano Emilio, tampoco ayudó a su persistencia.

El tercero de esta lista resultó el más perdurable: Carlos Pérez de la Riestra, conocido con el seudónimo de Charlo. Nacido en La Pampa en 1907, tras estudiar en modestas academias provinciales se trasladó primero a La Plata y luego a Buenos Aires, donde en 1924 debutó en emisiones radiales como pianista y cantante. Al año siguiente grabó su primer disco; cantó con Francisco Canaro y con Francisco Lomuto, y actuó en varios filmes de los inicios del cine sonoro argentino, entre otros *Puerto Nuevo*, de 1936, dirigido por Luis César Amadori, y *Carnaval de antaño*, realizado por Manuel Romero en 1940.

Charlo continuó cantando hasta fines de los años sesenta, efectuó numerosas giras y se presentó durante décadas por radio primero y luego por televisión.

Realizó además una nutrida y valiosa obra como compositor, donde fuerza y melodía alcanzaron la dosificación precisa, apoyadas en los versos de algunos de los mejores poetas del tango. Así produjo *Ave de paso* y *Rondando tu esquina* con Enrique Cadícamo; con Celedonio Flores, *Costurerita;* y *Fueye*, la milonga *Oro y plata* y el vals *Tu pálida voz* con Homero Manzi; con José María Contursi, *Sin lágrimas;* y *Sin ella* y *Tortura* con Cátulo Castillo.

Su voz personal, diferenciada del estilo gardeliano, sin arrastres exagerados ni cadencias quejumbrosas, permitió que varios de los temas de su profusa discografía se transformaran en éxitos permanentes. En esa lista se destacan, además de sus propias composiciones, *Rencor* y especialmente *Las cuarenta,* que muchos consideran su mayor creación.

DISCÉPOLO: LA CICATRIZ AJENA

En la historia de los poetas del tango, cada uno de los nombres mayores ha dejado una marca, un aporte. Pascual Contursi, el punto de partida y la inauguración del tema del abandono, el dolor ante el fracaso amoroso; Celedonio Flores, la contraposición entre la vida de la clase alta y la moral de los humildes en el marco de un lenguaje popular, calcado del habla de los barrios; Enrique Cadícamo, la descripción de la vida del cabaret, la crónica histórica y el rescate de instantes sentimentales; Homero Manzi, la nostalgia de barrios y personajes perdidos, los paisajes de Buenos Aires y la hondura de las relaciones amorosas; Cátulo Castillo, las evocaciones, el alcohol, la profundización de la metáfora; Homero Expósito, la traducción de los cambios sociales y psicológicos del porteño a partir de los años cuarenta.

Enrique Santos Discépolo, por su parte, le brindó al tango una visión desesperanzada, escéptica, lo hizo reflexivo y metafísico, estableció parámetros éticos que reflejaban desde los más recónditos dolores personales hasta la realidad de una situación sociopolítica regida por la ausencia moral. El mismo definió su labor: "Un tango —dijo— puede escribirse con un dedo, pero con el alma; un tango es la intimidad que se esconde y es el grito que se levanta desnudo". Y agregó: "El origen del tango es siempre la calle, por eso voy por la ciudad tratando de entrar en su alma, imaginando en mi sensibilidad lo que ese hombre o esa muchacha que pasan quisieran escuchar, lo que cantarían en un momento feliz o doloroso de sus vidas", para subrayar en otra oportunidad: "El personaje de mis tangos es Buenos Aires, la ciudad. Alguna sensibilidad y un poco de observación han dado la materia de todas mis letras".

Discépolo había nacido en marzo de 1901 en el barrio de Once, quinto y último hijo de Santo Discépolo, músico italiano que tras estudiar en el conservatorio Real de Nápoles viajó a Buenos Aires donde tuvo que conformarse con dirigir las bandas de la Policía y de Bomberos e instalar un modesto conservatorio que mantuvo hasta su muerte, en 1906. Tal vez, otro de sus hijos, Armando (notable dramaturgo de obras como *Babilonia*, *Mustafá*, *Mateo* y *Relojero*), haya tenido presente su ejemplo, al escribir *Stéfano*, cuyo protagonista es un músico fracasado, que en un momento de desesperación exclama dolorido "Ya no tengo qué cantar. El canto se ha perdido, se lo han llevado. Lo puse a un pan... y me lo he comido".

Huérfano de padre a los cinco años y de madre a los nueve, la desdicha del hogar lo marcó para siempre: "Entonces mi timidez se volvió miedo y mi tristeza, desventura. Recuerdo que entre los útiles del colegio tenía un pequeño globo terráqueo. Lo cubrí con un pañuelo negro y no volví a destaparlo. Me parecía que el mundo debía quedar así, para siempre, vestido de luto". Eran los tiempos en los que en sus caminatas de chiquilín solitario observaba en sus vueltas por el barrio "la humilde comunidad del conventillo", con su "oxidada sinfonía de latas".

Estudió algún tiempo en la escuela Mariano Acosta con el propósito de recibirse de maestro, pero pronto abandonó el estudio decidido a ser actor. Frecuentador de la bohemia porteña, intimó con un grupo que integraban el escultor Agustín Riganelli y los pintores Facio Hebecquer y Benito Quinquela Martín, mientras escuchaba los acordes de un pianista con el que luego habría de colaborar en la creación de *Malevaje*: Juan de Dios Filiberto.

Entre 1918 y 1920 estrena algunos sainetes, escritos en colaboración con Mario Folco y con el actor Miguel Gómez Bao, que pasan inadvertidos. Lee obsesivamente a los narradores rusos ("esos personajes que no luchan contra otros hombres sino que se resignan a una fatalidad que se levanta a su paso como una muralla, despertaron muchas veces mi curiosidad", evocará más tarde) y trabaja establemente como actor en la compañía de Blanca Podestá. Durante una gira escribe el tango *Bizcochito*, destinado al sainete *La Porota*. Con la melodía ocurre como con sus obras teatrales: a los pocos días es olvidada. Pero es el punto de partida de su actividad tanguística.

En 1925 traza, a través de la letra de *Qué vachaché*, versos con los que refuta —al decir de Norberto Galasso— "la fábula rococó con que se hace el panegírico de la presidencia de Alvear". En Buenos Aires lo estrena Tita Merello en la revista *Así da gusto vivir*. Resulta un rotundo fracaso. Un nuevo intento en Montevideo tiene el mismo resultado. Recién el éxito de *Esta noche me emborracho* en 1928, en la voz de Azucena Maizani, le permite exhumar *Qué vachaché*, que se graba ese año.

Las líneas esenciales del escepticismo discepoliano ya están señaladas en esos versos. "Aquello era distinto (...) Decía otras cosas, enfocaba la vida de otro modo. Miraba por otras ventanas el tremendo panorama de la humanidad", definiría su autor.

El texto anota, entre otras cosas:

> *Lo que hace falta es empacar mucha moneda,*
> *vender el alma, rifar el corazón,*
> *tirar la poca decencia que te queda,*
> *plata, plata y plata... plata otra vez...*
> *Así es posible que morfés todos los días,*
> *tengas amigos, casa, nombre... lo que quieras vos.*
> *El verdadero amor se ahogó en la sopa,*
> *la panza es reina y el dinero Dios.*
>
> *¿Pero no ves gilito embanderado*
> *que la razón la tiene el de más guita?*
> *Que la honradez la venden al contado*
> *y a la moral la dan por moneditas.*
> *Que no hay ninguna verdad que se resista*
> *frente a dos mangos moneda nacional*
> *Vos resultás —haciendo el moralista—*
> *un disfrazado... sin carnaval...*
>
> *¡Tiráte al río!... no embromés con tu conciencia,*
> *sos un secante que no hace ni reír...*
> *Dame puchero, guardáte la decencia...*
> *Plata, plata, plata, yo quiero vivir.*
> *¿Qué culpa tengo si has piyao la vida en serio,*
> *pasás de otario, morfás aire y no tenés colchón?*
> *¿Que vachaché? Hoy ya murió el criterio,*
> *vale Jesús lo mismo que el ladrón.*

Con *Qué vachaché* se inicia la línea fundamental de la poética discepoliana: la del moralista que observa el contexto social y se queja ácidamente de la inescrupulosidad de sus semejantes; la del desesperado que busca a Dios; la del dolorido ante la carencia de una escala de valores que impida que sea

> *lo mismo ser derecho que traidor,*
> *ignorante, sabio, chorro, generoso, estafador.*

Irónico se autorreprocha:

> *¿No te das cuenta que sos un engrupido?*
> *¿Te crees que al mundo lo vas a arreglar vos?*
> *Si aquí ni Dios rescata lo perdido:*
> *¿Qué querés vos? ¡Hacé el favor!...*

La misma idea iba a reiterarla Discépolo en *¡Soy un arlequín!*:

> *¡Perdoname si fui bueno!*
> *Si no sé más que sufrir...*

y en *Yira yira*, donde su escepticismo lo lleva a sostener que el mundo es indiferente, sordo y mudo, porque

> *todo es mentira y nada es amor.*

De ahí que recomiende:

> *aunque te quiebre la vida,*
> *aunque te muerda un dolor,*
> *no esperes nunca una ayuda,*
> *ni una mano, ni un favor.*

E insiste en el final en que es un "otario" por haber creído, por haber apretado inútilmente timbres en busca de

> *un pecho fraterno para morir abrazao.*

Insistirá en *Tres esperanzas,* con un tono aún más pesimista que no deja otra salida que el suicidio, como se advierte en el último verso de la primera estrofa:

> *No doy un paso más, alma otaria que hay en mí,*
> *me siento destrozao, ¡murámonos aquí!*
> *Pa' qué seguir así, padeciendo a lo fakir,*
> *si el mundo sigue igual... si el sol vuelve a salir...*
> *La gente me ha engañao desde el día en que nací.*
> *Los hombres se han burlao, la vieja la perdí...*
> *No ves que estoy en yanta, y bandeao por ser un gil...*
> *Cachá el bufoso... y chau... ¡vamo a dormir!*

Discépolo no deja lugar a la esperanza:

> *Quien más, quien menos pa' mal comer,*
> *somos la mueca de lo que soñamos ser,*

En *Desencanto* agrega:

> *Qué desencanto más hondo...*
> *qué desconsuelo brutal...*
> *qué ganas de echarme en el suelo*
> *y ponerme a llorar...*
> *Cansao*
> *de ver la vida que siempre se burla*
> *y hace mil pedazos mi canto y mi fe...*
> *La vida es tumba de ensueños,*
> *con cruces que abiertas,*
> *preguntan... para qué...*

En *Infamia* vuelve a ser terminante. La gente

> *es brutal*
> *y odia siempre al que sueña,*
> *lo burla y con risas desdeña*
> *su intento mejor.*

Por eso,

> *luchar contra la gente es infernal.*

Y lleva su desesperación al límite en *Tormenta*, donde su grito se vuelve metafísico:

> *¡Aullando entre relámpagos,*
> *perdido en la tormenta*
> *de mi noche interminable, Dios!*
> *busco tu nombre...*
> *No quiero que tu rayo*
> *me enceguezca entre el horror,*
> *porque preciso luz*
> *para seguir...*
> *¿Lo que aprendí de tu mano*
> *no sirve para vivir?*
> *Yo siento que mi fe se tambalea,*
> *que la gente mala vive ¡Dios!*
> *mejor que yo... Si la vida es el infierno*
> *y el honrao vive entre lágrimas,*
> *¿cuál es el bien...*
> *del que lucha en nombre tuyo,*
> *limpio, puro?... ¿para qué?...*
> *Si hoy la infamia da el sendero*
> *y el amor mata en tu nombre,*
> *¡Dios! lo que has besao...*
> *el seguirte es dar ventaja*
> *y el amarte es sucumbir al mal.*

Esta postura escépticamente existencialista que acompaña a Discépolo a lo largo de toda su obra es hija, parece evidente, de que el mundo

> *fue y será una porquería*

y que para peor

> *el siglo veinte*
> *es un despliegue de maldad insolente,*

un *Cambalache* donde

> *¡el que no llora no mama*
> *y el que no afana es un gil!*

porque

> *a nadie importa si naciste honrao.*
> *Es lo mismo el que labura*
> *noche y día como un buey,*
> *que el que vive de los otros,*
> *que el que mata, que el que cura*
> *o está fuera de la ley...*

Uno de los sinónimos de poeta —vate— significaba en sus orígenes: adivino, hombre capaz de vaticinar. Cuando en 1929 Discépolo terminó *Yira yira* estaba pronosticando los tiempos que se avecinaban, el segmento de historia argentina que José Luis Torres denominó Década Infame.

El período, surgido en septiembre del treinta con el golpe militar uriburista, continuó en gobiernos nacidos del fraude electoral. Primero el del general Agustín P. Justo, entre 1932 y 1938, y luego a través de la presidencia de Roberto M. Ortiz, abogado de los ferrocarriles ingleses y radical de tendencia antipersonalista. La elección fue tan espuria que su candidatura se proclamó en la Cámara de Comercio Británica. Una grave enfermedad del presidente obligó a que lo sucediera el vice, el conservador Ramón Castillo, el 4 de julio de 1940, cargo en el que se mantuvo hasta su derrocamiento el 4 de junio de 1943.

Como en toda época de transición, durante este período se subrayaron las características estructurales del pasado. El *revival* conservador que se produjo a la caída de Yrigoyen intentó borrar todo vestigio de los avances populares que se habían producido desde 1916.

Al retornar al poder, la oligarquía agroimportadora, temerosa de volver a perder sus prerrogativas, decidió que el retorno logrado no corriese riesgos. Para instalarse de manera permanente en el poder la clase gobernante instauró el fraude como método electoral: los comicios pasaron a ser una farsa, una caricatura formal donde se cambiaban urnas y se arreglaban resultados con total descaro.

La decisión de impedir cualquier posible victoria radical había quedado clara cuando, ante el triunfo de la fórmula de la UCR en las elecciones para gobernador de la provincia de Buenos Aires el 5 de abril de 1931, el gobierno de facto encabezado por Uriburu anuló los comicios. A partir de ese momento el partido de Yrigoyen decidió la abstención, en la que continuó hasta 1935, cuando la cúpula partidaria decidió avalar el fraude a cambio de transformarse en una oposición legalizada.

En junio de ese mismo año, un puñado de afiliados radicales, en abierta oposición al débil comando que conducía la UCR, optó por fundar un grupo intransigente en lo interno y antiimperialista en política exterior que habría de convertirse en fiscal del sistema. La agrupación decidió tomar el nombre de Fuerza de Orientación Radical de la Joven Argentina (FORJA) y su constante prédica se transformaría en un llamado de alerta sobre la estructura de dependencia económica que nos ligaba al imperio británico. Esta situación puede sintetizarse en tres frases: la primera pronunciada por el entonces vicepresidente de la Nación, Julio A. Roca (h.), quien en su discurso del Club Argentino de Londres reconoció dos días antes de firmar el pacto Roca-Runciman, que establecía vergonzosas cláusulas a favor de los intereses ingleses: "La Argentina, por su interdependencia recíproca es, desde el punto de vista económico, parte integrante del Imperio Británico"; la segunda, la pronunciada por el asesor de la misión comercial argentina, sir William Leguizamón, director de los ferrocarriles ingleses en el país: "La Argentina es una de las joyas más preciadas de la corona de Su Graciosa Majestad", y la tercera, la de sir Herbert Samuel, miembro de la Cámara de los Comunes, quien sostuvo sin pudores en el curso de una sesión: "Siendo de hecho la Argentina una colonia de Gran Bretaña, le conviene incorporarse a su Imperio".

En cambio, la declaración fundacional de FORJA expresaba: "Somos una Argentina colonial: queremos ser una Argentina libre", y afirmaba más adelante: "El proceso histórico argentino en particular y latinoamericano en general, revela la existencia de una lucha permanente del pueblo en procura de su soberanía popular para la realización de los fines emancipadores de la revolución americana, contra las oligarquías como agentes de los imperialismos en su penetración económica, política y cultural, que se oponen al total cumplimiento de los destinos de América". La diferencia de lenguaje entre las dos posturas no era puramente semántica: evidenciaba también dos proyectos de país.

La masa radical no podía sentirse representada por la conducción de Marcelo T. de Alvear, el hombre que, si bien había vuelto al redil, era el mismo que pocos años antes había enfrentado a Yrigoyen creando una fractura en el seno del partido al fundar la UCR Antipersonalista, que desde su propia denominación implicaba una severa crítica al caudillo. El mismo Alvear el 7 de septiembre de 1930, horas después de que Uriburu ingresara en la casa de gobierno, había declarado desde su residencia parisiense: "Tenía que ser así. Yrigoyen, con una ignorancia absoluta de toda práctica de gobierno democrático, parece que se hubiera complacido en menoscabar las instituciones. Gobernar no es payar".

Los viejos radicales intuían que Alvear, el aristócrata capaz de justificar el golpe de Uriburu, no podía comandar un partido cuya base estaba constituida por hijos de inmigrantes y criollos pobres. Sin embargo, habían bajado escépticamente la guardia; sólo los muchachos de FORJA continuaban empeñados en rescatar las banderas populares del radicalismo.

Por otro lado, y como una demostración de la situación que vivía la Argentina durante la Década Infame, se puede recordar que en 1935, en el curso de una discusión sobre el problema de las carnes creado por la firma del tratado Roca-Runciman, mientras el senador demócrata progresista por la provincia de Santa Fe, Lisandro de la Torre, denunciaba la complicidad del gobierno en la entrega del patrimonio nacional, un matón a sueldo disparó sobre el dirigente opositor; el senador Enzo Bordabehere, que acababa de ser elegido para acompañar a De la Torre en la Cámara, intentó proteger al jefe partidario y cayó muerto. La investigación sobre el crimen fue rápidamente silenciada por una prensa ligada a los intereses agroimportadores que encontró un motivo suficiente para quitarle centimetraje al asesinato: el accidente de Carlos Gardel en Medellín acumuló todo el espacio y ahogó cualquier posible polémica alrededor del tema. El asesino fue a la cárcel, pero los verdaderos instigadores del homicidio nunca fueron descubiertos.

Discépolo es el letrista de todo este período en que el tango se mantuvo detenido, conforme con ocupar una zona gris, como el propio país en el que estaba insertado. Por esos días, *Yira yira* adquiere el carácter de símbolo. Su protagonista es el reflejo de la desesperanza y el escepticismo que como oscuras nubes se han instalado sobre el país. Incluso se puede suponer que la desventura del personaje sirve para la identificación de cualquiera de los miles de empleados públicos que a causa de sus simpatías yrigoyenistas han quedado sin trabajo y deambulan inútilmente por las calles de la ciudad en busca de changas que les permitan vivir malamente. En la narrativa, el correlato de las obras de Discépolo se encuentra en las páginas de Roberto Arlt, en especial en los cuadros de sus *Aguafuertes porteñas*. El lenguaje del cronista que retrata desde las páginas del diario "El Mundo" la triste vida de Buenos Aires podría pertenecer al autor de *Cambalache*. Los personajes de Arlt sienten que

> *aunque te quiebre la vida,*
> *aunque te muerda un dolor,*
> *no esperes nunca una ayuda,*
> *ni una mano, ni un favor.*

La Argentina de la Década Infame no hacía favores, salvo a Gran Bretaña.

Pauperizada, desocupada o subempleada, marginada del poder, la clase media —parafraseando a Scalabrini Ortiz— estaba sola y esperaba sin demasiadas expectativas un cambio político por entonces quimérico, un líder, un caudillo que le permitiera recuperar el sitio perdido. Debido a la formación liberal a la que tendía la educación argentina, sólo unos pocos se dejaron encandilar por ciertos promocionados logros del fascismo italiano y del nazismo alemán, y las opciones de izquierda moderada o de comunismo stalinista tampoco resultaban atractivas a quienes habían seguido fielmente a Hipólito Yrigoyen hasta su muerte en 1933. Con el tiempo, un sector importante de la pequeña burguesía acompañaría el proceso peronista, que aunque asentado sobre una base obrera habría de permitir un espacio a ciertos estratos de los sectores intermedios. Pero en general esta franja de la sociedad permanecería sin conducción, fiel por tradiciones a un radicalismo que se había quedado detenido en el tiempo, entre el puro culto de la nostalgia y el deslumbramiento que la segunda generación inmigrante sentía por la aristocracia. Iban a tener que transcurrir varios lustros para que esta situación pudiera llegar a transformarse.

La clase media protagonista de los veinte había sido desplazada al papel de simple espectadora. En esas condiciones el escepticismo se transformó en consecuencia lógica de una situación que no permitía avizorar grandes cambios. Un puesto público era una meta a la que muchos aspiraban. El acceso a la universidad había vuelto a restringirse en los hechos a causa de la difícil situación económica, los oficios especializados no tenían aún la demanda que habrían de conocer en los años de la industrialización, y la contracción del mercado interno tampoco favorecía el crecimiento de lugares de trabajo en el comercio.

Entretanto el tango había detenido su desarrollo. Gardel, convertido en estrella internacional, había ampliado el espectro de sus seguidores. Era más un exitoso actor cinematográfico para los públicos hispanoparlantes que un cantor en el sentido estricto. Sus películas por lo general mostraban a un personaje que habitaba en mansiones o grandes hoteles; los decorados barriales eran el producto de la óptica extranjera y los temas que le componía Le Pera eran atemporales y adecuados para responder a esa imagen de *bon vivant* internacional que él prefería cultivar.

"El tango —como señala Matamoro— pasa a ser materia arqueológica y cobra visos de exequia todo lo que atañe a su ejercicio. Se reorganizan conjuntos de la 'guardia vieja', tratando de reconstruir un estilo de ejecución dejado atrás por inactual en la década anterior: el cuarteto de la Guardia Vieja de Feliciano Brunelli, organizado por la empresa grabadora Víctor; la nueva pequeña formación de Roberto Firpo, que vuelve a la liza por razones de urgencia dineraria: la orquesta de Ernesto Ponzio y Juan Carlos Bazán; los últimos años del conjunto de Maglio Pacho. Se trata de conjuntos que tocan el tango de manera de hacer evidente que es algo histórico, no vigente, pasado, un objeto de museo, una curiosidad arqueológica. Se publica el primer libro confesamente histórico sobre el tango, debido a los hermanos Bates; se hace literatura tanguera; se delimitan concretamente los límites de las dos 'guardias' transcurridas (la vieja y la nueva); en fin, se vapulea al tango como objeto historicista. Los músicos se incorporan a trabajos de esta tesitura: en 1931, en el XIII Salón del Automóvil (en la Sociedad Rural, Palermo), Discépolo dirige una *Historia del tango en dos horas*, y en 1937 De Caro monta en el Opera una *Evolución del tango* con ilustraciones musicales. El tango se ha quedado sin público masivo. La gran masa popular no baila, salvo algún sector marginal. La fuente inspiradora de este insoslayable producto de la cultura de masas está cegada. Sólo le rinden culto los 'hombres de tango' formados en la década anterior y ahora al servicio del tango como una especie puramente musical."

Sólo un hombre se convierte en cronista y dedo acusador, reflejo de una época y crítico moral: Enrique Santos Discépolo. Pero su visión, carente de maquillajes que edulcoren el panorama, también provoca rechazos. Domingo Casadevall definió: "Filósofo oportunista, en su famosísimo *Qué vachaché* lleva a la cúspide la cínica estimativa del bajo Buenos Aires, cantada por la ciudad entera". Diez años después de la muerte de Discépolo, en 1961, Tomás de Lara e Inés Leonilda Roncetti de Panti todavía exageraban: "Es el más profundo de nuestros letristas, pero late en su fondo filosófico un pesimismo amargo con reflejos cínicos que lo convierten en un Lucrecio popular de nuestros días. Muchas veces se duda de si no está incitando a las bajas pasiones del pueblo. Es evidente que ha tenido influencia poderosa sobre éste y que su prédica negativa ha coincidido con el rebajamiento moral de las últimas décadas". Y en la misma línea se encuentran las críticas observaciones de Pérez Amuchástegui en su obra *Mentalidades argentinas*. El desesperanzado escepticismo social de Discépolo tiene su correlato en el tema amoroso. En su obra el amor es —casi siempre— castigo, una condena que conduce al fracaso, al engaño. Tal vez porque el hombre se encuentra

> *¡Solo!...*
> *¡Pavorosamente solo!...*
> *como están los que se mueren,*
> *los que sufren,*
> *los que quieren*
> *......................*
> *Sin comprender,*
> *por qué razón te quiero...*
> *Ni qué castigo de Dios*

> *me condenó al horror*
> *de que seas vos, vos,*
> *solamente sólo vos...*
> *Nadie en la vida más que vos*
> *lo que deseo...*
> (CONDENA)

En *Desencanto* confiesa:

> *De lo ansiado*
> *sólo alcancé un amor*
> *y cuando lo alcancé*
> *...me traicionó.*

Y se pregunta en *Secreto*:

> *Quién sos, que no puedo salvarme,*
> *muñeca maldita, castigo de Dios...*
> *Ventarrón que desgaja en su furia de ayer*
> *de ternuras, de hogar y de fe...*
> *Por vos se ha cambiado mi vida*
> *—sagrada y sencilla como una oración—*
> *en un bárbaro horror de problemas*
> *que atora mis venas y enturbia mi honor.*

Y en los versos siguientes surge el moralista que late en toda la obra discepoliana, el que no saben hallar sus críticos superficiales:

> *No puedo ser más vil,*
> *ni puedo ser mejor,*
> *vencido por tu hechizo*
> *que transtorna mi deber...*
> *Por vos a mi mujer*
> *la vida he destrozado,*
> *y es pan de mis dos hijos*
> *todo el lujo que te he dao.*
> *No puedo reaccionar*

> *ni puedo comprender,*
> *perdido en la tormenta*
> *de tu voz que me embrujó...*

Las relaciones amorosas no tienen salida porque

> *uno va arrastrándose entre espinas*
> *y en su afán de dar su amor,*
> *sufre y se destroza hasta entender*
> *que uno se ha quedao sin corazón...*

y cuando el amor llega,

> *uno está tan solo en su dolor*
> *Uno está tan ciego en su penar...*

que no sabe cuidarlo:

> *Pero, Dios te trajo a mi destino*
> *sin pensar que ya es muy tarde*
> *y no sabré cómo quererte...*

Por eso, desesperanzado, Discépolo se pregunta:

> *¿Por qué*
> *me enseñaron a amar,*
> *si es volcar sin sentido*
> *los sueños al mar?*
> *si el amor*
> *es un viejo enemigo*
> *que enciende castigos*
> *y enseña a llorar...*
> *Yo pregunto ¿por qué?...*
> *sí ¿por qué me enseñaron a amar,*
> *si al amarte mataba mi amor?...*
> *Burla atroz de dar todo por nada*
> *y al fin de un adiós, despertar*
> *llorando.*
>   (CANCION DESESPERADA)

Otro de los asuntos que llaman la atención en la obra discepoliana es la frecuente referencia al suicidio que marca a algunos de sus personajes.

El final de los treinta es una época pródiga en personalidades notorias que deciden su autoeliminación. En un lapso relativamente breve lo hacen Horacio Quiroga, Leopoldo Lugones, Alfonsina Storni, Enrique Loncán y Lisandro de la Torre. Desde sus primeros tangos Discépolo se refiere más de una vez al suicidio. En *Esta noche me emborracho* precisa:

> *¡Mire, si no es pa' suicidarse, que por este cachivache*
> *sea lo que soy!...*

En *Secreto* confiesa:

> *Resuelto a borrar con un tiro*
> *tu sombra maldita que ya es obsesión,*
> *he buscado en mi noche un rincón pa'morir,*
> *pero el arma se afloja en traición...*

Se burla en Tres esperanzas:

> *¡Las cosas que he soñao,*
> *me cache en dié, qué gil!*
> *Plantáte aquí nomás,*
> *alma otaria que hay en mí.*
> *Con tres pa' que pedir,*
> *más vale no jugar...*
> *Si a un paso del adiós*
> *no hay un beso para mí,*
> *cachá el bufoso... y chau...*
> *¡vamo a dormir!*

En *Infamia* el personaje femenino al que canta el protagonista, ante la imposibilidad de poder olvidar el pasado porque

> *luchar contra la gente es infernal,*

abandona la pelea:

> *Por eso me dejaste sin decirlo... ¡amor!...*
> *y fuiste a hundirte al fin en tu destino.*
> *Tu vida desde entonces fue un suicidio,*
> *vorágine de horrores y de alcohol,*
> *anoche te mataste ya del todo, y mi emoción*
> *te llora en tu descanso... ¡corazón!*

En los últimos años de vida, Discépolo merma la continuidad de su producción. A partir del triunfo del peronismo, al que se suma de manera decidida, sólo escribe *Sin palabras, Cafetín de Buenos Aires* y una nueva letra para *El choclo* de Villoldo. Vuelve a su vieja vocación teatral con *Blum*, escrita en colaboración con Julio Porter, que dirige e interpreta con éxito durante dos temporadas en un teatro de la calle Corrientes. En 1951 asume el papel protagónico de la película *El hincha*, dirigida por Manuel Romero, y ese mismo año, por medio de charlas radiales incisivas, vitrólicas, colabora con la campaña electoral para la reelección presidencial de Juan Domingo Perón, quien triunfa por un margen amplísimo el 11 de noviembre.

En la recorrida por esas breves charlas diarias aparece el militante que compara la situación de la clase trabajadora antes y después del 17 de octubre de 1945.

El encono político del momento lo transformó en el centro de las críticas de la oposición. La cantante Tania, esposa de Discépolo, en unas memorias editadas en 1973 recordaba, al mencionar aquellas emisiones: "Son virulentas y dan casi siempre en el clavo, pero no contienen loas a la pareja gobernante ni ningún tipo de genuflexión. Son discepolianas, en suma. Sin embargo, precipitaron sobre Enrique una serie de calumnias oprobiosas. Se adaptaban sus propias letras para insultarlo. Recibía cartas intimidatorias, gritos destemplados, miradas condenatorias. Le decían que estaba empacando la moneda que recibiera por su entrega, que había vendido el alma y rifado el corazón". Pero sus detractores no advertían que se trataba de la misma filosofía que exhalaban sus tangos: "Durante años y años los inquilinos del suburbio vivieron aquella comodidad absurda... La humillante comodidad del conventillo... Una oxidada sinfonía de profilaxis... ¡Un mundo donde el tacho era un trofeo y la rata un animal doméstico!... memoria, tengo... La pongo en el platillo, y la balanza viaja de golpe hacia la antigua miseria ahora suprimida. Porque la nueva conciencia argentina pensó una cosa. ¿Sabés qué cosa? Pensó que los humildes también tenían derecho a vivir en una casa limpia y tranquila. No en la promiscuidad de un conventillo... Vos sólo conocías tu casa confortable y tenías acerca del barrio una idea general y poética... Vos nunca te habías metido en el laberinto del inquilinato, en la prosa infamante de aquellas cuevas con la fila de piletones, el corso de las cucarachas viajeras y las gentes apiladas no como personas sino como cosas. Vos sólo conocías el barrio de los tangos, cuando los tocaba una orquesta vestida de *smoking*". En otra charla le decía al mismo personaje anónimo al que él llamaba Mordisquito: "...vos, que sos capaz de llorar a gritos con una película de esclavos y los has estado viendo morir de tristeza al lado tuyo durante tu vida, sin comprender cuál era tu destino generoso frente a ellos". O mencionaba "aquellos comicios donde los malevos opinaban a balazos y donde tu opinión merecía tan poco respeto como tu libertad o tu vida misma. Entonces no importaban los hombres amados por el pueblo, el poder pasaba de mano en mano, no como una preciosa conquista de los humildes, sino como una componenda de compinches. Entonces el escrutinio no era una ceremonia sino una complicidad (...) Eran los años del comité que chorreaba vino barato y olía a empanadas gratuitas, los años en que los muertos abandonaban su indiferencia y se incorporaban a la caravana de los que votaban al oficialismo; los años en que la libreta de enrolamiento no era un documento sino una changa..., la época en que asomarse al padrón era como asomarse a la infamia!".

Meses antes de que iniciara sus polémicas charlas políticas, su amigo Homero Manzi, desde el sanatorio donde luchaba contra el cáncer que acabó con su vida, le dedicó con música de Aníbal Troilo un tango en su homenaje: *Discepolín*. En esos versos Manzi sintetizaba, definía, la esencia discepoliana:

> *Sobre el mármol helado, migas de medialuna*
> *y una mujer absurda que come en un rincón;*
> *tu musa está sangrando y ella se desayuna:*
> *el alba no perdona, no tiene corazón.*
> *Al fin ¿quién es culpable de la vida grotesca?,*

y del alma manchada con sangre de carmín;
mejor es que salgamos antes de que amanezca,
antes de que lloremos, ¡viejo Discepolín...!

Conozco de tu largo aburrimiento
y comprendo lo que cuesta ser feliz,
y al son de cada tango te presiento
con tu talento enorme y tu nariz.
Con tu lágrima ausente y escondida,
con tu careta pálida de clown
y con esa sonrisa entristecida
que florece en tangos y en canción.

La gente se te arrima con su montón de penas
y tú las acaricias casi con un temblor;
te duele como propia la cicatriz ajena;
aquél no tuvo suerte; y ésta no tuvo amor.
La pista se ha poblado al ruido de la orquesta;
se abrazan bajo el foco muñecos de aserrín.
¿No ves que están bailando...? ¿No ves que están de fiesta...?
Vamos que todo duele, ¡viejo Discepolín...!

Y dolería tanto, que cuando arreciaron las críticas a causa de sus opiniones políticas, Discépolo no pudo resistirlo. Tania recordó: "Se fue muriendo de ganas, de amargura, suspendió abruptamente la temporada de *Blum*. Renunció al placer de la redada tanguera de la madrugada, a la que me acostumbró toda la vida. Se recluyó en el silencio. Dejó de comer. (...) Llegó a pesar 37 kilos y a revivir en aisladas ironías: 'Pronto las inyecciones me las van a dar en el sobretodo', fue una de las más risueñamente patéticas". Murió a los pocos días, el 23 de diciembre de 1951. Tras años de asumir cicatrices de los otros, le faltaron las fuerzas para sufrir las propias.

MINAS FIELES
DE GRAN CORAZÓN

La participación femenina en los orígenes del tango estuvo relegada a la función de acompañante para la danza en los prostíbulos donde se ejecutaban las melodías iniciales. Recién a fines de siglo comenzaron a aparecer mujeres que se atrevieron a incluir tanguitos en sus repertorios. Eran cantantes de variedades que, con voz aflautada y como licencia casi pecaminosa, entonaban temas acupletados, levemente picarescos. No se trataba de las viejas coplas prostibularias, sino, y por lo general, de letras que, cuando mucho, tenían doble sentido. Este era el máximo soportado por la moral finisecular para una voz femenina. Por ello, cuando apareció *La Morocha*, sus ingenuas coplas, despojadas de toda intención sexual, se hicieron obligatorias en las actuaciones de este tipo de cantantes. Poco antes una de ellas, Lola Candales, había confesado que deseaba encontrar un tema que pudiera entonar sin rubores ante la gente decente. Además la novedad —la cortesía— de que sus versos hubieran sido escritos especialmente para voz de mujer, también debe de haber influido en su rápida inclusión en distintos repertorios. Así, en poco tiempo *La Morocha* se convirtió en la melodía más solicitada por el público.

Estas primeras cancionistas prehistóricas no se habían creado aún un espacio y una personalidad definidos. Copiaban tics, gestos y movimientos de las tiples madrileñas y sus registros eran siempre de soprano. Habrían de pasar años hasta que las mezzo-sopranos impusieran su registro como arquetípico del tango.

Entre aquellas precursoras se destaca Pepita Avellaneda; las escasas fotografías que de ella se conservan la muestran —como sintetiza Estela Dos Santos— una "con gorra de marinero y pollera tableada, las medias blancas, el gesto inocente; la otra vestida de varón, con pañuelo anudado al cuello, un cigarrillo en la boca y la guitarra en la falda", imágenes que señalan dos maneras bien definidas de encarar el tango por parte de las mujeres y que habrán de persistir en los años siguientes. La primera, desde el estereotipo pequeñoburgués de femineidad romántica, cuyo paradigma hacia los treinta será Libertad Lamarque; la otra, desde el ocultamiento sexual de la mujer que prefiere vestirse de hombre para actuar. Y elige un uniforme de compadre finisecular y orillero, con funyi gris sobre los ojos, saco oscuro, pantalón abombillado a rayas y pañuelo blanco con monograma atado al cuello, tal como iban a presentarse en la década del veinte la mayoría de las cancionistas, comenzando por Azucena Maizani. La utilización del artificio centrado en el vestuario adquiría así el carácter de un rito gracias al cual se aceptaba que la mujer asumiese un rol biológicamente ajeno. El disfraz —por otra parte poco disimulado— impulsaba al público a aceptar su papel de supuesto engañado en cuanto al sexo de quien entonaba letras que no eran adecuadas al lugar reservado a la mujer en la sociedad. Por tratarse de un fraude puramente epidérmico, el truco parece haber desempeñado un papel esencial en la aceptación generalizada del espacio ganado por la nueva figura de la cancionista. Se trataba de una mujer, sí, pero de una mujer que asumía un oficio masculino, lo cual era una manera de aceptar la preeminencia del varón. El terreno del cantor era masculino y sólo como complicidad colectiva era posible entrar en el juego. Del mismo modo que en el escenario la mujer fingía ser un hombre, en la vida cotidiana el hombre fingía otorgarle un sitio, lo que en los hechos se veía desmentido por una realidad social que la relegaba a posiciones secundarias.

En medio de estos fraudes de vestuario tampoco faltaron anacrónicas y estilizadas prendas que el desconocimiento ciudadano atribuía a la vestimenta gauchesca y que los intérpretes argentinos no tenían pudor de utilizar como ropa campesina en sus presentaciones europeas. Como ejemplo, baste recordar los adornados chiripás de seda combinados con sombreros ciudadanos de castor gris y relumbrantes botas negras que formaban el atuendo de Gardel en sus primeras actuaciones en escenarios europeos.

Entre las contemporáneas de Pepita Avellaneda, cuya notoriedad no pudo superar los años del Centenario, se destacó la cantante Linda Thelma, quien al advertir el comienzo de su declinación en Buenos Aires viajó a España y a Francia, donde tras presentarse en el Moulin Rouge enfundada en exóticos disfraces supuestamente gauchescos fue contratada para participar en la primera gira europea de la orquesta de Francisco Canaro. A los nombres de Pepita Avellaneda y Linda Thelma hay que agregar los de Paquita Escribano, Dorita Miramar y Lola Candales, así como el de Flora Rodríguez de Gobbi, esposa de Alfredo Gobbi, en cuya compañía se trasladó a París con el objeto de grabar una serie de discos fonográficos para la firma Gath y Chaves, entre los cuales no faltaba *La Morocha*, que ella misma había estrenado poco tiempo antes en un escenario porteño.

En los inicios del tango canción fue una actriz, Manolita Poli, la encargada de popularizar los versos de *Mi noche triste*, de Pascual Contursi, desde el cabaret levantado en el escenario donde se representaba el sainete de Weinsbach y González Castillo *Los dientes del perro*, estrenado en Buenos Aires la noche del 1º de mayo de 1918. El éxito de Manolita Poli contribuyó a la venta de la grabación que del mismo tema había efectuado Carlos Gardel, sin mayor repercusión, algunos meses antes, al aceptar introducir la melodía de Samuel Castriota y las estrofas de Contursi en medio de su repertorio campero.

El entusiasmo del público ante la inclusión de tangos en los nuevos sainetes impulsó a los empresarios teatrales a insistir en la fórmula, y fueron muy escasos los directores que dejaron de estrenar una melodía en cada puesta en escena. Las actrices no tuvieron otro remedio que cantar, y rápidamente aceptaron su nuevo papel. Fue así como María Luisa Notar entonó los versos de *Flor de fango*, de Contursi, en la obra de Alberto Novión *El cabaret de Montmartre*, puesta en escena por la compañía Arata-Simari-Franco, en junio de 1919. María Esther Podestá cantó por primera vez *Milonguita*; Olinda Bozán —indiscutida estrella revisteril por varios lustros— estrenó *Bizcochito*, de Discépolo y Saldías; Iris Marga lo hizo con una de las primeras manifestaciones del abandono masculino, *Julián:*

> *¿Por qué me dejaste mi lindo Julián?*
> *tu nena se muere de pena y afán.*
> *Y en aquel cuartito nadie más entró*
> *y paso las noches llorando tu amor*

Pero estos nombres —a los que debe agregarse el de Celia Gámez— conforman la prehistoria. El nuevo personaje de la cancionista surge cuando aparecen dos nombres mayores: Azucena Maizani y Rosita Quiroga, a quienes la popularización de la radio favorecería de modo decisivo al difundir sus creaciones de forma económica y masiva.

NO HUBO MUCHACHA MAS GUAPA...

A mediados de 1962, cuando Azucena Maizani apareció entonando *Padre nuestro* en el escenario del teatro Astral de la calle Corrientes delante de un enorme retrato de Carlos Gardel que por contraste hacía su pequeña figura aun más diminuta, un público compacto, entusiasta y emocionado, aplaudió de pie durante largos minutos. Modestamente vestida, casi desprovista de gestos, la cantante agradeció con un mínimo movimiento de cabeza. Aunque después, por necesidades económicas, volvió a presentarse en modestas cantinas, aquel festival benéfico fue la despedida de un ídolo que había iniciado su carrera cuatro décadas atrás, con el mismo tema de Enrique Delfino con el que inició su última actuación.

Había nacido en noviembre de 1902 y a causa de su mala salud los padres, por consejo médico, la confiaron a unos parientes que vivían en la isla de Martín García, donde la muchacha pasó su infancia, entre los cinco y los diecisiete años. A su regreso, la situación paupérrima de su hogar no le dejó alternativa y trabajó en lo que pudo: victrolera, modista, costurera, hasta que se conchabó como corista en un teatro de revistas. En 1921, Francisco Canaro la descubrió entre las partiquinas y la hizo cantar, con el nombre de *Azabache*, dos temas camperos de Gardel; pero a pesar de los aplausos, su presentación no pasó de allí hasta que la escuchó Enrique Delfino, el cual, entusiasmado con su voz, le propuso al empresario Pascual Carcavallo que fuera ella quien estrenase la noche del 23 de junio su reciente *Padre nuestro*, en el sainete de Alberto Vacarezza *¡A mí no me hablen de penas!*. A partir de esa fecha, Azucena Maizani se convirtió en un mito, la primera, la única mujer capaz de equiparar su fama a la de Carlos Gardel, quien durante una emisión radial en 1933 le aseguró: "Yo me habré puesto viejo y vos estarás gorda, pero cantando tangos, primero nosotros, Petisa".

Su estilo exclamatorio, cortado, una voz pequeña pero muy afinada, que parecía emerger entre lágrimas, mezcla de queja y bronca, brillaban en los temas más fuertes y dramáticos, creados para timbres varoniles, que ella elegía sin rubores. *Mano a mano*, *Malevaje*, *Hacélo por la vieja*, *Esta noche me emborracho*, sus propios tangos *Pero yo sé* o *La canción de Buenos Aires*, y otros que ayudó a difundir, como *Yira yira* y *Las cuarenta*, impulsaron a Celedonio Flores a sostener en un soneto escrito en su homenaje, que la Maizani era "la tanguera más grande que Dios ha hecho".

Fue la primera en comprender que las letras de tango constituían dramas unitarios, y en lugar de dejarse llevar por el clima melódico, prefirió otorgar a sus temas un tono de pequeño monólogo de dura cotidianeidad, que subrayaba con un fraseo tenso, sin concesiones a los despliegues sonoros. Tenía una voz escasa, pero supo aprovecharla hasta en los mínimos matices y lo hizo con audacia, tal vez porque sabía que el público habría de permitirle cualquier innovación, como siempre ocurre con los grandes ídolos.

Mientras Azucena Maizani se inició de hecho con el tango, Rosita Quiroga ya era conocida como cantante de temas criollos. Había nacido en la Boca en 1901 y un vecino del barrio, Juan de Dios Filiberto, el futuro autor de *Caminito* y *Quejas de bandoneón*, le enseñó la guitarra, con la que se acompañaba en sus primeras presentaciones. Al dedicarse al tango en forma casi exclusiva, llamó inmediatamente la atención por su manera de contar, más que de cantar, por su exagerado arrastre y por una forma peculiar de pronunciar las eses africándolas, hábito que en opinión de Gobello era propio de los genoveses que habitaban mayoritariamente la Boca.

La Quiroga, con su estilo irónico, burlón, era la contrapartida de Azucena Maizani: mientras una dramatizaba, la otra "decía", narraba historias casi con desdén, sin incurrir en trazos gruesos. Sin embargo, su modalidad arrabalera, canyengue, contradecía la necesidad de adecentar el tango. Sus versiones eran la antítesis de los temas depurados de Fresedo o De Caro. El nuevo público no podía aceptar el estilo de Rosita Quiroga salvo como caricatura. La marginalidad era ya cosa del pasado. Y a pesar de que los memoriosos recordaban sus interpretaciones de *Julián, Maula, Carro viejo, Mandria, Mocosita, Pato* o *De mi barrio*, ello no bastaba para reflotar un acento que poco a poco fue suprimido de los micrófonos radiales. Su tono carecía de ubicación en las pautas sociales de la época. El canyengue verbal de la Quiroga chocaba con los prejuicios pequeñoburgueses recrudecidos en la década del treinta en consonancia con la nueva situación política.

MERCEDES SIMONE

Sin las exaltaciones dramáticas de Azucena Maizani, ni los arrastres arrabaleros de Rosita Quiroga, ni los gorgoritos cursis de Libertad Lamarque, aparece Mercedes Simone. Una mezzo-soprano de buena coloratura, afinada y de impecable dicción. Características que, tal vez por carecer de aristas demasiado marcadas, permiten escuchar hoy sus interpretaciones sin que parezcan pura arqueología. Por el contrario: sus versiones de *Yira yira*, *Del suburbio*, *Muchacho* o *Cantando* (tema que utilizaba como característica de sus presentaciones, cuya letra y música le pertenecen), muestran una voz actual, vigente, sin arrebatos ni exclamaciones.

Mercedes Simone había nacido en 1904 en La Plata y se inició como cantante en la ciudad de Bahía Blanca en 1925; actuó en diversos pueblos y ciudades de la provincia de Buenos Aires y en poco tiempo debutó en la Capital, donde se presentó en el palco del café El Nacional y anduvo por el Chantecler, donde Rosita Quiroga la descubrió y la presentó a la casa Victor. Con la llegada del cine sonoro, tras haber actuado sola o acompañada por orquestas como la de Edgardo Donato, intervino en varios filmes, a partir de *Tango* (1933): *Sombras porteñas* (1936), *La Vuelta de Rocha* (1937) y *Ambición* (1939).

Aunque nunca fue un ídolo, su rigor, su profesionalidad y el tono atemporal que rodeaba a sus interpretaciones le permitieron mantenerse en la primera línea del tango a lo largo de casi tres décadas.

LIBERTAD LAMARQUE

Libertad Lamarque ocupó desde el comienzo de su carrera un segmento que por entonces permanecía vacante: el del arquetipo femenino canónico para la segunda generación inmigratoria, la mujer que pretende imitar los modos de la clase alta, que se cuida de no cometer errores y oculta sus lagunas educacionales o de normas de comportamiento social tras una máscara de timidez. En el canto nada podía encarar mejor este arquetipo que una voz de soprano. Era un prejuicio proveniente de la ópera, que para la clase media de las primeras décadas del siglo pasado significaba el arte por excelencia. Si esa soprano llevaba su registro a su mayor agudeza, la ecuación se completaba: cuanto más "finita" era una voz, más femenina. Ocurría lo mismo con las vaporosidades en el vestuario y con las líneas apenas insinuadas en el maquillaje, pero que sin embargo dejaban —y dejan— su marca de clase en algunos subrayados según las pautas de la moda: mientras que entre la aristocracia estos dictámenes suelen resultar menos perceptibles, en la pequeña burguesía se exageran porque se aceptan sin cuestionamiento, lo cual también se extiende a la ropa masculina.

Libertad Lamarque se convirtió así, entre las mujeres del tango, en el paradigma femenino admirable para la clase media. Este fenómeno habría de repetirse en la década siguiente con las hermanas Mirtha y Silvia Legrand en las pantallas cinematográficas. Las películas argentinas de fines de los treinta y los cuarenta muestran una cotidianeidad artificiosa, donde una supuesta aristocracia más cercana al *kistch* que a la realidad habita palacetes con grandes escalinatas, gasta teléfonos blancos, se viste de acuerdo a los figurines de las revistas femeninas menos sofisticadas e indefectiblemente elimina el voseo de sus pautas verbales. Los únicos a quienes está permitido hablar de "vos" es a los hombres ligados al tango. Es así como, por ejemplo en *La vida es un tango* o en *Así es la vida,* los personajes encarnados por Florencio Parravicini, Tito Lusiardo, Elías Alippi y Enrique Muiño resultan creíbles, mientras que los supuestos aristócratas de la cinematografía, con su cursi gestualidad y su lenguaje impostado, se revelan sólo como imitadores que no han podido observar ni de lejos a los auténticos modelos, para quienes la realidad verbal fue siempre el voseo. Porque en la Argentina sólo las maestras de baja clase media respetaron las reglas académicas en cuanto a la utilización del "tú", que olvidaban en cuanto trasponían el umbral del aula.

El repertorio de Libertad Lamarque pone de manifiesto su función de arquetipo femenino de la pequeña burguesía de los treinta. La única transgresión al modelo que se permite la cantante es la utilización del vos, porque hasta la llegada del gobierno de facto en 1943, la mayoría de las letras raramente recurrían al tuteo. Sus tangos son quejosos, masoquistas, lacrimosos. Aceptan el sojuzgamiento de la mujer, en especial de la que ha formado pareja estable —el ideal de la "carrera matrimonial"—. La mujer que encarna la Lamarque no es la cabaretera de los veinte, imagen del pecado, falsa y licenciosa, para quien —según lo establecen las letras del tango— el engaño, además de una característica del oficio, es una constante inherente a su condición femenina; muy al contrario, ella canta desde los sufrimientos de la mujer casada.

En los años veinte, el tango no es todavía una realidad instalada en el hogar, como lo será definitivamente en la década siguiente gracias a la radio. Frente al hombre engañado inaugurado por Contursi, línea en la cual de una manera u otra la mujer significa la destrucción, el abandono del personaje, los nuevos tangos invierten el esquema. La pobre ama de casa, que puede suponerse cargada de hijos, que todavía es laboralmente incapaz salvo para cumplir con las tareas domésticas, al descubrir que las mujeres "decentes" son casi indefectiblemente engañadas por sus maridos, no tiene más remedio que lamentarse o callar con resignación. ¿Qué le puede ocurrir a una mujer de los años treinta, cuando ni siquiera resulta bien visto que salga a trabajar fuera del hogar? El problema deja de ser sentimental para convertirse en económico. La estructura social no ha preparado a la mujer para hacer frente al sostenimiento de una casa. El engaño es traición, pero también debe considerarse que soledad implica inseguridad, y en tiempos de grave crisis quedarse sin el sostén de un ingreso seguro lleva implícita la miseria. Acaso sin advertirlo, Libertad Lamarque se convierte en portavoz de esa humillación femenina, de esa obligación de soportar al hombre que engaña y maltrata. Bastan dos temas de su repertorio para ejemplificar la situación:

> *Cuántos años aguantando mis cadenas*
> *soportando resignada tus abandonos.*
> *Cuántas noches encerrada con mis penas*
> *yo deseaba liberarme de tus enconos.*
> *¿Por qué soy buena si no sos merecedor?*
> *¿Por qué te busco si me llenas de dolor?*
> *Si supieras todo el daño que me has hecho,*
> *llorarías en mi pecho tu desamor.*

Tras la enumeración de agravios, la protagonista parece aceptar que el cónyuge se vaya del hogar, pero de pronto cede, se resigna. Y después de la lista de ofensas no es creíble que sea por motivos exclusivamente amorosos, como parece desprenderse de una primera lectura de la letra. Su debilidad de último momento no es sentimental, o si lo es está enmarcada en una suma de temores que van desde el "qué dirán", que se encuentra en su apogeo, hasta la inseguridad económica. Por eso la Lamarque canta:

> *Andáte nomás, andáte,*
> *no creas que me hacés daño.*
> *Llevo el corazón herido*
> *desde el primer desengaño.*
> *Ni pienso llorar, ¡andáte!*

Pero luego cae en la cuenta de la realidad y entonces dice:

> *No, no te vayas, quedáte,*
> *que me hace falta tu amor.*

Esta temática tiene su punto máximo en *Volvé*, con versos del dramaturgo Luis Bayón Herrera, donde la resignación de la protagonista alcanza ribetes masoquistas:

> *No hay un desalmado*
> *que merezca ser odiado y olvidado*
> *como vos merecerías, bien lo sé.*
> *Pero yo no sabré odiarte,*
> *porque nací para amarte.*
> *Sé que soy cobarde mas no puedo ni deseo*
> *hacer alarde*
> *de un orgullo que no siento*
> *¿y para qué?*

Y le ofrece al hombre que la ha abandonado:

> *Volvé, mirá, volvé*
> *engañáme, nomás.*

*No te molestaré
con celos jamás.
Vos serás como vos quieras
para todas las mujeres,*

para concluir:

*Y yo no pensaré
si me engañás o no
pero a mi lado volvé
volvéme a mentir.
O me mataré
que de vivir sin vos
no soy capaz,*

para insistir en el remate del tango:

*Sé que ya no me querés.
Sé que ya vivís con otra
pero así y todo, volvé.*

ADA FALCÓN

Otra voz de enorme popularidad en los años treinta fue la de Ada Falcón, la más notoria de tres hermanas dedicadas al tango: Ada, Adelma y Amanda. Se había iniciado como tonadillera con el seudónimo de *La joyita argentina*. Su voz de mezzosoprano se adecuó a las necesidades tangueras, lo que no pasó inadvertido a varios directores de orquesta que aceptaron grabar acompañándola, como Francisco Canaro y Osvaldo Fresedo, por ejemplo. Hubo momentos de su carrera en que, además de actuar de manera casi permanente en radio y en espectáculos en vivo, grababa un promedio de quince discos mensuales. Una nota publicada en el número de la revista "La canción moderna" correspondiente al 27 de febrero de 1933 sirve para resaltar el éxito de la Falcón por esos años: "La Falcón es la más fonográfica de nuestras cancionistas. Hace tiempo que lo sostenemos, pero... si algún lector duda de nuestras afirmaciones lo remitimos a que escuche la última creación de Adita, titulada *Secreto*. Es un tango de Discépolo, con eso decimos que todo el mundo lo canta, pero el arte de la Falcón es muy grande y arrebatador y ha encontrado en esta canción toda la causalidad propicia para volcar su temperamento de mujer intérprete y mujer artista. La Falcón, con este disco, se pone automáticamente a la cabeza de todas nuestras cancionistas".

En 1934 intervino en la película *Idolos de la radio*, donde aparecían, dirigidos por Eduardo Morera, tanguistas como Ignacio Corsini, Tita Merello, Francisco Canaro, Olinda Bozán y Dorita Davis. En el año 1942 se retiró definitivamente. Se encerró en Salsipuedes, Córdoba. El periodismo de la época aseguraba que había tomado los hábitos; con el tiempo trascendió que era sólo una hermana terciaria, cuyo voto le imponía frugalidad y una vida austera de absoluta modestia. Pero el hecho también sirvió para demostrar prejuicios sociales: muchos años después aún era posible escuchar, cada vez que se mencionaba el nombre de Ada Falcón en ciertos ambientes de la clase media: "Cuánto tendría que hacerse perdonar por Dios para haber necesitado hacerse monja".

TITA MERELLO

Tita Merello asumió desde el humor la representación de los sectores marginales, que nacidos en la más extrema pobreza arribaron al centro con el objeto de sobrevivir en el mundo del tango. Algunas de las letras de su repertorio son recuerdo de la picaresca de los primeros años y representan, en la misma asunción de su origen, una burla a la tilinguería del medio pelo porteño abocado a ocultar el ámbito en que transcurrieron los años de la infancia y las dificultades económicas sufridas hasta llegar el momento del éxito. Tita Merello no tiene pudor en confesar:

> *Mi casa fue un conventillo*
> *de arrabal bien proletario...*
> *Papel de diario el pañal*
> *del cajón donde me crié.*
> *Para mostrar mi blasón,*
> *pedigré modesto y sano*
> *oiga, che, presentenmé,*
> *soy Felisa Roverano*
> *tanto gusto, no hay de qué.*

Y explica más adelante:

> *Si me gano el morfi diario*
> *qué me importa el diccionario*
> *ni el hablar con distinción.*
> *Llevo un sello de nobleza*
> *soy porteña de una pieza*
> *tengo voz de bandoneón.*
>   (ARRABALERA)

En otro tango que hizo famoso describía con desparpajo incluso verbal:

> *Er botón de la esquina de casa*
> *cuando sargo a barrer la vedera*
> *me se acerca el canalla y me dice:*
> *¡Pss... Pipistrela! ¡Pss... Pipistrela!*
> *Tengo un coso ar mercao que me mira,*
> *es un tano engrupido de criollo*
> *Yo le pongo lo'ojo pa'arriba*
> *y endemientra le afano un repollo.*
> *Me llaman la Pipistrela*
> *y yo me dejo llamar*
> *es mejor pasar por gila*
> *si una e'viva de verdá.*
> *Soy una piba con clase*
> *manyen qué linda mujer*
> *la pinta que Dios me ha dado*
> *la tengo que hacer valer.*

Y sobre el final enumera sus fantasías:

> *Ya estoy seca de tantos mucamos,*
> *cocineros, botones y juardas,*
> *yo me paso la vida esperando*
> *y no viene el otario.*
> *Yo quisiera tener mucho vento*
> *pa'comprarme sombreros, zapatos,*

> *añaparme algún coso del centro,*
> *pa 'largar esta manga de patos.*

Lo que pretende Pipistrela no es amor (aunque no lo deseche), sino un tonto que la mantenga rodeada de lujos, o al menos de ciertos elementos mínimos de confort que la muchacha imagina lejanos y casi fantásticos. Para dejar la miseria o para comer, cualquier engaño es válido: al italiano del puestito del mercado lo deja ilusionarse para poder robarle una verdura. Aunque lo hace a través del humor, Tita Merello no esquiva un acercamiento a la miseria que ella misma sufrió en carne propia como huérfana precoz. A los diez años fue enviada a trabajar de boyera en una estancia de la provincia de Buenos Aires. De regreso, luego de ejecutar otros trabajos que apenas le permitían sobrevivir, se ofreció a mediados de 1920 para cantar algunas letrillas picarescas y bailar en el teatro Bataclán, de la calle 25 de Mayo, donde proliferaban establecimientos de dudosa fama. Antes de tres años, su interpretación del tango *Tango amargo* la catapultó a las revistas del Maipo y del Porteño.

Después de participar en reiterados espectáculos musicales y revisteriles, debutó como actriz, reemplazando a Olinda Bozán en el papel protagónico de *El rancho del hermano,* un drama de Claudio Martínez Paiva; colaboró luego en el éxito de *El conventillo de la Paloma*, difundido sainete de Alberto Vacarezza, y en 1933 pudo verse por primera vez en las pantallas cinematográficas, en un filme de Luis Moglia Barth, *Tango*, cuyo argumento había sido escrito por Carlos de la Púa.

A comienzos de los treinta, Tita Merello popularizó dos rancheras que se referían directamente a la situación económica: *Los amores con la crisis* y *¿Dónde hay un mango?*, que cantó en la película *Idolos de la radio*. Allí preguntaba:

> *¿Dónde hay un mango, viejo Gómez?*
> *Los han limpiao con piedra pómez.*
> *Dónde hay un mango que yo lo he buscado*
> *con lupa y linterna y no lo he encontrado.*

En ambas el humor servía como vehículo de crónica y crítica social.

El humor persiste en su muy conocido autorretrato

Se dice de mí:
Se dice que soy fea
que camino a lo malevo
que soy chueca y que me muevo
con un aire compadrón.
Que parezco Leguisamo,
mi nariz es puntiaguda
la figura no me ayuda
y mi boca es un buzón
....
Se dicen muchas cosas
mas si el bulto no interesa
¿por qué pierden la cabeza
ocupándose de mí?,

para rematar con desprecio:

Y ocultan de mí...
Ocultan que yo tengo unos ojos soñadores
además de otros primores que producen sensación.
Si soy fea, sé que en cambio
tengo un cutis de muñeca,
los que dicen que soy chueca ¡no me han visto
en camisón!

El cine demostró, lo mismo que el teatro, la capacidad dramática de Tita Merello. En 1948 debutó con la pieza de Eduardo de Filippo *Filomena Marturano*, la cual permaneció dos años en cartel y luego fue trasladada al cine por Luis Mottura. Filmó *Morir en su ley* (1947), *Arrabalera* (1950), *Pasó en mi barrio* (1951), *Guacho* (1953) y *Para vestir santos* (1955), pero su mayor éxito fue sin duda *Los isleros*, dirigida por Lucas Demare en 1951, sobre la novela homónima de Ernesto Castro.

Poco a poco, la actriz que todavía acostumbraba entonar algún tema en buena parte de sus películas fue dejando de lado a la cantante. Al producirse el golpe de 1955 Tita Merello, que se había constituido en la intérprete más notoria de la época peronista, fue deliberadamente raleada. Quedó sin estrenar uno de sus filmes (*La Morocha*, dirigido por Ralph Papier), se le negaron posibilidades de trabajo y debió conformarse con cantar en parques de diversiones y hasta en circos para poder mantenerse. Incluso permaneció interdicta para disponer de sus bienes, acusada de haber participado en un presunto negociado con la importación de té. En 1957 viajó a México, donde interpretó para la televisión una versión de *Antes del desayuno* de Eugene O'Neill. Volvió al país al año siguiente, pero ya su estrella se había apagado. Sin embargo, a fines de los años sesenta, regresó con un contrato por un mes a la televisión porteña y produjo un impacto masivo como cancionista. Su repertorio, muy renovado, incluía tangos modernos, entre ellos uno propio, de tono discepoliano: *Decíme Dios dónde estás*, en el que la protagonista narra:

> *Le di la cara a la vida*
> *y me la dejó marcada.*
> *En cada arruga que tengo*
> *llevo una pena guardada.*
> *Yo me jugué a cara o cruz*
> *iba todo en la parada.*
> *Llegó el tiempo, barajó*
> *y me dejó arrinconada.*
> *Si sos audaz, te va mal;*
> *si te parás, se te viene el mundo encima.*
> *Decíme Dios dónde estás*
> *que me quiero arrodillar.*

Tita Merello nunca poseyó una gran voz, pero utilizó su reducido registro con habilidad. Supo sacarle el mayor partido a su manera de decir, a los matices humorísticos o dramáticos con que remarcaba la intención de cada tema. Había en su voz un aire desencantado, irónico, que la emparentaba con Discépolo. Y, como él, tampoco evitaba la sonrisa escéptica o burlona, y cuando evocaba el pasado en sus tonos había nostalgia, nunca melancolía; tal vez por ello, en su retorno al canto desde la televisión obtuvo un notable impacto entre los jóvenes.

OTRAS CANCIONISTAS

La lista de nombres destacados entre las voces femeninas del tango ocuparía varias páginas, pero ciertas ausencias dejarían una laguna muy dilatada que sin duda incurriría en injusticia. En la década del treinta no puede pasarse por alto a Dorita Davis y Amanda Ledesma, cuyas notoriedades no llegaron a persistir en la siguiente década; Sabina Olmos y Aída Luz, dos buenas voces que pronto dejaron el tango para transformarse en actrices. Y aunque durante varios años, de 1935 a 1955, sólo grabó unos pocos temas, también se destacó Nelly Omar, que habría de estrenar *Sur* en 1948 y a quien el acompañamiento estrictamente guitarrístico, al estilo de trío que hacía marco a Gardel, perjudicó su imagen ante un público que para entusiasmarse ya necesitaba apoyos musicales de mayor riqueza y variedad rítmica.

Hija de un padre músico, nacida en Toledo, Anita Luciano Davis, luego conocida como Tania, cuando llegó a Buenos Aires en 1927, donde debutó acompañada por la orquesta de Roberto Firpo, cantaba canciones españolas y algún tango aislado. Casi inmediatamente conoció a Discépolo, con quien habría de compartir los próximos veinticuatro años de vida, hasta la muerte del autor de *Uno*. La relación con Discépolo hizo que su repertorio se nutriera casi exclusivamente de temas de su marido, con quien también hizo teatro. Tania actuó además en numerosos ciclos radiales, y alguna vez cantó acompañada por Mariano Mores. Durante años Tania actualizaba noche a noche los temas discepolianos en un pequeño local de la calle Libertad conocido con el nombre de uno de los tangos que entonaba cada día: *Cambalache*.

Sofía Bozán se conformó con un ámbito preciso para sus tangos: el escenario del teatro de revistas. Canchera, sonriente, irónica, detenía la orquesta en medio de una pieza para hacer un chiste, y el público le aceptaba cualquier desplante. Su espontaneidad y su capacidad para burlarse de sus propias carencias musicales servían —por el contrario— para destacar su justa afinación y un tono ronco, arrabalero, que se adecuaba a sus principales creaciones: *Yira yira*, *Qué querés con ese loro*, *Haragán*.

Entre 1940 y 1970 surgieron algunos otros nombres notorios entre los que se destaca Amelita Baltar, cuyo acercamiento a Astor

Piazzolla en el momento en que el compositor decidió popularizar su mensaje y escribir temas de gran impacto masivo como *Balada para un loco*, *Chiquilín de Bachín*, *Balada para mi muerte* o *Balada para él* (todos con letra de Horacio Ferrer), facilitó la difusión de su voz. Grave, rica en matices dramáticos, otorgó a sus creaciones un hálito sensual que no existía entre las cantantes de tango. Su versión de *Balada para un loco* se convirtió, a fines de 1969 y comienzos del 70, en el último gran éxito discográfico del tango.

SUSANA RINALDI

Párrafo aparte merece Susana Rinaldi, el único nombre mayor de la historia del tango surgido en el último cuarto de siglo. Porteña, ya había logrado un espacio destacado como actriz en el momento en que decidió dedicarse al tango. Vinculada a los grupos literarios aparecidos en Buenos Aires a comienzos de los sesenta, su nombre se hizo infaltable en presentaciones y recitales de los nuevos poetas; su buena formación cultural y profesional le otorgó una enorme ventaja sobre sus colegas. Dueña de una voz profunda, bien modulada, su timbre grave y afinadísimo transforma cada historia en un monólogo dramático, en una crónica sensible donde cada palabra está sopesada, medida. Su conocimiento de la imagen poética, del valor de la metáfora y de la ubicación de las palabras en el fraseo para subrayar o rematar un texto convierte sus interpretaciones en un ejercicio del que participan por partes iguales la actriz y la cantante. Su manejo escénico le brinda la ubicación precisa y hasta los gestos necesarios para lograr una comunicación total.

El otro elemento que no puede pasarse por alto es la elección del repertorio. A los temas clásicos del tango Susana Rinaldi agregó lo mejor de los poetas del cuarenta (grabó un disco dedicado íntegramente a Homero Manzi y otro a Cátulo Castillo), a los que suma nuevos autores, como Eladia Blázquez, Héctor Negro o María Elena Walsh. De esta última suele cantar un crecido número de temas que sin ser estrictamente tangos completan armónicamente su repertorio.

Entre sus versiones más notables merecen destacarse *Caserón de tejas*, *Malena*, *El 45*, la milonga de León Benarós *El parque de artillería* y *La última curda*, donde el dramatismo de la letra no recibe otro subrayado que su exacta modulación. La tragedia del alcoholismo que plantea el texto de Cátulo Castillo en metáforas punzantes llega a su cúspide en la voz de Susana Rinaldi, lo mismo que en *Che bandoneón*, donde logra un secreto ensamble, suma de homenaje y oración laica al instrumento básico del tango.

HOMERO MANZI: LAS NOCHES Y LAS LUNAS SUBURBANAS

Homero Manzi fue el primero en convertir las palabras de los tangos en poesía. En sus versos quedaron retratadas nostálgicas postales de barrio: las casas bajas de rejas con zarcillos de enamorada del muro pegados a las paredes sin revoque; personajes entrevistos o intuidos desde las ventanas del colegio de Pompeya en el que estuvo pupilo algunos años; los recuerdos —muchas veces ajenos— de los últimos guapos. En otras palabras, el paraíso perdido de la infancia, una ciudad lejana en la que se fantasea que los días eran mejores. También se ocupó del amor como desgarradura, como pérdida. Y elaboró un conjunto de metáforas sencillas, estrictamente visuales, sostenidas en un artificio común en la poesía de la época: la enumeración. La suma de elementos como partes imprescindibles para pintar un decorado. Alguna vez se atrevió a escribir una letra entera sobre la base de acumulación de palabras, pero eran las adecuadas para crear el clima:

Farol de esquina, ronda y llamada.
Lengue y piropo, danza y canción.
Truco y codillo, barro y cortada,
piba y glicina, fueye y malvón.
Café de barrio, dato y palmera,
negra y caricia, noche y portón.
Chisme de vieja, calle Las Heras,
pilchas, silencio, quinta edición.
            (¡TANGO...!)

Fue el poeta emblemático de la renovación producida alrededor del año cuarenta en el tango; el primero en atreverse a echar mano de los avances de la poesía de libro para arrimarlos a los versos de canciones. De esa actitud provienen metáforas como

> *Fui como una lluvia de cenizas y fatigas*
> *en las horas resignadas de tu vida.*
> *... Fuiste por mi culpa golondrina entre la nieve,*
> *rosa marchitada por la nube que no llueve.*

Pero sólo con el arribo de la generación del sesenta a la literatura argentina llegó el reconocimiento de su talento. Al aparecer un grupo numeroso de poetas jóvenes que querían elaborar sus obras con datos de la realidad cotidiana, se encontraron con que en las mismas letras que escuchaban en la radio, despreocupadamente, como un hábito al que no se le presta demasiada atención, era donde hallaban más coincidencias con el tipo de poesía que pretendían escribir. Y como consecuencia surgieron ensayos, antologías, estudios críticos y comparaciones entre los letristas del tango y una poesía que a ellos se les presentaba como un callejón sin salida: la de quienes manejaban la cultura nacional desde hacía décadas.

Homero Manzi tenía apenas seis años (había nacido en 1905) cuando su padre decidió trasladarse desde Añatuya, en la provincia de Santiago del Estero, hasta Buenos Aires, donde la familia se instaló en las proximidades de Boedo y Garay, que por entonces era un suburbio de la ciudad. Ese primer impacto, el deslumbramiento del chico campesino por las calles de casas continuadas, pobladas de automóviles y gentes que a él le parecieron multitudes, no iba a alejarse nunca de su obra.

Lector temprano de Rubén Darío, Manzi quedó sorprendido el día en que por primera vez se encontró con *Misas herejes* y *La canción del barrio*, los libros de Evaristo Carriego, el descubridor del barrio como tema poético. Esta marca se puede advertir en uno de sus trabajos iniciales y el primero exitoso: *Viejo ciego*, que con música de Cátulo Castillo y Sebastián Piana, ambos vecinos de barrio, fue estrenado en noviembre de 1926 por Roberto Fugazot en la obra de Ivo Pelay *Patadas y serenatas en el barrio de las latas*. El tango preanunciaba al poeta y señalaba al lector de Carriego:

> *Con un lazarillo llegás por las noches*
> *trayendo las quejas del viejo violín*
> *y en medio del humo*
> *parece un fantoche*
> *tu rara silueta de flaco rocín.*
> *Puntual parroquiano tan viejo y tan*
> *ciego*
> *al ir destrenzando tu eterna canción,*
> *ponés en las almas recuerdos añejos*
> *y un poco de pena mezclás al alcohol.*

Casi contemporáneamente a la creación de *Viejo ciego*, en equipo con Sebastián Piana, Manzi se dedicó a revalorizar la milonga, un género que hasta entonces se mantenía en un segundo plano tanto musical como poético. El tratamiento dado a las milongas fue de un lenguaje depurado, literario, pero al mismo tiempo popular. Con innegable influencia lorquiana (el *Romancero gitano* se había pulicado en 1924), Manzi escribió en *Milonga triste*:

> *Llegabas por el camino*
> *delantal y trenzas sueltas.*
> *Brillaban tus ojos negros*
> *claridad de luna llena.*
> *Mis labios te hicieron daño*
> *al besar tu boca fresca.*
> *Castigo me dio tu mano*
> *pero más golpeó tu ausencia.*

En *Milonga sentimental* brindó una definición adecuada al criterio de la hombría de los habitantes del suburbio:

> *Varón, pa' quererte mucho,*
> *varón, pa' desearte el bien,*
> *varón pa' olvidar agravios*
> *porque ya te perdoné.*
> ....
> *Es fácil pegar un tajo*
> *pa' cobrar una traición,*

> *o jugar en una daga*
> *la suerte de una pasión.*
> *Pero no es fácil cortarse*
> *los tientos de un metejón,*
> *cuando están bien amarrados*
> *al palo del corazón.*

En *Milonga del 900* hay una reivindicación del orillero que ostenta con orgullo su coraje, por ser lo único auténticamente propio que posee:

> *Me gusta lo desparejo*
> *y no voy por la vedera.*
> *Uso funyi a lo Massera,*
> *calzo bota militar.*
> *... Soy desconfiao en amores,*
> *y soy confiao en el juego.*
> *Donde me invitan me quedo*
> *y donde sobro también.*
> *Soy del partido de todos*
> *y con todos me la entiendo*
> *pero váyanlo sabiendo:*
> *¡soy hombre de Leandro Alem!,*

para agregar luego:

> *No me gusta el empedrao*
> *ni me doy con lo moderno.*
> *Descanso cuando ando enfermo*
> *y después que me he sanao.*

Para Manzi el guapo no era una curiosidad de museo, ni un cultor del coraje sólo por el derroche de valentía o por cumplir un sino: era un producto del medio, de la miseria que lo circundaba, de una sociedad que no brindaba alternativas. Por ello, cada vez que describió a un compadre, como Eufemio Pizarro, al que conocieron con Cátulo Castillo cuando gracias a un indulto de Yrigoyen acababa de regresar del penal de Ushuaia, lo hizo con respeto:

> *Morocho como el barro era Pizarro,*
> *señor del arrabal;*
> *entraba en los disturbios del suburbio*
> *con frío de puñal.*
> *Su brazo era ligero al antrevero*
> *y oscura era su voz.*
> *Derecho como amigo o enemigo*
> *no supo de traición.*
> *Cargado de romances y de lances*
> *la gente lo admiró*
> *...Con un vaivén de carro iba Pizarro,*
> *perfil de corralón,*
> *cruzando con su paso los ocasos*
> *del barrio pobretón.*
> *La muerte entró derecho por su pecho,*
> *buscando el corazón. Pensó que era más*
> *fuerte que la muerte*
> *y entonces se perdió.*
>
> (E<small>UFEMIO</small> P<small>IZARRO</small>)

El mismo intento de rescatar el recuerdo de un personaje que desaparecía hundido en la ciudad industrial, se advierte en *Ramayón*:

> *Resuenan las baldosas los golpes de tu taco.*
> *Desfilan tus corridas por patios de arrabal.*
> *Se envuelve tu figura con humo de tabaco*
> *y baila en el recuerdo tu bota militar.*
> *Refleja nuevamente tu pelo renegrido*
> *en salas alumbradas con lámparas a gas.*
> *Se pliegan tus quebradas y vuelven del olvido*
> *las notas ligeritas de Arolas y Bazán.*

Así como en los versos de *Milongón* rescató las imágenes de los primeros bailongos

> *El recuerdo de los tiempos*
> *cuando armaban las eufemias*

> *baileticnes de academia*
> *con estilo de zanjón.*
> *Donde entraban los muchachos*
> *de prosapia corralera*
> *requintando los masseras*
> *al pisar por el salón.*

también trató Manzi de recuperar las esencias de la antigua milonga negra, en creaciones como *Ropa blanca, Pena multa, Negra María,* o *Papá Baltasar,* donde calcó la sintaxis de las canciones heredadas de los esclavos, pero con un juego verbal rítmico y sonoro que provocó la admiración del poeta cubano Nicolás Guillén.

Sin embargo los más grandes aciertos de la poesía de Manzi se asientan en la temática referida a la ciudad observada desde una óptica nostálgica en la que reaparecen paisajes, arquetipos o personajes anónimos de Buenos Aires, donde muchas veces se advierte un tono metafísico de preocupación por el paso del tiempo, por la decadencia del hombre y de las cosas que lo rodean, como en *El pescante,* en que la distinción entre el presente y el pasado es clara. En la primera parte Manzi expresa:

> *Yunta oscura trotando en la noche.*
> *Latigazo de alarde burlón.*
> *Compadreando de gris sobre el coche*
> *por las piedras de Constitución.*
> *En la zurda amarrada la rienda*
> *se amansó el colorao redomón.*
> *Y como él se amansaron cien prendas*
> *bajo el freno de su pretensión.*

En la segunda, el paso de los años ha desgastado al coche y al hombre que lo conduce hacia una muerte desteñida y opaca; el tiempo ha cumplido al fin su deterioro:

> *Tungo flaco tranqueando en la tarde*
> *sin aliento al chirlazo cansao.*
> *Fracasao en el último alarde*

> *bajo el sol de la calle Callao.*
> *Despintao el alón del sombrero*
> *ya ni silba la vieja canción*
> *pues no quedan ni amor ni viajeros*
> *para el coche de su corazón.*

En *Manoblanca* se ocupa de otro carrero, pero decide ubicarlo en el momento de su apogeo, y no —como en *El pescante*— cuando el hombre se siente viejo, vencido:

> *...Dónde vas carrerito porteño*
> *con tu chata flamante y coqueta,*
> *con los ojos cerrados de sueño*
> *y un gajo de ruda detrás de la oreja.*
> *El orgullo de ser bienquerido*
> *se adivina en tu estrella de bronce,*
> *carrerito del barrio del Once*
> *que vuelves trotando para el corralón.*

Un tono similar, recordatorio pero alegre, es el de la milonga *Cornetín*, cuya letra compartió con Cátulo Castillo:

> *...Lo apelan Roque Barullo*
> *conductor del Nacional.*
> *Con su tranway*
> *sin cuarta ni cinchón,*
> *sabe cruzar*
> *el barrancón de Cuyo.*
> *El cornetín colgado de un piolín*
> *y en el ojal un medallón de yuyo*
> *Tarí, tarí...*
> *y el cuerno listo al arrullo*
> *si hay percal en un zaguán.*

En cada uno de sus aciertos descriptivos surge un tono elegíaco que lo emparienta más con el neorromanticismo de la generación poética del cuarenta —la que se dedicó a los libros, no a las letras de canciones—,* que con el Evaristo Carriego de *La canción del barrio*, como con cierta superficialidad se ha señalado alguna vez. Porque si bien, sobre todo en los primeros tangos, se advierte entre ambos un tratamiento formal parecido y una temática similar, Carriego muestra, retrata, circunstancias cotidianas que constituyen su mundo; mira y describe a la gente sencilla que lo rodea, que vive con él en el Palermo cuchillero y humilde de la primera década del siglo: el guapo, Mamboretá, la costurerita, el ciego del umbral, la obrerita que tose. Mientras que en Manzi la evocación adquiere otro sentido: por simple cronología, él le canta a las cosas que van desapareciendo lentamente, a los personajes perdidos, a los nombres que comienzan a ser olvidados.

Si Evaristo Carriego le cantó al organito que vuelve cotidianamente: *repitiendo el eterno, familiar motivo del año pasado,* Manzi enfoca la imagen final, no del artefacto real manejado por un hombre que se limita a dar vueltas a la manivela, sino de la idealización mítica:

> *Las ruedas embarradas del último organito*
> *vendrán desde la tarde buscando el arrabal,*
> *con un caballo flaco y un rengo y un monito*
> *y un coro de muchachas vestidas de percal.*
> ....
> *Tendrá un caja blanca el último organito*
> *y el asma del otoño sacudirá su son.*
> *Y adornarán sus tablas cabezas de angelitos*
> *y el eco de su piano será como un adiós:*
> ....
> *Saludarán su ausencia las novias encerradas*
> *abriendo las persianas detrás de su canción*
> *y el último organito se perderá en la nada*
> *y el alma del suburbio se quedará sin voz.*

---

* En su libro *Los profetas del odio*, Buenos Aires, 1957, Arturo Jauretche hace una breve referencia a su amistad con el autor de *Sur* y evoca: "Estaba en la conscripción Manzi cuando me dijo un día: 'tengo por delante dos caminos: o hacerme hombre de letras o hacer letras para los hombres'. Y así fue como sacrificó la gloria para dar su talento a una labor humilde convertido en letrista de canciones".

Cuadritos del viejo Buenos Aires, aparecieron en varios temas: *El vals de los recuerdos*, *Esquinas porteñas*, *Arrabal*, pero sus mayores poemas dedicados a la ciudad son *Barrio de tango*, de 1942, y *Sur*, de 1948, ambos con música de Aníbal Troilo. En el primero trató de evocar sus años de pupilaje en el colegio Luppi ubicado en Centenera y Esquiú en Nueva Pompeya. En la contratapa de la partitura, Manzi recordó que el colegio "se alzaba materialmente entre pantanos, baldíos bajos, terraplenes y montañas de basura o desperdicio industrial. Ese paisaje de montones de hojalata, cercos de cina-cina, casuchas de madera, lagunas oscuras, veredones desparejos, terraplenes cercanos, trenes cruzando las tardes, faroles rojos y señales verdes, tenía su poesía", que el tradujo así:

> *Un pedazo de barrio, allá en Pompeya,*
> *durmiéndose al costao del terraplén.*
> *Un farol balanceando en la barrera*
> *y el misterio de adiós que siembra el tren.*
> *Un ladrido de perros a la luna.*
> *El amor escondido en un portón,*
> *los sapos redoblando en la laguna*
> *y a lo lejos la voz del bandoneón.*
>
> *Un coro de silbidos allá en la esquina.*
> *El codillo llenando el almacén.*
> *Y el dramón de la pálida vecina*
> *que ya nunca salió a mirar el tren.*
> *Así evoco tus noches, barrio 'e tango*
> *con las chatas entrando al corralón*
> *y la luna chapaleando sobre el fango*
> *y a lo lejos la voz del bandoneón.*

En *Sur* aparece además la amplitud del suburbio donde se intuía la proximidad de la pampa. El aire de límite ciudadano se encuentra en las palabras *y todo el cielo*, y en el *perfume de yuyos y de alfalfa* que descubre, junto con el recuerdo de la inundación, la presencia del barro y de la pampa que confluían en ese costado difuso de una ciudad en pleno desarrollo. Manzi habla de *Nostalgias de las cosas que han pasado*; Benjamín Tagle Lara en una metáfora feliz de su tango *Puente Alsina* se encargó de registrar:

> *Borró el asfaltado de una manotada*
> *la vieja barriada que te vio crecer.*

Dos visiones de barrios vecinos hilvanadas por una similar melancolía. La infancia, la adolescencia, encerraban expectativas que la madurez no ha permitido cristalizar; por ello la añoranza de una idealización. Tagle Lara ataca al progreso:

> *Puente Alsina que ayer fuera mi regazo*
> *de un zarpazo, la avenida te alcanzó.*

En Manzi su reclamo es por una adolescencia que es pasado:

> *Las calles y las lunas suburbanas*
> *y mi amor en tu ventana*
> *todo ha muerto, ya lo sé.*

Aunque lo estrenó Nelly Omar, *Sur* parece haber sido pensado para la voz ronca de Edmundo Rivero, por entonces flamante cantor de Pichuco. Y fue él quien le otorgó a lo largo de los años su exacta estatura dramática. La letra completa expresa:

> *San Juan y Boedo antiguo, y todo el cielo,*
> *Pompeya y más allá la inundación.*
> *Tu melena de novia en el recuerdo*
> *y tu nombre flotando en el adiós.*
> *La esquina del herrero, barro y pampa,*
> *tu casa, tu vereda y el zanjón,*
> *y un perfume de yuyos y de alfalfa*
> *que me llena de nuevo el corazón.*
> *Sur,*
> *paredón y después...*
> *Sur,*
> *una luz de almacén...*
> *Ya nunca me verás como me vieras,*
> *recostado en la vidriera*
> *y esperándote.*
> *Ya nunca alumbraré con las estrellas*

> *nuestra marcha sin querellas*
> *por las noches de Pompeya...*
> *Las calles y las lunas suburbanas,*
> *y mi amor en tu ventana,*
> *todo ha muerto, ya lo sé...*
>
> *San Juan y Boedo antiguo, cielo perdido,*
> *Pompeya y al llegar al terraplén,*
> *tus veinte años temblando de cariño*
> *bajo el beso que entonces te robé.*
> *Nostalgia de las cosas que han pasado,*
> *arena que la vida se llevó,*
> *pesadumbre de barrios que han cambiado*
> *y amargura de un sueño que murió.*

En 1942 la orquesta de Aníbal Troilo con la voz de Francisco Fiorentino estrenó *Malena*. Se trataba de unos versos circunstanciales para festejar a una ignota cantante argentina que Manzi había escuchado en Brasil. En esas estrofas inauguró el tono metafórico iniciador de una línea poética en la que se inscribirían Cátulo Castillo, Homero Expósito y más cerca Horacio Ferrer, quien centrará toda su obra en el repiqueteo de la metáfora sorpresiva.

En el comienzo el narrador informa que Malena, además de cantar el tango "como ninguna", "en cada verso pone su corazón", lo cual no aporta novedad estilística alguna a los viejos hábitos de los cantables tanguísticos. Pero en la tercera línea del poema comienza a acumular imágenes:

> *Malena canta el tango como ninguna*
> *y en cada verso pone su corazón.*
> *A yuyo del suburbio su voz perfuma,*
> *Malena tiene pena de bandoneón.*
> *Tal vez allá en la infancia su voz de alondra*
> *tomó ese tono oscuro de callejón,*
> *o acaso aquel romance que sólo nombra*
> *cuando se pone triste con el alcohol.*
> *Malena canta el tango con voz de sombra,*
> *Malena tiene pena de bandoneón.*

Tu canción tiene el frío del último encuentro.
Tu canción se hace amarga en la sal del recuerdo.
Yo no sé
si tu voz es la flor de una pena,
sólo sé
que al rumor de tus tangos, Malena,
te siento más buena,
más buena que yo.

Tus ojos son oscuros como el olvido,
tus labios apretados como el rencor,
tus manos dos palomas que sienten frío,
tus venas tienen sangre de bandoneón.
Tus manos son criaturas abandonadas
que cruzan sobre el barro del callejón,
cuando todas las puertas están cerradas
y ladran los fantasmas de la canción.
Malena canta el tango con voz quebrada,
Malena tiene pena de bandoneón.

El 6 de septiembre de 1930 también marcó a Homero Manzi. En los días anteriores al golpe militar fue elegido delegado estudiantil de Derecho ante la Federación Universitaria de Buenos Aires. Al caer el gobierno de Hipólito Yrigoyen los estudiantes afiliados al Centro, de orientación radical, decidieron, como muestra de repudio al régimen castrense, ocupar el edificio de la Facultad. Manzi, secretario del Centro y alumno de segundo año fue uno de los más entusiastas y a punta de pistola tomó el edificio de la avenida Las Heras, donde ahora funciona la facultad de Ingeniería. Acusado de haber tratado de hacer blanco en un profesor —Rodríguez Egaña— que luego sería senador por el conservadorismo, fue expulsado de la universidad junto a otros correligionarios entre los que se encontraba Arturo Jauretche. Días después Manzi fue dejado cesante de sus cátedras secundarias. Ya no volvería a las aulas de la universidad, pero la política continuaría atrayéndolo hasta sus últimos días.

En 1935, junto con Jauretche, Manuel Ortiz Pereyra, Juan B. Fleitas, Gabriel del Mazo y Luis Dellepiane, entre otros, fundaron FORJA, entidad que ya se mencionó en el capítulo dedicado a Discépolo. En una charla explicativa sobre el proyecto forjista anotaba Manzi: "Consecuentes con el pensamiento de Yrigoyen soñamos al radicalismo no como un partido más... sino como un levantamiento total de la conciencia histórica argentina". Y agregaba: "Se es radical hoy como se pudo haber sido reconquistador en 1807, libertador en 1810, viajero... en 1816, montonero en 1830, confederacionista en 1855, revolucionario en 1890, yrigoyenista en 1916".

En otra charla había explicitado: "La historia de América nos contempla. La democracia sufre rudos ataques en el mundo de derechas y de izquierdas. Pero se ataca a una democracia conceptual y doctrinaria. A esta democracia de alcance aritmético que creó, sintió y practicó Europa. La democracia como un tema frío y racional, que coloca entre los platillos dos cifras y se inclina ante el peso físico. En América —decía— esa democracia no existió nunca". Y sostenía que la verdadera democracia del pueblo había sido interrumpida por la clase dirigente: "Democracia del destino que se hace presente en nuestra historia en la heroicidad de los ejércitos de la libertad. Con el tumulto del pueblo de Mayo. Con la bravura indómita de Güemes y hasta con las simbólicas cadenas que opone Rosas a la pretensión de las banderas extranjeras que invaden nuestros ríos y nuestra soberanía. Democracia que descansa en la firme voluntad de Yrigoyen cuando los más piden la guerra y él se aferra a la paz. Esa democracia de América no puede morir nunca. Por eso la pedimos para nuestra patria".

Durante algún tiempo Manzi viajó por el norte argentino, pronunció conferencias, militó de manera constante y comenzó a trabajar como guionista cinematográfico. La continuidad de esta labor lo llevó a intervenir en los libros de algunos filmes memorables como *La guerra gaucha*, sobre texto original de Leopoldo Lugones, estrenada en 1942; *Su mejor alumno*, de 1943, con elementos extraídos de *Recuerdos de provincia* y *Vida de Dominguito*, de Sarmiento, y *Pampa Bárbara*, de 1945. En los tres casos compartió la responsabilidad autoral con Ulyses Petit de Murat, con quien además escribió una obra teatral, *La novia de arena*, estrenada en 1943, también sobre tema histórico: Elisa Brown, la hija del almirante, que se suicidó por amor en aguas del Río de la Plata a mediados del siglo XIX.

Además de elaborar los guiones de algunos filmes menores Manzi escribió y codirigió *Pobre mi madre querida* —sobre la vida del payador José Betinoti— y *Escuela de campeones*, donde trató de historiar los comienzos del fútbol en la Argentina a través de la trayectoria del legendario club Alumni, el primero que logró arrastrar una hinchada numerosa.

Pese a haber continuado afiliado al radicalismo, convencido de que su partido debía apoyar al gobierno de Juan Domingo Perón, junto con otros correligionarios se entrevistó con el presidente en diciembre de 1947. Como resultado, el grupo fue expulsado de la UCR. Días después explicó su postura en un discurso radial: "Quienes nos tildan de opositores, se equivocan. Quienes nos tildan de oficialistas, también. No somos ni oficialistas, ni opositores. Somos revolucionarios". De todas formas, y aunque en los hechos apoyaba al peronismo, desde su cargo al frente de la Sociedad Argentina de Autores y Compositores de Música, Manzi continuaba autodesignándose radical y limitó su actividad política a tareas puramente culturales.

En los últimos años, ya acosado por el cáncer, Manzi escribió algunos de sus mejores tangos: *Sur, Che bandoneón, Discepolín*, así como algunos poemas memorables que pese a no haber sido reunidos en libro recibieron cobijo años después en antologías, obras críticas y discos; entre ellos, *Definiciones para esperar mi muerte* y *La muerte de Quiroga*, trabajo en alejandrinos de linaje borgeano, en el que logra una certera descripción de los momentos previos al asesinato de Barranca Yaco.

Al morir en mayo de 1951 Manzi dejó una obra nutrida, desperdigada en la letra de unas doscientas canciones, una treintena de poemas, una obra teatral, varios guiones cinematográficos y los textos de decenas de conferencias y discursos políticos.

Para uno de sus biógrafos —Aníbal Ford— la poesía de Manzi "es una síntesis en la cual se cruzan Baudelaire y Carriego, Betinoti y los simbolistas, Lorca y el folklore, los ultraístas y la literatura del tango". Apoyado en esas influencias y tras haberlas decantado para forjar su singularidad, Manzi utilizó la nostalgia como el común denominador de una obra cuyo resultado final fue evitar que los mitos de la ciudad de su infancia se esfumaran. En ese rescate terminó por construir una mitología del ambiente suburbano de principios de siglo. Acribillado por las contradicciones propias de la clase media, mientras por un lado militaba para cambiar la sociedad, por otro mantenía una actitud de tono conservador, según la cual "todo tiempo pasado fue mejor", porque en la época evocada existía un orden que a la distancia supone ideal. El Manzi militante peleaba con el poeta elegíaco. Como resultado, la poesía llegó al tango y se instaló a sus anchas. Su mérito consiste en haber señalado el camino mediante obras perdurables que hace tiempo, para horror de puristas, se codean con los mejores textos de la poesía argentina.

HUGO DEL CARRIL: EN BUSCA DEL ÍDOLO PERDIDO

A la muerte de Carlos Gardel, Hugo del Carril no había cumplido aún veintidós años. Tenía experiencia como locutor y como cantante: había integrado dúos, tríos y cuartetos y también había cantado solo, en algún caso acompañado por una orquesta del prestigio de la de Edgardo Donato.

Su estampa, su estilo gardeliano y un matizado registro de barítono, asentado sobre un repertorio de temas clásicos, hicieron pensar en él como candidato a ocupar el vacío provocado por el accidente de Medellín. Lo que había que encontrar no era sólo una voz: en vista de las actividades cinematográficas de Gardel durante el último lustro de su vida, lo que se necesitaba era un cantor/actor con cualidades al menos similares para ocupar la vacante.

El director cinematográfico Manuel Romero pensó en Hugo del Carril y lo eligió como protagonista de *Los muchachos de antes no usaban gomina*, que filmó en 1937. Para que el proyecto no fracasara le colocó un ladero de renombre: Florencio Parravicini, que con esa película hacía su debut en el cine sonoro, era considerado uno de los mejores intérpretes del país. Además, Romero armó un buen elenco, integrado por Santiago Arrieta, Irma Córdoba, Niní Gambier, Pedro Laxalt y otras figuras menores. A juzgar por el impacto crítico del estreno, no se había equivocado en la elección. En el comentario del filme, Chas de Cruz aseguraba: "Ha nacido una gran figura para el cine argentino". Era cierto. En procura de reafirmar su imagen, además de discos y temporadas radiales, se le asignaron los papeles protagónicos de cinco películas en sólo dos años: 1938 y 1939. El riesgo mayor fue encomendarle el rol principal de *La vida de Carlos Gardel*, una idealizada historia del cantor dirigida por Alberto de Zavalía; y pudo superar el escollo.

Además se había buscado que algunas de sus parejas cinematográficas fueran cantantes de éxito como Libertad Lamarque y Sabina Olmos; que en sus películas apareciesen acompañantes habituales de Gardel, como Tito Lusiardo, quien reiteró su estereotipo de los filmes gardelianos en *La vida es un tango*. Todas las condiciones habían sido incentivadas o creadas al efecto. Y sin embargo, aunque sus discos se vendían, sus versiones de *El porteñito*, *Tiempos viejos* o *Nostalgias* resultaban impecables y sus presentaciones radiales reunían una enorme audiencia, nunca alcanzarían las alturas del prototipo mítico. Su estilo lo acercaba a Gardel, y la gente sentía que Gardel había uno solo. La sucesión habría de producirse al aparecer con una voz distinta, alejada por completo del modelo. Y eso no ocurriría hasta que el tiempo ayudase a elaborar el duelo por la muerte del ídolo y hubiese espacio en la conciencia colectiva para que apareciese un registro sin connotaciones gardelianas.

Lentamente la actividad vocal de Hugo del Carril pasó a segundo plano, hasta casi desaparecer a partir de su primer filme como realizador, *Historia del 900,* en 1949. Tres años después, ya dedicado por entero a la dirección, Hugo del Carril filmó *Las aguas bajan turbias*, sobre la novela de Alfredo Varela *El río oscuro*, considerada no sólo la mejor película de 1952, sino el mejor producto cinematográfico del período peronista. Ninguno de sus otros filmes, *El negro que tenía alma blanca, La Quintrala, Las tierras blancas* o *Una cita con la vida*, lograron el mismo nivel de calidad. Al hacer un balance, el tango se había convertido sólo en una parte de la trayectoria artística de Hugo del Carril. No había logrado convertirse en el sucesor de Gardel, pero en cambio había marcado un hito en la historia del cine latinoamericano. Murió en Buenos Aires en agosto de 1989.

EL CAFÉ: LA ÑATA CONTRA EL VIDRIO

El café como sitio de reunión o fortín de la amistad, según la afirmación de Raúl Scalabrini Ortiz, posee una larga tradición heredada de las charlas interminables en los mesones del siglo XVII, del hábito europeo de dialogar frente a un pocillo o una copa, y de las tertulias donde se forjó buena parte de la ideología y la literatura españolas.

Como recuerda Jorge Alberto Bossio, en el café de Régence de la parisiense Rue de Saint-Honoré, se conserva aún la mesa donde Diderot redactaba las páginas de *La Enciclopedia*, junto a otra frecuentada por un joven llamado Napoleón Bonaparte. Del otro lado de los Pirineos, Leandro Fernández de Moratín escribió un pieza titulada precisamente *El café*, ámbito donde transcurrió la vida cultural de la península desde mediados del siglo XVIII hasta fines de la guerra civil. Incluso a comienzos de la posguerra, Camilo José Cela ubicó su novela *La colmena* en un café de Madrid.

En la colonia, fueron en un comienzo tabernas y fondas, pero ya en 1764 se instaló en Buenos Aires el primer café, bajo los arcos de la recova de la Plaza Mayor. Al poco tiempo siguieron otros; se diferenciaban netamente de las pulperías porque, al contrario de lo que ocurría en éstas (en la práctica, una suerte de almacén de ramos generales que proveía todo tipo de mercaderías), en los cafés sólo se consumían los productos que se servían allí mismo a los parroquianos.

Los cafés estuvieron en la génesis de la Independencia, y años después sus mesas fueron testigos de enfrentamientos dialécticos, de conspiraciones y de luchas políticas.

Ya en el siglo XX, el café se convirtió en una institución barrial, en el sitio elegido para encontrarse con amigos que conformaban una categoría particular. Eran personas con las que se podía conversar sobre la cotidianeidad, sobre fútbol y política, sobre los sucesos del barrio o los problemas personales, pero que raramente entraban en las respectivas casas, como si hogar y café fueran sitios antitéticos.

Para el tango el café es, además, el recinto donde se puede aprender de otros hombres más experimentados. Discépolo explica:

> *En tu mezcla milagrosa de sabiondos y suicidas*
> *yo aprendí filosofía, dados, timba y la poesía cruel*
> *de no pensar más en mí.*

El personaje de *La copa del olvido* de Alberto Vacarezza, tras encontrar con otro a la mujer que ama, desconcertado, y como reconocimiento a la sabiduría acumulada no en los libros sino en vivencias, llega al café

> *a preguntarle a los hombres sabios*
> *a preguntarles qué debo hacer.*

Contrariamente a Jorge Luis Borges, que afirma enorgullecerse de lo que ha leído, no de lo que ha vivido, el hombre del tango siente respeto reverencial por el saber empírico, acaso porque siente que el acceso a los libros le está vedado y por lo tanto su única posibilidad de conocimiento se encuentra en la palabra de aquellos que poseen mayores títulos para juzgar la realidad, por haberla enfrentado a lo largo de los años.

Hasta los sesenta, el café era un sitio sexista donde no entraban las mujeres, salvo que hubiese lo que se denominaba "salón familiar", cuyas mesas, según la categoría del establecimiento, podían estar cubiertas por manteles, y al cual se permitía el acceso femenino. En la zona del café propiamente dicha, de las mesas con tapa de mármol y sillas de madera, sólo se encontraban los hombres, por lo general parroquianos habituales, que se reunían al regreso del trabajo. La necesidad posterior de contar con más de un empleo y la consiguiente imposibilidad de acumular tiempo para el ocio fueron haciendo desaparecer lentamente la barrial institución del café.

El tango del cuarenta registró algunas estampas descriptivas:

> *Café de un barrio porteño*
> *en la noche del domingo.*
> *Sexta edición, cubilete,*
> *el tema: fútbol y pingos.*
> *Cuatro muchachos charlando*
> *en la mesa de rigor*
> *...mientras están discutiendo*
> *si es mejor River o Boca*
> *si es mejor Legui que Antúnez*
> *o qué orquesta es superior*
> *Anselmo cuenta sus penas,*
> *Ricardo su mala suerte,*
> *y José muy tristemente...*
> *que sus cosas van peor.*
>   (CUATRO RECUERDOS)

Similar es la enumeración de *Domingo a la noche:*

> *Y siempre igual con sus luces mortecinas,*
> *un cigarrillo y café para esperar,*
> *ruido de dados, palabras con sordina,*
> *y una esperanza rodando en el billar.*

El clima fotográfico también se advierte en *Un boliche*:

> *Un boliche como hay tantos,*
> *una mesa como hay muchas,*
> *un borracho que serrucha*
> *su sueño de copetín*
> *..............................*
> *una partida de tute*
> *entre cuatro veteranos*
> *que entre naipes y toscanos*
> *despilfarran su pensión.*
> *Y acodado sobre el mármol*
> *agarrado como un broche*
> *un curda que noche a noche*
> *se manda su confesión.*

Porque el café es también ámbito para la confidencia. Y la amistad tal como la interpreta el porteño lleva implícita la intimidad. Un amigo lo es en la medida en que es capaz de escuchar las penas del otro, conoce sus debilidades, las comprende y perdona:

> *Me diste en oro un puñado de amigos*
> *que son los mismos que alientan mis horas,*
> *(José, el de la quimera...*
> *Marcial, que aún cree y espera...*
> *y el flaco Abel, que se nos fue*
> *pero aún me guía...),*

enumera Discépolo en *Cafetín de Buenos Aires*.

A esta suma de elementos (recinto de protección y afecto, lugar donde se crece y en el que es posible cobijarse después de un dolor), Discépolo la compara con la figura materna:

> *Cómo olvidarte en esta queja,*
> *cafetín de Buenos Aires,*
> *si sos lo único en la vida*
> *que se pareció a mi vieja...*

Para él, las mesas del café poseen un hálito metafísico: por eso, el chiquilín que mira desde afuera lo hace con la *ñata contra el vidrio*, esperando el momento en que, ya hombre, pueda ingresar en ese recinto iniciático, templo del saber barrial, *escuela de todas las cosas* según su propia definición. Y si bien la educación sentimental del personaje transcurre fuera del ámbito del café, éste es el reducto donde desahogarse de los iniciales fracasos y decepciones:

> *Sobre tus mesas que nunca preguntan*
> *lloré una tarde el primer desengaño,*
> *nací a las penas,*
> *bebí mis años,*
> *y me entregué sin luchar.*

Dolorida por los estragos del tiempo, y por ende nostálgica, es la imagen del *Café de los Angelitos*, de Cátulo Castillo:

> *Yo te evoco, perdido en la vida,*
> *y enredado en los hilos del humo,*
> *frente a un grato recuerdo que fumo*
> *y a esta negra porción de café.*
> *¡Rivadavia y Rincón!... Vieja esquina*
> *de la antigua amistad que regresa,*
> *coqueteando su gris en la mesa que está*
> *meditando en sus noches de ayer.*
> *Cuando llueven las noches su frío*
> *vuelvo al mismo lugar del pasado,*
> *y de nuevo se sienta a mi lado*
> *Betinoti, templando la voz.*
> *Y en el dulce rincón que era mío*
> *su cansancio la vida bosteza,*
> *porque nadie me llama a la mesa de ayer,*
> *porque todo es ausencia y dolor.*

Paralelamente a los cafés de barrio, los fondines de la ribera, en especial los ubicados en la Boca, de cara al Riachuelo, registran una temática similar, en donde los protagonistas son inmigrantes ahogados por los recuerdos de la patria lejana e irrecuperable. Los ejemplos son múltiples y reiterados: el inmigrante ha perdido su esperanza de "hacer la América" y evoca con obstinación la aldea, el amor, la juventud. La nostalgia se transforma en melancolía. El balance entre el inmigrante que arribó a un país idealizado en su fantasía y el actual, fracasado y viejo, no deja otra alternativa que la tristeza ante la imposibilidad de recuperar el tiempo perdido.

Este tipo de letras desapareció con los últimos vestigios de la inmigración, pero se encuentra en los primeros tangos-canción. En *Aquella cantina de la ribera*, José González Castillo escribió para la melodía de su hijo Cátulo:

> *Brillando en las noches del puerto desierto*
> *como un viejo faro la cantina está,*
> *llamando a las almas que no tienen puerto*
> *porque han olvidado las rutas del mar.*

En alejandrinos de *Nieblas del Riachuelo*, creados especialmente para la película *La fuga*, dirigida por Luis Saslavsky en 1937, anota Enrique Cadícamo:

> *Sueña, marinero, con tu viejo bergantín,*
> *bebe tus nostalgias en el sordo cafetín...*
> *Llueve sobre el puerto, mientras tanto mi canción*
> *llueve lentamente sobre tu desolación,*
> *bordas de lanchones sin amarras que soltar...*
> *Triste caravana sin destino ni ilusión,*
> *como un barco preso en la botella del figón.*

En la misma línea, Cátulo Castillo anota en *Domani*:

> *El farol de la cantina, la neblina del Riachuelo*
> *que ha tendido bajo el cielo como un pálido crespón*
> *y en la mesa, donde pesa su tristeza sin consuelo,*
> *don Giovanni está llorando con la voz del acordeón...*
> *(...) Pero inútil... ya no queda ni el rincón de la*
> *esperanza.*
> *Sólo puebla su tristeza la aspereza del pesar*
> *y en la niebla de los años, y en la muerte que lo alcanza*
> *hay un canto como un llanto que regresa desde el mar...*
> *Es la voz de los veleros que llevaron las neblinas,*
> *son los viejos puertos muertos que están mucho más*
> *allá.*

Y reitera en otro tema *La cantina:*

> *llora siempre que te evoca*
> *cuando toca, piano, piano,*
> *su acordeón el italiano.*

Pero sin duda la obra más lograda dentro de esta problemática del fondín boquense como caja de resonancia del fracaso inmigratorio es *La violeta*, escrito por Nicolás Olivari con música de Cátulo Castillo. El tango fue estrenado en 1929, meses antes del estallido de la crisis que haría imposible cualquier fantasía de retorno.

MILONGUEANDO EN EL CUARENTA

La cronología suele ser tan falsa como la estadística. Ninguna de las dos refleja en forma absoluta la realidad. En ambos casos es preciso saber leer, interpretar, extraer conclusiones. Y con respecto a los movimientos generacionales, del carácter que sean, es imposible fijarles una fecha que no sea aproximativa. Así la generación del cuarenta tiene su arranque un lustro antes, en 1935, año en el que coinciden dos factores: la muerte de Carlos Gardel y el debut de la orquesta de Juan D'Arienzo en el cabaret Chantecler.

El accidente del cantor sirvió de llamada de atención sobre una música que —como se dijo— se encontraba detenida, viviendo de las innovaciones realizadas una década antes. Si el proceso estático continuaba, se corría el riesgo de tener que enterrar juntos a Gardel y al propio tango que lo había engendrado.

Como suele ocurrir en estos casos la opción de cambiar reconocía dos posibilidades: regresar a las fuentes, revitalizar sobre la base de lo que ya se había probado válido en el pasado o mirar hacia el futuro para poder saltar hacia adelante. Las dos posturas implican riesgos; en un caso el retorno al pasado hace perder contacto con el cambio que ha producido la realidad a través del tiempo, y en el otro el avance puede fracasar si la transformación se proyecta más allá de lo que acepta el grupo social en ese instante. En cada opción lo fundamental es el olfato de quien pone en práctica la transformación.

En el tango, Juan D'Arienzo, un violinista porteño del barrio de Balvanera, prefirió dar vuelta la cabeza y rescatar las antiguas conquistas remozándolas; Aníbal Troilo, en cambio, eligió mirar hacia adelante. Desde sus peculiares ópticas, ambos tenían razón.

D'Arienzo, que hasta mediados de 1935 podía ser considerado un director poco exitoso, decidió incorporar a su conjunto al pianista

Rodolfo Biaggi, quien venía a cubrir el sitio que con anterioridad habían ocupado Angel D'Agostino y Luis Visca (autor de *Compadrón* y *Muñeca brava*). Biaggi, por su parte, venía de tocar con el anacrónico conjunto capitaneado por Maglio, tercamente aferrado a los modelos rítmicos y melancólicos de la Guardia Vieja.

Biaggi impuso desde el teclado un estilo característico: picado más veloz que el resto de las orquestas, monótono y musicalmente elemental, pero muy bailable, como para que pudieran ejercitarse en la danza aun quienes apenas conocían los rudimentos, porque eran conducidos por un ritmo contagioso. El recuperado compás de los tiempos de los tríos heroicos llevó a la orquesta a recurrir al ya casi abandonado dos por cuatro. El tango retomaba su alegría inicial. Se trataba de un estilo poco apto para el oyente pero de gran vibración para los bailarines. Los instrumentos tocaban al unísono y sólo podía distinguirse algún compás suelto del piano conductor, pero no más. Con el tiempo el primer violín treparía aisladamente en contracantos cuya característica sería la rígida adecuación a los cánones orquestales, sin grandes despliegues imaginativos.

En esa línea habría de mantenerse D'Arienzo con escasas variantes, entre las que no pueden pasarse por alto sus cambios de pianista: Fulvio Salamanca entre 1941 y 1956, y Juan Polito, que ya había acompañado al director en otras oportunidades, instalado definitivamente a partir de 1956.

Al revés de Troilo, que destacó el valor de las palabras, D'Arienzo no sólo descuidó la importancia de la parte cantable, sino que por lo general hizo que sus cantores, en especial Alberto Echagüe, Armando Laborde y Mario Bustos entonasen letras muy mediocres, chabacanas, de dudoso humorismo, como *El hipo*, *El tarta*, *Sepeñoporipitapa*, *Giuseppe el crooner*, *Che existencialista*, entre otras. Letras que el público seguidor de la orquesta festejaba como parte del show. Conjetura Gobello que "en todo caso esa chabacanería algún paralelismo guardaba con el tono original del tango, con la impronta plebeya que los compadritos pusieron al tango en las academias, en los cafés de camareras, en los bailes del Politeama y del Steaking Ring".

Otros directores del cuarenta: Aníbal Troilo, Osvaldo Pugliese, Osmar Maderna, Miguel Caló, Raúl Kaplún, Alfredo Gobbi (hijo), Ricardo Tanturi, José Basso, Francisco Rotundo y ya sobre el final del período Francini-Pontier optaron por la evolución, evolución a la que se sumaron orquestas como la de Osvaldo Fresedo y Angel D'Agostino, que supieron adecuar sus agrupaciones a los nuevos tiempos.

Abandonaron el ritmo hamacado y monótono para darles mayor velocidad a las interpretaciones, aunque siempre menor que la impuesta por D'Arienzo, e impulsaron un compás mucho más firme que alentaba a los bailarines a salir a la pista. Le otorgaron un papel protagónico a la figura del arreglador y se hizo hábito la aparición de solistas virtuosos, con sólida formación de conservatorio. La orquesta dejó de ser una masa compacta para convertirse en grupo de músicos cuyo ensamble no les impedía destacar habilidades y virtuosismos. Por ejemplo el piano de Osmar Maderna, primero en la agrupación de Miguel Caló y luego en su propio conjunto, o el violín de Enrique Mario Francini cuando dirigía su equipo a dúo con el bandoneonista Armando Pontier.

Era frecuente que los músicos de las típicas integrasen además orquestas sinfónicas, dado que su formación lo permitía. El tango había dejado de ser cosa de intuitivos cuya base se limitaba en el mejor de los casos a conocimientos rudimentarios adquiridos en la modesta academia del barrio. Ahora la música de tango se movía en un terreno donde los avances sólo podían salir del estudio y la solidez técnica. En esas circunstancias la innovación contaba con el mejor marco.

Otro aspecto a destacar en la década es la proliferación de buenos poetas que se acercan al tango durante ese período, o afirman un tarea que realizaban con anterioridad. Los mejores temas de Homero Manzi, Cátulo Castillo, Homero Expósito, José María Contursi y varios de Enrique Cadícamo pertenecen al campo de influencia de la generación del cuarenta.

EL DUENDE DE TU SON: ANÍBAL TROILO

La historia de la música popular —"como la otra", diría Borges— se desarrolla linealmente en el trabajo cotidiano, pero toma impulso, da saltos, a través de creadores u obras que señalan capítulos, cierran períodos o inauguran tendencias. El bandoneonista, director y compositor Aníbal Carmelo Troilo cubre toda una época, es el prototipo del tango del cuarenta. Su auge se inicia en 1937, fecha de la formación de su orquesta y abarca —en una primera etapa— hasta 1954, ya que 1955 significó un bache en su carrera: apenas grabó unos pocos temas, y en la práctica no actuó ni en vivo ni en la radio.

La segunda era se inicia en 1956, ya incorporadas a su conjunto las voces de Roberto Goyeneche y Angel Cárdenas, y se prolonga casi hasta la muerte de Troilo el 18 de mayo de 1975. En los últimos lustros adquirió el carácter de mito al que como tal se le perdonan deslices y hasta errores de digitación porque por su pertenencia al Olimpo porteño ya no puede, ni debe, ser juzgada. A comienzos de los sesenta, el poeta Julián Centeya lo bautiza "El bandoneón mayor de Buenos Aires" y el apodo se acepta y se asume como un dogma.

Si Roberto Firpo y Eduardo Arolas dominan en la Guardia Vieja, Julio De Caro y Osvaldo Fresedo en los años del cabaret radical, y la voz de Carlos Gardel junto con los versos de Enrique Santos Discépolo se adueñan de los treinta, Aníbal Troilo y Osvaldo Pugliese son el cuarenta, más allá de pequeños desfasajes cronológicos y de que las sombras de sus respectivos prestigios se hayan prolongado hasta el presente.

Troilo nació cerca del Mercado del Abasto el 11 de julio de 1914. Por esos días la historia clausuraba en Europa el período de la *belle époque* con el atentado de Sarajevo a fines de junio y el inicio de la Guerra Mundial en los primeros días de agosto; una semana después de la declaración de guerra, en la Argentina moría Roque Sáenz Peña, responsable de la ley del sufragio universal y secreto, que fue el instrumento legal que permitió cerrar el ciclo del dominio absoluto de la oligarquía terrateniente iniciado hacia el ochenta.

Huérfano de padre a los ocho años, su madre instaló un quiosco de cigarrillos y golosinas con el que pudo mantener el hogar. Meses después, en un picnic, el niño escuchó a dos bandoneonistas, uno de los cuales le facilitó que por primera vez se pusiera en las rodillas el instrumento que labraría su fama. A partir de ese día Pichuco, como ya lo llamaban sus amigos, formó una unidad indivisible con el fuelle, como si cada uno fuese una prolongación del otro.

Tras seis meses de clases con un modesto profesor de barrio —Juan Amendolaro— comenzó a tocar piezas fáciles. En 1925 (tenía once años) debutó en el cine Petit Colón de Córdoba y Laprida. Gustó y los empresarios lo contrataron para integrar la orquesta estable encargada de poner fondo musical a las películas que se proyectaban diariamente en la pantalla.

A los trece años integró un trío con Miguel Nijensohn y Domingo Sapia, que se presentó en algunos cafés. Ese mismo año se inició como director de un quinteto de corta vida, para pasar luego a formar parte del conjunto de Alfredo Gobbi, hijo. Más tarde tocó con Juan Maglio Pacho, y en 1930 fue llamado para integrar un sexteto histórico (el Vardaro-Pugliese) integrado por Elvino Vardaro y Alfredo Gobbi en los violines; Osvaldo Pugliese en el piano y Luis Sebastián Alesso en el contrabajo; Luis Díaz cantaba los estribillos; y meses después Ciriaco Ortiz reemplazaba a Jurado en el fuelle.

Troilo estuvo también con Los provincianos y con la Orquesta Típica Víctor; en 1932 apareció en la nutrida fila de bandoneones de la Orquesta Sinfónica de Julio De Caro, y en los años siguientes, hasta la creación de su propia agrupación, tocó con Elvino Vardaro, Angel D'Agostino, Juan D'Arienzo, Alfredo Attadía, Ciriaco Ortiz, con el trío Irusta-Fugazot-Demare y con Juan Carlos Cobián. La enumeración tiene importancia porque la simple lectura de la lista indica que desde el comienzo Aníbal Troilo actuó con las figuras fundamentales del tango, cuando él estaba todavía en pleno período de formación.

A mediados de 1937, Ciriaco Ortiz disolvió su conjunto y Troilo recibió una oferta para actuar en el dancing Marabú; llamó a algunos músicos de la agrupación de Ortiz a quienes conocía bien por haber tocado juntos, y debutó el 1º de julio con esta formación: Juan *Toto* Rodríguez, Roberto Yanitelli y él mismo en bandoneones; Reynaldo Nichele, José Stilman y Pedro Sapochnik en violines; Orlando Goñi en el piano; Juan Fassio en contrabajo, y como cantor Francisco Fiorentino. Al año siguiente la orquesta contaba con un nuevo violín, Hugo Baralis, y Eduardo Marino había reemplazado a Yanitelli. Con ese equipo Troilo grabó su primer disco (Odeón Nº 7.160). En un lado, *Comme il faut*, de Eduardo Arolas, y del otro *Tinta verde*, de Agustín Bardi. El dato no es pura erudición: indica la línea que habría de seguir la orquesta en el futuro; por una parte marcada preeminencia de bandoneones, señalada por la elección de Arolas (grabaría un total de cinco temas y una recopilación de fragmentos de distintos tangos de ese autor), y por otra, el nombre de Bardi mostraba la inclinación a destacar los elementos melódicos enmarcados en una constante rítmica bailable.

Matamoro explica así el sonido de Pichuco: "Troilo empieza por ser un decariano como todo el mundo, gobernante de una orquesta gregaria con su particular forma de ritmo, y con la peculiaridad de tener en sus arreglos un momento contrapuntístico dedicado a solos del bandoneón director, en variaciones sobre la primera melodía expuesta. Pero va evolucionando luego hacia una variante funcional que le da a ese mismo decarismo un tinte ajeno a la forma tradicional. En tanto que la orquesta decariana tiene roles rígidos —roles melódicos por un lado y rítmicos por el otro, atribuidos a instrumentos que los poseen de manera intransferible—, la orquesta troileana tiene roles transferibles de un grupo a otro. El piano es generalmente rítmico, pero goza de algunas frases de solismo melódico; los bandoneones son generalmente melódicos o sostenes de la armazón armónica, pero asumen a veces una función de marcación rítmica. La orquesta decariana, rígidamente jerárquica, es aristocrática, última expresión de un público social igualmente traído de una jerarquía estructural de índole patricia; en cambio, la orquesta de Troilo tiene roles intercambiables y aparece como un conglomerado democrático, en cierto modo reflejo del público que lo baila en ámbitos sociales de consistencia igualitaria".

Tal vez uno de los mayores méritos de Pichuco haya sido su intuición para elegir los músicos y cantantes que lo acompañaron y su habilidad para adaptarlos, para ensamblar las distintas personalidades al conjunto; a esto hay que agregar su lucidez en la selección del repertorio, donde se advierte que para Troilo su compositor preferido era él mismo (grabó 41 composiciones suyas). En la lista de los primeros lugares —anota Héctor López— lo siguen 20 tangos de Armando Pontier, 16 de Mariano Mores, 11 de Anselmo Aieta, 9 de Astor Piazzolla y 9 de Julián Plaza. En cuanto a sus letristas, la nómina la encabeza Cátulo Castillo con 25 temas y le siguen Homero Manzi con 21, José María Contursi con 16 y Enrique Cadícamo y Homero Expósito con 15, quienes junto con otros nombres frecuentes: Federico Silva, Carlos Bahr, Francisco García Giménez, Pascual Contursi, Celedonio Flores, Enrique Santos Discépolo, Alfredo Le Pera o José González Castillo, entre otros, señalan hasta qué punto Troilo consideraba esencial la calidad poética de las palabras que acompañaban a las melodías. Por esta razón a lo largo de toda su biografía orquestal otorgó un papel tan relevante a los cantores, quienes —en general— pasaron por su conjunto para convertirse en notables solistas: Francisco Fiorentino, Alberto Marino, Floreal Ruiz, Edmundo Rivero, Roberto Goyeneche, a los que se pueden agregar los nombres de Jorge Casal, Angel Cárdenas, Aldo Calderón, Roberto Rufino (que se sumó al conjunto cuando ya era un nombre consagrado), Tito Reyes —que fue la voz de los últimos años— y dos mujeres, Elba Berón y Nelly Vázquez; esto también conformó una novedad, porque era muy difícil que una orquesta de primera línea aceptase timbres femeninos entre sus cantantes.

Troilo supo darle una importancia fundamental a sus arregladores, cuya nómina incluye a Astor Piazzolla, Héctor María Artola, Argentino Galván, Ismael Spitalnik, Oscar de la Fuente, Alberto Caracciolo, Eduardo Rovira, Emilio Balcarce, Julián Plaza, Héctor Stamponi y Raúl Garello. Y aunque él comandaba y suprimía todo aquello que pudiera distorsionar el sonido de su orquesta (era famosa una goma de borrar que Pichuco llevaba siempre en el bolsillo para dar los últimos toques), otorgaba amplia libertad a sus sucesivos arregladores para que enriquecieran las melodías. Pero exigía que se mantuviera el sabor troileano donde, a su criterio, lo fundamental era el tono bailable. Alguna vez Astor Piazzolla, al recordar su época de arreglador, se quejó: "El Gordo, aunque supiera que sonaba hermoso, me pasaba la goma, porque decía que no era comercial, que no tenía fuerza, que no era bailable".

Una de las audacias permitidas por Troilo fue la por entonces revolucionaria orquestación de *Recuerdos de bohemia* de Enrique Delfino, que Pichuco grabó en 1946 con José Basso en el piano y Reinaldo Nichele como violín solista. El arreglador Argentino Galván duplicó la duración de la pieza, le agregó una dilatada introducción en la que se alejó de la melodía original y realizó —en suma— lo que Gobello llama "un pequeño concierto".

Lo dicho respecto a la elección de los cantores se reitera al hablar de los ejecutantes: la evolución posterior de sus intérpretes también prueba el buen criterio de Troilo para ubicar a los músicos adecuados para su orquesta. La mayoría de ellos captados en pleno desarrollo y cuya maduración puede advertirse en el hecho de que buena parte llegó a conformar sus propios conjuntos. Así por ejemplo Astor Piazzolla, José Basso, Carlos Figari, Osvaldo Manzi, Osvaldo Berlingeri, Hugo Baralis, Raúl Garello, José Colángelo, a quienes hay que agregar otros músicos talentosos como el violonchelista José Bragato, el contrabajista Quicho Díaz, los violinistas Reynaldo Nichele, Juan Alsina, Simón Zlotnik, Salvador Farace, David Díaz. Para todos el paso junto a Troilo marcó definitivamente su desarrollo artístico.

Incluso Astor Piazzolla, aparentemente alejado de las concepciones troilianas, deja traslucir cierto contagio de ese intuitivo que supo sintetizar el tango bailable, el puramente instrumental y el cantado.

Hasta la aparición de Troilo las voces de la orquesta se limitaban a entonar el estribillo; él instauró la costumbre de cantar todos los versos. Más tarde, cuando agregó la voz de Alberto Marino para que se turnara con la de Fiorentino, implantó el hábito, seguido por la mayoría de los conjuntos, de incluir dos cantores en las orquestas típicas, lo que produjo duplas famosas: Carlos Dante-Julio Martel con Alfredo De Angelis; Julio Sosa-Oscar Ferrari con Francini-Pontier, entre otras.

Pese a que Troilo destacaba el papel de Fiorentino al hacerle cantar la letra completa, con lo cual las palabras pasaban al primer plano, éste ocupó en la orquesta de Pichuco el lugar de un instrumento más. Tanto, que era frecuente que sus modulaciones se apocopasen en ciertos momentos de la frase, obligado por el ritmo que el director infundía al conjunto.

Tal vez no le costó amoldarse a esa manera de cantar porque conocía bien la función de un instrumento en una orquesta: él mismo se había iniciado como bandoneonista, llegando a tocar en el conjunto de Francisco Canaro, donde comenzó a alternar su labor con la de estribillista. Entre 1925 y 1930, Fiorentino actuó ya exclusivamente como cantor de Juan D'Arienzo y Juan Carlos Cobián, con quien dejó algunas buenas versiones grabadas, pero a gran distancia de las que luego habría de brindar con Pichuco.

Es como para suponer que Troilo lo dirigió también respecto a su canto, porque sólo durante el tiempo que permaneció en su conjunto Fiorentino llegó a dominar su registro con tanta amplitud y afinación. Su tono, por momentos lacrimoso, y hasta su timbre, se emparentaban con dos tenores de éxito: Agustín Magaldi e Ignacio Corsini; la diferencia estaba en que Fiorentino arrastraba mucho más la frase y poseía una buena dicción, ligeramente italianada pero superior a la de ambos.

Algunos grandes éxitos de Troilo se debieron sin duda a la intención que ponía Fiorentino al cantarlos. Sus versiones de *Pa' que bailen los muchachos*, *El bulín de la calle Ayacucho*, *No le digas que la quiero*, *Tinta roja*, *A bailar* y *Malena* continúan vigentes.

Luego pasó a cantar con Orlando Goñi, pianista de Troilo que se desvinculó de la orquesta en 1944, y pocos meses después Fiorentino se decidió a cantar como solista acompañado por un conjunto a cuyo frente estaba Astor Piazzolla, con quien grabó con acierto *Viejo ciego*, *Otros tiempos, otros hombres* y una excelente versión de *Corrientes y Esmeralda*. Más tarde pasó por la orquesta de José Basso, otro ex pianista de Troilo, y murió en un accidente automovilístico en Mendoza en 1955.

En 1942, Troilo incluyó en su conjunto a un muchacho de veintidós años, Alberto Marino, con una trabajada voz de tenor, que se adaptó rápidamente a las características de la orquesta. Con reminiscencias de cantante lírico, no podía negarse la influencia que sobre él ejercía la sombra de Carlos Gardel. Marino poseía un acento más sentimental que Fiorentino, al que también superaba en amplitud de registro, pero Pichuco logró que ambos se complementaran y se adecuaran a las distintas características de cada tango. Así a Marino le encargó temas de gran riqueza melódica, como *Café de los Angelitos*, *Copas, amigos y besos*, *Tal vez será su voz*, *Tedio*, *Sin palabras*, *La luz de un fósforo*, *La vi llegar* y *Ya estamos iguales*.

Como en el caso de Fiorentino, la tutela de Troilo resultó fundamental para la evolución de Marino. A partir de febrero de 1946, cuando decidió presentarse con su propio conjunto encabezado por el violinista Emilio Balcarce, a quien continuaron Héctor Artola, Toto Rodríguez, Carlos García, Hugo Baralis, Héctor Stamponi, Alberto Di Paulo y Osvaldo Tarantino, el defecto más notable fue una deficiente elección de repertorio y una tendencia cada vez más marcada a acentuar las posibilidades líricas de su voz. Debido a ello, pese a mantener un muy aceptable nivel de calidad y haber trabajado con arregladores de vanguardia, ya nunca obtuvo la misma resonancia popular de los tiempos de su paso por la orquesta de Troilo.

Cuando en 1944 Pichuco lo llamó para ocupar la plaza dejada vacante por Fiorentino, Floreal Ruiz se desempeñaba desde hacía un año con la orquesta del pianista Alfredo De Angelis. Con un acento más rotundo que el de su antecesor y una muy ajustada afinación que mantuvo hasta su muerte en 1978, se especializó en temas donde lo dramático *(Confesión, Y la perdí, La noche que te fuiste)* alternaba con una cuerda nostálgica, que Floreal manejaba sin recurrir a quejas ni lacrimosidades *(Romance de barrio, Flor de lino, Yuyo verde)*. Cuando dejó el sitio de cantor en la orquesta de Troilo, integró por siete años, entre 1949 y 1956, el conjunto de Francisco Rotundo, para desempeñarse luego con José Basso, donde su acento ya mucho más ronco se convirtió en característica del conjunto. En los últimos años, acompañado por Osvaldo Requena, grabó una placa de muy exactas interpretaciones entre las que se destacan *Mañana zarpa un barco* y *El motivo*.

Dos de los cantores de Troilo, Edmundo Rivero y Roberto Goyeneche, merecen capítulo aparte porque su paso por la orquesta de Pichuco fue sólo un estadio dentro de un desarrollo creciente, al contrario de otros hombres para los cuales el período de esplendor está signado por la pertenencia al conjunto del autor de *Sur*.

La faceta de Aníbal Troilo compositor reviste tanta importancia como la de Troilo director de orquesta. Es el aspecto que completa el mito. Lo cierto es que escribió las partituras de algunos de los más famosos tangos del cuarenta, en una línea musical de enorme belleza melódica que puede emparentarse —como lo hace Horacio Ferrer— con Enrique Delfino, Juan Carlos Cobián, Lucio Demare y Sebastián Piana. Se trata en su mayoría de temas cantables, para lo cual se reunió con los mejores poetas del momento ("Me queda la frustración de no haber escrito un solo tema con Discépolo a pesar de ser tan amigos", se quejó alguna vez). La lista de obras señala el porqué de su persistencia autoral en repertorios de orquestas posteriores: con Enrique Cadícamo tiene *Garúa, Pa' que bailen los muchachos* y *Naipe*; con Cátulo Castillo *A Homero, Desencuentro, El último farol, María, Patio mío, Una canción* y *La última curda,* uno de los mejores tangos-canción de la historia, para concluir con el escéptico *Y a mí qué*, grabado por la voz de Elba Berón; con José María Contursi escribió —entre otros— *Garras, Mi tango triste* y *Toda mi vida*; cinco de los seis temas que realizó en dupla con Homero Manzi representan títulos insoslayables del tango que nace en el cuarenta: *Barrio de tango, Che bandoneón, Discepolín, Romance de barrio* y *Sur.* Con Homero Expósito escribió un solo tema, aunque memorable: *Te llaman malevo.* Se puede agregar que musicalizó un poema de Jorge Luis Borges, *Milonga de Manuel Flores*, y otro de Ernesto Sabato, *Alejandra*, inspirado en la protagonista de *Sobre héroes y tumbas*, efectuado a pedido de Ben Molar para su producción *14 para el Tango.*

En el aspecto puramente instrumental Troilo compuso entre otros: *A la Guardia Nueva, A Pedro Maffia, La trampera, Milonguero triste* (dedicado al violinista Alfredo Gobbi (hijo), *Nocturno a mi barrio* y *Responso*, su homenaje a Homero Manzi, escrito en la madrugada del 4 de mayo de 1951, mientras velaban a su amigo en el edificio de SADAIC.

Si en el futuro alguien se preguntara por qué Troilo se convirtió en un mito se podrán dar muchas explicaciones: musicales, históricas, sociológicas y hasta de índole política. Será válido encontrar coincidencias entre su propio desarrollo musical y la paralela evolución del tango. Se podrá conjeturar que su obra fue consecuencia de la falta de avance, del quietismo de la música porteña en la década del treinta. Se dirá que Pichuco se puso al frente de una necesidad de cambio. No faltará incluso quien ubique los compases de su orquesta dentro de un inventario nostálgico en el que aparecerán mezclados la revista "Patoruzú", los dibujos de Guillermo Divito, el duelo pugilístico entre Prada y Gatica, las maniqueas películas de guerra producidas en Hollywood, los rostros de Gary Cooper, Rita Hayworth, Bing Crosby y Frank Sinatra, la despedida de Humphrey Bogart e Ingrid Bergman en el brumoso aeropuerto de *Casablanca*, éxitos nacionales como *La guerra gaucha, Su mejor alumno* y *Pampa bárbara*, la competencia tango/bolero en los bailables, las visitas de Pedro Vargas a Buenos Aires, los radioteatros de la tarde, las melosidades de Oscar Casco y la audición de *Los Pérez García* al comenzar la noche.

Sin embargo, quienes alguna vez lo escucharon, quienes lo vieron, especialmente cuando la orquesta lo dejaba en la penumbra a solas con el fuelle, acaso digan, si pueden traducir aquellas sensaciones, que Troilo quedaba instalado en el misterio. En ese instante, cuando parecía que Pichuco soñaba mientras sus dedos regordetes se deslizaban por el teclado del Doble A, se producía una corriente profunda que conjuraba un *aleph*. Allí convivían las historias ajenas con los propios recuerdos, las calles y los seres anónimos de la ciudad. Durante los tres o cuatro minutos que duraba esa magia estaban a su lado los protagonistas de los tangos. Acaso por ello Troilo no miraba a su público, o lo hacía con los ojos desmesuradamente abiertos, como en trance, sin ver a los fanáticos que lo rodeaban silenciosos, expectantes. "Ocurre que cuando toco el bandoneón estoy solo, o con todos, que viene a ser lo mismo", explicó alguna vez.

ENRIQUE CADÍCAMO
CUANDO TALLAN
LOS RECUERDOS

"Nadie como Enrique Cadícamo representó al intérprete de un clima nocheriego que fue nuestro hasta el cogollo. Nadie como él —entre François Villon y Baudelaire— hizo de la musa renga de la calle Corrientes una personalidad vigorosa de aguafuerte", anotó Cátulo Castillo en el prólogo a la segunda edición de *Viento que lleva y trae,* colección de poemas evocativos del Buenos Aires de principios de siglo vinculado a la historia del tango. Peringundines, boliches en los que tríos y cuartetos de los tiempos heroicos entusiasmaban a los parroquianos, sórdidos prostíbulos, topadas legendarias entre guapos de cartel, notables bailarines y músicos con los que no se atrevió el olvido abultan las páginas del libro. Cronista sencillo, conocedor del ritmo, de la forma y la rima, Cadícamo registró como en un álbum las amarillentas fotografías de los tiempos de "Caras y Caretas", de los festejos del Centenario, de las manifestaciones anarquistas y de los gobiernos unánimemente conservadores.

Nació el 15 de julio de 1900 en Luján, provincia de Buenos Aires, y publicó su primer libro —*Canciones grises*— en 1926. Dos años antes, había estrenado su primer tango: *Pompas de jabón*, que popularizó la voz de Carlos Gardel a fines del año siguiente. El tono moralizante de *Pompas* lo emparenta con las letras contemporáneas de Celedonio Flores. El narrador reprocha a una muchacha de cabaret el olvido de los principios morales y le asegura que su actitud la conducirá irremediablemente al fracaso. Con tono admonitorio de quien pertenece al ámbito del cabaret pero sólo como cronista social, Cadícamo sostiene:

Pensá pobre pebeta, papa, papusa,
que tu belleza un día se esfumará,

> *y que como las flores que se marchitan*
> *tus locas ilusiones se morirán...*
> *El mishé que te mima con sus morlacos*
> *el día menos pensado se aburrirá,*
> *y entonces como tantas flores de fango*
> *irás por esas calles a mendigar...*

En la misma línea insistió en *¡Che papusa oí!*...:

> *Si entre el lujo del ambiente*
> *hoy te arrastra la corriente,*
> *mañana te quiero ver...*

El desclasamiento es otra preocupación habitual en las letras de Cadícamo de aquellos años. El intento de ascenso social sobre bases precarias asentadas en la belleza o en un cuerpo agraciado es sólo deslumbramiento:

> *Esos trajes que empilchás*
> *no concuerdan con tu cuna,*
> *pobre mina pelandruna*
> *hecha de seda y percal.*
> *En fina copa 'e cristal*
> *hoy tomás ricos licores,*
> *y entre tantos resplandores*
> *se encandiló tu arrabal...*
> Para agregar más adelante:
> *Despilfarrás tentación,*
> *pero también, callejera,*
> *cuando estés vieja y fulera*
> *tendrás muerto el corazón...*
> (C<small>ALLEJON</small>)

Cadícamo no se limitó a retratar el mundo de la noche. Definió al propio tango:

> *Sos entre el camandulaje*
> *un cacho de mala suerte,*

> *sos el barbijo de muerte*
> *que rubrica el sabalaje.*
> *Sos el alma del chusmaje*
> *metida en un bandoneón, sos la furca y la traición,*
> *el piropo y el chamuyo, y sos una flor de yuyo*
> *que perfuma el corazón.*
>
> (APOLOGIA TANGUERA)

Se burló de los imitadores de los guapos:

> *En la timba de la vida*
> *sos un punto sin arrastre*
> *sobre el naipe salidor*
> *y en la cancha de este mundo*
> *sos un débil pa'l biabazo,*
> *el chamuyo y el amor,*
> *aunque busques en tu verba*
> *pintorescos contraflores*
> *pa' munirte de cachet,*
> *yo te digo a la sordina*
> *¡Dios te ayude compadrito*
> *de papel maché!*
>
> (COMPADRON);

Buscó la sutileza de la metáfora de linaje literario:

> *¿Qué duendes lograron lo que ya no existe?*
> *¿Qué mano huesuda fue hilando mis males?*
> *¿Y qué pena altiva hoy me ha hecho tan triste,*
> *triste como el eco*
> *de las catedrales?*

Buscó el tono humorístico y discepoliano en *Al mundo le falta un tornillo*; se hizo romántico en *La casita de mis viejos*, *Nostalgias* o *Rubí*, los tres con música de Juan Carlos Cobián (músico de muchos de sus mayores éxitos) y evocador en la visión de temas como *En lo de Laura*, *Otros tiempos y otros hombres* y *Tres esquinas*:

> *Yo soy del barrio de Tres Esquinas,*
> *viejo baluarte de un arrabal*
> *donde florecen como glicinas*
> *las lindas pibas de delantal...*
> *donde en la noche tibia y serena*
> *su antiguo aroma vuelca el malvón*
> *y bajo el cielo de luna llena*
> *duermen las chatas del corralón...*

La temática amorosa también salpica buena parte de su obra:

> *Ibas caminando hacia el misterio,*
> *yo salí a tu encuentro y te alcancé...*
>   (ALMITA HERIDA)

> *La luz de un fósforo fue*
> *nuestro amor*
> *pasajero...*
> *Duró tan poco... lo sé...*
> *como el fulgor*
> *que da un lucero...*
>   (LA LUZ DE UN FOSFORO);

> *Pobre solterona te has quedado,*
> *sin ilusión, sin fe...*
> *Tu corazón de angustias se ha enfermado,*
> *puesta de sol es hoy tu vida trunca...*
> *Sigues como entonces, releyendo*
> *el novelón sentimental,*
> *en el que una niña aguarda en vano*
> *consumida por un mal de amor...*
>   (NUNCA TUVO NOVIO)

Como autor teatral Cadícamo estrenó en colaboración con Félix Pelayo *La epopeya del tango* y *La baba del diablo*; con Germán Ziclis, *El romance de dos vagos*; con Alberto Ballerini, *El cantor de Buenos Aires*, y con Martín Lemos, *Los cuentos de un príncipe*. En la década del treinta dirigió dos películas, y escribió luego los argumentos de otros filmes como *La historia del tango* (1949), dirigida por Manuel Romero.

Lo dilatado de su trayectoria poética y lo amplio de su espectro temático, unidos a una adecuación a los requerimientos de cada una de las épocas en las que estaba escribiendo, le permitieron adaptarse a las distintas necesidades. De ahí que no pueda extrañar que la intuición de Gardel para seleccionar su repertorio lo impulsara a cantar veintitrés temas con versos de Cadícamo. Atento al movimiento literario argentino, se dejó influir por el Leopoldo Lugones del *Lunario sentimental*, según se advierte en las páginas de su libro *La luna de bajo fondo*, y no descuidó su amistad con Nicolás Olivari y Leopoldo Marechal. Pudo ser un poeta destacado de la generación del veintidós, como lo prueba una lectura de *Canciones grises:*

> *El Pigall ha quedado desierto y bostezando,*
> *enmudeció la orquesta sus salmos compadrones,*
> *las rameras cansadas se retiran pensando*
> *en sus lechos helados como sus corazones.*

Pero prefirió —como Manzi— transformarse en letrista, e historiar, recuperar, los aspectos menores de la vida porteña.

Al llegar la renovación del tango a partir de 1940, Cadícamo, en lugar de aferrarse a una temática que sabía exitosa —cabaretera en los veinte y romántica en los treinta—, se convirtió en uno de los nombres esenciales del cambio poético de la década. Recurrió a la descripción nostálgica y cuidó la metáfora. Así produjo páginas como *Tres amigos, Naipe:*

> *Me ganó el amor la "falta envido",*
> *a pesar de haber tenido... 33...*
> *A veces, uno, corazón,*
> *se juega entero a un gran querer*
> *y está el engaño tras cartón.*

A pan y agua; *Cuando tallan los recuerdos*:

> *Bandoneón de mis recuerdos...*
> *Viejo amigo envuelto en pena.*

Shusheta y, sobre todo, *Garúa:*

¡Qué noche llena de hastío... y de frío!
No se ve a nadie cruzar por la esquina...
Sobre la calle, la hilera de focos
lustra el asfalto con luz mortecina...
Y yo voy como un descarte,
siempre solo,
siempre aparte,
recordándote...
....
Garúa... Tristeza...
Hasta el cielo se ha puesto a llorar.

ALBERTO CASTILLO:
¡QUÉ SABEN LOS PITUCOS!

Más que un cantor, Alberto Castillo es un símbolo. Acaso sin proponérselo, buscó una ubicación en la que no importaba tanto su capacidad vocal como su carácter emblemático. Aunque cantaba desde 1934, durante sus años de estudiante de medicina (obtuvo el título de médico, para después especializarse en ginecología), su debut profesional se produjo en 1939, al ser contratado por la orquesta Los Indios, capitaneada por Ricardo Tanturi. Los advertidos encontraron en Castillo una voz de buena afinación y un tono cachador, zumbón, un arrastre en el fraseo y una exageración gestual que lo alejaba de los estereotipos al uso, y lo miraron con simpatía. Al menos era distinto del cúmulo de imitadores de Gardel que proliferaban desde el accidente de Medellín. Al desvincularse de Tanturi en 1944 para formar su propio conjunto, dirigido sucesivamente por Emilio Balcarce, Enrique Alessio y Angel Condercuri, Castillo encontró su manera definitiva. Recargó trazos, remarcó los aspectos distintivos de su vestuario, y luego, al convertirse en actor cinematográfico, subrayó los aspectos marginales de su fonética conversacional, como antes lo había hecho Gardel al acentuar las cadencias arrabaleras de su discurso.

Castillo asumió un rol paradigmático. En lugar de pretender reflejar la realidad, mostrarse como un universitario que cantaba, y consecuentemente, en el mejor de los casos, atildar su vestuario de acuerdo con los cánones burgueses, eligió el camino del desclasamiento. Se disfrazó. Vistió trajes azules de telas brillantes, con anchísimas solapas cruzadas que llegaban casi hasta los hombros, el nudo de la corbata cuadrado y ancho, en contraposición a las pautas de clase media elegante que lo aconsejaban ajustado y angosto. El saco desbocado hacia atrás, y un pañuelo sobresaliendo exageradamente del bolsillo. El pantalón de cintura alta y anchas botamangas completaba el atuendo, que era más dasafío que vestimenta. Desde otro ángulo, el boxeador José María Gatica se exhibía de manera parecida en abierta oposición a las normas del buen gusto pequeñoburgués. Era ropa emparentada con la moda que —como burla a la plebe— había inventado el dibujante Guillermo Divito en las páginas de la revista "Rico Tipo". Desde la oligarquía, el plumín del creador de historietas famosas como *El otro yo del doctor Merengue* o *Falluteli* remarcaba trazos como si se tratase de un espejo deformante y caricaturesco. En la vereda de enfrente, tanto Castillo como Gatica asumían el papel de prototipos de los marginales que habían producido el 17 de octubre. Y aunque en realidad nadie se vestía como ellos, al llevar el vestuario al grotesco transformaban el desparpajo en agresión.

En el cantor esta tendencia se advierte en un simple repaso de sus letras. Castillo se burla de la burguesía y de las medidas pautas de los sectores medios. El proletariado y los marginales que llegan al poder junto con el ascenso del peronismo ya no necesitan imitar a otra clase para disimular su origen. Por el contrario, están orgullosos de ellos mismos.

A comienzos de siglo los visitantes extranjeros se asombraban del cuidado que ponían los obreros para no parecerlo. Federico Rahola y Tremols anotaba en su *Impresiones de un viaje a la América del Sud*, aparecido en Barcelona en 1904: "Los obreros con ser muchos, no usan indumentaria especial que los hace resaltar en las vías de nuestras ciudades. La población ofrece un tipo marcadamente burgués". De la misma manera señala Scobie que los coches obreros que se acoplaban a los tranvías del inicio de la jornada y de la tarde para el regreso de los trabajadores a los barrios y en los que se cobraba medio pasaje viajaban prácticamente vacíos, porque muy pocos aceptaban su estrato proletario.

A mediados de los cuarenta los trabajadores, en vez de disimular su condición de tales, revalorizan su sitio en la sociedad. Cuando el antiperonismo bautiza "cabecitas negras" a los inmigrantes del interior, por el color de su piel y de su pelo, en lugar de sentirse agredidos reivindican el insulto con orgullo de su origen. Evita, que comprende la relación verbal, devuelve el calificativo despectivo y aquellos que para la gente fina eran "los grasas", en el discurso de la que sus seguidores llaman "la abanderada de los obreros", se transforman en el cariñoso y compinche "mis queridos grasitas".

A despecho de su paso por las aulas universitarias, de haber llegado a ser *M'hijo el dotor*, al decir de Florencio Sánchez, Castillo prefiere ser un ídolo, el representante de una clase que hasta ese momento había estado marginada y comienza a emerger. Pero lo hace desde el sitio del observador intuitivo, no desde el del militante político, que no lo es.

La posición servil ante la oligarquía se advierte hasta en los títulos de los tangos de la Guardia Vieja, o en el elogio a la patota de niños bien que significa el tango *La indiada*, que llegó a entonar Carlos Gardel, o en *Viejo coche*, donde un *play boy* del Centenario evoca su generosidad con el cochero y explica:

> *De mis pilchas te pasaba*
> *aquellas que ya no usaba.*
> *Toda ropa de valor.*
> *Si una fija me corría*
> *muchas veces, si podía,*
> *te llevaba un ganador.*
> *Dondequiera que paraba*
> *a tomar te convidaba*
> *a mi lado un copetín...,*

O el elogio a la elegancia del Payo Roqué escrito por Cadícamo:

> *Dicen que fue allá por su juventud*
> *un gran señor del Buenos Aires de ayer*
> *que engalanó las puertas del Jockey Club*
> *y en el ojal, siempre llevaba un clavel.*
> *Apellido distinguido, gran señor en las reuniones,*
> *por su pinta suspiraban y conquistaba los corazones.*

Estos ejemplos encuentran su contrapartida en buena parte de los temas que integran el repertorio de Castillo.

Frente a la obsecuencia, opta por la burla:

> *Qué saben los pitucos, lamidos y shushetas*
> *qué saben lo que es tango, qué saben de compás.*
> *Aquí está la elegancia, qué pinta, qué silueta,*
> *qué porte, qué arrogancia, qué clase pa'bailar.*
> (ASI SE BAILA EL TANGO)

Castillo recalca sus gestos al extremo de aferrarse al micrófono, que hasta ese momento era un parante estático que nadie se atrevía a quitar de su sitio. En él, los ademanes son desplantes; para enfatizar ciertos temas, hace bocina con las manos, pero en lugar de rodear la boca con las palmas, como el gesto corriente, lo hace con el dorso cruzando el rostro, con lo cual el ademán resulta caricaturesco. Llega a imitar el saludo de Perón desde los balcones de la Plaza de Mayo, pero en vez de alzar los brazos en un gesto amplio, que compromete todo el cuerpo, reduce su ámbito gestual y se limita a enmarcar su cara con los dorsos de las manos. Además, y como para que no haya dudas sobre su adscripción al proletariado, recurre (lo cual no implica necesaria adhesión al gobierno) como característica de su presentaciones a una cuarteta definitoria:

> *Yo soy parte de mi pueblo*
> *y le debo lo que soy.*
> *Hablo con su mismo verbo*
> *canto con su misma voz.*

Y así mientras la clase media lo acusa de "chabacano", "arrabalero" o "payaso", él se convierte en verdadero ídolo. No faltan los que buscan un modelo foráneo y lo comparan con Al Jolson, protagonista de la primera película sonora, *El cantor de jazz*, quien se disfrazaba de negro para sus presentaciones, pintándose el rostro y enfundándose guantes blancos. Ambos —es verdad— practican un arrastre alejado de las pautas de la gente fina, y sus exagerados ademanes los relacionan; ambos asumen un rol ajeno, y se han convertido en ídolos de sectores sumergidos de sus respectivas sociedades.

Las historias que canta Castillo, tanto las nuevas composiciones como las que exhuma entre antiguos tangos, parecen tener un común denominador: nacionalismo, asunción de su carácter clasista y fanatismo tanguero, lo cual quedaría englobado en su enfrentamiento con la burguesía, de la que —como se vio en el ejemplo de

Así se baila el tango— no vacila en burlarse. El tango es bueno en la medida en que es la música preferida por el pueblo, y sus ídolos los son no sólo por sus virtudes intrínsecas, sino también porque han sido elegidos por la masa. Lo cual de paso es narcisismo y autojustificación del lugar que ostenta en las preferencias populares.

En las letras de los tangos que adopta para su repertorio, Castillo elogia al tango por ser un producto nacional, por su riqueza temática y por la pluralidad de enfoques que permite su estructura. Lo puntualiza. Existe un tipo de tango que se adecua a cada gusto:

> *Que bailen, los que vienen a bailar.*
> *Que escuchen, los que quieran escuchar...*
> *Pa' todos hay un tango acompasado*
> *pretencioso y retobado*
> *reinando en mi ciudad.*

Y sigue más adelante:

> *Pa' que se callen los que andan divulgando*
> *que el tango es triste, que es danza y son del fango.*
> *Pa' que se callen, les voy pasando el dato:*
> *el tango es danza triste, pero es canción de rango.*
> *Pa' que se callen les mando en dos por cuatro*
> *esta cadencia viril que se hace canto.*
> *Si son sensibles, verán que nos es del fango*
> *aquel que envuelve en tangos su corazón.*
>
> (Pa' que se callen)

Como una definición rescata los viejos versos de Francisco García Jiménez:

> *Barrio, barrio pobre, estoy contigo (...)*
> *Barrio de mis sueños más ardientes.*
> *Pobre, cual la ropa de tu gente,*
> *para mí, guardabas toda la riqueza*
> *y lloviznaba la tristeza,*
> *cuando te di mi último adiós.*

En cambio, en contraposición le canta a una

*Niña bien de apellido con ritornello,
que tenés senza grupo figuración,
que parecés por todo su venticelo,
la sucursal del Banco de la Nación.
Que estás comprometida con Albertito,
un elegante yatchman del Tigre Club,
que tiene un par de anchoas por bigotito,
y pa' batir ¡araca! dice mondiú.
Che Pituca, quién tuviera la alegría,
de tener una alcancía, como la de tu papá,
y un anillo, con la piedra incandescente
de esos que usa indiferente
pa' entrecasa tu mamá,*

para concluir con una resentida profecía:

*Che Pituca, no derrochés los canarios,
que a tu viejo el millonario, lo voy a ver al final,
con la bandera a media asta,
cuidando coches a nafta
en alguna diagonal.*

(CHE PITUCA)

En este caso a Castillo ni siquiera le preocupa utilizar un lenguaje arcaico. Cuando él graba este tema, a mediados de la década del cincuenta ya no existían coches de tracción animal, y los "canarios", como se denominaba desde comienzos de siglo a los billetes de cien pesos (por su coloración amarilla) también habían dejado de circular hacía tiempo. Pero el anacronismo era válido en la medida en que le servía como instrumento de agresión clasista.

El mismo esquema se reitera no ya en lo social sino en lo geográfico, cuando tras enumerar los motivos de su deslumbramiento por Nueva York (*letreros enormes que ocupan diez pisos, casas que tienen mil metros de altura,* o más irónicamente: *te inventan de to-*

do para hacer más fiaca: aquí todo marcha a electricidad), no puede con su nostalgia y como una manera de superarla y al mismo tiempo de reafirmar su identidad, opina que a pesar de todo

> *le falta una cosa a esta gran ciudad.*
> *Aquí hace falta, hermano,*
> *algo de Buenos Aires.*
> *Aquí hace falta un tango,*
> *pero un tango, me entendés.*
> *Hacéme la gauchada,*
> *te lo suplico, hermano,*
> *mandame "Mano a mano"*
> *grabado por Gardel.*
> (AQUI HACE FALTA UN TANGO)

En los cincuenta, Castillo introdujo la variante de presentarse con un grupo de negros candomberos que bailaban y lo acompañaban con el sonido de los parches cada vez que entonaba un tema del folklore africano en su versión rioplatense. En estas interpretaciones, sus movimientos pélvicos de vaivén eran muy festejados por el público, y provocaban las quejas de la clase media puritana.

A pesar de que Castillo había filmado varias películas fuertemente taquilleras —*Adiós Pampa mía* (1946), *El tango vuelve a París* (1948), *Un tropezón cualquiera da en la vida* (1949) (las tres dirigidas por Manuel Romero) y *Alma de bohemio* y *Por cuatro días locos*, realizadas por Julio Saraceni en 1949 y 1953 respectivamente—, su arraigo popular comenzó a languidecer hacia mediados de la década del cincuenta, en coincidencia con la caída del régimen peronista. Acaso su éxito se cortó de manera abrupta, igual que el proyecto político del cual era un reflejo. Trunco el desarrollo del modelo social que los había engendrado, también quedaban truncos sus productos. Alberto Castillo había sido —acaso sin deliberación— uno de los más típicos. El retorno al poder de la gente fina acompañada por la clase media educada habría de cerrar las puertas a los modelos eufóricos, extravertidos, groseros, de la década anterior. Junto con el peronismo había que desterrar sus formas. Una clase insegura como la pequeña burguesía no podía soportar a quienes en lugar de ocultar su estrato social, como lo había hecho la mayoría de los pulcros obreros inmigrantes de principios de siglo, ostentara su clase con orgullo e instituyera sus propios modelos. En ese contexto Castillo no podía subsistir como paradigma.*

* En su texto *Gardel* (aparecido originariamente en "Sur", número 223, julio-agosto de 1953, y luego reproducido en su libro *La vuelta al día en ochenta mundos*) Cortázar —por entonces partícipe de la visión cerradamente antiperonista que compartía la enorme mayoría de sus colegas— sentenciaba terminantemente: "La mera delectación en el mal gusto y la canallería resentida explican el triunfo de Alberto Castillo". Y a continuación: "Cuando Gardel canta un tango, su estilo expresa el del pueblo que lo amó. La pena o la cólera ante el abandono de la mujer son pena y cólera concretas, apuntando a Juana o a Pepa, y no ese pretexto agresivo total que es fácil descubrir en la voz del cantante histérico de este tiempo, tan bien afinado como la histeria de sus oyentes. La diferencia de tono 'moral' que va de cantar ¡*Lejana Buenos Aires / qué linda que has de estar!* como la cantaba Gardel al ululante ¡*Adiós Pampa mía!* de Castillo da la tónica de ese viraje a que aludo. No sólo las artes mayores reflejan el proceso de una sociedad", anotaba Cortázar desde la ciudad a la que había viajado dos años antes. Los motivos de su destierro, explicados por el mismo Cortázar dos décadas después, cuando ya se había producido su viraje político, ejemplifican de paso la actitud del estrato intelectual del cual el autor de *Bestiario* puede ser considerado —en esa época— un buen ejemplo. Escribió Cortázar: "Me ahogaba dentro de un peronismo que era incapaz de comprender en 1951, cuando un altoparlante en la esquina de mi casa me impedía escuchar los cuartetos de Béla Bartók" ("Hispamérica", Año 1, número 2, 1972). Resulta obvio que la impertinencia de Castillo debía contribuir a su sensación de ahogo.

ÁNGEL VARGAS: UNA HILACHA ÍNTIMA

Jorge Göttling ha escrito que, con la sola excepción de Gardel, Angel Vargas es el cantor de tangos más escuchado de la radiotelefonía argentina. El hecho, a más de veinticinco años de su muerte, puede producir perplejidades. José Lomio (su verdadero nombre) nunca tuvo una personalidad arrasadora, y tampoco ocupó un primerísimo lugar como sucedió —por momentos— con otros solistas. Los acompañamientos orquestales, tanto de Angel D'Agostino como posteriormente de Armando Lacava, de Eduardo Del Piano y otros directores que lo acompañaron a partir de 1947, cuando se independizó como solista, tampoco estuvieron destinados a su exclusivo lucimiento. Por el contrario, Vargas continuó desempeñando el papel de cantor de orquesta, sitio con el que se había iniciado en 1932, en su primera asociación con Angel D'Agostino. El segmento ocupado por Vargas desde que volvió a reunirse con D'Agostino en 1940 no implicaba un lucimiento mayor que, por ejemplo, el del Carlos Dante en la orquesta de Alfredo De Angelis. Sin embargo, la distinta persistencia de uno y otro señalan que el fenómeno Vargas excede las pautas habituales de análisis.

Había nacido en Parque Patricios en 1904, y tras cantar —como solía ocurrir entonces— en cafés y cines de barrio, debutó oficialmente con una orquesta (la de Landó-Matino) en el café Marzotto de la calle Corrientes. Alternó con otros conjuntos hasta que inició su labor con D'Agostino; en 1935 cantó con Augusto Berto y en 1938 se convirtió en estribillista de la Orquesta Víctor.

Tenía una voz afinada y de buena modulación, emparentada con la de Ignacio Corsini, sin ampulosidades y con un fraseo personal y una buena elección de repertorio, donde estaban presentes la nostalgia, los cuadritos de barrio y las historias sentimentales sin tintes patéticos. Entre una amplísima línea de aciertos se pueden anotar *Destellos*, *Alma en pena*, *Viejo coche*, *Tres esquinas* y una larga lista.

No tenía una voz de gran registro, pero no pretendía ser otra cosa que un cantor de medios tonos. Göttling lo definió como "una hilacha íntima, un silbido apenas confesado, la voz de un estado de ánimo porteño". Y como tantas veces, la metáfora encierra una verdad. Y acaso allí se encuentre la clave de la perdurabilidad de Angel Vargas: era la representación del cantante doméstico, el único a que el hombre común podía aspirar a parecerse. Una voz agradable, afinada y modesta. Como si se oyera a sí mismo cuando repite un disco escuchado por radio. Soñar con ser Gardel, Rivero o Goyeneche es un infantilismo; fantasear con ser Vargas parece más cercano: hasta posible.

Murió en julio de 1959.

CÁTULO CASTILLO: DE OLVIDO Y SIEMPRE GRIS

El empleado del Registro Civil se sorprendió: "¿Cómo cree que le puede poner semejante nombre a una persona?". Acomodándose los anteojos José González Castillo insistió: "Soy el padre y quiero que mi hijo se llame Descanso Dominical".

El niño, en tanto, luchaba contra una grave pulmonía provocada por la extravagancia de su progenitor que a los pocos minutos de nacer lo había sacado desnudo al patio de su casa para que la lluvia, que caía a baldes, bendijera, en una suerte de bautismo ateo, al nuevo vástago.

El poeta Edmundo Montagne, que había acompañado al padre al Registro Civil, una vez derrotados los argumentos ácratas por la terquedad del funcionario público, convenció al obstinado amigo de transformar el nombre; en lugar de Descanso Dominical, el niño fue inscripto: Ovidio Catulo González Castillo. Luego, para evitar rimas burlonas el nombre de Catulo se hizo esdrújulo.

El anarquismo paterno no era puramente declamatorio, y hacia 1910 el dramaturgo debió exiliarse en Valparaíso (Chile). La persecución a los militantes libertarios se había acentuado en los últimos años, y tras el asesinato del jefe de policía Ramón Falcón decenas de ellos habían ido a parar a una celda o habían sido expulsados del país en virtud de la Ley de Residencia. El régimen conservador estaba decidido a festejar en paz el centenario de la Revolución de Mayo, y muchos ácratas, por temor a la cárcel, abandonaron la Argentina.

El ascenso de Hipólito Yrigoyen permitió el regreso de la familia, y Cátulo comenzó a estudiar piano y violín en su barrio de Boedo, donde conoció a Homero Manzi, Sebastián Piana, Celedonio Flores, Nicolás Olivari y Carlos de la Púa, con quienes intimó rápidamente.

En 1924 compuso un tango que obtuvo el tercer premio detrás de

Sentimiento gaucho y un olvidado tema de Lomuto, en un concurso organizado por la firma Max Glucksmann. Luego su padre le agregaría unos famosos versos:

> *Al paso tardo de un pobre viejo puebla de notas el arrabal*
> *con un concierto de vidrios rotos el organito crepuscular.*

El tango sería perdurable con el título de *Organito de la tarde*.

Pese a que en 1927 formó una orquesta con la cual viajó a España, y a mediados de los 30 tenía escritas varias partituras famosas como *Silbando*, *El aguacero*, *Viejo ciego*, y en otro terreno había efectuado más de ochenta combates como pugilista de la categoría pluma, a Cátulo Castillo le llegó la fama cuando se decidió a mostrar su cualidades poéticas.

En este sentido toda su obra de letrista está signada por la nostalgia y hasta cuando trata el amor, lo hace desde un tono melancólico, desde lo perdido e irrecuperable. La clave de la poética de Castillo se encuentra en las preguntas formuladas en *Tinta roja*:

> *¿Dónde estará mi arrabal?*
> *¿Quién se robó mi niñez?*
> *¿En qué rincón, luna mía,*
> *volcás como entonces*
> *tu clara alegría?*

Aunque cronológicamente resulte imposible, porque cuando escribió *Tinta roja* ya había estrenado otros tangos, parecería que sus trabajos hubieran estado dirigidos a indagar las respuestas posibles, a buscar en la descripción de ambientes del pasado el rescate de una época en la que fue feliz. La tónica elegíaca de la generación poética del cuarenta parece haber influido en sus versos, sólo que Cátulo Castillo le agregó el factor básico del sentido nacional del que carecieron muchos de los poetas neorrománticos nativos. Al crear una escenografía para ubicar su reclamo al presente, le brindó raíces geográficas precisas, le dio también un tiempo en el espacio. Así describe en su homenaje a Manzi:

> *Fueron años de cercos y glicinas,*
> *de la vida en orsai, del tiempo loco,*
> *tu frente triste de pensar la vida*
> *tiraba madrugadas por los ojos.*
> *Y estaba el terraplén y todo el cielo,*
> *la esquina del zanjón, la casa azul,*
> *todo se fue trepando su misterio*
> *por los repechos de tu barrio sur.*

En *Caserón de tejas* vuelven las preguntas a la inexplicabilidad de la pérdida:

> *¡Barrio de Belgrano!*
> *¡Caserón de tejas!*
> *¿Dónde está el aljibe,*
> *dónde están los patios,*
> *dónde están las rejas?,*

y entonces busca testigos del pasado compartido:

> *¿Te acordás, hermana,*
> *de las tibias noches*
> *sobre la vereda*
> *cuando un tren cercano*
> *nos dejaba viejas,*
> *raras añoranzas*
> *bajo la templanza suave del rosal?*

Este tono nostálgico se encuentra con similar intención en *Café de los Angelitos*, *Patio de la Morocha*, *La calesita* y en *Segundo patio*, donde afirma que en una vieja casa del barrio del Abasto *por el segundo patio, tangueando estaba Dios*.

Cátulo es un cronista de la desaparición de la vieja ciudad y eso se advierte en su serie de los últimos: *El último cafiolo*, *El último farol*, donde reprocha:

> *Tan alta la ciudad*
> *que nos dejó sin sol,*

*que nos tapó la estrella
del último farol.*

Reitera el adjetivo en *El último café*, donde el líquido sirve de excusa para señalar la finitud del amor, y en *La última curda*, cuyo drama es la directa despedida de la vida. Este tango lleva a sus máximas consecuencias una temática frecuente en Castillo: el alcohol. La bebida puede ser asesina, como en *Domani*, triste en *El último farol*, aturdidora y adormilante en *Una canción*, para alcanzar su tope poético y una de las cifras más altas de la cota del tango en *La última curda*, de cuya fuerza quedan testimonios en las grabaciones de tres figuras fundamentales del tango: Edmundo Rivero, Roberto Goyeneche y Susana Rinaldi.

*Lastima, bandoneón,
mi corazón,
tu ronca maldición maleva...
Tu lágrima de ron
me lleva
hasta el hondo bajo fondo
donde el barro se subleva.
¡Ya sé, no me digás! ¡Tenés razón!
La vida es una herida absurda,
y es todo todo tan fugaz
que es una curda ¡nada más!
mi confesión.*

*Contáme tu condena,
decíme tu fracaso,
¿no ves la pena
que me ha herido?
Y habláme simplemente
de aquel amor ausente
tras un retazo del olvido.
¡Ya sé que te lastimo!
¡Ya sé que te hago daño
llorando mi sermón de vino!
Pero es el viejo amor*

que tiembla, bandoneón,
y busca en un licor que aturda,
la curda que al final
termine la función
corriéndole un telón al corazón.

Un poco de recuerdo y sinsabor
gotea tu rezongo lerdo.
Marea tu licor y arrea
la tropilla de la zurda
al volcar la última curda.
Cerráme el ventanal
que quema el sol
su lento caracol de sueño,
¿no ves que vengo de un país
que está de olvido siempre gris,
tras el alcohol?...

OSVALDO PUGLIESE: ¡AL COLÓN!

Los fervores masivos nunca nacen del aire ni resultan casuales. Todas las exageraciones populares crecen y se desarrollan a partir de hechos ciertos. Poseen el sustento de autenticidad que puede permitirles agrandar la verdadera dimensión de un personaje o un acontecimiento, pero no fabricarlo. Y esto ha ocurrido en el caso de Osvaldo Pugliese. Durante años sus seguidores saludaban la finalización de sus temas o de sus recitales con gritos de "¡Al Colón! ¡Al Colón!"; consideraban que el nivel de las interpretaciones de su orquesta merecía el marco del más importante teatro lírico argentino. Una noche de 1985, días después de haber cumplido ochenta años, pianista y admiradores pudieron darse el gusto: Pugliese tocó en el Colón. Era el reconocimiento a una trayectoria y también el premio a la constancia de sus fieles.

Su relación con la música se inició cuando antes de los nueve años comenzó a tocar de oído un violín que le había regalado su padre, flautista aficionado de la época heroica del tango. En pocos meses fue enviado a un conservatorio de barrio donde advirtió que su verdadero instrumento era el piano. Con los años se especializaría con los maestros Vicente Sacaramuzza y Pedro Rubionne, quienes también fueron maestros de Horacio Salgán.

Tenía sólo quince años cuando Pugliese debutó con un trío en un café del barrio, La cueva del Chancho, ubicado a metros del arroyo Maldonado. Más tarde, cansado de las trifulcas propias de un sitio donde, como en el tango de Cadícamo

Al que se hacía el chistoso
lo sacaban en camilla,

pasó a acompañar las andanzas de Max Linder, las aventuras de Carlitos Chaplín, o las persecuciones a caballo de las películas mudas que se proyectaban en los cines de la zona.

Luego Pugliese pasó por varios conjuntos; tocó con la bandoneonista Paquita Bernardo, debutó con Enrique Pollet en 1924, permaneció con Pedro Maffia desde 1926 a 1929, cuando se asoció con el violinista Elvino Vardaro para crear un sexteto; éste, tras disolverse a causa de una gira fallida, se reconstituyó con el agregado de Alfredo Gobbi (hijo) y el jovensísimo Aníbal Troilo; luego Pugliese formó un conjunto con su nombre, rápidamente disuelto. Integró por esos días la flamante orquesta formada por Gobbi; pasó más tarde por los conjuntos de Daniel Alvarez, Roberto Firpo y Miguel Caló, hasta que en agosto de 1939 se presentó con su definitiva orquesta en el café Nacional de la calle Corrientes, lo cual marca una etapa, no sólo en su desarrollo, sino de toda la música del tango.

Heredero directo de la escuela decariana, declaró en un testimonio recogido por Luis Adolfo Sierra: "Yo vengo de la escuela de Julio y Francisco De Caro, de Pedro Maffia, de Pedro Láurenz. Al lado de ellos me integré a un estilo basado en la adaptación e incorporación de formas musicales que respondieran al tango. Mi estilo es una herencia cultural de aquellos creadores. Mi forma de tocar suena mucho a Francisco De Caro, exquisito creador de una riqueza musical no superada. Adviértase que nuestro repertorio es consecuencia de aquella raíz inicial. Nosotros nos apoyamos en ese repertorio cuando surgimos hacia 1939. No se puede omitir el movimiento tanguero encabezado por Julio De Caro, que incorporó el arreglo orquestal y aportó al género una bien definida musicalidad".

Pugliese le agregó al tono decariano un ritmo más picado, acentuadamente bailable, pero de acuerdo con las necesidades de los bailarines del cuarenta, ya acostumbrados a la mayor velocidad impuesta por D'Arienzo. Acentuó la fuerza del conjunto basándose en la superposición de planos sonoros y en un fraseo peculiar, intransferible, que el propio Pugliese onomatopeyizó: "Yum - ba, yum - ba", título con el que habría de bautizar a su tango más famoso *(La Yumba)*.

La esencia del tono Pugliese fue posible también gracias a la importancia que el director brindó desde un comienzo al papel de los solistas, empezando por el piano conductor. En este aspecto, la presencia de músicos del nivel de Osvaldo Ruggero, Enrique Alessio, Jorge

Caldara, Mario Demarco, Ismael Spitalnik, Enrique Camerano, Alcides Rossi y Arturo Penón ha facilitado mayor riqueza sonora al conjunto.

El significado de la obra de Pugliese como compositor podría inferirse del simple hecho de que su primer tango, *Recuerdo*, escrito en 1924, se haya convertido en un mojón histórico de vigencia permanente. Pedro Láurenz, que lo escuchó en el café de Córdoba y Canning, el A.B.C., donde Pugliese formaba parte del cuarteto de Enrique Pollet, lo llevó a Julio De Caro, quien lo grabó a los pocos meses con el propio Láurenz de primer bandoneón. En escasos meses se habían reiterado versiones de otras orquestas, por ejemplo la de Anselmo Aieta y la Orquesta Típica Víctor. Cuando se cumplió el cincuentenario de la grabación realizada por su sexteto, Julio De Caro evocó: "*Recuerdo* marcó un camino en la composición del tango. Encierra un concepto moderno en su estructura armónica, en el imprevisto desarrollo de su línea melódica, en los colores de su sonido, en el acierto de los cambios de tonalidades, en los oportunos arpegiados, en la originalidad de su variación". Y la calificó como "una de las obras de arte de nuestro tango que habrá de perdurar para siempre".

El otro tema que representa una de las vertientes del cuarenta es —como se dijo— *La Yumba*, arquetípico del sonido Pugliese. "Concebida por la repetición variada y casi obsesiva de un diseño rítmico de dos compases, sutilmente contrastados mediante la intercalación de pasajes melódicos, esta composición postuló una inédita fisonomía del tango orquestal", explica Ferrer, y agrega que *La Yumba* fue precursora "de otras importantes obras nacidas luego; entre ellas *Francanapa* de Piazzolla, *Del bajo fondo* de Tarantino, *A fuego lento* de Salgán".

Pero, a partir de ese tango, Pugliese escribe en el mismo camino *Negracha*, *Malandraca* y *Corazoneando*. A los que hay que agregar temas previos a *La Yumba*, como *La beba* de 1934 y *Adiós Bardi* de 1941, que prefiguran lo mejor de su producción posterior.

Aunque Pugliese probó otros cantores con anterioridad, recién con la incorporación de Roberto Chanel, en 1943, la orquesta adquirió un perfil vocal propio que se acentuaría con el agregado de Alberto Morán y más tarde con Jorge Maciel. Estos últimos señalan una de las dos líneas que mantuvo Pugliese respecto de las voces de su orquesta, la que podría caracterizarse por su aire teatral, lacrimoso, en la que también se inscribe el estilo de Miguel Montero, y otra más acentuada en lo viril y casi displicente, como si se tratase de hombres que están de vuelta, donde el tono es escéptico y experimentado, que pasa por Jorge Vidal, Alfredo Bellusci y Abel Córdoba. Vidal además se dedicó a entonar humorísticamente milongas "caneras", en las que la utilización del lunfardo se realiza a través del tamiz de la ironía y la caricatura.

El más popular de los cantores de Pugliese, Alberto Morán, enfatizaba la melancolía de los temas elegidos, sufría con sus narraciones y hasta daba la impresión de que lloraba. No parece casual que en su primera grabación haya pedido:

> *Déjame que llore crudamente*
> *con el llanto viejo del adiós.*
> (YUYO VERDE)

Esta sensación atravesaba (y atraviesa) *El abrojito*, *Príncipe*, *Pasional*. En uno de sus mayores éxitos, *San José de Flores*, la nostalgia de la letra se transformaba en la voz de Morán en dolida queja. En esa misma línea, Jorge Maciel (1920-1975), con un registro de fuerte linaje lírico, exageraba los trazos de *Canzoneta*, *Remembranzas* y *Cascabelito*. Dentro de un estilo más vigoroso, Miguel Montero se destacó en la interpretación de *Antiguo reloj de cobre*, *Qué te pasa Buenos Aires*, *Gurisa* y *Acquaforte*.

Respecto de la elección de las letras, Pugliese nunca cuidó demasiado los aspectos estéticos de los versos que entonaban sus cantores, advirtiéndose una marcada tendencia a narrar dramas sensibleros, plagados de lugares comunes, carentes de toda belleza poética.

Y en cuanto a su ubicación en la vanguardia, el propio Pugliese explicó: "No somos pasado ni futuro. Llevamos un rumbo dado por los elementos estéticos que se fueron incorporando a la orquesta del tango. Es decir, nuevas ideas, nuevas inquietudes renovadoras que contribuyeron a procurar una mayor madurez expresiva. Llevamos una línea de evolución progresiva, pero conservando una inalterable 'continuidad' en el camino estético que parte desde los orígenes mismos del tango".

Para muchos especialistas, el límite entre la vanguardia tanguera y el no-tango se encuentra en las composiciones de Pugliese, así como en sus orquestaciones. Sus temas, como los de Salgán o actualmente el Sexteto Mayor y el Sexteto Tango, parecerían conformar ese territorio; cruzando la frontera, lo que genéricamente se denomina "música de Buenos Aires", un amplio campo en donde se encontrarían los nombres de Astor Piazzolla, Eduardo Rovira, Rodolfo Mederos, Dino Salluzi.

Durante su período de apogeo, Pugliese recluta mayoritariamente sus adeptos entre los trabajadores suburbanos. Es el público que lo sigue a los bailes de los pueblos del Gran Buenos Aires. Representan el sector al que Castillo le suena a exageración, pero deliran con el compás milonguero y fuertemente marcado de Pugliese y se conmueven con las historias que cuenta Alberto Morán. También lo sigue la baja clase media de izquierda moderada, que se indigna con las frecuentes detenciones que sufre el pianista a causa de su pública pertenencia a los cuadros dirigentes del Partido Comunista; se le acercan por simpatía ideológica y luego lo siguen por admiración musical.

El desdén de la clase alta hacia el tango a partir de los años cuarenta se acentúa hasta hacerse definitivo durante el decenio peronista, cuando la música pasó a poder de las clases populares. El motivo era que cualquier manifestación cultural que tuviese aunque fuera un ligero matiz nacional era mirada con recelo en tanto el partido gobernante reivindicaba los aspectos raigales de la producción artística, más allá de que no discriminara matices de calidad estética. El miedo a un acercamiento con el peronismo bastaba para invalidar un producto, ya fuera literario, teatral, cinematográfico o musical.

Con el ascenso económico del proletariado de las orillas la clase media había perdido privilegios, y por temor a ser confundida se hizo cerradamente antiperonista y liberal en todo lo que de negativo y reaccionario ha tenido el vocablo en Latinoamérica a lo largo de un siglo: un liberalismo alejado por completo del significado que el término posee entre los europeos como representativo de vanguardia, tolerancia y modernidad.

Los mismos sectores que en lustros anteriores esperaban en las puertas de las iglesias para ver pasar los casamientos de la aristocracia, los mismos que consumían la revista "El Hogar" porque les permitía espiar por el ojo de la cerradura los aspectos exteriores de la burguesía terrateniente, ahora se identificaban con ella repudiando a los trabajadores, en tanto éstos eran ostensiblemente partidarios del régimen de Juan Domingo Perón. Al llegar el golpe del 55, como era de esperar, el tango debió sufrir el desdén propio de todo lo que hubiese tenido que ver —aun tangencialmente— con el peronismo. Lo nacional pasó a segundo plano. Era sospechoso. El tango era un producto nacional y como tal fue relegado.

HOMERO EXPÓSITO: ¡LAS COSAS QUE AHORA SE VEN!

Si Cátulo Castillo fue el autor de la nostalgia, Homero Expósito es el cronista del presente. Inclinado hacia la metáfora desde sus primeras composiciones, recibió algunas andanadas de quienes se aferraban al viejo estilo directo de las antiguas letras. Cuando escuchaban

> *luna en sombra de tu piel*
> *y de tu ausencia...*

o

> *Trenzas de color de mate amargo*
> *que endulzaron mi letargo gris,*

los tradicionalistas rechinaban los dientes. Pero debieron acostumbrarse. La formación universitaria de Expósito lo había puesto en contacto con las vanguardias poéticas y no quería desaprovechar la posibilidad de enriquecer sus versos mediante metáforas de cuño estrictamente literario.

> *Tal vez*
> *de tanto usar el gris*
> *te ciegues con el sol...*
> (QUEDÉMONOS AQUI)

> *Tu forma de partir*
> *nos dio la sensación*
> *de un arco de violín*
> *clavado en un gorrión...*
> (OYEME)

> *Era más blanda que el agua,*
> *que el agua blanda...*
> (NARANJO EN FLOR)

> *La sal del tiempo le oxidó la cara*
> *cuando una mina lo dejó en chancleta.*
> (TE LLAMAN MALEVO)

son algunos ejemplos al azar de la visión poética de Expósito, quien además agrega a su obra un manejo de las rimas internas para enfatizar la intención de la frase, sólo utilizadas en igual sentido por Cátulo Castillo. La búsqueda de una rima no habitual en el tango se advierte por ejemplo en *Oro falso*, donde la similitud de sonidos se produce en versos interiores de la estrofa y nunca en coincidencia con la sílaba final que otros autores eligen para subrayar el remate del período cantable:

> *Mireya jamás fue rubia,*
> *porque Mireya creció sin luna,*
> *su juventud de risa sin hombre*
> *llenó de tangos el barrio más pobre,*
> *y era oscura cuando la noche*
> *con sus locuras de fantoche*
> *la llevó.*
>
> *Morocha está en la historia de mi pueblo.*
> *El oro del cabello es oro falso.*
> *Y el tango, el tango*
> *la está llamando...*
> *Ayer que no era rubia ni era triste,*
> *lloraba de alegría entre mis brazos,*
> *y ahora, que llora,*
> *tiene que reír.*

Cronista de la realidad, Expósito describe:

> *Farol,*
> *las cosas que ahora se ven...*

> *Farol,*
> *ya no es lo mismo que ayer...*
> *..............................*
> *Un arrabal con casas*
> *que reflejaban su dolor de lata...*
> *Un arrabal humano*
> *con leyendas que se cantan como tangos.*
> *Y allá un reloj que lejos da*
> *las dos de la mañana...*
> *Un arrabal obrero,*
> *una esquina de recuerdos y un farol...*
> *(...)*
> *Allí conversa el cielo*
> *con los sueños de un millón de obreros...*
> *Allí murmura el viento*
> *los poemas populares de Carriego...*
>
> (FAROL)

De esta visión suburbana pasó al centro que hacía pocos años había ensanchado la calle Corrientes y había abierto la avenida Nueve de Julio, inicio de la nueva ciudad:

> *Calle*
> *como valle*
> *de monedas para el pan...*
> *Río sin desvío*
> *donde sufre la ciudad...*
> *¡Qué triste palidez tienen sus luces!*
> *¡Tus letreros sueñan cruces!*
> *¡Tus afiches carcajadas de cartón!...*
> *Tu alegría es tristeza y el dolor de la espera*
> *te atraviesa.*
> *..............................*
> *Vagos*
> *con halagos*
> *de bohemia mundanal...*
> *Pobres sin más cobres*
> *que el anhelo de triunfar,*

> *ablandan el camino de la espera*
> *con la sangre toda llena*
> *de cortados, en la mesa de algún bar.*
> (TRISTEZAS DE LA CALLE CORRIENTES)

A mediados de los cincuenta, Expósito volvió a describir la ciudad, cada vez más anónima, alejada por completo de los cuadritos nostálgicos de Manzi o de Castillo, en los versos de *Sexto piso*:

> *Ventanal, ventanal de un sexto piso, vos perdida, yo sumiso*
> *y esta herida que hace mal...*
> ....
> *Allá abajo, se revuelven como hormigas:*
> *mucha fatiga, pero mucho cuesta el pan.*
> *Ventanal donde un lente permanente*
> *televisa mi dolor por la ciudad.*
> *...¡No! No hay más remedio que vivir*
> *así apretado y pisoteado como en el suelo.*
> *...Duele tanto tanta calle,*
> *tanta gente y tanto mal,*
> *que andarás con los sueños a destajo,*
> *como todos río abajo,*
> *por la vida que se va.*
> ....
> *Ventanal y esta pena que envenena,*
> *ya cansado de vivir y de esperar.*

Como puede verse, mientras en *Tristezas de la calle Corrientes* los personajes anónimos "ablandan el camino de la espera", veinte años después, en *Sexto piso*, el protagonista ya está cansado de esperar. Podría pensarse que se trata del mismo hombre de Corrientes y Esmeralda de Scalabrini Ortiz, el argentino arquetípico que en treinta años ha perdido expectativas.

Otras letras esenciales de Expósito son las de *Percal*:

> *Te fuiste de tu casa...*
> *tal vez nos enteramos mal.*

Margot:

> *Ayer pensó que hoy... y hoy no es posible,*
> *la vida puede más que la esperanza;*

y sobre todo *¡Qué me van a hablar de amor!*, donde logra una síntesis poética de la separación de los amantes de rara precisión:

> *Eran sus ojos de cielo*
> *el ancla más linda*
> *que ataba mis sueños,*
> *era mi amor, pero un día*
> *se fue de mis cosas y entró a ser recuerdo,*

sólo comparable a un verso de Enrique Cadícamo en *Los mareados:*

> *Hoy vas a entrar en mi pasado.*

Ninguna de las dos metáforas utilizadas para designar el período de ruptura de una relación amorosa: "entrar en el pasado" y "entrar a ser recuerdo", tienen parangón en toda la poesía argentina, tanto en la desparramada en letras de canciones como en la cobijada en libros.

El más acabado de los tangos de Expósito es *Afiches*, con música de Atilio Stampone, quien realizó una trabajada orquestación para acompañar la voz de Roberto Goyeneche en su mejor momento (1973). El resultado fue una versión para la historia del tango. La letra, dedicada a una modelo publicitaria, dice, entre otras cosas:

> *Cruel en el cartel,*
> *la propaganda manda cruel en el cartel,*
> *y en el fetiche de un afiche de papel*
> *se vende la ilusión,*
> *se rifa el corazón...*
> *............................*
> *¡Cruel en el cartel, te ríes, corazón!*
> *¡Dan ganas de balearse en un rincón!*

Del patetismo del último verso pasa a una descripción puramente lírica regida por la imagen:

> *Ya da la noche a la cancel*
> *su piel de ojera...*
> *Ya moja el aire su pincel*
> *y hace con él la primavera...*

para rematar con una apretada y patética definición de la angustia:

> *Luego de la verdad,*
> *que es restregarse con arena el paladar*
> *y ahogarse sin poder gritar.*
> *Yo te di un hogar... —¡fue culpa del amor!—*
> *¡Dan ganas de balearse en un rincón!*

Remate desde la sencillez del dolor, que hace pensar en otro final, pero de Discépolo: *Cachá el bufoso y chau, ¡vamo a dormir!*

HORACIO SALGÁN: A FUEGO LENTO

Tenía sólo dieciséis años cuando lo contrataron para tocar en un cine de Villa del Parque. Había estudiado piano en una modesta academia del barrio de Caballito. Deambuló luego por conjuntos que nunca llegaron al centro, hasta que tocó unos meses con Elvino Vardaro; también fugazmente fue dirigido por Roberto Firpo y debió conformarse con las anquilosadas estructuras de la Guardia Vieja que practicaba el director del conjunto. En 1944 formó su primera orquesta y de esa época queda el recuerdo de su colaboración con Edmundo Rivero.

Sus versiones eran revolucionarias, y la voz ronca del cantor, por más que gustaba al público, hacía que los sellos grabadores desconfiaran de sus posibilidades comerciales. Por ello, no le quedó otro remedio que disolver el conjunto hacia 1947.

La principal característica del sonido Salgán estaba dada por el piano conductor cuya digitación ("inconfundible por su sonido brillante, seco, tenso, sorpresivo", dice Ferrer) muestra influencias directas de los músicos de jazz. Matamoro piensa en una marca estilística de Art Tatum, y menciona de paso trabajos de Duke Ellington, de Benny Goodman, de Earl Hines, Eddie Condon y, más lejos, Fats Waller y Jelly Morton.

A mediados de la década del cuarenta ese sonido era una revolución y parece condición de causa a efecto que los oídos acostumbrados a un tango esquemático y carente de imaginación mirasen con desconfianza el experimento.

En 1950 volvió a formar su orquesta, pero esta segunda etapa duró sólo hasta 1957, fecha de su segunda disolución; desde entonces tocó frecuentemente a dúo con el guitarrista Ubaldo De Lío, quien se transformó en un solista base del nuevo sonido de la orquesta cada vez que Salgán volvió a rearmarla para actuaciones puntuales o para la grabación discográfica. El sonido enriquecedor de la guitarra eléctrica le aportó a la orquesta un aire jazzístico que la hace fácilmente reconocible con muy pocos compases, como ocurre con la versión de *El Marne* de Arolas.

Merece destacarse también el arreglo de *El Choclo*, de Villoldo, donde la conducción melódica pasa en períodos iguales de un instrumento a otro y alternativamente el bandoneón, el piano, la guitarra y el violín se turnan en la ejecución solista.

En 1960, apoyado en el soporte pianístico de Horacio Salgán, se creó el Quinteto Real que, proyectado como un conjunto eventual para salvar la coyuntura de algunas actuaciones en un restaurante, continuó presentándose por varios años. Integraron el grupo Salgán, De Lío, el bandoneonista Pedro Láurenz, el violinista Enrique Mario Francini y el contrabajista Rafael Ferro, al que pronto reemplazó Quicho Díaz.

Realizaron varias giras, entre las que se destaca una por Japón en 1964; también dejaron algunos larga duración insoslayables al analizar el último cuarto de siglo de la historia del tango. Como tampoco se pueden dejar de mencionar algunas de las obras realizadas por Salgán como compositor, en especial su *A fuego lento*, escrito en 1953, al que hay que agregar, entre otros, *Grillito*, *La llamo silbando*, *Don Agustín Bardi* y *Tango del eco*.

EDMUNDO RIVERO: UNA LUZ DE ALMACÉN

"Como el sacerdote de una misteriosa religión que secretamente une a los porteños, noche a noche, un hombre alto, de voz ronca, inconfundible, oficia los ritos de Buenos Aires, y canta. Un centenar de personas, en medio del humo del Viejo Almacén, lo escucha en un silencio casi místico. La escasa luz que se desparrama sobre la tarima le afila las facciones, resalta sus gestos cuando se hunde en el drama de *La última curda* o cuando narra, con una sonrisa, las sesiones de toalla mojada a las que Aldo Saravia sometía a las pupilas de su milonga, allá por el Centenario, cerca del arroyo Maldonado". Este párrafo que escribí en octubre de 1969 tuvo validez a lo largo de casi tres lustros más, los que Edmundo Rivero continuó con su ritual nocturno en su reducto de Balcarce e Independencia, al que accedió cuando ya era considerado uno de los nombres mayores de la música de la ciudad.

Edmundo Leonel Rivero (Leonel en homenaje a un bisabuelo inglés, Lionel Walton, lanceado por los indios) nació casualmente en Puente Alsina en 1911. Su padre, empleado del ferrocarril británico dedicado a la instalación de nuevas estaciones, había recorrido diferentes sitios de las provincias de Buenos Aires y La Pampa que hacían punta en el tendido de la red ferroviaria.

Empezó muy joven a tocar la guitarra. Casi adolescente, entonaba canciones camperas en boliches donde también se organizaban payadas y no faltaban trifulcas y entreveros; ese ambiente lo puso en contacto con el auténtico lunfardo, del que años después habría de convertirse en erudito especialista y redescubridor. Tanto, que la Academia Porteña del Lunfardo lo eligió miembro de número.

Cantó un tiempo a dúo con su hermana y acompañó a Agustín Magaldi en algunas presentaciones. En Radio Cultura, exclusivamente como guitarrista, interpretó temas clásicos y españoles. En 1935 debutó con José De Caro, y dos años después transitó por la orquesta del hermano famoso, Julio, pero al autor de *Copacabana* le molestaba que las parejas dejasen de bailar para escuchar al ronco cantor y se frustró la experiencia.

Mientras recreaba a Tárrega y Albéniz en guitarra, comenzó a estudiar canto en el Conservatorio Nacional y cumplió con el sueño de miles de muchachos de esa época: actuar en cine. Tuvo papelitos menores en *Pampa y cielo*, *Fortín Alto* y *El inglés de los güesos*, y por ese motivo dejó el canto durante cinco años. En 1943 fue primer instrumento del conjunto guitarrístico de César Bó. En 1944 una casualidad lo vinculó con el pianista Horacio Salgán, que acababa de formar su orquesta. Actuaron en cafés y boliches tangueros, pero no pudieron grabar porque al realizar una prueba en Víctor, el veredicto de los directores artísticos fue que la orquesta era "medio rara, no se la entiende muy bien", y que el cantor era "imposible", según evocó Rivero en sus memorias. Las interpretaciones del rubro Salgán-Rivero sólo pudieron ser exhumadas veinte años después, cuando pianista y cantor, con un apoyo orquestal casi idéntico a los viejos arreglos, grabaron temas como *La uruguayita Lucía*, *Trenzas* y *Soy del 90*.

Tras la experiencia con Salgán, Edmundo Rivero se incorporó a la orquesta de Aníbal Troilo para cubrir el puesto de Alberto Marino, que había decidido convertirse en solista. Desde su primera grabación (*Yira, yira*, realizada en abril de 1947) se advirtió que había nacido un cantor excepcional. El buen olfato de Pichuco había sabido descubrir nuevamente el acento adecuado, al decidir que esa voz ronca interpretara las estrofas de melodías tan perdurables como *Cafetín de Buenos Aires*, *Confesión* y, sobre todo, *Sur*.

Cuando se separó de Troilo para cantar solo ya era una de las voces con mayor personalidad del tango. Desde entonces hasta su retiro, Rivero creció hasta convertirse en mito. Realizó giras, grabó antológicas versiones de Enrique Santos Discépolo, supo sumergirse en los vericuetos verbales del lunfardo, pero en lugar de recurrir al juego erudito, recurrió al humor o al dramatismo de la mejor poesía del género, a la que él mismo musicalizó. Para integrar su repertorio, además de sus propios impactos del tiempo de su actuación con Troilo, eligió tangos clásicos que en su peculiar y subterránea voz de bajo (un registro inusual para el tango) parecían inéditos. Al menos, nadie los había cantado como él. Inclusive cuando entonó tangos difundidos por Carlos Gardel, lo hizo sin preocuparse del antecedente, como si aquél nunca hubiera existido. "Rivero canta sin necesidad de copiar sus matices ni recurrir a la imitación, como si el tango hubiera nacido con él, como si cada versión se inventara en medio de la noche, a través del humo, del silencio místico con que se lo escucha", escribí en 1969. Se podría agregar que confluían en su manera el estilista musical con su aporte de formación clásica, fruto de su paso por el conservatorio, y el intérprete capaz de extraer los matices exactos de cada palabra. "Si Gardel consiguió como nadie luego dar el clima exacto de cada una de las obras que cantó —señala Horacio Ferrer—, él ha profundizado en la comprensión de cada figura del verso cantable. Extremando la idea, diríase que expresa sin atentar contra la unidad de la frase, el sentido anímico de cada palabra, de cada signo gramatical: en sus ejecuciones vocales las comas y los puntos se traducen en pausas o medias pausas, los signos de admiración en énfasis, los puntos suspensivos en imperceptibles diminuendos."

Los matices profundos de su voz le permitieron recrear los tramos dramáticos de *La última curda* de Cátulo Castillo; de *Infamia*, *Secreto* o *Martirio* de Discépolo; enriquecer las visiones nostálgicas de Manzi de *El último organito*, de *Malena* y de *Sur* (su acierto más rotundo y perdurable); adaptarse al romanticismo de melodías como *La que murió en París* o *Nostalgias*, para pasar luego al tono irónico y compadre de sus milongas lunfardas o al acento campesino de algunas de sus canciones.

La singularidad de su timbre y de su forma hizo imposible la creación de una línea interpretativa nutrida de seguidores. Su éxito tuvo un único discípulo en él mismo.

Decir que Edmundo Rivero fue el sucesor de Gardel incurriría en falsedad. El arte no es una competencia deportiva que obliga a escalas, gradaciones y puntajes. La verdad es que Rivero fue el cantor necesario para otra realidad cultural y estética, el representante de un país distinto y de un tango que había madurado verbal y musicalmente a lo largo de medio siglo. Murió en enero de 1986.

JULIO SOSA: AL VIEJO ESTILO

Uruguayo, nacido en la localidad de Las Piedras en 1926, llegó a Buenos Aires en 1949, donde tras una fugaz vinculación con la orquesta de Joaquín Do Reyes se presentó en la agrupación de Enrique Mario Francini y Armando Pontier. En 1953 pasó a la de Francisco Rotundo; dos años después volvió a cantar con Pontier, ya separado de Francini, y en 1958 se convirtió en solista con el apoyo orquestal de Leopoldo Federico. Su ascensión fue rápida y se encontraba en el pico más alto de su notoriedad cuando murió al estrellarse su coche contra un semáforo en la zona norte de Buenos Aires, en noviembre de 1964. El impresionante cortejo fúnebre, que recordó al del propio Gardel, mostró su arraigo popular. Sosa encarnó, antes del renacimiento tanguero de fines de los sesenta protagonizado por Edmundo Rivero, Roberto Goyeneche y Astor Piazzolla, un adelanto de lo que habría de ocurrir en los años siguientes. El público seguía en busca de una voz diferente y se encandiló con el acento recio de un cantor que sabía adecuarse tanto a los versos dramáticos como a los humorísticos. Sosa significaba el rescate de los viejos valores varoniles del tango, del personaje que sufre sin quejas aunque el saldo resulte desfavorable.

Así buscó protagonistas signados por experiencias vitales:

> *De cada amor que tuve tengo heridas,*
> *heridas que no cierran y sangran todavía.*
> *Error de haber vivido ciegamente,*
> *buscando inútilmente la dicha de mis días.*
> *Tarde me di cuenta que al final,*
> *se vive igual mintiendo.*

> *Tarde comprendí que mi ilusión,*
> *se marchitó queriendo...*
(TARDE)

o el de *La gayola*:

> *Me encerraron muchos años en la sórdida gayola*
> *y una tarde me libraron... pa' mi bien ...o pa' mi mal...*
> *Fui vagando por las calles y rodé como una bola...*
> *Por tomar un plato'e sopa ¡cuantas veces hice cola!...*
> *Las auroras me encontraron atorrando en un umbral.*

Otros éxitos de esa línea fueron *Viejo smoking* de Celedonio Flores, y *Amurado* de José De Grandis:

> *...Si me viera estoy tan viejo:*
> *tengo blanca la cabeza.*
> *Será acaso la tristeza*
> *de mi negra soledad.*
> *O será porque me cruzan*
> *tan fuleros berretines*
> *que voy por los cafetines*
> *a buscar felicidad.*

En el aspecto político, así como Castillo había sido el cantor emblemático del peronismo en el poder, Julio Sosa fue el arquetipo de dicho movimiento durante la proscripción. Aunque su ideología no era explícita: se traducía en gestos, en guiños, en complicidades silenciosas. Le bastaba por ejemplo con levantar los brazos e imitar la sonrisa del caudillo exiliado en el momento en que entonaba un viejo tema de Enrique Cadícamo:

> *Al mundo le falta un tornillo,*
> *¡va a haber que llamar a un mecánico,*
> *para ver si lo puede arreglar!*

para que el público estallara en aplausos. Había un acuerdo tácito entre cantor y seguidores y ese entendimiento fue el que provocó que una multitud, con pancartas y cantos partidarios, acompañara su cadáver al cementerio de La Chacarita.

No era excesivamente afinado, y las orquestaciones de Leopoldo Federico estaban destinadas a su exclusivo lucimiento. Pero Sosa no necesitaba más. Había exhumado viejos tangos de los veinte, se había atrevido a cantar las melodías de Gardel y dosificaba sus entregas con algunas creaciones de la generación del cuarenta. Sus seguidores buscaban una voz y un tango que no pretendieran moverse de los cánones clásicos. Sosa cumplió brindando un estilo sin complicaciones formales. La temática se adecuaba a la melancolía, al concepto del honor y de la virilidad de los antiguos hombres del suburbio. En ese sentido Sosa fue el último cantor al viejo estilo. Con su muerte, en forma rezagada, también se cerraba una época.

ROBERTO GOYENECHE: CANTAR CON LOS SILENCIOS

Aunque para los avisados su excelente timbre y perfecta afinación no eran novedad, porque había cantado —y grabado— con Troilo algunas versiones memorables, para la mayoría Roberto Goyeneche era uno más entre los muchos cantores que con distinta suerte ejercían su oficio a fines de los sesenta.

Pero en 1968 coincidieron varios factores que dieron inicio al mayor fenómeno tanguero de los últimos lustros. Un disco que recogía temas tan heterogéneos como *Fuimos*, *Mimí Pinsón*, *Malena*, *Cafetín de Buenos aires* y *El día que me quieras* fue el toque de alerta, solidificado con su cotidiana presentación en Caño 14, local que junto con El Viejo Almacén de Rivero fundó el hábito porteño de reunirse a escuchar tangos en la noche. Esos dos elementos tuvieron su espaldarazo en un artículo de Hipólito J. Paz, publicado en la revista "Confirmado" el 19 de septiembre de ese año, que el autor tituló sin dudas ni retaceos *Goyeneche, la mejor voz del tango*.

En esa nota, Paz pronosticaba: "Todos los ídolos han sido, alguna vez, el invento de un grupo de iniciados, lo que ahora es Goyeneche. Tarde o temprano ganará la calle y se hará, para bien o para mal, un mito para todos. Por lo pronto, todos lo entienden y le creen, tal vez porque reconocen en él a un hombre que ha sufrido hambre e injusticia y olvido. Tal vez porque se ve en ese hombre sobre todo a un destino". Obviamente no se equivocó. En ese mismo artículo, Paz recogía la declaración que en esos días había formulado Goyeneche a una emisora: "Yo siempre canté así y ahora, que estoy reventado, me viene el laburo". La queja podría ser válida en cuanto a que su voz se había opacado desde los tiempos en que se floreaba con la orquesta de Pichuco, pero lo que no decía el cantor era que recién en ese momento había comenzado a tocar las fibras íntimas de los porteños, porque sólo entonces había adquirido su total personalidad de contador de historias capaces de valorar los signos y extraer los significados más hondos de cada una de las palabras de la letra. Sólo en 1968 Goyeneche había aprendido a cantar también con los silencios.

Nacido en el barrio de Saavedra, en Buenos Aires, en enero de 1926, debutó en la orquesta de Raul Kaplún después de haber ganado un concurso de nuevas voces en el Club Federal Argentino en 1944, sin haber leído nunca un pentagrama. Su trabajo vocacional no era suficiente económicamente y por años debió continuar como camionero y conductor de varias líneas de colectivos, trabajo que alternaba con el manejo de un taxi. Sólo cuando Horacio Salgán lo llamó para acoplarse a su orquesta pudo dejar trabajos laterales y grabó sus primeras versiones. Allí lo descubrió Troilo y le propuso ocupar el sitio dejado libre por Jorge Casal. Con Pichuco ganó en personalidad y se atrevió a temas como *Pa' lo que te va a durar*, *Tinta roja* y *La última curda*, algunos de los cuales habrían de ser el punto de partida de su éxito como solista, junto a otros como *A Homero*, *El bulín de la calle Ayacucho* y *En esta tarde gris*, que también señalan un camino de la evolución de su registro.

En 1964 decidió cantar solo. Cuatro años después estaba ya en la cumbre y de allí no ha descendido desde entonces, más allá de altibajos y temporadas en que su voz parece envuelta en la neblina, trabada en la garganta, sin salida. Entonces, cuando eso ocurre, se vale de matices, de manejar las pausas y los énfasis. Goyeneche ("El Polaco", por el color amarillo de su pelo y por sus ojos celestes) cuenta con un amplio repertorio que le ha permitido multiplicar las placas discográficas y no repetirse, por más que sus fanáticos suelen pedirle siempre los mismos temas que ya se han hecho imprescindibles del inventario porteño: *María*, *Garúa*, *Che bandoneón*.

Astor Piazzolla definió hace casi dos décadas: "El Polaco es único e irreemplazable; un producto de una maduración humana y artística que no le debe nada al plagio, a las copias. Aquí no hay más que dos grandes cantores de tangos, que son él y Rivero. Rivero es más bien un payador; en cambio, Goyeneche es real y típicamente ciudadano. Es decir, su timbre, el color de su voz, reflejan maneras de ser y de sentir del habitante de una gran ciudad".

En un medio donde la imitación, los parecidos, o a veces el mero seguimiento de una línea produce calcos y adocenamientos, Goyeneche no imita, crea. Su personalidad fabrica climas, como si estableciera previamente el decorado, el ambiente en el que se desarrolla cada situación narrativa. Sus cortes, sus estudiados titubeos, son el resultado de comprender el sentido de los versos que modula, que entona. Su voz, por momentos pastosa y apagada, ha resurgido una y otra vez a lo largo de estos años. Sabe, intuye, cuándo una letra, pese a haberse escrito hace más de medio siglo, aún mantiene vigencia y cuándo un texto de estos días nació muerto.

Dice Ezra Pound, respecto de la poesía, que en la historia de cada lengua existen varios poetas notables, grandes, pero sólo muy pocos —apenas un puñado— pueden ser llamados fundadores. Son los que descubren una manera inédita que se establece un día para siempre. En la más modesta biografía del tango, a Goyeneche le viene bien el adjetivo de fundador: él creó una manera, un acento, un estilo de cantar como si inventara cada tango o —lo que es lo mismo— como si cada tango lo inventara a él.

ASTOR PIAZZOLLA: LO QUE VENDRÁ

Polémico, discutido, arbitrario, con golpes de genialidad, Astor Piazzolla representa lo distinto, lo nuevo, la encarnación del cambio. Haber logrado extraer la sensaciones, la esencia de una ciudad, debe haber parecido en los comienzos de su obra una tarea ciplópea. Y lo era. Pero contra viento y marea Piazzolla se propuso transformar las pautas de la música de Buenos Aires y en esa tarea de constante renovación, de experimento cotidiano, ha elaborado una obra en un territorio que para muchos ya no es del tango, terreno en el que se habían mantenido renovadores previos como Julio De Caro, Osmar Maderna u Horacio Salgán.

"Estoy harto de que todo el mundo me diga que lo mío no es tango. Yo —como estoy cansado— les digo que bueno, que lo mío si quieren es música de Buenos Aires. Pero la música de Buenos Aires, ¿cómo se llama?: tango. Entonces, lo mío es tango." Esta frase se registró en una audición radial en Buenos Aires a mediados de 1963. La polémica se encontraba en plena ebullición. Los tradicionalistas consideraban una herejía mencionar el nombre de Piazzolla entre los creadores del tango. Las diatribas se multiplicaban entre los comentaristas aferrados a los moldes canónicos. En tanto, el reducido y elitista grupo de sus adeptos lo seguía hasta locales donde una homeopática clientela se reía de la ignorancia de sus detractores.

Mientras, al tiempo que provocaba a sus críticos con declaraciones escandalosas para los mitólogos —como por ejemplo "Hasta Gardel también desafinaba", lo que levantó olas de protestas entre sacerdotes y fieles del culto gardeliano— Piazzolla seguía creando. Probaba, experimentaba. Se equivocaba y las más de las veces acertaba. En tanto se iban acumulando partituras de obras como *Lo que ven-*

drá, *Buenos Aires Hora Cero*, *Nuestro tiempo*, *Revolucionario*, y dos temas escritos en homenaje a su padre: *Nonino* y *Adiós Nonino*, donde el melancólico dramatismo del duelo parece internarse en la nostalgia de su propia infancia mientras atraviesa los compases del réquiem.

Astor Piazzolla nació en Mar del Plata en marzo de 1921. A los cuatro años viajó con su familia a radicarse en Nueva York. Al cumplir nueve, su padre, que era peluquero, le regaló un bandoneón de segunda mano que había comprado por dieciocho dólares en un negocio del puerto. Y el muchacho tuvo que estudiar. A disgusto, porque sus fervores pasaban por el lado del jazz y ese armatoste no parecía adecuado para el *swing*.

Tomó algunas lecciones elementales de solfeo y luego un mínimo de digitación. Después de un corto regreso a Mar del Plata la familia volvió a los Estados Unidos donde siguió su formación con Terig Tucci, y después con Bela Wilda, discípulo de Rachmaninoff. A los trece años ya dominaba aceptablemente el bandoneón, tocó en la orquesta que acompañó a Gardel en *El día que me quieras* y además apareció como actor, haciendo de canillita en un brevísimo papel.

Cuando regresó su familia de los Estados Unidos permaneció unos meses en Mar del Plata, pero pronto se trasladó a Buenos Aires. Pasó por orquestas olvidadas, actuó con Miguel Caló y luego como bandoneonista de Aníbal Troilo, sitio que pudo ocupar sólo después de convencer a Pichuco de que sabía todo el repertorio de memoria. Pero era además arreglador. Mientras tanto, se perfeccionaba con Alberto Ginastera. En 1944 se desvinculó de Troilo para dirigir la orquesta que acompañó a Francisco Fiorentino como solista. Realizó la música de algunas películas y, una vez disuelto su propio conjunto, se dedicó a instrumentar para distintos directores con los que se sentía emparentado: José Basso, Miguel Caló y Francini-Pontier. De aquella época, lo mismo que de sus anteriores arreglos con Troilo, confesó en el libro-entrevista publicado por Alberto Speratti: "A mí los bailarines nunca me importaron; lo importante era ver qué cara ponían los músicos al tocarla. Si ponían cara rara, era mala señal. Si a ellos les gustaba, era mi felicidad". Por consejo de Ginastera presentó su *Sinfonía de Buenos Aires* al concurso Febian Sevitzky. Ganó el premio y la obra fue dirigida por el propio Sevitzky por Radio del Estado, desde el Aula Magna de la facultad de Derecho. El estreno provocó un escándalo por la inclusión de bandoneones en una presentación de música culta, lo cual para ciertas sensibilidades anquilosadas parecía inexplicable.

Ese mismo año, 1954, viajó a París con una beca. Estudió composición con Nadya Boulanger. Ella fue quien lo convenció, después de escuchar su tango *Triunfal*, de que nunca abandonara esa música, porque allí estaba su camino. "Lo que ella incrementó dentro de mí terminó por darme vuelta. Ella, más que nada, me dio confianza en mí mismo, me hizo ver que yo, en el fondo, era un tanguero, que lo demás también era importante, pero no era lo mío, era un otro yo cerebral, falso. Y entoces todo lo que yo tenía contra el tango se volvió a favor dentro de mí". Antes de regresar, grabó varios de sus temas: *Prepárense, Picasso, Imperial, Marrón y azul, Sens unique*. El camino estaba marcado para siempre. A su regreso convocó a músicos de primera línea y formó el Octeto Buenos Aires, con Enrique Mario Francini y Hugo Baralis en violines, Roberto Pansera en bandoneón, José Bragato en violonchelo, Aldo Nicolini en bajo, Horacio Malvicino en guitarra eléctrica y Atilio Stampone en piano. Varias de las versiones del octeto influirían de manera decisiva en la futura evolución del tango, debido a sus novedosas transformaciones rítmicas y contrapuntísticas, apoyadas en el nivel técnico de cada uno de sus integrantes.

En 1960, después de un viaje por Estados Unidos, donde su estilo se denominaba jazz-tango, formó su famoso quinteto; sus solistas fueron alternadamente Elvino Vardaro, Antonio Agri, Horacio Malvicino, Oscar López Ruiz, Quikcho Díaz, Osvaldo Manzi y Cacho Tirao.

En 1968 compuso con el poeta Horacio Ferrer la "operita" *María de Buenos Aires* para recitante, cantantes femenino y masculino y once instrumentos. Fue estrenada en la pequeña sala Planeta de Buenos Aires y con una estructura de cantata en dos actos de ocho cuadros cada uno.

En 1969 pareció producirse una cierta vuelta de tuerca que para algunos fanáticos seguidores se convirtió en un motivo de preocupación: Piazzolla junto con Horacio Ferrer comenzó a escribir temas de mayor sencillez para la voz ronca y sensual de Amelita Baltar. De ese modo se dio el gusto de acceder a la difusión y al éxito masivo. Especialmente a través de *Balada para un loco*, que comenzaba:

> *Las callecitas de Buenos Aires tienen ese qué sé yo*
> *¿viste? Salgo por Arenales, lo de siempre en la calle y*

> *en mí. Cuando de repente se aparece él.*
> *Mezcla rara de penúltimo linyera y de polizonte*
> *en el viaje a Venus...,*

cuyo protagonista pedía:

> *queréme así, piantao, piantao, piantao,*
> *trepáte a esta ternura de locos que hay en mí.*
> *Ponéte esta peluca de alondras y volá,*
> *volá conmigo ya, ¡vení volá, vení!*

Balada para un loco fue el último gran éxito ligado al tango. Y su enorme popularidad eclipsó otros temas escritos contemporáneamente por los mismos autores para la misma voz, que hubieran debido correr mejor suerte y seguramente la hubieran tenido de no haber largado a la sombra de un melodía tan arrasadora como *Balada para un loco*.

Horacio Ferrer, nacido en el Uruguay, en 1933, mientras estudiaba arquitectura en Montevideo, fundó el Club de la Guardia Nueva, que editaba la revista "Tangueando". Estudió bandoneón, se convirtió en un erudito investigador de la biografía de la música rioplatense (cuyo resultado es su imprescindible *El libro del tango. Historias e imágenes*, cuya primera edición apareció en 1970, además de varios otros ensayos) y en 1961 estrenó su primer tema con Piazzolla, con quien se carteaba cuando el músico estudiaba con Nadya Boulanger en París, titulado *El tango del alba*.

Las otras baladas que presentó el dúo en 1969 fueron *Balada para mi muerte*:

> *Moriré en Buenos Aires. Será de madrugada,*
> *Guardaré, mansamente, las cosas de vivir:*
> *mi pequeña poesía de adioses y de balas,*
> *mi tabaco, mi tango,*
> *mi puñado de esplín.*
>
> *Me pondré por los hombros, de abrigo toda el alba;*
> *mi penúltimo whisky quedará sin beber.*
> *Llegará tangamente mi muerte enamorada,*
> *yo estaré muerto, en punto, cuando sean las seis.*

Hoy... que Dios me deja de soñar...
a mi olvido iré por Santa Fe,
sé que en nuestra esquina vos ya estás,
¡toda de tristeza hasta los pies.!
Abrazáme fuerte que por dentro,
oigo muertes, viejas muertes,
agrediendo lo que amé.
Alma mía... vamos yendo...
llega el día... ¡no llorés!

Moriré en Buenos Aires. Será de madrugada,
que es la hora en que mueren los que saben morir;
flotará en mi silencio la mufa perfumada,
de aquel verso que nunca yo te pude decir.
Andaré tantas cuadras... y allá en la Plaza Francia,
como sombras fugadas de un cansado ballet,
repitiendo tu nombre por una calle blanca,
se me irán los recuerdos en puntitas de pie.

y *Balada para El:*

Cayó la tarde y él tenía tango
whisky en la zurda y en la otra sed.
Su voz un gusto de magnolia macho,
los muslos duros de saber volver.
....
El me sembró toda la piel de quieros
y quiero a quiero calentó mi piel.
Desabrochó mi soledad por dentro,
de un solo quiero y de una sola vez.
....
Su boca encinta de un misterio bravo,
diez hembras hondas me empujó a crecer.
Porque en mi pelo y en silencio bravos,
veinte varones él sabía ser.

También crearon un éxito popular, *Chiquilín de Bachín*, pero el resto del material que produjeron juntos no logró el mismo impacto de la *Balada para un loco*.

A la vuelta de un viaje a París, en octubre de 1971, Piazzolla anunció la recomposición del antiguo octeto. Elaboró temas mucho más largos que los escritos hasta entonces, la mayoría de ellos ya alejados del tango, incluso de sus propios tangos. En ese tipo de experiencias se deben anotar obras posteriores como *Muralla china*, donde contó con el apoyo de Antonio Agri como solista de violín, las cuatro partes de *Pulsación* y la música de numerosas películas. En pleno territorio de la improvisación jazzística aparece encuadrada la reunión con el saxofonista Gerry Mulligan efectuada en 1974, cuya grabación en vivo ha debido ser reeditada varias veces.

En la película de Fernando Solanas *Tangos. El exilio de Gardel*, las composiciones de Piazzolla vuelven al antiguo sabor de sus creaciones tangueras. Pero a esta altura, pensar en él como en un músico estrictamente ceñido al tango es una limitación ajena a la realidad de una obra que, si bien por momentos repitió su propia retórica, poseyó el suficiente aliento como para que cada año sumara nuevos aciertos.

En una época, Piazzolla escribía para asombrar. Ahora, más allá de las reiteraciones propias de una labor copiosa y continuada, la sorpresa se produce cada vez que al escucharlo se descubre un paisaje de la ciudad y el oyente identifica sus propias experiencias con ese ritmo vigoroso, agitado, que traza melodías cuya arquitectura musical tiene su correlato en el armonioso damero de la ciudad de Buenos Aires. Tras una dilatada agonía, Astor Piazzolla murió en 1992.

LOS PIAZZOLLEANOS

EDUARDO ROVIRA

Además de ciento cincuenta tangos, al morir en 1980 Rovira dejó escritas ciento veinte obras de cámara y unas cien destinadas a diversos instrumentos: guitarra, flauta, oboe, fagot. Estudió bandoneón desde muy joven y todavía adolescente anduvo por distintas orquestas: Alessio, Caló, Maderna, Basso, pero aseguraba que las que más lo habían marcado habían sido las experiencias con Orlando Gobbi y Alfredo Gobbi, al que calificó como "el último de los creadores intuitivos".

Dentro de los cánones tradicionales, a mediados de los cincuenta dirigió su propia orquesta, pero el salto lo dio cuando en 1960 encabezó, ya con un nuevo concepto musical, la Agrupación de Tango Moderno, de corta vida. Sobre el poema *Tango* de Fernando Guibert, compuso la *Suite de ballet de Buenos Aires*, una suerte de historia del tango desde la perspectiva de la vanguardia.

Influido por Béla Bártok y la sombra permanente de Juan Sebastián Bach, no pudo escapar al influjo de Astor Piazzolla, sólo que su óptica resulta mucho más cerebral, casi matemática.

Entre sus obras se destacan: *El engobbiado*; *Preludio de la guitarra abandonada*; *Sónico*; *Azul y yo*; *Tango para don Ernesto*; *Sólo en la multitud* y *Bandomanía*.

RODOLFO MEDEROS

Con motivo de la presentación de su primer disco, que incluía temas de Piazzolla, Cobián y creaciones propias, Eduardo Lagos anotó entusiasta en las páginas del diario "La Prensa" del 8 de enero de 1967:

"Maneja el contrapunto como un buen polifonista y se divierte con esquemas rítmicos variados, sin buscar sorpresas en los cambios inesperados de compases... Como melodista prefiere frases cortas, repetidas en secuencias separadas por intervalos de cuarta, tendencia que también deleita a Piazzolla. Su tarea de arreglador es de primer orden, pues con los limitados recursos de un cuarteto consigue mantener siempre interesado al oyente y no con remanidos efectos baratos, sino con una variada gama de incursiones por el terreno donde manda la calidad."

Parecía que Astor Piazzolla no se había equivocado cuando tras escuchar al conjunto de Mederos en Córdoba lo convenció de que viajara a Buenos Aires y dejara atrás la biología, cuyos estudios tenía muy avanzados. Hasta ese momento había dividido sus entusiasmos entre el bandoneón, la universidad y el cine. Hacia 1960 el Octeto Guardia Nueva, bajo su dirección, demostraba a los cordobeses que Piazzolla ya tenía discípulos. Llegado a Buenos Aires, entre 1968 y 1972 Mederos se desempeñó como arreglador y bandoneonista de Pugliese. Todavía estaba con el autor de *Recuerdo* cuando formó el grupo Generación Cero, cuyas creaciones se acercaban tanto al jazz y a la música practicada por los grupos rockeros como a las creaciones de Piazzolla. Cuando grabó *Fuera de broma*, el tango había quedado completamente atrás, aunque el aire porteño no había desaparecido y se mantenía en 1983 en su recital *Buenas noches, Paula,* ya diferenciado de las creaciones del autor de *Adiós Nonino*.

* * *

Piazzolla abrió las puertas, hizo estallar los esquemas, escandalizó a los tradicionalistas y por más de cuatro décadas llevó a cabo un permanente experimento creativo. Las viejas discusiones sobre la índole y la denominación de su música a estas alturas resultan bizantinas. Así como alguna vez se dijo que el tango tenía motas en la raíz, la música del autor de *Lo que vendrá* —como la de sus seguidores— tiene tangos en la suya, aunque no cabe duda de que transpuso las fronteras de lo que anteriores generaciones consideraban —o consideran— aceptable. Si en los veinte De Caro enriqueció las estructuras de la Guardia Vieja, en los sesenta Piazzolla dio otra vuelta de tuerca: quebró el molde y cada paso adelante significó un nuevo impulso para ensanchar andariveles de esa libertad. Sin embargo nadie, salvo con mala fe, puede negar porteñidad a sus temas y regusto, sabor tanguero, a la mayoría de sus melodías. Su constante experimentación vanguardista demostró que su material de trabajo era un producto artístico vivo, cuyas células se reproducen de maneras dinámicas y aceptan mutaciones, cada una de las cuales puede ser un hito en un desarrollo donde se abren y cierran períodos. Tratar de aferrarse a un determinado lapso considerando que ciertos cánones son inmutables es puro anacronismo. La historia es siempre pasado y en todos los órdenes las transformaciones sólo pueden ocurrir en el presente. Piazzolla lo entendió y asumió todos los riesgos que esa actitud implicaba. Los resultados obtenidos demuestran que estaba en lo cierto.

FINAL

Los últimos lustros, que incluyen el período más oscuro de la historia argentina (1973-1983), lapso donde la desnacionalización impulsada desde el Estado alcanzó todos los órdenes de la vida nacional, reflejan que a pesar de listas negras, de temas y autores censurados (como las prohibiciones de *Cambalache*, *Al pie de la Santa Cruz* y *Pan*, entre muchos otros títulos), el tango continuó desarrollándose. Crecimiento que a partir de la reinstauración de la democracia ha alcanzado el carácter de una verdadera explosión. Se produjeron presentaciones en vivo de las personalidades más relevantes del tango; se multiplicaron los locales nocturnos donde escuchar todo tipo de intérpretes, cantores y nuevos músicos; se creó la Orquesta de Tango de Buenos Aires bajo la dirección conjunta del bandoneonista Raúl Garello y el pianista Carlos García; se realizaron numerosas giras por Europa, América y Japón, y se publicó una erudita y copiosa bibliografía, prueba del creciente interés de los intelectuales nativos por un tema que hasta hace un cuarto de siglo sólo había preocupado a un puñado de autores.

Entre finales de la década del sesenta y comienzos de los setenta, aparecieron dos agrupaciones de similares características formales. Ambas eran sextetos integrados por excepcionales solistas que constituyeron —y constituyen— picos de calidad dentro de un tango que todavía puede considerarse canónico. El primero, nacido en 1968, el Sexteto Tango, nació como desprendimiento de la orquesta de Osvaldo Pugliese con algunos de sus músicos más destacados: Osvaldo Ruggiero y Víctor Lavallén en bandoneones; Oscar Herrero y Emilio Balcarce en violines; Julián Plaza en piano y Alcides Rossi en contrabajo y, hasta su muerte en 1980, Jorge Maciel como cantor.

En 1973, bajo la dirección de los bandoneonistas José Libertella y Luis Stazo, se formó el Sexteto Mayor, con la participación de Fernando Suárez Paz y Reynaldo Nichele en violines, Omar Murthag en bajo y Armando Cupo en piano. En la actualidad está integrado por sus directores, Osvaldo Aulicino en contrabajo, Oscar Palermo en piano y Mario Abramovich y Eduardo Walzac en violines.

A este pequeño grupo de nombres hay que agregar el sinfonismo de Atilio Stampone, pianista, compositor y arreglador que viste y enriquece las melodías clásicas con todos los artificios de la música académica. Sus discos denotan a un creador de sólida formación capaz de transformar los tangos de Delfino, de Maffia, de Fresedo o de Cobián en partituras de concierto, a veces mediante una gran orquesta y otras apoyado en un pequeño conjunto de cámara.

Respecto de las nuevas letras, además de la metafórica poesía de Horacio Ferrer, quien a los aciertos ya marcados puede sumar temas como *La bicicleta blanca* o el nostálgico *La última grela*, suerte de réquiem a las viejas mujeres del tango, se destaca Héctor Negro, autor de *Esta ciudad:*

>*Abeja de hollín porfiado,*
>*Neón*
>*sobre el desvelo clavado.*
>*Jaulón*
>*de bache, pared y asfalto.*
>*La grúa sobre la pena*
>*y una garúa de antenas*
>*desplumándome el gorrión.*

Para cantarle a mi gente; Viejo Tortoni:

>*Viejo Tortoni.*
>*Refugio fiel*
>*de la amistad junto al pocillo de café.*
>*En este sótano de hoy, la magia sigue igual*
>*y un duende nos recibe en el umbral.*
>*Viejo Tortoni.*
>*En tu color*
>*están Quinquela y el poema de Tuñón.*
>*Y el tango aquel de Filiberto,*

como vos, no ha muerto,
vive sin decir adiós.

Aquella Reina del Plata o *Apuesto por la vida*, entre decenas de textos.

Una mujer, Eladia Blázquez, quien canta con peculiar entonación y frecuentes guiños humorísticos, escribe —como Ferrer y Negro— letras para la realidad de hoy. La ciudad una vez más es telón de fondo y realidad cotidiana. Así confiesa:

Aunque me dé la espalda de cemento
me mire transcurrir indiferente,
es ésta mi ciudad y ésta es mi gente
y es el sitio donde a morir, me siento.
¡Buenos Aires!...
Para el alma mía no habrá geografía
mejor que el paisaje...
de tus calles,
donde día a día me gasto los miedos
las suelas y el traje...

Y concluye con una definición:

No podría...
vivir con orgullo,
mirando otro cielo que no fuera el tuyo.
                    (MI CIUDAD Y MI GENTE)

Eladia también habla de los personajes, los hábitos y las características de los porteños. Menciona la tregua del domingo, la fiaca, la bronca. Se la advierte profunda cuando anota:

Los miedos que inventamos
nos acercan a todos
porque en el miedo estamos
juntos, codo con codo...
Por temor que nos roben
el amor, la paciencia

> *y ese pan que ganamos*
> *con sudor y a conciencia.*
> *La soledad es el miedo*
> *que se teje callando,*
> *el silencio es el miedo*
> *que matamos hablando,*
> *¡y es un miedo el coraje*
> *de ponerse a pensar,*
> *en el último viaje...*
> *sin gemir, ni temblar!...*
> (EL MIEDO DE VIVIR)

y nostálgica cuando evoca:

> *Mi barrio fue una planta de jazmín,*
> *la sombra de mi vieja en el jardín,*
> *la dulce fiesta de las cosas más sencillas*
> *y la paz en la gramilla de cara al sol.*
> *...La geografía de mi barrio llevo en mí,*
> *será por eso que del todo no me fui:*
> *la esquina, el almacén, el piberío*
> *los reconozco... son algo mío...*
> *Ahora sé que la distancia no es real*
> *y me descubro en ese punto cardinal,*
> *volviendo a la niñez desde la luz,*
> *teniendo siempre el corazón mirando al sur.*
> (EL CORAZON AL SUR)

Giras, recitales y espectáculos estrenados en ciudades como París, Ginebra, Nueva York o Tokio, unánimemente elogiados por la crítica más exigente, han demostrado el renovado interés que los grandes centros culturales del mundo sienten por el tango.

Astor Piazzolla —como ya se dijo— ha pasado a primera línea internacional, y una película con música suya y de José Luis Castiñeira de Dios, cuya base argumental se asienta en la mitología del tango, como *El exilio de Gardel*, del realizador argentino Fernando Solanas, fue premiada en los más importantes festivales cinematográficos del mundo. El filme, sobre libro del propio director, traza una historia donde la realidad política del destierro provocado por la dictadura se entremezcla con las figuras claves —encarnadas o fantasmales— de la música porteña: Enrique Santos Discépolo, Osvaldo Pugliese, Roberto Goyeneche y por supuesto el ídolo que da título a la película, quien aparece dialogando nada menos que con el propio general San Martín.

A lo largo de un siglo, desde orígenes inciertos en sórdidos reductos marginales, el tango ascendió hasta convertirse en sinónimo del país que le dio origen. Reflejó la imagen y fue el producto de una sociedad estructurada —como señala Sabato— sobre el hibridaje. De la cruza de ritmos nativos con otros importados nació la música porteña; de la mixtura de criollos, italianos, españoles, árabes y judíos, nació el hombre argentino cuyo espejo musical ha sido y es el tango. Hasta sus crisis, regresiones, euforias y derrotas son las mismas que ha sufrido la patria.

EPÍLOGO
a la cuarta edición castellana

Cuando en 1956 Tulio Carella publicó su hoy inhallable *El tango, mito y esencia*, se quejaba: "La tangografía está diseminada —perdida, casi— en notas periodísticas aisladas, o en esporádicos ensayos que no obedecen a ningún plan organizado", y precisaba: "hay proliferación de 'antologías', que no son sino compilaciones de letras, las de siempre". El libro, editado con el sello Ediciones Doble P de Carlos Prelooker, esforzado divulgador de autores argentinos, fue recibido —por la escasa crítica que se ocupó de él— con esa benevolencia que produce el desliz frívolo de un colega. Pocos vieron que se trataba de una obra pionera: Carella era un intelectual, un hombre de teatro, que se atrevía a estudiar sin prejuicios ni recursos de glosador de festival de barrio los vericuetos del tango. Era una picada en un terreno donde todavía la imitación y el deslumbramiento por lo extranjero hipnotizaban a buena parte de los escritores nativos. En ese mismo sendero, tres años antes se había producido la publicación de *Lunfardía*, el recordado y recordable estudio de José Gobello que sería el comienzo de sus investigaciones sobre el habla de Buenos Aires, las que casi una década más tarde hallarían un ámbito mayor en la creación, en 1962, de la Academia Porteña del Lunfardo, cuyos eruditos trabajos habrían de convertirse en referencia obligada para el conocimiento de las peculiaridades del castellano hablado de la cual esos matices llegaron a popularizarse.

Creo que es un acto de estricta justicia mencionar ahora, cuando se han multiplicado los rastreos históricos y las interpretaciones eruditas, estos dos libros que en su momento fueron capaces de superar la mera crónica periodística al encarar la problemática del tango, su mundo y su lenguaje, y que —en lo personal— incentivaron en mi adolescencia mi curiosidad y el interés por el tango y la cultura popular.

Por otra parte, sin pretender enumerar los muchos hechos de importancia que podrían mencionarse al intentar un recuento de los acontecimientos que hacen a la trayectoria del tango ocurridos desde la publicación de este libro en agosto de 1986, hay una fecha que no podrá ser eludida por los futuros historiadores: el 29 de junio de 1990. Ese día, en el Salón Dorado del Teatro Colón, se realizó la primera sesión pública de la recién creada Academia Nacional del Tango, que con igual jerarquía, metas y forma de integración que sus iguales de Historia, Letras, Bellas Artes o Medicina, conforma una de las dieciséis instituciones oficiales de su tipo que existen en la República Argentina. Presidida desde sus inicios por Horacio Ferrer, la academia ya ha realizado importantes tareas de investigación, recopilación y divulgación.

En estos años se produjo también una apertura hacia otras corrientes musicales: así pudo advertirse la frecuente inclusión de viejos tangos tradicionales en los repertorios de intérpretes provenientes del rock, como Juan Carlos Baglietto, Lito Vitale, Lito Nebbia, Luis Alberto Spinetta y Fito Páez, quien se presentó junto con el último mito del tango: Roberto Goyeneche, quien ha logrado transformarse en ídolo en un territorio inédito: el de los jóvenes. Al respecto, debe anotarse la aparición de una cantante que en la línea inaugurada por aquél ha logrado rápidamente un espacio propio: Adriana Varela, quien, después de incursionar por el rock, afirmó su personalidad con notable repercusión, apoyada en la temática de las letras clásicas del cuarenta.

Merece recordarse, además, que en el año 1992 y en el ámbito de la Municipalidad de la Ciudad de Buenos Aires, dieron comienzo las clases de la Universidad del Tango, dirigida por el investigador Oscar del Priore, un centro de estudios al que asistieron más de un millar de alumnos.

Este breve inventario, sumado al renacimiento del interés internacional por el tango y al éxito sostenido del espectáculo *Tango* de Claudio Segovia y Héctor Orezzoli en distintas capitales del mundo, señala la vigencia de lo que Ernesto Sabato denomina en el Estudio preliminar de este libro "el fenómeno más original del Plata". Tampoco puede pasarse por alto la masiva aceptación de una nueva radio de frecuencia modulada: FM Tango, que a partir de su inauguración en 1989 se ciñó a propalar en forma exclusiva a aquellos intérpretes notorios u olvidados de una música que desde sus oscuros orígenes ha llegado a convertirse en seña de identidad de lo argentino.

HORACIO SALAS
Marzo de 1995

GLOSARIO
DE TÉRMINOS LUNFARDOS

Amasijar: castigar, matar.
Amasijo: paliza.
Amurar: abandonar.
Ancoun: llamado de atención.
Añapar: tomar, asir.
Apoliyar: dormir.
Apoliyo o **apolillo:** sueño.
Araca: ¡cuidado!
Atorrar: dormir, vagar.

Bacán: hombre que mantiene a una mujer; elegante; rico.
Bagayo: paquete, mujer fea.
Bandear: excederse, apartarse del buen camino.
Batir: decir, delatar.
Biaba: paliza.
Boliche: cafetín, comercio de poca monta.
Botón: agente de policía, delator.
Bulín: habitación, pieza de soltero, departamento pequeño.

Cajetilla: elegante.
Cana: *m.* policía; *f.* cárcel.
Canchero: experto.

Canero: relativo a la cana, arrabalero, lunfardo.
Cantinflero: rufián.
Caquera: mujer.
Caquero: petimetre.
Castañazo: bofetada, trompada.
Catrera: cama.
Conventillo: inquilinato.
Convoy: inquilinato.
Cotorro: habitación, cuarto de soltero.
Culera: silla.
Curda: m. borracho; f. borrachera.

Chamuyo: conversación.
Chorro: ladrón.

Dique: ostentación (*Darse dique:* jactarse).

Efe: fe (es vesre).
Engrupido: vanidoso, fatuo.
Engrupir: engañar.
Embrocar: observar.
Escruche: robo con escalamien-

to, fractura, ganzúa o llave falsa.
Espiantar: huir.
Estrilar: enojarse, protestar.

Fayuto o **falluto:** falso, hipócrita.
Fariñera: cuchillo grande, tipo facón.
Fiaca: pereza.
Fija: dato seguro para las carreras de caballos.
Franela: manoseo sexual; *adj.* pobre, insignificante.
Funyi: sombrero.

Garufa: juerga.
Gil: tonto.
Gotán: tango (es vesre).
Guacho: de padre desconocido.
Guita: dinero.

Jailaife: elegante.
Jeta: cara, boca.
Jovato: viejo.
Junar: mirar.

Laburo: trabajo.
Lanza: pinza para robar en los bolsillos (*Tirar la lanza:* robar extrayendo el dinero o el objeto, utilizando los dedos índice y medio como pinza).

Macana: mentira.
Malandra, malandrín: delincuente.

Mamado: borracho.
Manyamiento: reconocimiento policial.
Manyar: comer.
Meneguina: dinero.
Mina: mujer, prostituta.
Minga: nada.
Mishiadura: pobreza, mala racha.
Mishio: pobre, sin valor.
Morfar: comer.
Mosaico: moza, muchacha.

Orre: reo (es vesre).
Orsai: fuera de juego, descolocado.
Otario: tonto, hombre que mantiene una mujer.

Paco: envoltorio con dinero, dinero.
Pacoy: paco.
Paica: mujer.
Papirusa: mujer, prostituta.
Papusa: hermosa.
Pelechar: ganar dinero, ascender socialmente.
Percanta, percantina: mujer, prostituta.
Pierna: astuto, hábil.
Pipistrela: tonta.
Pituco: elegante.

Quemera: mujer que trabaja en los vaciaderos de basuras.
Qué vachaché: qué vas a hacer.

Rana: hábil, astuto.
Rante: arrabalero, atorrante.

Shacamento: estafa.
Shacar: estafar.
Shusheta: elegante.
Solfear: robar.

Tira: agente de policía.
Tovén: vento (es vesre).
Tras cartón: inmediatamente.

Vento: dinero.
Vesre: manera de hablar invirtiendo el orden de las sílabas.

CRONOLOGÍA

1872
• Ejerce la presidencia de la República Domingo Faustino Sarmiento.

• Se publica *Martín Fierro,* de José Hernández.

1873
• Es derrotado el último levantamiento federal encabezado por Ricardo López Jordán.

• Se instala la primera fábrica de tejidos de lana en la Argentina.

1874
• Es derrotada en La Verde la sublevación del general Bartolomé Mitre en oposición al triunfo electoral de Nicolás Avellaneda.

• Nacen Leopoldo Lugones y Macedonio Fernández.

1877
• Edison inventa el fonógrafo.

• Muere en Southampton, Inglaterra, Juan Manuel de Rosas.

1878
• Primeras huelgas.

1879
• El general Roca conduce la Campaña del Desierto, de exterminio del indio. Las tierras son entregadas a unos pocos, y hay quienes reciben hasta 10.000 kilómetros cuadrados.

1874
• Primeros indicios de tangos: las tropas del general Arredondo, fieles a Mitre, entonan las coplas de *El Queco*.

1880
• Capitalización de la República. Roca es elegido presidente de la República.

1888
• Muere Sarmiento en Asunción del Paraguay.

1889
• Malatesta visita Buenos Aires e impulsa el movimiento anarquista.

1888
• Comienza a escucharse en los prostíbulos el tango *Dame la lata*.

1890
• Revolución cívico-militar contra el gobierno de Miguel Juárez Celman. Aunque el levantamiento es derrotado, el presidente renuncia.

1893
• Es aplastado otro levantamiento cívico-militar de ideología radical, comandado por Hipólito Yrigoyen, quien es deportado.

1895
• Según el censo en la Argentina hay 3.956.000 habitantes. En Buenos Aires la población es de 667.786, de los cuales 359.425 son extranjeros. En Francia los hermanos Lumière realizan las primeras proyecciones cinematográficas.

1897
• José Sixto Alvarez, *Fray Mocho*, publica *Memorias de un vigilante*, con el seudónimo de Fabio Carrizo, obra clave del costumbrismo porteño y exponente del lenguaje de la ciudad.

1890
• Primeras interpretaciones de *Bartolo*.

1898
• Aparece el primer número de la revista "Caras y Caretas", cuya influencia cultural abarcará varias décadas.

1898
• Ernesto Ponzio estrena *Don Juan*.

1899
• Juan Maglio Pacho debuta con un trío de violín, guitarra y bandoneón.

1901
• A lo largo del año ingresan 125.951 inmigrantes que casi en su totalidad se radican en Buenos Aires. Se importa el primer automóvil.

1903
• Villoldo estrena *El choclo*.

1904
• Domingo Santa Cruz da a conocer *Unión Cívica*.

1905
• Es sofocado un nuevo levantamiento cívico-militar encabezado por Hipólito Yrigoyen. El partido radical continúa en la abstención debido al fraude electoral.

1905
• Saborido y Villoldo escriben *La Morocha*.

1906
• Muere Bartolomé Mitre.

1906
• Augusto Berto estrena *La Payanca*.

1908
• Evaristo Carriego publica *Misas herejes*.

1909
• Eduardo Arolas estrena *Una noche de garufa*.

1910
• Festejo del Centenario de Mayo de 1810.

1912
• Se promulga la ley Sáenz Peña, que instaura el voto universal, secreto y obligatorio.

1912
• Se inaugura el Armenonville, primer cabaret porteño.

1913
• Gardel y Razzano forman dúo.

1914
• En Europa estalla la Gran Guerra.

1915
• Aparece *Versos rantifusos* de Felipe Fernández, Yacaré, primer libro destacable de poesía lunfarda.

1915
• Muere el payador José Betinoti.

1916
- Hipólito Yrigoyen asume la presidencia.
- En Nicaragua muere el poeta Rubén Darío.

1917
- Revolución bolchevique en Rusia.

1919
- Semana Trágica en Buenos Aires. Obreros en huelga son acribillados y el día del sepelio se produce una nueva masacre. Grupos nacionalistas armados organizan *pogroms* en los barrios judíos de la ciudad.

1921
- El ejército reprime la huelga de trabajadores rurales en la Patagonia; hay centenares de fusilados.

1922
- Marcelo T. de Alvear, líder de la línea conservadora del radicalismo, sucede a Yrigoyen en la presidencia y pronto rompe con él creando la fracción antipersonalista de la Unión Cívica Radical.

1924
- Aparece la revista literaria "Martín Fierro".

1916
- Muere el payador Gabino Ezeiza.

1917
- Carlos Gardel canta *Mi noche triste;* nace el tango-canción.
- En Montevideo Roberto Firpo estrena *La cumparsita*, de Gerardo Mattos Rodríguez.

1918
- Fresedo forma su primera orquesta.

1922
- Ignacio Corsini estrena *Patotero sentimental*, tango prototípico de los años del cabaret.

1923
- Azucena Maizani estrena *Padre nuestro* e inicia su carrera de cancionista.

1924
- Julio De Caro forma su orquesta.

1925
- Primer viaje a Europa de Carlos Gardel. Canta en Madrid.
- Francisco Canaro debuta en París.

1926
- Primer libro de Raúl González Tuñón: *El violín del diablo*.
- Ricardo Güiraldes publica *Don Segundo Sombra*.

1928
- Reelección de Yrigoyen, que triunfa por un amplísimo margen de sufragios.

1930
- Golpe militar del general José Félix Uriburu que derroca a Hipólito Yrigoyen.

1931
- Raúl Scalabrini Ortiz publica *El hombre que está solo y espera*.
- El gobierno de facto anula las elecciones a gobernador de la provincia de Buenos Aires debido al triunfo del radicalismo.
- Victoria Ocampo publica la revista "Sur".

1933
- Tratado Roca-Runciman entre Argentina y Gran Bretaña: la dependencia tiene su instrumento legal.

1935
- Debate de las carnes en el Senado de la Nación. Asesinato del senador Bordabehere.
- Fundación de FORJA, grupo yrigoyenista comandado por Arturo Jauretche opuesto a la dirección alvearista del radicalismo.

1936
- Estalla la Guerra Civil Española.

1926
- Estreno de *El ciruja*, la mejor letra lunfarda. Su autor: Alfredo Marino.

1928
- Gardel debuta con éxito en París y canta durante varios meses en distintos teatros franceses.

1929
- Sofía Bozán estrena *Yira, yira*, de Enrique Santos Discépolo.

1935
- Muere Carlos Gardel en un accidente aéreo en Medellín, Colombia.
- Juan D'Arienzo, con el aporte de su nuevo pianista Rodolfo Biaggi, debuta en el cabaret Chantecler e inaugura un nuevo estilo estrictamente bailable.

1936
- Luis y Héctor Bates publican el primer tomo de su inconclusa *Historia del tango*.

1937
- La fórmula Roberto M. Ortiz (radical antipersonalista)-Ramón Castillo (conservador) derrota en elecciones fraudulentas a los candidatos radicales Marcelo T. de Alvear-Mosca.

1938
- Suicidio de Leopoldo Lugones.

1939
- Suicidio de Lisandro de la Torre.
- El 1° de septiembre Alemania invade Polonia. Comienza la Segunda Guerra Mundial.
- Fin de la Guerra Civil Española.

1939
- Debuta la orquesta de Osvaldo Pugliese.

1940
- Estreno de *Un guapo del 900*, de Samuel Eichelbaum.

1943
- Un golpe encabezado por militares nacionalistas derroca al presidente Castillo.

1943
- Tania estrena *Uno*, de Discépolo.
- Disposición que prohíbe las letras lunfardas de los tangos.
- Pugliese compone *La Yumba*.

1944
- Terremoto de San Juan.
- Se conocen Juan Domingo Perón y Eva Duarte.

1944
- Alberto Castillo forma su propia orquesta.
- Discépolo estrena *Canción desesperada*.
- Horacio Salgán forma su orquesta.

1945
- Fin de la Segunda Guerra Mundial. En Italia es fusilado Benito Mussolini, y Adolfo Hitler se suicida en la cancillería del Reich.
- El 17 de octubre se produce una gran movilización de apoyo al coronel Perón. La presión popular logra que sea repuesto en los cargos de los que había sido desplazado días antes. Con ese acto se inicia su camino a la presidencia.

1946
- La formula Perón-Quijano triunfa en las elecciones del 24 de febrero y asume el 4 de junio.

1947
- Se nacionalizan los ferrocarriles ingleses.

1948
- Ernesto Sabato publica *El túnel*.
- Leopoldo Marechal publica *Adán Buenosayres*.

1948
- Aníbal Troilo y Homero Manzi escriben *Sur*.
- Se estrena *Cafetín de Buenos Aires*.

1949
- Reforma de la Constitución Nacional.

1951
- Juan Domingo Perón es reelegido por un nuevo período.
- Julio Cortázar publica *Bestiario*.

1951
- Mueren Homero Manzi y Enrique Santos Discépolo.
- Troilo escribe *Responso*.
- Astor Piazzolla compone *Prepárense*.
- Se estrena *Ché bandoneón*, de Troilo y Manzi.

1953
- Horacio Salgán escribe *A fuego lento*.

1954
- *Lo que vendrá*, de Astor Piazzolla.

1955
- El 16 de junio aviones de la Marina bombardean Plaza de Mayo. Hay centenares de muertos.
- Un golpe militar derroca a Juan Domingo Perón el 16 de septiembre.

1956
- El 9 de junio se sofoca un levantamiento militar properonista. El gobierno de facto presidido por el general Pedro Eugenio Aramburu reprime con severidad. Son fusiladas más de viente personas.

1956
- Se estrena *La última curda*, de Troilo y Castillo.

1958
- Arturo Frondizi, con apoyo peronista (el partido sigue proscripto), gana la elección presidencial con más de cuatro millones de votos frente a 2.500.000 de Ricardo Balbín.

1959
- Cae el dictador cubano Fulgencio Batista. Fidel Castro entra en La Habana al frente de sus guerrilleros.

1960
- Jorge Luis Borges publica *El hacedor*.1961
- Aparece *Sobre héroes y tumbas* de Ernesto Sabato.

1962
- Nuevo golpe de Estado. Frondizi prisionero en Martín García. Lo sucede el presidente del Senado, José María Guido.
- Aparece la revista "Primera Plana". que marcará la década.
- Luchas entre bandos opuestos de las fuerzas armadas: azules y colorados. Unos —dicen— quieren elecciones; otros, un nuevo gobierno de facto. Se combate en la provincia de Buenos Aires.

1963
- Arturo Umberto Illia —con el peronismo proscripto— gana la elección presidencial y asume.
- Se publica *Rayuela*, de Julio Cortázar.

1964
- Exito mundial de The Beatles.

1966
- Un golpe militar encabezado por el general Juan Carlos Onganía depone al presidente Illia.

1958
- Piazzolla forma el Octeto Buenos Aires.

1960
- Formación del Quinteto Real. Lo integran: Horacio Salgán, Ubaldo De Lío, Enrique Mario Francini, Pedro Láurenz y Rafael Ferro.
- Astor Piazzolla forma su Quinteto Nuevo Tango.

1967
• Susana Rinaldi graba su primer larga duración: *La mujer del tango*.

1968
• Roberto Goyeneche debuta en Caño 14 y se inicia su popularidad.

• Se estrena la "operita" *María de Buenos Aires*, de Astor Piazzolla, con versos de Horacio Ferrer.

• Se forma el Sexteto Tango.

1969
• Piazzolla estrena su primer éxito masivo: *Balada para un loco*, también con versos de Horacio Ferrer.

1969
• Trabajadores y estudiantes producen un levantamiento popular en la ciudad de Córdoba, conocido con el nombre de Cordobazo.

1970
• La organización Montoneros asesina al general Pedro Eugenio Aramburu.

• El general Onganía es desalojado del poder por sus propios compañeros de armas. Asume el general Roberto Marcelo Levingston.

1972
• Juan Domingo Perón regresa al país después de dieciocho años de exilio.

1973
• El peronismo gana las elecciones. Asume Cámpora; renuncia un mes y medio después; asume Raúl Lastiri interinamente, y en septiembre la fórmula Juan Domingo Perón-María Estela Martínez de Perón gana el nuevo comicio y asume el 12 de octubre.

1973
• Se constituye el Sexteto Mayor.

1974
• Muere Juan Domingo Perón; su esposa asume la presidencia.

1975
• Mueren Aníbal Troilo y Cátulo Castillo.

BIBLIOGRAFÍA GENERAL

AGUIRRE, Máximo: "Ayer de Buenos Aires: el cuarteador", en *La Prensa*, Buenos Aires, 24 de agosto de 1969.

ALBURQUERQUE, M. A.: *Antología de tangos*, Ondas, México, 1956.

ALEN LASCANO, Luis: *La Argentina ilusionada*, La Bastilla, 1977.

-"Homero Manzi: poesía y política", en *Todo es Historia*, N° 46, Buenos Aires febrero de 1971.

ALPOSTA, Luis: *Antología del soneto lunfardo*, Corregidor, Buenos Aires, 1978.

-"Los bailes del internado", en *La historia del tango*, T. 8, Corregidor, Buenos Aires, 1977.

ANDRADE, Juan Carlos, y SAN MARTIN, Horacio: *Del debute chamuyar canero*, Peña Lillo, Buenos Aires, 1967.

ARDILES GRAY, Julio: "A Boedo no se le dice adiós", *La Opinión*, 13 de abril de 1975.

ARDIZZONE, Osvaldo: "Enrique Cadícamo: sólo nostalgias", en *Tiempo Argentino*, Buenos Aires, 14 de octubre de 1984.

ATIENZA, Julio de: "Genealogía del tango argentino", en *Cuadernos Hispanoamericanos,* N° 190, Madrid, octubre de 1965.

AYESTARAN, Lauro: *El folklore musical uruguayo*, Arca, Montevideo, 1967.

BAGALA, Francisco: "Cardón y malvón", en *La historia del tango*, T. 14, Corregidor, Buenos Aires, 1979.

BARCIA, José: *Discepolín*, Centro Editor de América Latina, Buenos Aires, 1971.

-*El lunfardo de Buenos Aires*, Paidós, Buenos Aires, 1973.

-*Tango, tangueros y tangocosas*, Plus Ultra, Buenos Aires, 1976.

-"Charlo, el tango de salón", en *La historia del tango*, T. 11, Corregidor, Buenos Aires, 1978.

-"Recuerdo", en *La historia del tango*, T. 14, Corregidor, Buenos Aires, 1979.

BARLETTA, Leónidas: "Don Atilio", en *La historia del tango*, T. 14, Corregidor, Buenos Aires, 1979.

BATES, Luis Héctor: *La historia del tango* (primera parte), Fabril Editora, Buenos Aires, 1936.

BENAROS, León: "El tango y los lugares y casas de baile", en *La historia del tango*, T.2, Corregidor, Buenos Aires, 1977.

BLAZQUEZ, Eladia: *Cancionero*, Torres Agüero, Buenos Aires, 1982.

Borges, Jorge L.: *El idioma de los argentinos*, Ed. Gleizar, Buenos Aires, 1925.

-y Bullrich, Silvina: *El compadrito. Su destino, sus barrios, su música*, Fabril Editora, Buenos Aires, 1968.

-y Clemente, José Edmundo: *El lenguaje de Buenos Aires*, Emecé, Buenos Aires, 1963.

Bossio, Jorge: *Los cafés de Buenos Aires*, Schapire, Buenos Aires, 1968.

-y Gobello, José: *Tangos y letristas*, Plus Ultra, Buenos Aires, 1979.

-y Braceli, Rodolfo: "La verdad total y definitiva sobre la muerte de Gardel", en *Gente*, Buenos Aires, 13 de diciembre de 1973.

Bugati, Enrique: "Gardelísimas: el zorzal político", en *Clarín*, Buenos Aires, 5 de marzo de 1985.

Bullrich, Silvina y Borges, Jorge Luis: *El compadrito. Su destino, sus barrios, su música*, Fabril Editora, Buenos Aires, 1968.

Byron, Silvestre: "Ricardo Güiraldes y el tango", en *La historia del tango*, T. 3, Corregidor, Buenos Aires, 1977.

-"Los años veinte", en *La historia del tango*, T. 6, Corregidor, Buenos Aires, 1977.

-"La historia de la Cumparsita", en *La historia del tango*, T. 6, Corregidor, Buenos Aires, 1977.

Cadicamo, Enrique: *Poemas del bajo fondo (Viento que lleva y trae)*, Peña Lillo, Buenos Aires, 1964.

-*La historia del tango en París*, Corregidor, Buenos Aires, 1975.

-"Roberto Firpo", en *La historia del tango*, T. 4, Corregidor, Buenos Aires, 1977.

-*Cancionero*, Torres Agüero, Buenos Aires, 1977.

-*Gardel en París: su debut*, Corregidor, Buenos Aires, 1984.

Camps, Pompeyo: "De cómo Enrique Delfino, ciego, revisó su pasado", en *La historia del tango*, T.6, Corregidor, Buenos Aires, 1977.

Canaro, Francisco: *Mis bodas de oro con el tango. 1906-1956*, Buenos Aires, 1957.

Canto, Beatriz: "Homenaje a Antonio Cantó", en *La historia del tango*, T. 15, Corregidor, Buenos Aires, 1980.

Carella, Tulio: *El tango, mito y esencia*, Ed. Doble P, Buenos Aires, 1956.

-*El sainete criollo. Antología*, Hachette, Buenos Aires, 1957.

-*Picaresca porteña*, Siglo XX, Buenos Aires, 1956.

Casadevall, Domingo: *El tema de la mala vida en el teatro nacional*, Kraft, Buenos Aires, 1957.

-*Buenos Aires: arrabal, sainete, tango*, Fabril Editora, Buenos Aires, 1968.

Castellanos, Pintín: *Entre cortes y quebradas*, Montevideo, 1948.

Carretero, Andrés V.: *El compadrito y el tango (El hombre de la Argentina comercial)*, Pampa y Cielo, Buenos Aires, 1964.

Carriego, Evaristo: *Misas herejes*, Tor, Buenos Aires, 1946.

Castillo, Cátulo: "Un verso que te lleva y te trae", en *La historia del tango*, T. 9, Corregidor, Buenos Aires, 1977.

Casinelli, Roberto: "Los cantores de Osvaldo Pugliese", en *La historia del tango,* T. 14, Corregidor, Buenos Aires, 1979.

-"Alfredo Gobbi", en *La historia del tango*, T. 15, Corregidor, Buenos Aires, 1980.

CENTEYA, Julián: *La musa mistonga*, Freeland, Buenos Aires, 1964.

-"Presencia viva del Zorzal", en *La historia del tango*, T. 9, Corregidor, Buenos Aires, 1977.

CONTURSI, Pascual y CONTURSI, José María: *Cancionero*, Torres Agüero, Buenos Aires, 1977.

CORSINI, Ignacio (h): *Ignacio Corsini, mi padre*, Todo es Historia, Buenos Aires, 1979.

CORTAZAR, Julio: *La vuelta al día en ochenta mundos*, Siglo XXI, Buenos Aires, 1967.

COUSELO, Jorge Miguel y CHIERICO, Osiris: *Gardel, mito-realidad*, Peña Lillo, Buenos Aires, 1964.

-"El tango en el cine", en *La historia del tango*, T. 8, Corregidor, Buenos Aires, 1977.

-"Carta abierta a Pichuco", en *Clarín*, Buenos Aires, 18 de mayo de 1985.

CHAVEZ, Fermín: "Compadritos, hombres de frac y guarangos", en *Clarín*, Buenos Aires, 25 de julio de 1985.

DELFINO, Armando: *Carlos Gardel (La verdad de una vida)*, Fabril editora, Buenos Aires, 1968.

DE CARO, Julio: *El tango en mis recuerdos*, Centurión, Buenos Aires, 1964.

-"El álbum de Julio De Caro", en *La Opinión Cultural*, Buenos Aires, 27 de junio de 1976.

DE DIEGO, J. A.: "José González Castillo", en *Clarín*, Buenos Aires, 8 de agosto de 1985.

DE DIOS, Horacio: "El último reportaje a Troilo", en *La historia del tango*, T. 16, Corregidor, Buenos Aires, 1980.

DE LA PUA, Carlos: *La crencha engrasada*, Ed. Porteña, Buenos Aires, 1954.

-"Chau morocho", en *La historia del tango*, T. 9, Corregidor, Buenos Aires, 1977.

DEL CAMPO, Isabel María: *Retrato de un ídolo (Vida y obra de Carlos Gardel)*, Ed. Albores, Castelar, Pcia. de Buenos Aires, 1955.

DEL PRIORE, Oscar y otros: *2 x 4 = Tango*, Grupo Editor de Buenos Aires, 1980.

-"Angel Villoldo", en *La historia del tango*, T. 3, Corregidor, Buenos Aires, 1977.

DEL VALLE, Enrique Ricardo: *Lunfardología*, Freeland, Buenos Aires, 1966.

DIEZ, Iván: "¡Ha muerto Carlos Gardel!", en *La historia del tango*, Corregidor, Buenos Aires, 1977.

DISCÉPOLO, Enrique Santos: *Cancionero*, Torres Agüero Editor, Buenos Aires, 1977.

DE PAULA, Tabaré: "El tango: una aventura política y social. 1910-1935", en *Todo es Historia*, Buenos Aires, marzo, 1968.

-"Carlos Gardel, mártir orillero", en *Todo es Historia*, N° 27, julio, 1969.

DI NUBILA, Domingo: *Historia del cine argentino*, Ed. Cruz de Malta-Schapire, Buenos Aires, 1959.

Dos Santos, Estela: *Las mujeres del tango*, Centro Editor de América Latina, Buenos Aires, 1972.

-"Las cantantes", en *La historia del tango*, Centro Editor de América Latina, Buenos Aires, 1972.

-"Agustín Magaldi", en *La historia del tango*, T. 13, Corregidor, Buenos Aires, 1978.

Eichelbaum, Edmundo: "El discurso gardeliano", en *La historia del tango*, T.9, Corregidor, Buenos Aires, 1977.

-"Portada", en *La historia del tango,* T. 16, Corregidor, Buenos Aires, 1980.

-*Carlos Gardel*, Ed. Javier Vergara, 1985.

Ellif, Osvaldo: *Introducción a la poesía rantifusa*, Ed. Aguataura, Buenos Aires, 1967.

Ernié, Héctor: "Arolas", en *La historia del tango*, Corregidor, Buenos Aires, 1977.

-"Los cantores de Troilo, en "A todo Troilo", *Clarín,* Buenos Aires, 18 de mayo de 1985.

Escardo, Florencio: *Geografía de Buenos Aires*, Eudeba, Buenos Aires, 1966.

Etchebarne, Miguel D.: *La influencia del arrabal en la poesía argentina culta*, Kraft, Buenos Aires, 1955.

-*Juan Nadie, vida y muerte de un compadre*, Albatros, Buenos Aires, 1957.

-"París y el tango argentino", *La Nación*, Buenos Aires, 20 de octubre de 1957.

Exposito, Homero: *Cancionero*, Torres Agüero Editor, Buenos Aires, 1978.

Fernandez, Felipe (Yacaré): *Versos rantifusos*, Freeland, Buenos Aires, 1964.

Ferran, Antonio: *La mala vida en el 900*, Arca, Montevideo, 1967.

Ferrer, Horacio: *El tango, su historia y su evolución*, Peña Lillo, Buenos Aires, 1960.

-*El libro del tango (historias e imágenes)*, Osorio Vargas, Buenos Aires, 1970.

-"Gardel y su mito", en *La historia del tango*, T. 9, Corregidor, Buenos Aires, 1977.

Ferro, Carlos: *El tango y los intelectuales argentinos*, Tegucigalpa, Honduras, 1972.

Fleouter, Claude: *Le tangó de Buenos Aires*, Jean Claude Lattés, París, 1970.

Flores, Celedonio: *Chapaleando barro*, Ed. El Maguntino, Buenos Aires, 1951.

-*Cuando pasa el organito*, Freeland, Buenos Aires, 1965.

-*Cancionero*, Torres Agüero Editor, Buenos Aires, 1977.

-"Jilguerito criollo", en *La historia del tango*, T. 9, Corregidor, Buenos Aires, 1977.

Foppa, Tito Livio: *Diccionario teatral del Río de la Plata*, Argentores, Buenos Aires, 1961.

Ford, Aníbal: *Homero Manzi*, Centro Editor de América Latina, Buenos Aires, 1971.

-Rivera, Jorge y Romano, Eduardo: *Medios de comunicación y cultura popular*, Ed. Legasa, Buenos Aires, 1985.

Franco, Lily: *Alberto Vacarezza*, Ediciones Culturales Argentinas, Buenos Aires, 1975.

FREIDEMBERG, Daniel: "Como Malena, tenía penas de bandoneón", *Clarín*, Buenos Aires, 6 de setiembre de 1984.

GALASSO, Norberto: *Discépolo y su época*, Ed. Jorge Alvarez, Buenos Aires, 1967.

-*Escritos inéditos de Enrique Santos Discépolo*, Ed. del Pensamiento Nacional, Buenos Aires, 1981.

-*Jauretche y su época (De Yrigoyen a Perón)*, Peña Lillo, Buenos Aires, 1985.

GALVEZ, Manuel: *Historia de arrabal*, Hachette, Buenos Aires, 1956.

GALLO, Blas Raúl: *Historia del sainete nacional*, Ed. Quetzal, Buenos Aires, 1958.

GARCIA JIMÉNEZ, Francisco: *Vida de Carlos Gardel contada por José Razzano*, Buenos Aires, 1951.

-*Así nacieron los tangos*, Losada, Buenos Aires, 1965.

-*El tango: Historia de medio siglo 1880-1930*, Eudeba, Buenos Aires, 1965.

-*Estampas de tango*, Ed. Raúl Alonso, Buenos Aires, 1968.

-"París 1911: Las 'danses brunes' y el tango", *La Prensa*, Buenos Aires, mayo de 1968.

-"Rosendo Mendizábal y su entrerriano", *La Prensa*, Buenos Aires, 18 de agosto de 1968.

-"El Káiser versus El Choclo", *La Prensa*, Buenos Aires, 21 de diciembre de 1969.

-"Entre tango y furlana, arbitraje papal", *La Prensa*, Buenos Aires, 5 de julio de 1970.

-"Tango en Roma y Milán, vía París", *La Prensa*, Buenos Aires, 14 de febrero de 1971.

-"Carlos Gardel", en *La historia del tango*, T. 9, Corregidor, Buenos Aires, 1977.

-*Cancionero*, Torres Agüero Editor, Buenos Aires, 1978.

GARZON, Tobías: *Diccionario argentino*, Barcelona, 1910.

GERMANI, Gino: *Estructura social en la Argentina*, Raigal, Buenos Aires, 1955.

GIACOMETTI, Aquiles: Troilo, ese amigo, en "A todo Troilo", *Clarín*, Buenos Aires, 18 de mayo de 1985.

GOBELLO, José: *Lunfardía. Acotaciones al lenguaje porteño*, Argos, Buenos Aires, 1953.

-"Orígenes de la letra del tango", en *La historia del tango*, T. 1, Corregidor, Buenos Aires, 1976.

-"Tango, vocablo controvertido", en *La historia del tango*, T. 1, Corregidor, 1976.

-*Conversando tangos*, Ed. Peña Lillo, Buenos Aires, 1976.

-"Enrique Delfino y el tango-canción", en *La historia del tango*, T. 6, Corregidor, Buenos Aires, 1977.

-*Diccionario lunfardo*, Ed. Peña Lillo - Precursora - Nereo, Buenos Aires, 1977.

-"Desde el alma", en *La historia del tango*, T. 12, Corregidor, Buenos Aires, 1978.

-*Crónica general del tango*, Ed. Fraterna, Buenos Aires, 1980.

-y Bossio, Jorge: *Tangos y letristas*, Plus Ultra, Buenos Aires, 1979.

-y Payet, Luciano: *Breve diccionario lunfardo*, Peña Lillo, Buenos Aires, 1959.

-y Soler Cañas, Luis: *Primera antología lunfarda*, Las Orillas, Buenos Aires, 1961.

-y Stilman, Eduardo: *Diálogos de Villoldo*, Freeland, Buenos Aires, 1964.

-*Las letras de tango de Villoldo a Borges*, Ed. Brújula, Buenos Aires, 1966.

GOLDAR, Ernesto: *La mala vida*, Centro Editor de América Latina, Buenos Aires, 1971.

GOMEZ DE LA SERNA, Ramón: *Explicación de Buenos Aires*, De la Flor, Buenos Aires, 1975.

GONZALEZ, Alberto: "¿Te acordás, Osvaldo, qué tiempos aquéllos?", en *Siete Días*, Buenos Aires, 16 de setiembre de 1976.

GONZALEZ ARRILLI, Bernardo: *Buenos Aires 1900*, Centro Editor de América Latina, Buenos Aires, 1967.

GONZALEZ CASTILLO, José y CASTILLO, Cátulo: *Cancionero*, Torres Agüero, Buenos Aires, 1977.

GONZALEZ TUÑON, Enrique: *Tangos*, Borocaba, Buenos Aires, 1953.

—"Sobre el pucho", en *La historia del tango*, T. 9, Corregidor, Buenos Aires, 1977.

GÖTTLING, Jorge: "El ángel que tenía Vargas", *Clarín*, Buenos Aires, 7 de julio de 1984.

-"Pichuco anda escondido desde hace diez años", *Clarín*, Buenos Aires, 18 de mayo de 1985.

GUIBERT, Fernando: *El compadrito y su alma*, Ed. Perrot, Buenos Aires, 1957.

-*Tangos*, Ed. Colombo, Buenos Aires, 1962.

-"Confesiones del tango", en *Clarín Cultura y Nación*, *Clarín*, Buenos Aires, 11 de diciembre de 1980.

HERNANDEZ ARREGUI, Juan José: *Imperialismo y cultura*, Amerindia, Buenos Aires, 1957.

JAURETCHE, Arturo: *Los profetas del odio*, Trafac, Buenos Aires, 1957.

LAFUENTE, Raúl F.; PESCE, Rubén y VISCONTE, Eduardo: "Los guitarristas de Gardel", en *La historia del tango*, T. 9, Corregidor, Buenos Aires, 1977.

LAGOS, Eduardo: "La Yumba", en *La historia del tango*, T. 14, Corregidor, Buenos Aires, 1979.

LAMADRID, Juan Carlos: "El tango, sus poetas y sus cantores", *La Prensa*, Buenos Aires, 8 de agosto de 1953.

-"Gardel, realidad y mito", en *La historia del tango*, T. 9, Corregidor, Buenos Aires, 1977.

LARA, Tomás de y RONCETTI DE PANTI, Inés: *El tema del tango en la literatura argentina*, Ediciones Culturales Argentinas, Buenos Aires, 1961.

LASTRA, F. Amadeo: *Recuerdos del 900*, Ed. Huemul, Buenos Aires, 1965.

LEFCOVICH, S. Nicolás: *Estudio de la discografía de Aníbal Troilo,* Buenos Aires, 1982.

LEONARDO, Sergio: "La verdad y la leyenda del tango en París", *La Prensa,* Buenos Aires, 15 de marzo de 1953.

Le Pera, Alfredo: *Cancionero*, Torres Agüero Editor, Buenos Aires, 1980.

Liacho, Lázaro: "Didáctica del tango", *La Prensa*, Buenos Aires, 28 de febrero de 1954.

Lima, Félix: *Extraña de Buenos Aires*, Ed. Solar - Hachette, Buenos Aires, 1969.

Llanes, Ricardo M.: "Verdad y leyenda del Café de Hansen", *La Prensa,* Buenos Aires, 28 de agosto de 1965.

Lopez, Héctor: "Aníbal Troilo, apuntes para una biografía", en *La historia del tango*, T. 16, Corregidor, Buenos Aires, 18 de mayo de 1985.

Luna, Félix: *Alvear*, Libros Argentinos, Buenos Aires, 1958.

Lynch, Ventura R.: *Folklore bonaerense*, Lajouanne Ed., Buenos Aires, 1953.

Madrazo, Jorge: "¿Qué hay de nuevo, Astor Piazzolla?", en *Siete Días,* Buenos Aires, 27 de marzo de 1972.

Macaggi, José Luis: "Francisco García Jiménez. El amor a Buenos Aires", en *La historia del tango*, T. 17, Corregidor, Buenos Aires, 1980.

Mafud, Julio: *Sociología del tango*, Americalee, Buenos Aires, 1966.

Maggi, Carlos: *Gardel, Onetti y algo más*, Alfa, Montevideo, 1967.

Manzi, Homero: *Canciones*, Torres Agüero Editor, Buenos Aires, 1977.

Marambio Catan, Carlos: *60 años de tango (el tango que yo viví)*, Buenos Aires, 1973.

Marechal, Leopoldo: *Historia de la calle Corrientes*, Ed. Municipalidad de la Ciudad de Buenos Aires, 1937.

-*Historia de la calle Corrientes,* Paidós, Buenos Aires, 1967.

-*Megafón*, Sudamericana, Buenos Aires, 1970.

Marin, Carlos: "El tango, danza sin patria", en *Noticias Gráficas,* Buenos Aires, 26 de febrero de 1956.

Matamoro, Blas: *La ciudad del tango (tango histórico y sociedad)*, Galerna, Buenos Aires, 1969, 2da. edición ampliada, 1982.

-*Carlos Gardel*, Centro Editor de América Latina, Buenos Aires, 1971.

-"Orígenes musicales", en *La historia del tango*, T. 1, Corregidor, 1976.

-*Historia del tango*, Centro Editor de América Latina, Buenos Aires, 1971.

Martinez, Tomás Eloy: "Gardel en París", en *Semana Gráfica*, Buenos Aires, 10 de julio de 1970.

Martinez Estrada, Ezequiel: *Radiografía de La Pampa*, Losada, Buenos Aires, 1957.

-*La cabeza de Goliat*, Ed. Nova, Buenos Aires, 1957.

Martini Real, J.C.: "Mañana será Gardel", en *La historia del tango*, T. 9, Corregidor, Buenos Aires, 1977.

-"Tango y literatura oral", *Clarín*, Buenos Aires, 2 de agosto de 1979.

-"Sobre una poética de la vida cotidiana", en *La historia del tango*, T. 17, Corregidor, Buenos Aires, 1980.

-"Manzi, culto y popular", *Clarín*, Buenos Aires, 11 de diciembre de 1980.

Melaza Muttoni, Jorge: "Este es el rey de la noche porteña", en *La historia del tango*, T. 16, Corregidor, Buenos Aires, 1980.

MILKEWITZ, Harry: *Psicología del tango*, Alfa, Montevideo, 1964.

MORENA, Miguel Angel: *Historia artística de Carlos Gardel*, Freeland, Buenos Aires, 1976.

MURRAY, Luis Alberto: "El ciudadano Manzione sin trompetas ni imperios", *Clarín*, Buenos Aires, 6 de septiembre de 1984.

NEGRO, Héctor: "Los poetas actuales y el tango", *Clarín*, Buenos Aires, 4 de enero de 1973.

-"Chau", en *La historia del tango*, T. 16, Corregidor, Buenos Aires, 1966.

-"Gardel, alma del arrabal porteño", en *La historia del tango*, T. 9, Corregidor, Buenos Aires, 1977.

ONEGA, Gladys S.: *La inmigración en la literatura argentina: 1880-1910*, Galerna, Buenos Aires, 1969.

ORDAZ, Luis: "El tango en el teatro nacional", en *La historia del tango*, T. 8, Corregidor, Buenos Aires, 1977.

ORGAMBIDE, Pedro: *Gardel y la patria del mito*, Legasa, Buenos Aires, 1985.

ORTIZ ODERIGO, Néstor: "Africanismos en la coreografía del tango", *La Prensa*, Buenos Aires, 9 de noviembre de 1979.

PAEZ, Jorge: *El conventillo*, Centro Editor de América Latina, Buenos Aires, 1976.

PAGANO, José: *Rimas caneras*, Freeland, Buenos Aires, 1965.

PAGÉS LARRAYA, A.: *Sala Groussac*, Kraft, Buenos Aires, 1965.

PAOLUCCI, Mario: "Orlando Goñi, un milonguero de ley. Su arte, su genio", en *La historia del tango*, T. 15, Corregidor, Buenos Aires, 1980.

PAYET, Luciano y Gobello, José: *Breve diccionario lunfardo*, Peña Lillo, Buenos Aires, 1959.

PAZ, Hipólito J.: "31 años después: el mito de Gardel", en *Confirmado*, Buenos Aires, 30 de junio de 1966.

-"Goyeneche: la mejor voz del tango", *Confirmado*, Buenos Aires, 19 de setiembre de 1968.

PELLETIERI, Osvaldo: "Tango (II)", en *Todo es Historia*, Buenos Aires, 1976.

-"Siempre Contursi", en *La historia del tango*, T. 17, Corregidor, Buenos Aires, 1980.

-"El artista popular", *Clarín*, Buenos Aires, 18 de mayo de 1985.

PEÑA RODRIGUEZ, Manuel: "Con Carlos Gardel en Long Island, a fines de 1934", en *La Nación*, Buenos Aires, septiembre de 1966.

PÉREZ AMUCHASTEGUI, Antonio J.: *Mentalidades angentinas*, Editorial Universitaria de Buenos Aires, 1963.

PESCE, Rubén: "La guardia vieja", en *La historia del tango*, T. 3, Corregidor, Buenos Aires, 1977.

-"Principales protagonistas de la guardia vieja", en *La historia del tango*, T. 3, Corregidor, Buenos Aires, 1977.

-"La evolución artística", en *La historia del tango*, T. 9, Corregidor, Buenos Aires, 1977.

-"Ignacio Corsini", en *La historia del tango*, T. 10, Corregidor, Buenos Aires, 1978.

-"Apéndices", en *La historia del tango*, T. 10, Corregidor, Buenos Aires, 1978.

PETIT DE MURAT, Ulyses: *La noche de Buenos Aires*, Ed. Municipalidad de la Ciudad de Buenos Aires, 1963.

-*Presencia viva del tango*, Ed. Selecciones del Reader's Digest, 1968.

PIANA, Sebastián: "Del vals al vals criollo y al vals porteño", en *La historia del tango*, T. 12, Corregidor, Buenos Aires, 1978.

PIAZZOLLA, Astor: "Para divertirme otra vez", *Confirmado*, Buenos Aires, 12 de octubre de 1971.

PINTOS, Juan Manuel: *Así fue Buenos Aires (Tipos y costumbres de una época, 1900-1950)*, Ed. Coni, Buenos Aires, 1954.

PUCCIA, Enrique Horacio: "Juan de Dios Filiberto", en *La historia del tango*, T. 6, Corregidor, Buenos Aires, 1977.

PUERTAS CROSE, Roberto: *Psicopatología del tango*, Ed. Saphos, Buenos Aires, 1959.

QUINTANA, Federico: *En torno a lo argentino*, Ed. Coni, Buenos Aires, 1941.

RATTER, Hugo E.: *Villeros y villas miseria*, Centro Editor de América Latina, Buenos Aires, 1971.

RIVERA, Jorge B.: "Historias paralelas", en *La historia del tango*, T. 1, Corregidor, Buenos Aires, 1976.

-"Los límites de la crisis", *Clarín*, Buenos Aires, 2 de agosto de 1979.

RIVERO, Edmundo: *Una luz de almacén (El lunfardo y yo)*, Emecé, Buenos Aires, 1982.

ROMANO, Eduardo: *Sobre poesía popular argentina*, Centro Editor de América Latina, Buenos Aires, 1983.

ROMERO, Manuel: *Cancionero*, Torres Agüero Editor, Buenos Aires, 1978.

ROSSI, Vicente: *Cosas de negros*, Hachette, Buenos Aires, 1958.

-*Teatro nacional rioplatense. Contribución a su análisis y a su historia*, Ed. Solar-Hachette, Buenos Aires, 1969.

ROSSLER, Osvaldo: *Buenos Aires dos por cuatro*, Losada, Buenos Aires, 1967.

-*Protagonistas del tango*, Emecé, Buenos Aires, 1974.

-"Celedonio Flores", en *La historia del tango*, T. 17, Corregidor, Buenos Aires, 1980.

-"Las virtudes poéticas de Celedonio Flores", *Clarín*, Buenos Aires, 11 de diciembre de 1980.

RONCHETTO, Nélida: "Osvaldo Pugliese, su trayectoria", en *La historia del tango*, T. 14, Corregidor, Buenos Aires, 1979.

SABATO, Ernesto: *Tango, discusión y clave*, Losada, Buenos Aires, 1963.

-*El escritor y sus fantasmas*, Aguilar, Buenos Aires, 1963.

La cultura en la encrucijada nacional, Sudamericana, Buenos Aires, 1976.

SALAS, Horacio: "Homero Manzi", *Tiempos modernos* N° 2, Buenos Aires, abril 1965.

-"El tema de la ciudad y el barrio en la poesía del tango", *La Gaceta de Tucumán*, Tucumán, 18 de setiembre de 1966.

-*Homero Manzi. Antología*, Ed. Brújula, Buenos Aires, 1968.

-*La poesía de Buenos Aires*, Ed. Pleamar, Buenos Aires, 1968.

-"Los dueños de Buenos Aires: Roberto Goyeneche", *Dinamis*, Buenos Aires, enero de 1969.

-"Los dueños de Buenos Aires: Tita Merello", *Dinamis*, Buenos Aires, marzo de 1969.

-"Los dueños de Buenos Aires: Edmundo Rivero", *Dinamis*, Buenos Aires, diciembre de 1969.

-"Los dueños de Buenos Aires: Astor Piazzolla", *Dinamis*, Buenos Aires, enero de 1970.

-"Horacio Ferrer: El último de los piantados", *Dinamis*, Buenos Aires, enero de 1971.

-"Un chamuyo misterioso", *Dinamis*, Buenos Aires, enero de 1972.

-"El tango protesta", *Dinamis*, Buenos Aires, julio de 1972.

-"Cátulo Castillo: letras para los hombres", *Discusión*, Buenos Aires, 4 de noviembre de 1975.

-*Tango, prosa y poesía de Buenos Aires*, Ed. Manrique Zago, Buenos Aires, 1990.

SANCHEZ SIVORI, Amalia: *Diccionario de payadores*, Plus Ultra, Buenos Aires, 1979.

SARDUY, Severo: "Se oye la voz de Gardel", *Clarín*, Buenos Aires, 14 de setiembre de 1978.

SARLO, Beatriz: "De ícono cotidiano a estatua clásica", *La Razón*, Buenos Aires, 24 de junio de 1985.

SCALABRINI ORTIZ, Raúl: *El hombre que está solo y espera*, Albatros, Buenos Aires, 1951.

SCENNA, Miguel Angel: "Una historia del bandoneón (Primera Parte)", en *Todo es Historia* N° 87, Buenos Aires, agosto de 1974.

-"Una historia del bandoneón (Segunda Parte)", en *Todo es Historia* N° 88, Buenos Aires, setiembre de 1974.

SCOBIE, James R.: *Buenos Aires. Del centro a los barrios 1870-1910*, Solar-Hachette, Buenos Aires, 1977.

SEBRELI, Juan José: *Buenos Aires, Vida cotidiana y alienación*, Siglo XX, Buenos Aires, 1965.

SELLES, Roberto: "El tango y sus dos primeras décadas" en *La Historia del tango*, T. 2, Corregidor, Buenos Aires, 1977.

-"Antes y despúes de Gardel y Corsini", en *La historia del tango*, T. 10, Corregidor, Buenos Aires, 1978.

-"La milonga", en *La historia del tango*, T. 12, Corregidor, Buenos Aires, 1978.

-"Antes y después de Contursi", en *La historia del tango*, T. 17, Corregidor, Buenos Aires, 1980.

SIERRA, Luis Adolfo: *Historia de la orquesta típica (Evolución testimonial del tango)*, Ed. Peña Lillo, Buenos Aires, 1966.

-"Vicente Greco", en *La historia del tango*, T. 4, Corregidor, Buenos Aires, 1977.

-"Agustín Bardi", en *La historia del tango*, T. 4, Corregidor, Buenos Aires, 1977.

-"Osvaldo Fresedo", en *La historia del tango*, T. 5, Corregidor, Buenos Aires, 1977.

-"La escuela Decariana", en *La historia del tango*, T. 7, Corregidor, Buenos Aires, 1977.

-"Osvaldo Pugliese, estilo y estética en el tango", en *La historia del tango*, T. 14, Corregidor, Buenos Aires, 1979.

-"Elvino Vardaro", en *La historia del tango*, T. 15, Corregidor, Buenos Aires, 1980.

-"Orlando Goñi, el pianista olvidado", en *La historia del tango*, T. 15, Corregidor, Buenos Aires, 1980.

SIERRA, Luis Adolfo y FERRER, Horacio: *Discepolín*, Ed. del Tiempo, Buenos Aires, 1965.

SILVA CABRERA, Erasmo (Avlis): *Carlos Cardel el gran desconocido*, Ed. Ciudadela, Montevideo, 1967.

SLATTA, Richard W.: *Los gauchos y el ocaso de la frontera*, Sudamericana, Buenos Aires, 1985.

SOLER CAÑAS, Luis: *Negros, gauchos y compadres en el cancionero de la Federación 1830-1848*, Theoría, Buenos Aires, 1958.

-"Pardos y morenos en el año 80", en *Revista del Instituto de Investigaciones Históricas Juan Manuel de Rosas*, N°23, enero-diciembre de 1963.

-*Cuentos y diálogos lunfardos 1885-1964*, Theoría, Buenos Aires, 1965.

-*Orígenes de la literatura lunfarda*, Siglo XX, Buenos Aires, 1965.

-*Antología del lunfardo*, Crisis, Buenos Aires, 1976.

-y GOBELLO, José: *Primera antología lunfarda*, Las Orillas, Buenos Aires, 1961.

SOLIÑO, Víctor: *Mis tangos y los atenienses*, Alfa, Montevideo, 1967.

SPERATTI, Alberto: *Con Piazzolla*, Galerna, Buenos Aires, 1969.

SPINETTO, Horacio Julio: "Carlos Gardel, regalo y permanencia", en *Todo es Historia*, Buenos Aires, junio de 1985.

STILMAN, Eduardo: *Historia del tango*, Ed. Brújula, Buenos Aires, 1965.

-y Gobello, José: *Diálogos de Villoldo*, Freeland, Buenos Aires, 1964.

TALLON, José Sebastián: *El tango en sus etapas de música prohibida*, Ed. Amigos del Libro Argentino, Buenos Aires, 1964.

TALICE, Roberto A.: "Evocación y ubicación de José González Castillo", en *La historia del tango*, T. 17, Corregidor, Buenos Aires, 1980.

TANIA: *Discepolín y yo*, La Bastilla, Buenos Aires, 1973.

TERRUGGI, Mario E.: *Panorama del lunfardo*, Sudamericana, Buenos Aires, 1978.

TIEMPO, César: "El último vuelo", en *La historia del tango*, T. 9, Corregidor, Buenos Aires, 1977.

TORRES, Mercedes Pilar: *El canto de los argentinos. Elementos para una etnología argentina*, Ed. del Valle, Buenos Aires, 1985.

TUCCI, Terig: *Gardel en Nueva York*, Webb Press, New York, USA, 1969.

ULLA, Noemí: *Tango, rebelión y nostalgia*, Ed. Jorge Alvarez, Buenos Aires, 1967.

URQUIA, Carlos Enrique: "El tango del cuerpo", *Clarín*, Buenos Aires, 2 de agosto de 1979.

VARIOS AUTORES: *Ensayos de música latinoamericana*, Casa de las Américas, La Habana, Cuba, 1982.

-*El tango, antología*, Centro Editor de América Latina, Buenos Aires, 1969.

VECINO, Oscar: "Vida, personalidad y discografía de Aníbal Troilo". Folleto agregado al álbum *La historia de Aníbal Troilo*, RCA Víctor, s/fecha.

VEGA, Carlos: *Danzas y canciones argentinas. Teorías e investigaciones*, Establecimiento Gráfico de E. Ferrero, Buenos Aires, 1936.

VIDART, Daniel: "Literatura y tango", en *Capítulo oriental*, N° 43, Centro Editor de América Latina, 1969.

-*Teoría del tango*, Banda Oriental, Montevideo, 1964.

VILLARIÑO, Idea: *Tangos*, Arca, Montevideo, 1967.

-*Tangos, antología*, Centro Editor de América Latina, Buenos Aires, 1981.

-*El tango cantado*, Arca, Montevideo, Uruguay, 1981.

-"El tango", *Capítulo* N° 117 y 118, Centro Editor de América Latina, Buenos Aires, 1981.

VILLARROEL, Luis F.: *Tango, folklore de Buenos Aires*, Ideagraf, Buenos Aires, 1957.

YRURTIA, Ricardo: "Aníbal Troilo; reportaje", en *La historia del tango*, T. 16, Corregidor, Buenos Aires, 1980.

YUNQUE, Alvaro: *La poesía dialectal porteña. Versos rantes*, Peña Lillo, Buenos Aires, 1961.

-"Corazoneando", en *La historia del tango*, T. 14, Corregidor, Buenos Aires, 1979.

ZUCCHI, Oscar D.: "Francisco Lomuto", en *La historia del tango*, T. 4, Corregidor, Buenos Aires, 1977.

-"El bandoneón en el tango", en *La historia del tango*, T. 5, Corregidor, Buenos Aires, 1977.

-"Edgardo Donato a plena luz", en *La historia del tango*, T. 6, Corregidor, Buenos Aires, 1977.

-"Los estribillistas 1920-30", en *La historia del tango*, T. 11, Corregidor, Buenos Aires, 1978.

ÍNDICE ONOMÁSTICO

Abramovich, Mario: 338.
Agri, Antonio: 330, 333.
Aguilar, José María: 172, 179.
Aguirre, Julián: 28.
Aieta, Anselmo: 178, 278, 307.
Aín, Casimiro: 104, 117.
Albéniz, Isaac: 320.
Alberdi, Juan Bautista: 41, 42, 189.
Alcorta, Casimiro: 23.
Alejandra de Inglaterra: 119.
Alem, Leandro N.: 106.
Alessio, Enrique: 290, 306, 234.
Alesso, Luis Sebastián: 276.
Alippi, Elías: 85, 151, 170, 237.
Allende, Cirilo: 101.
Alvarez, Daniel: 306.
Alvarez, José Sixto (véase Fray Mocho)
Alvear, Marcelo T. de:134, 147, 221.
Alsina, Juan: 279.
Amadori, Luis César: 211.
Amendolaro, Juan: 276.
Antonio, El Mochuelo: 52.
Aparicio, Manuel J.: 106.
Aragón, Prudencio: 100, 104.
Aranaz, Panchito: 91.
Arata, Luis: 233.
Arlt, Roberto: 222.
Arolas, Eduardo: 74 108, 109, 110, 113, 128, 130, 138, 275, 277, 318.
Aróstegui, Manuel Gregorio: 150.
Arredondo, Antonio 54
Arrieta, Santiago: 264.
Artola, Héctor María: 278, 281.

Attadía, Alfredo: 276.
Aulicino, Osvaldo: 338.
Avalos, José: 166.
Avellaneda, Nicolás: 54.
Avellaneda, Virgilio: 166.
Avellaneda, Pepita: 61, 94, 231, 232, 224.
Ayestarán, Lauro: 38.
Azpiazu, Eusebio: 102.

Bach, Juan Sebastián: 234.
Bachicha (véase D' Ambroggio)
Baglietto, Juan Carlos: 344.
Bahr, Carlos: 203, 278.
Balcarce, Emilio: 278, 281, 280, 337.
Ballerini, Alberto: 287.
Baltar, Amelia: 246, 330.
Band, Heinrich: 76.
Baker, Josephine: 172.
Bara, Theda: 135.
Baralis, Hugo: 139, 277, 279, 281, 330.
Barbieri, Guillermo: 171, 172, 176, 179.
Bardi, Agustín: 112, 113, 132, 277.
Barceló, Alberto: 102, 179.
Barletta, Leónidas: 125.
Bartók, Béla: 297n..
Bassi, Arturo de: 49.
Basso, José: 112, 273, 279, 280, 281, 234.
Bates, hermanos: 28, 223.
Baudelaire, Charles: 262, 284.
Baviera, Luis de: 120.

373

Bayón Herrera; Luis: 239.
Bazán, Juan Carlos: 85, 102, 223.
Beaux, Anais: 168.
Bellusci, Alfredo: 308.
Benarós, León: 84, 85, 91 109, 247.
Bentos Da Mora, Manuela: 168.
Bergman, Ingrid: 282.
Berlingieri, Osvaldo: 279.
Bernardo, Paquita: 306.
Berón, Elba: 278.
Berto, Augusto P.: 49, 76, 150, 298.
Betinoti, José: 169, 207, 262.
Bevilaqua, Alfredo: 85, 128.
Biaggi, Rodolfo: 273.
Bianquet, José Ovidio (véase Cachafaz, El)
Blázquez, Eladia: 188, 247, 339.
Blomberg, Pedro Héctor: 210.
Bo, César: 320.
Bonaparte, Napoleón: 266.
Bonnano, José: 137.
Bohr, José: 133.
Bordabehere, Enzo: 221.
Borges, Jorge Luis: 65, 135, 149, 163n., 183, 267, 282.
Bogart, Humphrey: 282.
Bossio, Jorge Alberto: 38, 266.
Boulanger, Nadya: 330, 331.
Bozán, Olinda: 233, 241, 243.
Bozán, Sofía: 246.
Bragato, José: 279, 330.
Brown, Elisa: 261.
Brignolo, Ricardo: 105.
Brunelli, Feliciano: 223.
Bustos, Mario: 273.

Cabello, Juan: 102.
Cachafaz, El: 117.
Cadícamo, Enrique: 67, 81, 96, 108, 128, 144, 145,176, 188, 205, 212, 213, 271, 274, 278, 284, 285, 287, 288, 292, 305, 315, 323.
Calatti, Josefina (véase Avellaneda, Pepita)
Caldara, Jorge: 307.
Calderón, Aldo: 278.
Calfucurá: 12.

Caló, Miguel: 273, 274, 306, 329, 334.
Cambaceres, Eugenio: 44.
Camerano, Enrique: 307.
Camino, Miguel: 33.
Campoamor, Manuel: 85.
Canaro, Francisco: 49, 85, 100, 104, 105 109, 110, 111, 112, 113, 115, 130, 131, 139, 150, 211, 233, 234, 240, 241, 280.
Candales, Lola: 231, 233.
Cané, Miguel: 114, 183.
Canevari, el "Pardo":102.
Caraciollo, Alberto: 278.
Carcavallo, Pascual: 234.
Carella, Tulio: 13, 75, 343.
Cárdenas, Angel: 275, 278.
Carlos "El Inglés": 84.
Carreras Candi, Francisco: 50.
Carriego, Evaristo: 27, 68, 104, 141, 250, 256, 262.
Castilla, Eduardo S.: 39.
Cayol, Roberto Lino: 144, 186.
Casavedall, Domingo: 75, 83, 90n., 144, 224.
Casal, Jorge: 278, 326.
Casaux, Roberto: 170.
Casco, Oscar: 283.
Castellanos, Alberto: 178.
Castillo, Alberto: 209, 290, 291/ 92/ 93/ 94/ 95/ 96/ 97, 297n., 309, 323.
Castillo, Cátulo: 188, 213, 214, 247, 248, 250, 252, 255, 259, 269, 271, 274, 278, 282, 284, 300, 301, 302, 303, 311, 312, 314, 321.
Castillo, Ramón J.: 219.
Castiñeira de Dios, José Luis: 340.
Castriota, Samuel: 49, 111, 150, 233.
Castro, Ernesto: 244.
Castro, Manuel: 91.
Cazón, Higinio: 98.
Cela, Camilo José: 266.
Centeya, Julián: 49, 275.
Cetina, Gutierre de: 100.
Cicarelli, Gregorio: 210.
Cirigliano, Gustavo C. J.: 163n.
"Cívico", El: 82, 102.

Cobián, Juan Carlos: 138, 276, 280, 281, 287, 334, 338.
Colángelo, José: 279.
Condercuri, Angel: 290.
Condon, Eddie: 317.
Costantini, Humberto: 180.
Contursi, José María: 212, 274, 278, 282.
Contursi, Pascual: 49, 51, 63, 82, 97, 143, 149, 150, 151, 153, 156, 157, 158, 159, 171, 186, 208, 213, 233, 238, 278.
Cooper, Gary: 282.
Cordó, Osvaldo: 140.
Córdoba, Abel: 308.
Córdoba, Irma: 264.
Corominas, Joan: 34, 35.
Cortázar, Julio: 297n.
Corsini, Ignacio: 144, 210, 211, 241, 298.
Couselo, Jorge Miguel: 174.
Crosby, Bing: 282.
Cruz, Ernesto de la: 105, 187.
Cuello, Goyo: 32.
Cupo, Armando: 338.
Cútolo, Vicente: 88.

Chas de Cruz: 264.
Chaplin, Charles: 135, 306.
Chanel, Roberto: 307.
Charlo (Pérez de la Riestra, Carlos): 210, 211.
Chata, La: 79.
Chávez, Fermín: 70.
China Venicia, La: 79.

D' Agostino, Angel 273, 274, 276, 298.
Dalto, María Ester: 143.
Deambroggio, "Bachicha": 128, 158.
De Angelis, Alfredo: 279, 281, 298.
Dante, Carlos: 279, 298.
D' Arienzo, Juan: 272, 273, 274, 276, 280, 306.
Darío, Rubén: 190, 250.
Dávalos, Jaime: 199.
Davis, Dorita: 241, 246.

De Caro, Emilio: 135.
De Caro, Francisco: 49, 135, 138, 306.
De Caro, José: 320.
De Caro, Julio: 49, 105, 110, 112, 131, 135, 136, 137, 138, 139, 224, 235, 275, 276, 306, 307, 320, 328, 335.
Defilippis Novoa, Francisco: 172, 173.
De Grandis, José: 186, 323.
De la Púa, Carlos (Muñoz y Pérez, Carlos Raúl): 33, 172, 185, 243, 300.
Del Carril, Hugo: 264, 265.
De Leone, Graciano: 113.
Delfino, Armando: 162.
Delfino, Enrique: 110, 139, 142, 145, 234, 279, 281, 338.
De Lío, Ubaldo: 317, 318.
Dellepiane, Luis: 260.
Del Mazo, Gabriel: 260.
Del Piano, Eduardo: 298.
Del Priore, Oscar: 94, 344.
Demarco, Mario: 307.
Demare, Lucas: 244, 276.
Demare, Lucio: 281.
Devoto, Miguel: 35.
Díaz, David: 279.
Díaz, Luis: 138, 276.
Díaz, Quicho: 279, 318, 330.
Diderot: 266.
Discépolo, Armando: 49, 214.
Discépolo, Enrique Santos: 11, 16, 18, 49, 51, 67, 96, 156, 174, 188, 189, 198, 208, 213, 216, 218, 219, 220, 221, 224, 226, 227, 228, 230, 233, 240, 245, 246, 267, 269, 275, 278, 320, 321, 341.
Discépolo, Santo: 49, 214.
Di Paulo, Alberto: 281.
Divito, Guillermo: 282, 291.
Donato, Edgardo: 105, 236,264.
Do Reyes, Joaquín: 322.
Dos Santos, Estela: 231.
Ducasse, Francisco: 170.
Dumesnil, George: 160n.
Duval, Juan: 38.

Echagüe, Alberto: 273.
Echagüe, Juan Pablo: 13, 118.
Eichelbaum, Samuel: 31, 66.
Eichelbaum, Edmundo: 168.
Elío, Francisco Javier de: 38, 39.
Ellington, Duke: 317.
Enrique, "El Mellizo": 52.
Escaris Méndez, Eduardo: 186.
Escayola, Carlos: 168.
Escribano, Paquita: 233.
Estrada, Angel de: 70.
Estrada, Carlos: 71.
Estrada, Juan Manuel de: 70.
Estrada, Santiago de: 70.
Etchebarne, Miguel D.: 66, 69, 79, 201.
Etcheberrigaray, Juan Carlos: 143.
Expósito, Homero: 213, 259, 274, 278, 282, 311, 312, 314, 315.
Ezeiza, Gabino: 168.

Falcón, Ada: 240, 241.
Falcón, Adelma: 240.
Falcón, Amanda: 240.
Falcón, Ramón: 300.
Famá, Ernesto: 140.
Farace, Salvador: 279.
Fassio, Juan: 277.
Federico, Leopoldo: 322, 324.
Fernández, Felipe "Yacaré": 182, 184, 190.
Fernández Medina, Benjamín: 55.
Fernández de Moratín, Leandro: 266.
Ferrari, Oscar: 279.
Ferrazzano, Agesilao: 137.
Ferrer, Celestino: 116.
Ferrer, Horacio: 110, 111 142, 188, 247, 259, 281, 307, 317, 321, 330, 331, 338, 339, 344.
Ferrero, Guglielmo: 119.
Ferro, Rafael: 318.
Figari, Carlos: 279.
Figueroa Alcorta, José: 166.
Filiberto, Juan de Dios: 214, 235.
Filippo, Eduardo de: 244.
Fiorentino, Francisco: 259, 277, 278, 279, 280, 281, 329.

Firpo, Roberto: 49, 91, 101, 126, 128, 129, 130, 131, 137, 138, 150, 151, 223, 246, 275, 306, 317.
Fleitas, Juan B.: 260.
Flores, Carlos C. V.: 116.
Flores, Celedonio Esteban: 158, 188, 190/ 91/ 92/ 93/ 94/ 95/ 96/ 97/ 98; 202, 204, 212, 213, 235, 278, 284, 300, 323.
Folco, Mario: 214.
Ford, Aníbal: 262.
Fouquières, Andrés D.: 118.
Franceschi, Gustavo: 189.
Francini, Enrique Mario: 273, 274, 279, 318, 322, 329, 330.
Franco, Eva: 233.
Fray Mocho (Alvarez, José Sixto): 45, 186.
Fresedo, Osvaldo: 130, 131, 135, 136, 138, 139, 140, 235, 240, 274, 275, 338.
Fuente, Oscar De la: 278.
Fugazot, Roberto: 250, 276.

Galasso, Norberto: 214.
Gallo, Blas Raúl: 69.
Galván, Argentino: 278, 279.
Gálvez, Manuel: 125, 134, 162.
Gambier, Niní: 264.
Gámez, Celia: 234.
Garay, Pedro: 169.
García, Carlos: 281, 337.
García Giménez, Francisco: 94, 104, 170, 178, 179, 278, 294.
García Gual, Carlos: 168.
García Lalanne, Eduardo: 28, 59, 60, 61.
García Lorca, Federico: 181, 262.
García Velloso, Enrique: 61, 144.
Garcilazo: 42.
Gardel, Carlos: 86, 127, 145, 149, 150, 151, 157, 160, 161/ 62/ 63/ 64/ 65/ 66/ 67/ 68/ 69/ 70/ 71 /72 / 73 / 74, 191, 201, 210, 221, 223, 232, 234, 246, 264, 265, 272, 275, 280, 284, 288, 290, 292, 297n., 298, 321, 322, 324, 328, 329.

Gardés, Bertha: 168.
Garello, Raúl: 278, 279, 337.
Garzón, Tobías: 71, 80.
Gatica, José María: 282, 291.
Gide, André: 11.
Gigena Razzano: 170.
Ginastera, Alberto: 329.
Gluksmann, Max: 128.
Gobbi, Alfredo: 61, 72, 73, 75, 98, 112, 115, 116, 169, 233.
Gobbi, Flora Rodríguez de: 61, 88, 98, 116, 233.
Gobbi, Alfredo (hijo): 273, 276, 282, 306, 334.
Gobello, José: 25, 27, 37, 79, 91, 91n., 101, 129n., 143, 152, 169, 273, 279, 343.
Gómez Bao, Miguel: 214.
Gomila, Mario César: 138.
Gonzalo, Don: 24.
González Castillo, José: 132, 144, 145, 151, 184, 233, 270, 278, 300.
González Tuñón, Raúl: 101, 181.
Goñi, Orlando: 277, 280.
Goodman, Benny: 317.
Göttling, Jorge: 298, 299.
Goyeneche, Roberto: 275, 278, 281, 299, 303, 315, 322, 325, 326, 327, 341, 344.
Greco, Angel: 103.
Greco, Domingo: 103.
Greco, Elena: 103.
Greco, Genaro: 103.
Greco, Vicente: 49, 85, 86, 103, 104, 105, 111, 113.
Guibert, Fernando: 70, 334.
Guillén, Nicolás: 254.
Guillermo II de Alemania: 119, 120.
Güiraldes, Ricardo: 116.
Gutiérrez, Eduardo: 28, 44.
Gutiérrez, Tomás: 70.

Hansen, Johan: 88, 89, 91, 101, 102, 128.
Hayworth, Rita: 282.
Hebecquer, Fasio: 214.
Hernández, José: 24, 25, 189.

Herrero, Oscar: 337.
Hines, Earl: 317.
Homero: 206.

Ibáñez, Teófilo: 140.
Ibarguren, Carlos: 11, 12, 124, 125.
Iriarte, Florencio: 30.
Irusta, Agustín: 276.

James, W.: 12.
Jauretche, Arturo: 256n., 260.
Jeane, "Madame": 104.
Jolson, Al: 172, 293.
Jordán, Luis María: 90n.
Jovés, Manuel: 144, 210.
Juárez Celmán, Miguel: 106.
Jurado, Miguel: 276.
Justo, Agustín P.: 219.

Kaplún, Raúl: 273, 326.

Laborde, Armando: 273.
Lacava, Armando: 298.
Laguarda Trías, Rolando: 129n.
Lagos, Eduardo: 334.
Lamarque, Libertad: 232, 236, 237238, 239, 265.
Lara, Tomás de: 224.
Larreta, Enrique: 44.
Lastra, Felipe A.: 89, 91.
"Laura", (lo de): 84, 85, 101, 115, 128.
Láurenz, Pedro: 138, 306, 307, 318.
Lavallén, Víctor: 337.
Laxalt, Pedro: 264.
Ledesma, Amanda: 246.
Ledesma, Juan: 166.
Legrand, Mirta: 237.
Legrand, Silvia: 237.
Leguisamo, Irineo: 161.
Leguizamón, Willam: 220.
Lemos, Martín: 287.
Leonardo, Sergio: 116.
Lepage, Enrique: 208.
Le Pera, Alfredo: 173, 174, 175, 176, 177, 179, 223, 278.
Leroy, Georgette: 116.
Libertella, José: 337.

Lima, Miguel: 200.
Linder, Max: 306.
Linning, Samuel: 142, 143, 144.
Linyera, Dante: 101, 138.
Lipizzi, Atilio: 210.
Loduca, Vicente: 111, 116, 139.
Lola, la Petiza: 79.
Lomio, José (véase Vargas, Angel)
Lomuto, Francisco: 49, 105, 211, 301.
Loncan, Enrique: 227.
López, Héctor: 278.
López Buchardo, Alberto: 116.
López Franco: 62.
López Jordán, Ricardo: 23, 24.
López Osornio, Mario: 69.
López Ruiz, Oscar: 330.
Luciano Davis, Anita (véase Tania)
Lugones, Benigno B.: 27, 182.
Lugones, Leopoldo: 70, 124, 125, 132, 158, 190, 227, 261, 288.
Luna, José Carlos de: 53.
Lusiardo, Tito: 237, 265.
Luz, Aida: 246.

Llanes, Ricardo N.: 143.

Macchi, Carlos ("Ernani"): 113.
Maceta, El: 67.
Maciel, Enrique: 210.
Maciel, Jorge: 307, 308, 337.
Madariaga, José: 98.
Maderna, Osmar: 273, 274, 328, 334.
Maffia, Pedro: 130, 135, 138, 306, 338.
Magaldi, Agustín: 140, 210, 211, 280, 319.
Magaldi, Emilio: 211.
Maglio, Juan ("Pacho"): 49, 105, 107, 108, 128, 135, 145, 223, 273, 276.
Mairena, Antonio: 50, 52..
Maizani, Azucena: 215, 232, 234, 235, 236.
Malvicino, Horacio: 330.
"Mamita": 102.
Mansilla, Lucio: 114.
Manzi, Homero: 77, 174, 198, 206, 212, 213, 229, 247, 249/ 50/ 51/ 52; 254, 256, 257/ 58/ 59/ 60/ 61/ 62/ 63, 274, 278, 282, 288, 300, 301, 314, 321.
Manzi, Osvaldo: 279, 330.
Marambio Catán, Carlos: 138, 147.
Marga, Iris: 233.
Marechal, Leopoldo: 199n., 288.
María, la Vasca: 84, 85, 99, 101, 115, 128.
María, la Tero:79.
María de Inglaterra: 119.
Marino, Alberto: 49, 151, 278, 279, 280, 281, 320.
Marino, Alfredo: 187.
Marino, Eduardo: 277.
Martel, Julio: 279.
Martínez, José: 111, 139.
Martínez Paiva, Claudio: 243.
Martínez Viergol, Antonio: 63.
Martino, Francisco: 169.
Matamoro, Blas: 37, 39, 52, 53, 56, 127, 131, 132, 136, 166, 167, 169, 177, 223, 277, 317.
Mathon, Arturo: 61.
Matos Rodríguez, Gerardo:130, 154.
Mayel, Carlos: 140.
Mederos, Rodolfo: 309, 334, 335.
Mendizábal, Rosendo: 61, 86, 99, 100.
Menese, José: 52.
Meo Zilio, Giovanni: 48.
Merello, Tita: 215, 241, 243, 244, 245.
Merry del Val: 120.
Minotto-DeCicco: 138.
Miramar, Dorita: 61, 233.
Mitre, Bartolomé: 24, 54, 60.
Moglia Barth, Luis: 103, 243.
Molar, Ben: 282.
Molina, Ricardo: 50.
"Mondonguito", la: 79.
Monelos, Edgardo: 113, 116.
Mogtagne, Edmundo: 300.
Montero, Miguel: 308.
Morán, Alberto: 49, 307, 308, 309.
"Moreira", La: 82, 103.
Morera, Eduardo: 241.
Mores, Mariano: 246, 278.
Morton, Gelly: 317.

Mosconi: 12.
Mottura, Luis: 244.
"Mulato Sinforoso", El: 23.
Muiño, Enrique: 85, 151, 170, 237.
Mulligan, Gerry: 333.
Muñiz, Fortunato: 168.
Muñoz y Pérez, Carlos Raúl (véase De la Púa, Carlos)
Murthag, Omar: 338.
Mussolini, Benito: 148.

Namuncurá, Ceferino: 168.
Nava, Arturo de: 98, 169.
Nebbia, Lito: 344.
Negro, Héctor: 247, 338, 339.
Nervo, Amado: 190.
Newbery, Jorge: 131.
Nicolini, Aldo: 330.
Nieto: 53.
Nichele, Reynaldo: 277, 279, 338.
Nietzche, Friedrich: 17.
Nijensohn, Miguel: 276.
Niña de los Peines, la: 52.
Novión, Alberto: 233.
Norfolk, Duquesa de: 119.
Notar, María Luisa: 233.

Obligado, Rafael: 45.
Ocampo, Victoria: 114.
Olivari, Nicolás: 47, 48, 141, 271, 288, 300.
Olmos, Sabina: 246, 265.
Omar, Nelly: 246, 258.
O'Neill, Eugene: 245.
Orezzoli, Héctor: 344.
Orgambide, Pedro: 172.
Ortiz, Ciriaco: 276.
Ortiz, Roberto: 219.
Ortiz Pereyra, Manuel: 260.
Ortiz Oderigo, Néstor: 28.
Ostuni, Ricardo: 149.
Otamendi, Enrique: 99, 100.
Oyhanarte, Horacio: 131.

Pacheco, Carlos Mauricio: 144.
Pacheco, Héctor: 104, 140.
Padula, José Luis: 102.

Páez, Fito: 344.
Pagés Larraya, Antonio: 70, 74.
Palacios, Alfredo: 126.
Palavecino, Alcides: 102.
Palazuelos, José María: 55.
Palermo, Juan Francisco: 184.
Palermo, Oscar: 338.
"Pamperito", La: 94.
Pansera, Roberto: 330.
Panti, Inés Leonilda Roncetti de: 224.
Paoli, Carlos R, de: 144.
Papa Pío X: 120.
Papávero, Modesto: 49.
Papier, Ralph: 245.
"Parda Refucilo", La: 79.
"Pardo Sebastián", El: 104.
Parravicini, Florencio: 91, 129, 237, 264.
Pavón, Pastora: 52.
Paz, Hipólito: 325.
Paz, Octavio: 161.
Pecci, Vicente: 104.
Pelay, Ivo: 250.
Pelayo, Félix: 286.
Pellegrini, Carlos: 200.
Penón, Arturo: 307.
Peña, José Antonio: 38.
Peñaloza, Angel Vicente: 24.
Perdiguero, Arsenio: 170.
Pérez, Juan: 56.
Pérez Amuchástegui, Antonio Jorge: 224.
Pérez de La Riestra, Carlos (véase "Charlo"): 210, 211.
"Pericón de Cádiz": 52.
Perón, Eva: 161, 162, 165.
Perón, Juan Domingo: 165, 201, 228, 262, 294, 310.
Petray, hermanos: 115.
Petruchelli, Luis: 135.
Pesce, Rubén: 169, 170.
Petit de Murat, Ulyses: 261.
Piaggio, Juan: 62.
Piana, Sebastián: 49, 250, 251, 281, 300.
Piazzolla, Astor: 36, 140, 246, 278, 279, 280, 307, 309, 322, 326,

328, 329, 330, 331, 333, 334, 335, 340.
Pichardo, Esteban: 37.
Pierotti, Luis Gaspar: 172.
Pintos, Juan Manuel: 93.
Pirovano, Ilde: 173.
Piyayo: 52.
Pizarro, Eufemio: 252, 253.
Plaza, Julián: 278, 337.
Podestá, hermanos: 44, 115.
Podestá, Antonio: 28, 186.
Podestá, Blanca: 214.
Podestá, María Esther: 233.
Podestá, Pablo: 210.
Podestá, Ricardo J.: 102.
Poli, Manuelita: 151, 233.
Polito, Juan: 273.
Pollet, Enrique: 306, 307.
Pontier, Armando: 273, 275, 278, 279, 322, 329.
Ponzio, Ernesto: 15, 49, 57, 85, 91, 100, 101, 102, 103, 223.
Porter, Julio: 228.
Pound, Ezra: 327.
Pracánico, Francisco: 197, 206.
Prada, Alfredo: 282.
Prelat, Luciano: 99.
Prelooker, Carlos: 343.
Pugliese, Osvaldo: 112, 273, 275, 276, 305/ 06/ 07, 308, 335, 337, 341.
Puglisi, Cayetano: 130.

Quintana, Manuel: 166.
Quinquela, Martín Benito: 214.
Quiñones, Fernando: 51.
Quiroga, Horacio: 227.
Quiroga, Rosita: 234, 235, 236.

Radrizzani, Ambrosio: 100.
Rahola y Tremols, Federico: 291.
Ramírez, Pedro: 188.
Ramos, Franco: 102.
Ramos Mejía, José María: 45.
Ramos Mejía, Sebastián: 103.
Ratti, César: 210.
Reyes, Tito: 278.
Ray, Roberto: 140.

Razzano, José: 86, 127, 149, 169, 170, 171, 191.
Requena, Osvaldo: 281.
Ricardo, José: 171, 191.
Rico, Eduardo: 59.
Rico, Orfilia: 171.
Richetin, Jean: 118.
Riganelli, Agustín: 214.
Rinaldi, Rafael: 139.
Rinaldi, Susana: 247, 248, 303.
Ríos, Luciano: 107.
Rius, Juan: 60.
Rivadavia, Bernandino: 38.
Rivarola, Luis: 87.
Rivera, Matilde: 171.
Rivero, Edmundo: 258, 278, 281, 303, 317, 319, 320, 321, 322, 235, 326.
Riverol, Domingo: 179.
Rizzutti, José María: 138, 139.
Roca, Julio A.: 24.
Rocatagliatta, Tito: 85, 113, 128, 137, 139.
Rodríguez, Juan (Toto): 277, 281.
Rodríguez Egaña, Antonio: 260.
Rodríguez Larreta, Enrique: 118.
Rodríguez Molas, Ricardo: 37.
Rodríguez Varela: 166.
Roldán, Luis: 63.
Romano, Eduardo: 197.
Romero, Manuel: 144, , 210, 211, 228, 264, 288.
Romay, Francisco: 37.
Rosas, Enrique de: 171.
Rosas, Juan Manuel de: 40, 41, 161.
Rossi, Alcides: 307, 337.
Rossi, Ettore:48.
Rossi, Vicente: 25, 26, 39, 78, 119.
Rosito, Salvador: 138.
Rotundo, Francisco: 273, 281, 322.
Rovira, Eduardo: 278, 309, 334.
Rubionne, Pedro: 305.
Rufino, Roberto: 278.
Ruiz, Floreal: 278, 281.
Ruiz, Ricardo: 140.
Ruggero, Juan: 179.
Ruggero, Osvaldo: 306, 337.

Saavedra, Manuel: 30.
Sabato, Ernesto: 189, 282, 341, 344.
Saborido, Enrique: 87, 98, 115, 116.
Saboya, Humberto de: 135.
Sacaramuzza, Vicente: 305
Sáenz Peña, Roque: 276.
Sáenz Quesada, Héctor: 64, 65.
Salamanca, Fulvio: 273.
Saldías, Adolfo:233.
Salgán, Horacio: 112, 135, 305, 307, 309, 317, 318, 320, 326, 328.
Salinas, Saúl: 169.
Salluzi, Dino: 309.
Samuel, Herbert: 220.
Sánchez, Florencio: 46, 104, 171, 29.
Santa Cruz, José: 76, 105.
Santa Cruz, Domingo: 105, 106, 107.
Santo Tomás: 16.
Sapia, Domingo: 276.
Sapochnik, Pedro: 277.
Saraceni, Julio: 296.
Saravia, Aldo: 319.
Sarmiento, Domingo Faustino: 41, 42, 43, 70, 189, 200, 261.
Saslavsky, Luis: 271.
Scalabrini Ortiz, Raúl: 12, 197, 223, 266, 314.
Scobie, James: 291.
Segovia, Ricardo: 99.
Segovia, Lisandro: 71.
Selle, Aurelio: 52.
Selles, Roberto: 55.
Serpa, Oscar: 140.
Servetto, Verminio: 206.
Sevitzky, Febian: 329.
Sierra, Luis Adolfo: 76, 110, 112, 129, 131, 135, 136, 306.
Silva, Federico: 278.
Silva Cabrera, Erasmo: 168.
Simari, Tomás: 233.
Simone, Mercedes: 236.
Sinatra, Frank: 282.
Slatta, Richard: 200.
Solanas, Fernando: 333, 340.
Soler Cañas, Luis: 58, 62, 183.
Sosa, Julio: 279, 322, 323, 324.
Spátola, Alverico: 49.

Speratti, Alberto: 329.
Spinetta, Luis Alberto: 344.
Spitalnik, Ismael: 278, 307.
Spósito, Genaro "el Tano": 113.
Stampone, Atilio: 315.
Stamponi, Héctor: 278, 281.
Stazo, Luis: 338.
Stilman, José: 277.
Stilman, Eduardo: 95, 129n.
Storni, Alfonsina: 227.
Suárez Paz, Fernando: 338.

Tagle Lara, Benjamín: 257, 275, 258.
Tallón, José Sebastián: 49, 74, 82, 83, 86, 103, 104, 107, 108, 151.
Tania: 228, 230, 246.
Tanturi, Ricardo: 273, 290.
Tarana, Anselmo: 89.
Tarantino, Osvaldo: 281, 307.
Tatum, Art: 317.
Tejedor, Carlos: 24.
Teissaire, Luis: 101.
Thelma, Linda: 61, 94, 232, 233.
Thompson, Leopoldo: 129, 135.
Thor, Horacio: 166.
Tiola, Domingo: 166.
Tirao, Cacho: 330.
"Títere", El: 67.
Tormo, Antonio: 207.
Torre, Lisandro De la: 221, 227.
Torres, José Luis: 219.
Traverso, Lorenzo Juan: 187.
Tucci, Terig: 178, 329.
"Tucumana", La: 104.

Ulla, Noemí: 195.
Urdapilleta, Julián: 107.
Uriburu, José Félix: 125, 178, 220, 221.

Vacarezza, Alberto: 144, 145, 184, 234, 243, 267.
Valentino, Rodolfo: 135.
Valverde: 53.
Valle, Isabel del: 164.
Vardaro, Elvino: 276, 306, 317, 330.
Varela, Adriana: 344.

Varela, Alfredo: 265.
Varela, Felipe: 24.
Vargas, Angel (José Lomio): 298, 299.
Vargas, Pedro: 283.
Vázquez, Genaro: 101.
Vázques, Nelly: 278.
Vega, Carlos: 28, 35, 52, 53.
Vega, Francisco: 79.
Ventura Linch: 25, 27, 28.
Velich. Juan: 138.
Vidal, Jorge: 308.
"Viejo Tanguero": 23.
Vidart, Daniel: 35.
Villanova, Eduardo: 166, 167.
Villoldo, Angel: 31, 60, 61, 63, 72, 73, 75, 93 94, 95, 97, 98, 116, 171, 186, 228, 318.
Villón, François: 284.
Visca, Luis: 273.
Vitale, Lito: 344.
Viviana, La: 95.

Walzac, Eduardo: 338.
Walton, Leonel: 319.
Waller, Fast: 317.
Walsh, María Elena: 247.
Wast, Hugo: 173.
Weinsbach, Alberto T.: 144, 151, 233.
Wilda, Bela: 329.
Willams, Alberto: 100.
Windsor, Eduardo de: 135

Yanitelli, Roberto: 277.
Yrigoyen, Hipólito: 46, 106, 124, 127, 134, 139, 161, 162, 165, 178, 201, 219, 220, 221, 222, 252, 260, 261, 300.

Zavalía, Alberto de: 264.
Zambonini, Ernesto: 15.
Ziclis, Germán: 286.
Zito Lema, Vicente: 166.
Zlotnik, Simón: 279.
Zucchi, Oscar R.: 77.

ÍNDICE GENERAL

Estudio Preliminar
TANGO, CANCIÓN DE BUENOS AIRES,
por Ernesto Sabato
9

"BAILE MACHO, DEBUTE Y MILONGUERO"
23

TOCÁ TANGÓ
34

CON UN BAGAYITO POR TODA FORTUNA
40

LAS RAÍCES ANDALUZAS
50

BARTOLO TENÍA UNA FLAUTA
54

LA SECTA DEL CUCHILLO Y EL CORAJE
(Guapos y compadritos)
El guapo
El cuchillo
El compadrito
Compadrones y malevos
64

¡CHE BANDONEÓN!
76

ACADEMIAS, PERINGUNDINES,
CLANDESTINOS Y CAFISHIOS
El cafishio
78

SACANDO VIRUTA AL PISO
En lo de Laura y la Vasca
Patios de conventillos y salas familiares
Lo de Hansen
84

LA GUARDIA VIEJA
Angel Villoldo
Rosendo Mendizábal
Ernesto Ponzio (El Pibe Ernesto)
Vicente Greco

Domingo Santa Cruz
Juan Maglio Pacho
Eduardo Arolas
Francisco Canaro
Agustín Bardi
93

SE LARGÓ PA' LAS UROPAS DE DONDE VOLVIÓ SEÑOR
114

CRÍTICAS, DESCONCIERTOS Y TEMORES
122

ROBERTO FIRPO, EL ARMENONVILLE
126

EL CABARET ALVEARISTA: DE CARO Y FRESEDO
134

GRISETAS Y MILONGUITAS
141

CONTURSI, EL INVENTOR
149

TARDARÁ MUCHO TIEMPO EN NACER,
SI ES QUE NACE…
160

EL LUNFARDO: UN CHAMUYO MISTERIOSO
182

CELEDONIO FLORES: POETA AL PIE DE BUENOS AIRES
190

POBRE MI MADRE QUERIDA
199

LOS CANTORES: CORSINI, MAGALDI, CHARLO
208

DISCÉPOLO: LA CICATRIZ AJENA
213

MINAS FIELES DE GRAN CORAZÓN
"No hubo muchacha más guapa"
(Azucena Maizani, Rosita Quiroga)
Mercedes Simone
Libertad Lamarque
Ada Falcón
Tita Merello
Otras cancionistas
Susana Rinaldi
231

HOMERO MANZI: LAS NOCHES
Y LAS LUNAS SUBURBANAS
249

HUGO DEL CARRIL: EN BUSCA DEL ÍDOLO
264

EL CAFÉ: LA ÑATA CONTRA EL VIDRIO
266

MILONGUEANDO EN EL CUARENTA
272

EL DUENDE DE TU SON: ANÍBAL TROILO
275

ENRIQUE CADÍCAMO:
CUANDO TALLAN LOS RECUERDOS
284

ALBERTO CASTILLO: ¡QUÉ SABEN LOS PITUCOS!
290

ÁNGEL VARGAS: UNA HILACHA ÍNTIMA
298

CÁTULO CASTILLO: DE OLVIDO Y SIEMPRE GRIS
300

OSVALDO PUGLIESE: ¡AL COLÓN!
305

HOMERO EXPÓSITO: ¡LAS COSAS QUE AHORA SE VEN!
311

HORACIO SALGÁN: A FUEGO LENTO
317

EDMUNDO RIVERO: UNA LUZ DE ALMACÉN
319

JULIO SOSA: AL VIEJO ESTILO
322

ROBERTO GOYENECHE: CANTAR CON LOS SILENCIOS
325

ASTOR PIAZZOLLA: LO QUE VENDRÁ
328

LOS PIAZZOLLEANOS
Eduardo Rovira
Rodolfo Mederos
334

FINAL
337

EPÍLOGO A LA CUARTA EDICIÓN CASTELLANA
343

GLOSARIO DE TÉRMINOS LUNFARDOS
347

CRONOLOGÍA
351

BIBLIOGRAFÍA GENERAL
361

ÍNDICE ONOMÁSTICO
373